역사가 우리에게 남긴 9가지 트라우마

역사가 우리에게 남긴 9가지 트라우마

초판 발행   2015년 05월 04일
2쇄 발행   2015년 10월 08일

저자 김성민 외 ㅣ **펴낸이** 박찬익 ㅣ **편집장** 권이준 ㅣ **책임편집** 김지은
펴낸곳 패러다임북 ㅣ **주소** 서울시 동대문구 천호대로 16가길 4
전화 02) 922-1192~3 ㅣ **팩스** 02) 928-4683
홈페이지 www.pjbook.com ㅣ **이메일** pijbook@naver.com
등록 2015년 2월 2일 제305-2015-000007호

ISBN 979-11-955480-1-9 (93340)

* 패러다임북은 ㈜박이정출판사의 임프린트입니다.
* 책값은 뒤표지에 있습니다.

이 책은 2009년 정부(교육과학기술부)의 재원으로 한국연구재단의 지원을 받아 제작되었습니다.
(NRF-2009-361-A00008)

역사가
우리에게
남긴
9가지
트라우마

김성민
김 면
김종군
박영균
서유석
이광일
이병수
이재승
정진아
최 원

건국대학교 통일인문학연구단 기획

패러다임북

역사가 우리에게 남긴 9가지 트라우마를 발간하며

『역사가 우리에게 남긴 9가지 트라우마』는 건국대학교 통일인문학연구단에서 진행한 2014년 푸른역사 아카데미 "역사가 우리에게 남긴 9가지 트라우마"의 내용을 대폭 보완하여 책으로 엮은 것입니다. 한국근현대 100년의 역사는 기쁨과 영광보다는 수난과 좌절의 순간이 더 많았습니다. 수난과 좌절의 순간에 겪을 수밖에 없었던 고통의 상처는 '역사적 트라우마'로 남아 오늘도 계속되고 있습니다. '역사적 트라우마'란 직접적인 사건 당사자 뿐만 아니라 그와 관계하는 집단 내부에서 감염체계를 가진 후천적이면서도 이차적인 트라우마입니다.

영광의 역사뿐 아니라 수난의 역사와 역사적 트라우마를 잊지 않으려고 하는 것은 역사를 통해 비전을 찾고, 고통의 치유를 통해 인간다운 미래의 삶을 그리기 위해서입니다. 우리는 이 책을 통해 한국근현대 100년의 역사를 횡단하면서 고통의 지형을 희망의 지형으로 바꾸기 위한 탐색을 시작하려고 합니다.

이 책은 총 10강으로 구성되어 있습니다. 제1강에서부터 제9강까지 필자들은 한국근현대사 100년 동안 한국인들이 겪었던 대표적인 트라우마 9가지를 분석하였습니다. 대중강좌의 특성을 반영하여 알기 쉽게 설명하면서도, 각각의 트라우마가 발생한 원인과 파장을 그 시대를 살았던 사람들의 삶을 통해 깊이 있게 통찰하고자 하였습니다.

제1강「한 갑이 지나도록 아물지 않은 식민지배의 상처」에서 이병수 교수는 '식민 트라우마'를 다루고 있습니다. 해방된 지 70여년이 지났음에도 불구하고 식민지배의 상처는 치유되지 않고 있습니다. 해방 후 세대들이 식민지배를 직접 경험하지 못했음에도 불구하고 식민지배의 상처에서 자유롭지 못한 이유는 가해자 일본이 우리의 상처를 덧나게 하는 행위를 지속해왔기 때문입니다. 이 글에서는 식민지배의 상처를 극복하기 위한 방안으로서 '식민지배가 반인륜적 범죄라는 국제적 합의를 만들어 낼 필요성', '우리 사회의 내적 일본의 청산', '식민지배와 분단 이산의 역사적 인과관계 이해', 세 측면을 살펴보고자 합니다.

제2강 「한국사의 원초적 비극, 분단 트라우마의 양상과 그 치유를 위하여」에서 김종군 교수는 '분단 트라우마'에 대해 이야기합니다. 김종군 교수는 분단·이데올로기 갈등·전쟁, 그리고 정전 이후 분단체제가 지속되는 가운데 이루어진 살상과 폭력, 국가의 통제가 우리에게 남긴 외상과 정신적인 병증을 분단 트라우마로 진단하였습니다. 그 실제적인 양상으로서 경험자들의 생애담 구술을 통해 제주 4.3사건과 여순사건 이후의 빨치산 토벌, 속초 아바이마을 월남민의 가족 이산, 수복 후 월북자 가족으로 내몰린 속초 토박이들의 애환, 납북어부에게 가해진 간첩단 조작 사건, 탈북자들의 트라우마를 소개하면서 그 치유 방안으로서 분단서사를 넘어선 통합서사의 사회적 담론화를 제시하였습니다.

제3강 「코리언 디아스포라, 이산트라우마와 상상적 동일화 욕망의 박탈」에서 박영균 교수는 '이산 트라우마'에 대해 분석하였습니다. 해외에 거주하는 코리언은 약 720만 명으로서, 그 수는 세계 4위, 한반도 거주 인구 대비 비율 세계 2위에 이르는 규모입니다. 하지만 한반도에 거주하는 많은 사람들은 이들이 이산과정에서 겪은 고통을 잘 알지 못하며 그들이 거주국에서 살면서 체화할 수밖에 없었던 삶의 가치와 양식들을 이해하지 못하고 있습니다. 따라서 해외 거주 코리언의 역사와 그들이 우리와 만나면서 겪게 되는 상처들이 무엇인지를 성찰할 필요가 있습니다. 이 강의는 이산의 역사와 그 속에 존재하는 역사적 트라우마를 다루고자 합니다.

　제4강 「전쟁 트라우마와 전쟁에 갇힌 사람들」에서 정진아 교수는 '전쟁 트라우마'를 다루었습니다. 남과 북이 전쟁을 부르는 이름은 6.25전쟁, 한국전쟁, 조선전쟁, 조국해방전쟁, 북진통일전쟁 등 다양합니다. 전쟁에 대한 연구조차 전쟁을 바라보는 우리의 시선을 닮아있기 때문입니다. 냉전시기의 연구가 누가, 언제, 왜 전쟁을 일으켰는가에 초점을 맞추었다면, 탈냉전시기 연구는 전쟁의 한가운데 살았던 사람들의 삶에 초점을 맞추고 있습니다. 이 강의에서는 전쟁의 발발과 전개과정뿐 아니라 전쟁이 과연 남북한 주민들의 삶과 심상지리에 어떠한 흔적을 남겼는지, 남북의 정권은 그것을 어떠한 방식으로 재생하고 활용하였는지 성찰해보고자 합니다.

　제5강 「국가폭력이 자행된 사회에서 정의란 무엇인가?」에서 이재승 교수는 '국가폭력 트라우마'에 대해 분석하였습니다. 국가폭력 이후의 사회에서 국가폭력의 원인이 근절되지 않는 한 트라우마의 치유에 대한

말들은 기만적입니다. 그러한 폭력을 근절하기 위해서는 이행기 정의가 실현되어야 합니다. 진실규명, 피해배상, 책임자처벌, 이데올로기적 쇄신, 제도의 혁신 등이 그것입니다. 그러한 사회에서 용서와 화해는 개인적 차원이 아니라 정치적이고 집단적 차원에서 이루어집니다. 폭력이후 사회의 대다수 성원들과 사회의 제도가 피해자들에게 평화적 생존을 보증하려는 결단에 기초하기 때문입니다. 이처럼 이 강의는 폭력의 구조적 원인을 해명하고, 처벌과 배상을 넘어 폭력의 상처를 극복하는 방법을 찾고자 합니다.

제6강 「'잘살아보세' 신화가 남긴 상처들」에서 이광일 교수는 '경제성장 트라우마'에 대해 이야기합니다. 현재 박정희 시대에 대해서는 '한강의 기적'으로 부르며 근대화와 고도경제성장을 이루었다는 평가가 있는반면, 성장신화를 강조하면서 경제발전을 빌미로 노동자의 기본권리를 억압하고 개발독재의 착취를 통해 인권, 사상, 언론자유를 질식시키며 민주화를 열망하는 이들을 무참하게 짓밟고 민중의 희생을 강요했다는 정반대의 평가가 있습니다. 이처럼 우리사회를 강력하게 규정하고 있는 박정희시대의 유산을 사람들의 삶과 상처 속에서 되짚어보고자 합니다.

제7강 「5.18의 역사적 경험이 오늘 우리에게 남긴 과제는 무엇인가?」에서 서유석 교수는 '광주민중항쟁 트라우마' 뿐만 아니라 '광주민중항쟁 트라우마'가 1980년대, 1990년대, 그리고 오늘날까지 한국현대사에 남긴 복합적 요소들을 구체적으로 검토하였습니다. 민주화로의 이행이 어느 정도 진행된 현재의 시점에서 광주민중항쟁의 의미는 많은 변용을 겪어왔습니다. 따라서 광주민중항쟁이 한국민주화에 있어 어떤 특징을 드러내고 있으며, 오늘날 한국민주주의에 주는 현재적 의미는 무엇인가를 성찰하고자 합니다.

제8강 「IMF와 한국사회」에서 최원교수는 'IMF 트라우마'를 분석하였습니다. 최원 교수는 1998년에 터졌던 IMF 사태가 한국 사회를 변화시킨 방식을 '신자유주의의 전면화'로 파악하고, 1970년대 말부터 시작해서 1998년에 이르기까지 추진된 세계자본주의의 신자유주의적 재편 과정을 추적하였습니다. 그리고 미셸 푸코의 분석을 참조하여 1940년대 전후의 독일 질서자유주의 및 1960년대의 미국 시카고학파 안에서 이루어진 신자유주의의 이론-정책적 개발이 어떤 내용을 가지고 있었는지를 설명하는 한편, 그것을 현재 한국사회의 여러 가지 문제점들과 관련시키고자 합니다.

제9강 「한국사회의 학력, 학벌주의는 치유될 수 없는가?」에서 김면 교수는 '학벌 트라우마'를 이야기합니다. 일제강점 이후 도입된 현재의 교육체제는 사람중심의 교육에서 벗어나 입시중심의 교육으로 진행되어 왔고, 출발선의 평등, 공정한 교육의 기회를 봉쇄하여 교육 불평등을 더욱 공고화 하였습니다. 학벌지상주의로 학교교육을 심각한 위기에 빠트린 사회적 원인들에 대한 비판적 논의를 통해서 문제의 심각성을 검토하고, 앞으로 나아갈 바람직한 방향에 대해서 심도 있게 살펴보고자 합니다.

　마지막 강의인 제10강 「역사적 트라우마의 치유를 위한 모색」에서 김성민 교수는 '통일인문학'의 시각에서 한민족이 감당해야만 했던 '역사적 트라우마'의 개념과 양상을 살펴보고, 그것에 대한 치유가 어떻게 가능할지에 대한 생각을 나누고자 합니다. '역사적 트라우마'는 남북 주민들에게 분단체제 속에서 '분단의 사회적 신체'로 내면화되었고, 코리언 디아스포라에게는 거주국과 분단된 모국 사이에서 서로 중첩되어 드러나기도 합니다. 김성민 교수는 독일통일의 사례에서 보듯이 사람들 사이의 분단을 극복하는 것이 관건이라면, '사람의 통일'이라는 새로운 통일 패러다임으로의 전환이 반드시 요구된다고 말합니다.

　우리가 교육받았던 기존의 역사는 사건 기술을 중심에 두고 단편적인 지식에 대한 기본적인 이해를 높이는 것을 목표로 삼았습니다. 반면에 "역사가 우리에게 남긴 9가지 트라우마" 10강은 오늘날의 사회분제를 심도 있게 조망할 수 있는 시각을 기르고 향후 미래의 가치를 준비하는 비판적인 문제의식을 진전시키고자 하였습니다. 강의 담당자들은 세상의 모든 답이 역사 강좌에 있는 것은 아닐지라도 수난의 역사와 '역사적 트라우마'를 검토하는 이 강의를 통해 우리 삶에 다가올 거친 파도를 헤쳐나갈 때, 주변의 상처에 공감하고 더불어 함께 하는 삶을 마련하는 데 길잡이 역할을 하고 싶은 마음으로 강의를 준비하였습니다.

　푸른역사 아카데미에 참여했던 시민들과 학생들은 "시간제약이 많은 직장인이라 매주 참석하기가 어려웠지만, 이 프로그램을 통해 우리 삶이 어떻게 과거와 연결되어 있는지 알 수 있었던 것 같습니다.", "역사를 통해 요즘 현실과 과거의 모습을 비교해주시니 현재의 우리가 갖고 있는 문제점을 뚜렷이 이해할 수 있게 되었습니다."라는 감상평을 남겼습니다. 시민과 학생들의 이야기처럼 "역사가 우리에게 남긴 9가지 트라우마"가 대중적 눈높이에서 한국근현대사의 다양한 맥락을 이해하고, 사회를 보는 눈을 키우는 대중교재로서 역할하기를 바랍니다.

필자들을 대표하여
건국대학교 통일인문학연구단장 김성민

한 갑이
지나도록
아물지 않은
식민지배의
상처

/ 이병수 /

한 갑이 지나도록 아물지 않은
식민지배의 상처

이병수
건국대학교 통일인문학연구단 HK교수

20세기 한반도는 전반기에는 일제강점기의 혹독한 시련을 겪었고, 후반기에는 민족분단과 동족상잔의 전쟁 그리고 국가폭력의 역사적 상처로 얼룩졌습니다. 하지만 한반도의 숱한 역사적 상처들은 오늘날 여전히 아물지 않고 있습니다. 그래서 마음 속 깊은 곳에 한과 분노의 집단적 정서로 남아있습니다. 저희 건국대 통일인문학연구단은 이를 역사적 트라우마의 관점에서 다루고 있습니다. 저는 제1강을 통해 해방된 지 70여년이 지나서도 식민지배의 상처가 치유되지 못한 원인이 무엇인지를 살펴보고, 그 아물지 않은 상처가 오늘날 우리의 삶에 던지는 근본적 물음을 성찰하고자 합니다.

'일본'이란 나라의 두 가지 이미지

사람마다 일본에 대한 이미지가 다양할 것입니다. 어떤 사람은 아주 '예의바른 나라'의 이미지가 있을 수 있겠고, 또 어떤 사람은 '경제적 동물'의 이미지가 있을 수 있겠습니다. 그런데 저는 식민지배의 상처와 관련해서 우리가 공유할 수 있는 두 가지 이미지를 생각해보았습니다.

첫 번째는 흔히 이야기하는 바와 같이 '가깝고도 먼 나라'의 이미지입니다. 이 말은 지리적으로는 가깝지만 심리적으로는 멀다는 뜻이겠죠. 그렇다면 심리적으로 왜 멀게 느껴지는 것일까요? 한 마디로 말해 여느 선진국과는 달리 일본과의 관계 속에서는 항상 질긴 악연으로 얼룩진 과거가 개입되기 때문입니다. 조선시대 이전의 왜구침략은 덮어두더라도 임진왜란과 정유재란, 구한말 명성황후를 시해한 을미사변(1895), 1905년의 을사늑약과 1910년의 강제병합 등 일본이 우리를 가해한 역사가 그것입니다. 저는 6.25전쟁도 이 흑역사에 넣고 싶어집니다. 6.25전쟁은 일본이 저지른 짓이 아니기 때문에 이상하게 생각하실 분도 있겠습니다. 그러나 6.25전쟁은 경기침체 상태에 있었던 일본 경제에 특수로 작용해서 이후 일본경제 부흥의 토대가 됐습니다. 그러니까 마치 한국의 불행이 곧 일본의 행복이 된 형국이 아닐 수 없다는 점에서, 6.25전쟁까지도 악연의 역사에 넣고 싶어집니다. 어쨌든 일본과 한국 사이에는 항상 침략당하고 피해를 입은 과거의 역사가 개입되어 있습니다. '가깝고도 먼 나라'의 이미지에는 이런 얼룩진 과거의 역사가 그 바탕에 깔려 있지 않나 생각합니다.

그 다음으로 '칼의 이미지'입니다. 일본열도가 마치 칼처럼 생겼잖아요. 우리는 역사적으로 그 칼에 의해서 많이 베였습니다. 그런데 2차세계 대전 말기에 루스 베네딕트(Ruth Benedict)라는 여성 인류학자가 미국무성의 의뢰를 받아서 쓴 『국화와 칼』이라는 책이 있습니다. 당시 일본과 전쟁을 하고 있던 미국은 일본군인들의 행태를 도무지 이해할 수가 없었습니다. 할복자살을 한다던지, 가미가제 특공대를 보낸다든지 미국의 문화감각으로는 도저히 이해할 수 없는 행태를 보였습니다. 그래서 미국은 일본문화를 제대로 이해하지 않으면 전쟁을 수행하기 어렵다고 판단했습니다. 또 1944년이라고 하면, 이미 일본의 패망이 예상되는 시점이었습니다. 일본 패망 후 미군정을 실시할 텐데, 일본문화를 제대로 이해해야 할 필요성이 있었던 것이죠. 미 국무성은 일본인의 사고와 행동양식을 이해하기 위해서 유명한 인류학자, 루스 베네딕트에게 일본문화 연구를 의뢰하였습니다. 그녀는 그때까지 일본에 대해 아무런 관심도 없었고 또 무지했다고 합니다. 일본문화에 대한 고전이라고 할 수 있는 『국화와 칼』은 그녀가 미 국무성의 연구의뢰를 받아 쓴 책입니다. 1948년도에 일본어로 번역되어서 일본 내부에서도 엄청난 센세이션을 불러일으킨 책입니다. 여기에 루스 베네딕트는 '국화'와 '칼'이라고 하는 절묘한 이중적 상징을 이용하여 일본문화를 규정합니다. 국화는 일본 황실의 문양인데, 일본사람들의 풍부한 미의식을 상징합니다. 그에 반해 칼은 아주 호전적인 사무라이 정신을 상징합니다. 그러니까 베네딕트가 이 표현을 통해서 말하고자 한 것은 일본문화의 이중성입니다. 겉으로 보이는 손에는 국화를 들고 있고, 감춰진 보이지 않는 손에는 칼을 들고 있는 이중성을 일본문화의 특징으로 파악한 것입니다. 일본인은 겉으로는 아주 예의가 바른 태도를 보이지만 속으로는 매우 무례하다든지, 또 겉으로는 새로운 문물을 적극적으로 수용하는 것 같으면서도 속으로는 매우 보수적이라든지, 『국화와 칼』 곳곳에는 일본문화의 이중성을 다양하게 말하고 있습니다. 이러한 일본문화의 이중성을 상징하는 표현이 바로 『국화와 칼』이라는 책 제목입니다.

　어쨌든 우리는 일본의 칼에 의해 상처를 받았습니다. 일본의 중세는 동아시아에서 매우 예외적으로 무사가 지배했으며, 따라서 사무라이

문화가 매우 발달하였습니다. 동아시아에서 왜 예외적인가 하면, 중국이나 우리나라 그리고 베트남은 문신이 지배하는 지식관료 국가였기 때문입니다. 그런데 일본은 군사적 최고 우두머리가 최고 권력자인 막부정치, 쇼군정치를 오랜 기간 지속하였습니다. 칼의 이미지는 이와 밀접하게 관련되어 있다고 말할 수 있습니다.

일제 강점기의 식민지배 양상

칼로 베인 상처로 인해 생긴 우리의 일본에 대한 악감정 대부분은 일제 강점기에서 유래합니다. 식민지배는 크게 세 시기로 나눠집니다. 1910년대는 무단통치시기입니다. 1910년 한일강제병합 이전에 엄청난 의병투쟁이 전국적으로 일어났습니다. 특히 호남지역이 아주 맹렬했죠. 그래서 의병투쟁을 억누르는 필요가 있었고 그 여파로 식민지 초기에 일종의 공포정치인 무단통치가 시행된 것입니다. 무단통치를 잘 보여주는 것이 헌병경찰대입니다. 헌병이 민간인의 치안유지를 담당하는 경찰 역할을 한 것이죠. 위관급 장교가 경찰서장을 하고 사병병사들은 경찰을 했습니다. 경찰을 당시에는 순사라 했는데, 이 말단 순사도 권한이 아주 막강했습니다. 왜냐하면 정식재판에 회부하지 않고도 벌금을 매기고 구류에 처할 수 있는 즉결처분권을 가지고 있었기 때문입니다. 그래서 이때부터 '울면 순사가 잡아간다' 하면 우는 아이의 울음도 뚝 그친다는 이야기가 생겨났습니다. 무단통치기에는 초등학교 선생들도 학교에서 수업할 때 제복을 입고 큰 칼을 찼습니다. 1910년대를 역사학자들은 무단통치라고 하는데, 어찌 보면 일제 36년 전기간이 무단통치적 성격을 지니고 있었다고도 할 수 있습니다. 일제 강점기 동안 총 8명의 총독이 통치를 했는데 그 중 7명이 육군대장 출신이고 1명이 해군대장 출신인 데서 잘 드러납니다.

그러다가 3·1운동을 계기로 이런 식의 통치를 해서는 안 되겠다는 위기감을 느껴 일제는 1920년대에 새로운 통치방식을 취합니다. 자기들 말로 '문화정치'입니다. 언론의 자유를 어느 정도 제한적 조건에서 허용해주고, 교육의 기회 역시 조금 확대해주면서 친일파를 양성해서 근본적으로 민족 분열을 일으키려는 통치술이라고 할 수 있습니다. 1910년의 무단통치가 아주 하드(hard)한 통치술이었다면, 문화정치는 소프트 (soft)한 통치술이라고 할 수 있습니다. 여기서 언론의 자유라는 것은 1920년대에 『동아일보』나 『조선일보』 같은 우리 말 신문이나 〈조선지광〉〈개벽(開闢)〉 같은 잡지들이 발간된 것을 말합니다. 하지만 식민통치가 허용되는 범위 내에서, 그러니까 철저한 사전검열이 있었습니다. 사전검열은 당시의 신문이나 잡지에 종종 XX 표시가 많이 나와 있는 데서 확인할 수 있습니다. 일본의 식민통치에 반하는 불온한 단어들을 지운 것이죠. 사전검열을 통해 '민족해방'이나 '계급투쟁'과 같은 말은 모두 XX 표시가 됩니다. 또 교육의 기회가 확대되었다고 했는데, 이것은 초중등 교육에 국한된 것입니다. 고등교육을 하면 식민지배를 위협하는 민족 엘리트들이 배출되기 때문입니다. 물론 전문학교까지는 허용했습니다. 중간관리계층을 양성하기 위한 이화여전, 보성전문, 연희전문 등의 전문학교를 허용했지만 4년제 대학은 허용하지 않았습니다. 그래서 조만식 선생 등 민족 운동가들이 우리 손으로 4년제 대학을 만들자고 하는 민립대학운동을 전개하였습니다. 일제는 이것을 무산시키기 위해서 대신 경성제국대학을 설립합니다. 1924년, 국내 유일의 4년제 대학입니다. 그러나 조선 사람은 입학조건이 아주 까다롭고 제한되었습니다. 그래서 당시 경성제대에 입학한 조선인 수는 매우 적었습니다. 결국 '문화정치'를 내세웠지만 그것은 조선민족의 저항을 무마시키기 위한 통치술에 불과했다고 할 수 있습니다.

그런데 오늘날 우리가 식민지배의 상처와 관련되어 느끼는 대부분이

1930년대 이후에 일어난 일과 관련이 깊습니다. 1930년대 이후는 침략전쟁기라고 할 수 있습니다. 일본역사학자들은 '15년 전쟁'이라고도 합니다. 일제는 1931년 만주를 식민지화하기 위해 만주사변을 일으키고, 1932년에 청나라 마지막 황제 부이(傅儀)를 만주국 황제로 옹립하여 만주국을 수립합니다. 이후 1937년에는 중국본토를 침략하는 중일전쟁을 일으킵니다. 그러다가 1941년 하와이 진주만을 기습함으로써 태평양전쟁을 일으키고, 1945년에 히로시마, 나가사키에 핵폭탄을 맞습니다. 그래서 패전합니다. 어쨌든 1931년부터 1945년까지 전쟁기간, 즉 15년 전쟁인데, 이 전쟁은 우리민족이 최초로 경험한 근대전쟁, 즉 인적, 물적 자원이 총동원된 전쟁이었습니다.

20세기 한반도 역사에서 가장 고통을 많이 받은 세대는 어떤 세대일까요? 요즘 젊은이들은 청년실업 때문에 자신들이 가장 고통을 많이 받는 세대라고 생각할 수도 있겠지만, 객관적으로 볼 때 80대, 90대가 한반도 역사에서 가장 고통을 많이 당한 세대가 아닐까 생각합니다. 일제 말에 징병, 징용, 위안부로 동원되고, 해방직후 좌우의 대립과 갈등을 겪었고, 6.25전쟁을 통해 많은 피를 흘렸으며, 자유당 독재를 겪었고, 60년대 이후는 이른바 '압축적 근대화'를 위해 동원되는 등 한국사회의 핵심적인 역사적 국면들을 온몸으로 겪어오신 분들이 8·90대입니다. 1930년대 이후는 일본이 중국과 미국 등 전 세계를 향해서 치른 전쟁의 소용돌이에 당시 식민지였던 우리 민족이 완전히 휘말려 들어간 시기입니다. 이 시기에 일제가 식민지 조선에 실시한 것이 병참기지화 정책과 황민화 정책입니다.

1937년 중일전쟁 이후에 일제는 모든 인적, 물적 자원을 총동원하기 위해 국민총동원령법을 반포합니다. 전쟁수행을 위해 인적, 물적으로 총동원한 정책을 병참기지화 정책이라고 합니다. 물적 자원을 동원했다고 하는 것은 전쟁을 치루기 위해 군수공장을 만들거나 식량을 강제공수를 한다든지 나아가서 일제 말기에 이르면 숟가락에서 젓가락까지 쇠붙이라는 쇠붙이는 전부다 공출을 해간 것을 말합니다. 인적 자원의 동원은 전쟁터에서 싸울 군인으로 끌고 가는 징병, 군수공장이나 비행장 건설, 광산 등지에 노역을 부리기 위한 징용, 나아가 우리가 알고 있는 군위안부, 이른바 '정신대' 동원을 가리킵니다.

황민화 정책은 병참기지화 정책과 동전의 양면이라고 할 수 있습니다. 동원된 조선인들이 일본을 위해서 일하고 싸워야 하는데 만약에 총부리를 일본을 향해서 겨누면 안 되지 않겠습니까? 그래서 조선민족을 일본민족으로 만드는 정책, 정신무장을 시켜서 일본에 충성할 수 있는 신민을 만드는 것이 황국신민화 정책입니다. 우리는 이를 '민족말살정책'으로 부릅니다. 아마 히틀러가 유대인을 멸종시키려 했는데 비하면 다행 아니냐고 말할 수 있을런지는 모르겠습니다만, 민족사적으로 볼 때 우리 민족이 하나의 민족으로서 과연 존립할 수 있을지 없을지를 시험 당한 시기라고 할 수 있습니다. 관공서의 조례 때나 일반 가정에서도 매일 아침 황국식민의 서사를 강제적으로 암송을 시키고, 일본 천황이 있다는 동방을 향해서 절을 하도록 강요하는 동방요배(東方遙拜)를 일상화시켰습니다. 그리고 여러분이 다들 아시는 신사참배를 강요합니다. 신사참배를 다룬 영화로는 주기철 목사를 소재로 한 '그의 선택'이 있습니다. 신사는 일본 천황이나 일본 전쟁 영웅을 모시는 사당의 일종입니다. 일제는 한 마을에 하나씩 신사를 만드는 일촌일사(一村一社) 운동도 강제하는데, 1945년쯤 되면 전국에 1000개 이상의 신사가 있었다고 합니다. 당연히 해방 후에 제일 먼저 파괴된 것이 신사들이었습니다. 이처럼 황국신민의 서사 암송, 신사참배뿐만 아니라 창씨개명도 강요합니다. 학교 입학할 때 일본이름을 안 쓰면 입학 안 시켜준다든가, 공문서 서류를 처리할 때 일본이름 안 쓰면 접수를 하지 않는다든가 하는 방식으로 강요를 했습니다. 생활상의 불편을 겪게 함으로써 창씨개명을 하지 않을 수 없도록 강제했습니다.

일본의 식민지배는 서구의 식민지배와는 다른 특이성이 있습니다. 무엇보다 바로 이웃나라를 침략한 점입니다. 유럽이나 미국의 식민지배는 대부분 아시아, 아프리카, 라틴 아메리카 등지의 아주 멀리 떨어진 나라를 대상으로 이루어졌지만, 일본은 바로 이웃나라인 조선을 식민지배 했습니다. 지리적 측면에서 유일하게 그 이웃을 식민화한 점이 특징입니다. 또한 서구의 식민지배는 주로 백인종이 황인종이나 흑인종을 지배한 형태이지만, 일본의 식민지배는 같은 인종을 대상으로 행해졌습니다. 서구의 경우, 문화수준이나 내용이 매우 이질적인 나라를 식민지로 삼았다면, 일본의 식민지배는 문화수준이나 성격에서 큰 차이가 없는 조선을 대상으로 이루어졌습니다. 또 하나 지적하고 싶은 것은 서구의 식민지배는 간접지배, 그러니까 자치를 허용하였지만, 일본의 식민지배는 철저한 직접통치였다는 점입니다. 총독부 관리 중에 과장급 이상은 전부 일본인이었고, 말단만 조선인이었습니다. 일본의 식민지배를 무단통치, 문화정치, 파쇼적 동원체제 등 그 양태에 따라 구분했습니다만 일본은 다른 어떤 식민국가보다도 가혹하게 통치를 했습니다. 그것이 무단적이든 문화적이든 파쇼적이든 식민지배가 가하는 질곡과 고통의 압제는 이루 말할 수 없이 큰 것이었습니다. 어쨌든 역사적 배경은 이렇게 간단하게 말씀드리고 이제 식민 트라우마의 의미와 그 현재적 조건을 살펴보도록 하겠습니다.

식민 트라우마의 의미

통상 트라우마(Trauma)는 외상 후 스트레스 장애(post traumatic stress disorder, PTSD)를 일컫는 말입니다. 즉, 한 개인이 전쟁, 폭력, 대형사고 등 생명을 위협하는 극단적 사건을 경험하는 이후에 발생하는 여러

가지 증상을 가리킵니다. 이를테면 불면증과 같은 과도한 각성상태, 악몽을 꾼다든지 하는 반복적인 재경험, 그리고 기억상실과 같은 회피와 둔감화의 증상입니다. 그런데, 이러한 증상은 생명을 위협하는 극단적인 사건을 한 개인이 직접 경험해야 생길 수 있는 것이 아닌가? 하는 의문이 생길 수 있습니다. 왜냐하면 저의 강의 제목이 〈한 갑이 지나도록 아물지 않은 식민지배의 상처〉이기 때문입니다. 60년이 지나도록 식민지배의 상처가 아물지 않는다고 했을 때, 이런 트라우마를 지닌 사람은 아주 극소수 아니겠습니까? 징병, 징용으로 끌려갔거나, 고문을 당했거나, 위안부 할머니들처럼 그런 폭력을 당했거나 인구구성상 아주 소수일 것입니다.

그런데 오늘 강의에서 말하는 식민 트라우마는 직접적인 피해자가 아니라 직접 경험하지 못한 해방 후 세대들이 공유하고 있는 집단적 원한심리, 적대의식을 의미합니다. 이와 관련하여 저희 통일인문학연구단이 설문조사한 내용을 잠깐 소개해드리겠습니다. 먼저 '역사적으로 가장 큰 상처를 준 나라가 어디냐고 물었더니, 압도적으로 일본을 선택했습니다. 중국은 9%, 미국은 4.8%, 소련은 3.2%였는데, 일본이 81.2%였습니다. 일본이 우리 민족에게 가장 가해를 많이 한 나라, 가장 상처를 많이 준 나라라는 것입니다. 다음으로 '일본 때문에 고생했던 역사에 대해 어떻게 생각하는가'를 물었더니 '용서하더라도 잊어서는 안 된다'가 48.5%, '사죄한다면 용서할 수 있다'가 27.5%, '결코 용서할 수 없다'가 19.6%, '불행 과거이므로 잊자'가 3.8%였습니다. 이 답변에 대해 해석을 잘 해야 하는데요, 언뜻 보면 '용서할 수 있다'(48.5%+27.5%=76%)가 많은 것처럼 보이기 때문입니다. 그러나 이것은 제가 볼 때 일본이 사죄를 안 하기 때문에 결코 용서할 수 없다는 정서가 그 심리적 기저에 흐르고 있습니다.

이 점은 다음 질문에 대한 답변과의 연계 속에서 확인할 수 있습니다.

'일본인에게 당한 것을 생각하면 되갚아주고 싶은가?', 그러니까 보복심리를 물었습니다. '매우 그렇다' 21.8%, '조금 그렇다' 45.9%, '그렇지 않다' 23.2%, '전혀 그렇지 않다'가 8.6%로 답변했습니다. '매우 그렇다'와 '조금 그렇다'를 합해 약 70% 정도의 보복심리가 드러납니다. 위에서 용서할 수 있다는 답변 기저에는, 진정으로 사죄를 한다면 용서할 수 있는데, 지금 사죄하지 않고 있기에 방금 질문에서 70% 정도의 보복심리가 나타난 것이라고 할 수 있습니다. 사죄는커녕 계속 자극하고 도발하는 현재의 일본과의 관계를 염두에 두면서 이를 해석해보면, 용서보다는 보복심리가 강하게 나타난다는 것입니다. 그런데 이런 보복 심리는 우리가 일본과 치르는 모든 스포츠 경기에서 드러나는 일종의 대리전쟁 양상에서 단적으로 확인됩니다. 그래서 '일본과 축구경기를 할 때는 북한이든 한국이든 반드시 이겨야 한다고 생각하는가'를 물어봤습니다. '그렇다'가 80.4%, '아니다'가 19.6%로 약 8대 2의 비율을 보였습니다. 그런데 일본문화에 대한 선호도가 높고, 다른 세대들보다 일본 상품을 많이 소비를 하는 2, 30대의 경우도, 80%에는 미치지 못하지만 70% 이상이 반드시 이겨야 한다고 답변하였습니다. 우리나라 김연아 선수랑 라이벌 관계에 있는 일본의 아사다 마오라는 선수가 있습니다. 그녀에게 악플이 엄청나게 많이 달렸던 것을 보신 분은 알 것입니다. 그녀가 어떤 개인적 결함을 가졌기 때문에 그런 악플을 다는 것이 아닙니다. 엄청난 악플은 그녀가 일본 사람이고 또 김연아 선수의 경쟁자이기 때문입니다.

일본에 대한 일종의 보복심리라고 할 수 있습니다. 우리나라 대부분의 사람들은 일본에 대한 적대의식과 분노의 감정을 지니고 있습니다. 일제 식민지배를 직접 경험하지 않으면서도 마치 자기가 과거에 그런 경험을 겪은 것처럼 반응하는 것입니다. 식민 트라우마란 트라우마 사건을 직접 경험하지 않았는데도 마치 자신이 과거에 그런 경험을 겪은 것처럼 반응하는 것을 의미합니다. 식민지를 겪은 모든 국가들은 식민지배의 경험을 교육을 통해 역사적으로 전승시킵니다. 우리의 경우도 국경일 중에 일제의 식민지배와 관련된 것이 두 개나 있습니다. 3.1절과 8.15 광복절이죠. 이뿐만 아니라 독립운동기념비를 세우는 등 식민지배의 역사를 항상 상기시킵니다. 물론 가족사적으로도 할아버지나 나이 많은 친지들로부터 식민지배의 경험을 들을 수 있습니다. 그런데 지금은 식민지배로부터 해방이 된지 70년이나 흘렀습니다. 70년이 흐르면 식민지배를 당한 과거에 대한 상상과 연결된 분노의 감정은 웬만하면 잊게 마련입니다. 그게 정상입니다. 세월이 흐르고, 그 일을 겪은 다음에 아무리 역사적으로 전승이 된다 할지라도 어느 정도 상처가 아뭅니다. 그런데 우리의 경우 원한과 분노의 집단감정이 여전히 살아 있습니다. 아직도 식민지배의 상처가 치유되지 않고 있는 것입니다.

식민 트라우마의 현재적 조건

직접 경험하지 않았음에도 불구하고, 왜 이런 식민 트라우마가 아직까지 생생하게 살아있는 것일까요? 그 이유는 과거의 상처를 끊임없이 자극하고 도발하는 현재적 조건 때문입니다. 하루 이틀도 아니고 해방 후 지속적으로 그래 왔습니다만, 과거의 상처를 불러내어 가해자들을 지속적으로 도발하는 일은 아베 신조가 일본 총리가 되는 작년부터 유독 심했겠습니다. 아베 총리가 96번이라는 등번호를 달고 야구경기 시구를 하였다는 최근의 신문기사를 보셨지요? 왜 96번을 달았을까요? 일본에는 평화헌법이 있습니다. 1947년 개정한 일본의 헌법 9조는 최소한의 방위를 한다는 전수방위 원칙과 국가의 교전권과 집단자위권 행사를 금지하였습니다.("전쟁과 무력을 영구히 포기한다", "전력을 보유하지 않는다", "교전권을 인정하지 않는다") 이는 과거의 전쟁책임을 인정하고 일본의 군사력을 오직 방어에만 사용한다는 것을 약속함으로써 그동안 동아시아 평화의 중요한 버팀목 역할을 해왔습니다. 그런데 평화헌법을 고치려면 제96조를 개정을 해야 합니다. 왜냐하면 평화헌법을 고치는 절차에 관한 것이 제96조이기 때문입니다. 그런데 야구를 하는데 등번호를 96번으로 달고 오는 이유가 뭐겠습니까? 헌법개정절차를 통해 평화헌법을 수정하겠다는 의도를 표명한 것입니다. 또 이 사람이 항공자위대를 방문해서 731이란 번호가 달린 비행기를 타고 엄지손가락을 치켜든 사진이 국내에 소개되었습니다. 그런데 과연 이 사람이 731이라는 번호의 의미를 알고 있었는가? 하는 의문이 듭니다. 왜냐하면 관동군 산하 세균전 담당의 731부대는 중국이나 우리나라 독립군들을 잡아서 세균무기를 개발하기 위해 팔 다리를 찢는 등 반인륜적 생체실험을 한 부대이기 때문입니다. 그래서 이런 야만적이고 반인륜적인 행위를 그가 알았다면 과연 731기를 타고 엄지손가락을 치켜들 수 있었겠는가 하는 것입니다. 야구경기의 시구에서 96번을 달았으니까, 731 번호의 의미도 알고 그랬을 수도 있다고 생각하기에는, 설마 일국의 총리가 그런 인면수심의 인간일까 하는 의문이 자연스럽게 들지 않을 수 없습니다. 어쨌든 이러한 행위들이 우리나라 국민과 중국 인민들에게는 엄청난 분노를 일으킵니다. 잘 아시겠지만 일본이 과거 침략하여 고통을 준 주변국가들을 자극, 도발하는 대표적인 현재적 사안들을 살펴보겠습니다.

먼저 위안부 발언입니다. 일본은 1993년 '위안부' 동원의 강제성 인정하고 사죄한 이른바 '고노담화'를 발표하고 그 뒤 '아시아여성기금'을 만들어 위안부 할머니들에 대한 배상을 시도하기도 하였습니다. 그런데 총리라는 인물이 위안부 강제동원의 역사를 부정하는 선봉으로 나섰습니다. 최근 아베 총리는 증거가 없다며 위안부 강제동원을 부정하는 발언을 했는데 이는 고노담화의 내용을 부인한 것입니다. 또 요즘 신문에 많이 나오는 사람입니다만 하지모토 도루라는 오사카 시장이 전쟁 때는 종군 위안부가 필요한 것 아니냐 이렇게 발언했다가 전세계 여성단체로부터 엄청난 지탄을 받았고, 또 일본 여론도 안 좋게 돌아가서 이 사람이 속한 정당, 유신회의 지지도가 반토막 났다는 기사를 최근 봤습니다. 그런데 문제는 이런 아베신조나 하지모토 도루 같은 사람이 예외적인 인물이 아니라는 점에 있습니다. 일본 정치계에서 이런 말 하는 사람들이 광범위하고 엄청나게 많습니다. 그들은 군 위안부 문제가 1965년 한-일 '청구권협정'으로 이미 끝났다고 입을 모읍니다. 그리고 그 동안 많은 일본 정치가들이 소위 위안부 할머니들이 돈 벌기 위해 자유의사로 지원했다면서 피해 할머니들을 폄하하고 모욕하는 언행을 되풀이해왔습니다. 그 때문에 유엔인권이사회조차 2008년 이에 대해 공식적으로 우려를 표명하고, 일본 국민이 위안부 문제에 대해 올바른 인식 갖도록 일본 정부에게 대국민 교육을 할 것을 권고했습니다. 아시는 바와 같이 이는 연목구어에 불과했습니다. 몇 년 전쯤인가요, 일본의 극우 정치인이 한 모욕적 행위가 생각납니다. 종로구 일본 대사관 앞에 평화의 소녀상이 있습니다. 120cm정도, 맨발로 주먹을 무릎 위에 놓고 한복 저고리를 입은 채 일본 대사관을 응시하고 있는 소녀상이 있습니다. 그런데 그 극우 정치인이 평화의 소녀상 옆에 '다케시마는 일본 땅'이라는 말뚝을 박고, 일본으로 돌아가서는 '위안부는 매춘부다'라는 발언을 하였습니다. 이런 언행들을 접하면서 속이 뒤집히지 않을 한국인은 없을 것입니다.

다음으로 야스쿠니 신사참배입니다. 아베 총리는 '나라를 위해 목숨을 바친 호국영령들에게 경의를 표하는 행위가 무슨 잘못인가'라면서 야스쿠니 신사참배를 미국의 국립묘지인 알링턴 묘지에 가서 참배하는 행위와 동일한 것으로 합리화하였습니다. 미국인이 국립묘지에 가서 호국영령들에게 경의를 표하는 것처럼 야스쿠니 참배도 나라를 위해서 목숨 바친 호국영령들에게 경의를 표하는 행위라는 것입니다. 그런데 이 말을 들은 우리나라 국민들이나 중국인민들의 심정은 어떻겠습니까? 아마도 독일 대통령이 유대인 학살의 주범인 히틀러와 고위 나치 관료들의 묘소에 참배하는 것을 바라보는 유대인들의 심정과 똑같지 않을까요? 아마 독일 상황에서 그랬다면 독일은 물론 온 유럽에서 난리가 났을 것입니다. 전사자들을 기리는 진정한 방식이 A급 전범 14명이 안치되어 있는 야스쿠니에 참배하는 것은 아닐 것입니다. 전사자들에게 진정하게 경의를 표하려고 한다면 남의 나라 국민들의 상처를 자극하는 그런 천박한 방식이 아니라, 다른 방식이어야 할 것입니다. 지금 일본에는 2차 세계대전 당시 발굴되지 않은 유골들, 남태평양과 동아시아 지역에서 아직 돌아오지 않는 유골들이 많습니다. 우리 민족도 한 2만 2천명 정도가 있는 걸로 알고 있습니다. 전사자를 기리는 방식이 정말 제대로 되려면 이런 사람들의 유골부터 먼저 송환하는 것이 많은 이들의 공감을 불러일으킬 것입니다. 식민지배를 자행하고 이웃나라를 침략하여 수많은 사람들을 살상한 그런 전범들을 기리는 행위가 어떻게 알링턴 묘지에 참배하는 행위와 동일할 수 있겠습니까? 미국인들로서도 아마 납득하기 어려울 것입니다. 어쨌든 일본 총리의 이런 언행들이 우리한테는 엄청난 분노와 적대감정을 불러일으키는 것입니다.

그 다음에 여러분들도 잘 아시는 일본의 독도 영유권 주장도 마찬가지로 우리의 속을 뒤집어 놓는 그런 것입니다. 우리에게 독도는 단순히 조그만 섬이 아닙니다. 일본이 식민지배를 위해서 최초로 침략한 곳이 바로 독도이기 때문입니다. 러일전쟁 당시 전선과 망루를 설치하기 위해서 독도의 군사적 중요성이 발견된 직후, 일본정부는 독도를 시마네현으로 귀속시켜버렸습니다. 그러니까 일본의 독도 영유권 주장은 1905년의 을사늑약과 1910년의 경술국치로 이어지는 식민지배의 맥락과 관련되어 있습니다. 그러기 때문에 우리 민족에게 일본의 독도 영유권 주장은 단순히 영토 영유만의 문제가 아니라, 식민지배를 정당화한다는 반발 정서를 야기시키는 문제이기도 합니다. 독도는 일본의 한반도 침탈과정에서 가장 먼저 병탄되었기 때문입니다. 기억하실지 모르겠습니다만 일본에 지진과 해일로 인해 후쿠시마 원전사고가 일어났을 때 삶의 터전 잃어버린 일본 국민을 위해 한국인들이 모금운동을 벌여 300억원 정도를 건네준 적이 있습니다. 그런데 바로 그때 우리의 뒤통수를 치는 사건이 있었습니다. 일본정부는 교과서에 독도는 일본 땅이라고 명기하고, 고교 무상화 혜택에서 재일 조선인이 세운 민족학교를 제외하는 결정을 했던 것입니다.

60여년에 걸친 일본 지도자들의 끈질긴 망언

우리의 식민 트라우마를 끊임없이 환기하여 현재화하고 있는 것 가운데 일본 정치인들의 망언을 생략할 수 없습니다. 일본 정치인들의 망언에는 수 없이 많은 사례들이 있기 때문에 유형별로 살펴보겠습니다. 먼저 식민지 시혜론, 미화론입니다. 1950년대에 한일 관계 개선을 위해서 온 일본 측 수석대표가 구보다란 인물인데, '식민지배는 한국인에게 유익했다'는 망언을 했습니다. 구보다 망언은 최초의 망언으로 알려져 있습니다. 일본이 철도를 부설해줬고, 근대적 교육제도를 마련해줬고, 공업학를 했기 때문에 식민지배는 은혜를 베푼 것이라는 겁니다. 1950년대, 60년대 일본정치인들의 망언은 대부분 식민지배가 한국경제에 유익했다는 시혜론이 지배적이었습니다. 만일 일본이 식민지배를 하지 않았다면 러시아에 먹혔을 것이고, 그럴 경우 더 비참해지지 않았겠느냐 것입니다. 식민지 시혜론은 1960년대 초중반 한일국교정상화를 위한 회담의 쟁점 가운데 하나였던 자금의 성격 문제와도 관련이 있습니다. 당시에 일본이 우리에게 준 금액의 성격을 둘러싼 쟁점입니다. 우리는 식민지배에 대한 보상이므로, 청구권이라고 해석을 했고, 일본은 독립 축하금과 경제부흥 협력금으로 해석했습니다. 식민지배에 대해서 보상하는 마인드가 아닌 것이죠. 그러나 이런 해석상의 쟁점은 결론을 내지 않은 채 모호하게 처리되어 흐지부지 되어버렸고 이후 일본의 한국에 대한 망언의 또 다른 원천이 되었습니다. 이후 일본은 식민지배의 청산이 1965년 한일협정으로 해결되었다는 입장을 취하고 있습니다. 어쨌든 이 식민지 시혜론은 50년대, 60년대 까지는 정치인들 수준에서 논의되다가, 70년대에 오면 식민지 근대화론이라는 학문담론으로 영역을 옮기게 됩니다. 이런 시각은 70년대 후반부터 80년대까지 일본의 식민지였던 한국과 대만이 신흥공업국으로 떠오른 것을 배경으로 등장했습니다. 한국과 대만의 놀라운 경제성장이 일본의 식민지배로 인해 공업화의 기초가 수립되었기 때문에 가능했다는 것입니다.

　망언의 두 번째 유형으로 '한민족 멸시론', 보다 정확하게는 '아시아 멸시론'입니다. 한민족은 자립능력이 결여된 사대주의 심리에 젖은 열등한 민족이라는 것입니다. 아시아 멸시론의 사상적 원천은 후쿠자와 유키치의 '탈아입구(脫亞入區)'론입니다. 후쿠자와 유키치는 일본 돈 일만엔의 모델이며, 일본 근대화의 선각자로 추앙받는 인물인데, 그 사람이 최초로 제기한 것이 '탈아입구론'입니다. 아시아를 벗어나서 서구로 진입하자, 줄여서 '탈아론'이라고 합니다. 그는 중국을 정체된 국가로, 조선을 미개의 나라로 규정하고, 이런 악우(惡友)들, 나쁜 친구들과 일본이 아시아라는 같은 틀로 한 데 묶일 수 없기 때문에 일본의 아이덴티티를 아시아에 두기보다는 서구에 둬야 한다는 것입니다. 후쿠자와 유키치도 한 때, 개화파인 김옥균과 손을 잡았으나, 갑신정변이 실패하자 탈아론으로 돌아섰다고 합니다만, 어쨌든 이 탈아론은 중국과 한국을 멸시하고 일본을 서구와 대등하게 놓는 시각의 원천이 되었습니다. 탈아론적 발상은 오늘날에 일본인에게 이어져, 아시아의 여러 민족들을 멸시하는 바탕이 되고 있습니다. 이런 아시아 멸시론과 일본 우월주의는 오늘날 일본이 식민지배나 침략전쟁에 대한 책임의식이 결여된 점과도 밀접히 관련되어 있습니다. 일본인은 2차 세계대전에서 아시아 민족들에게 패배한 것이 아니라 미국에 패배했을 뿐이라고 생각하는 경향이 있습니다. 여기서 보듯 아시아 멸시론은 식민지배에 대한 책임의식 결핍과 연결되어 전후 일본사상 형성에 하나의 유산이 되었습니다.

망언의 세 번째 유형은 '침략전쟁 부인론'입니다. 최근에 아베 총리는 '침략을 규정할 수 없다, 정의 내릴 수 없다' 이런 말을 했는데, 기본적으로 이 사람이 하고 싶은 속 말은 침략전쟁을 부인하는 것입니다. 아베는 1993년 자민당 산하에 역사검토위원회가 발족하자 줄곧 핵심 멤버로 활동을 했습니다. 역사검토위원회는 1995년에 『대동아 전쟁의 총괄』이란 책을 펴냅니다. 패전후 일본은 그 전에 사용하던 '대동아 전쟁'이란 이름 대신 '태평양 전쟁'이란 이름을 사용했는데, 이 책에서 의도적으로 '대동아 전쟁'이란 말을 다시 사용하고 있습니다. 이것은 바로 반세기 만에 전전(戰前) 일본이 사용하던 본래의 전쟁명칭을 회복하겠다는 의지를 드러낸 것입니다. 이는 단순한 전쟁명칭의 변경에 끝나는 것이 아니라 '대동아 전쟁'이란 말이 담고 있는 역사의식을 계승하겠다는 의도로도 해석할 수 있습니다. 대동아 전쟁은 한 마디로 침략전쟁이 아니라 아시아 민족을 위한 성전(聖戰), 구미 열강으로부터 아시아를 구하기 위한 아시아민족 해방전쟁이라는 것입니다. 당시 전쟁 중에 일본 지식인들을 사로잡은 '근대 초극'이란 말이 유행했습니다. 다시 말해 대동아 전쟁은 영미주도의 서양근대문명의 종언을 고하는 전쟁이며, 이 전쟁을 계기로 앞으로 세계사는 일본이 주도하는 새로운 국면, 곧 근대의 초극이 도래할 것이라는 겁니다. 요컨대 대동아전쟁은 침략전쟁이 아니라 자위전쟁이며, 나아가 영국과 미국이 대표하는 서구적 근대를 극복하는 유토피아적 미래를 도래하게 만드는 전쟁이라는 것입니다.

아베 등장 이후 도발이 강화된 이유

문제는 이상에서 살펴본 일본 정치가들의 언행이 그냥 함부로 내뱉는 발언이 아니라 이웃나라 중국이나 한국, 북한의 반발을 충분히 예상하면서 나온 계산된 의도적인 발언이라는 점에 있습니다. 그렇다면 의도적으로 신사참배를 하고, 독도 영유권을 주장하고, 망언을 하는 근본적인 이유가 뭐냐는 것입니다. 먼저 생각할 수 있는 것은 최근 아시아 이웃국가들에 대한 일련의 도발들이 과거 어느 때보다도 아베 총리 이후에 강화되었다는 점입니다. 이렇게 강화된 배경에는 탈냉전 이후 20년간의 장기불황 극복과 전후체제의 탈피의도가 자리 잡고 있습니다. 전후체제라고 하는 것은 전후의 레짐(regime)인데 구체적으로 '평화헌법'과 '경제대국' 두 가지로 요약할 수 있습니다. 전후 미국은 일본을 반공의 교두보로 삼으면서 평화헌법을 일본에 요구하였습니다. 평화헌법은 아까 말씀드렸듯이 오로지 방위만 하는 것을 원칙으로 하기 때문에 일본의 정치군사적 힘은 약할 수밖에 없습니다. 정치군사적으로는 미국의 보호 하에 있는 약체 국가이지만, 경제적으로는 엄청난 대국의 모순적 공존이 전후체제의 핵심입니다. 이는 1945년부터 오십년 동안 이어져 왔습니다. 그러다가 이 전후체제가 붕괴된 계기가 탈냉전 이후 20년간의 장기불황입니다. 그나마 정치군사적 약세를 감수하면서도 전후체제를 일본이 수용한 것은 지난 50년 동안 지속된 경제적 번영 때문이었습니다. 그러던 것이 20년간 장기불황이 지속되면서 세계경제에서 차지하는 일본의 영향력이 감소되고 2류 국가로 전락하는 위기감이 일본국민들 사이에 확산됐습니다. 그 기간 동안 중국은 지속적으로 10% 이상의 경제성장을 하면서, 지금은 G2라고 불리는 수준까지 올라왔습니다. 동아시아 패권에서 일본은 중국을 의식하지 않을 수 없습니다. 그런데 일본 경제는 지난 20년간 제대로 된 성장동력을 만들어내지 못한데다가, 특히 2011년 후쿠시마 원전 사고 이후로 일본사회는 2류 국가로 전락할 수 있다는 두려움과 초조함이 더욱 심해졌습니다.

아베는 전후세대로서는 첫 총리를 한 사람인데, 이 사람이 목표로 내건 것이 바로 전후체제의 탈피입니다. 전후체제의 두 축 가운데 경제성장은 그대로 이어받으면서 평화헌법을 수정하여 정치군사적인 대국으로 발돋움하겠다는 것입니다. 첫 번째로 아베노믹스라고 해서 과감한 재정투자를 특징으로 합니다. 우리나라나 중국에 어떤 영향을 미치든지 고려하지 않고 과감한 재정투자를 하겠다는 것인데, 전문가들은 장기적으로 지속될 수 없다는 부정적인 평가를 내리고 있습니다. 어쨌든 아베노믹스를 통해 경세적인 번영을 지속하는 한편, 전후체제 탈피의 두 번째 과제로 평화헌법 개정을 목표로 삼고 있습니다. 그래서 내세우는 것이 '정상국가론', '보통국가론'입니다. 아베는 일본인의 긍지를 회복하고 일본이 '정상적인' 국가로 바로 서기 위해서는 평화헌법의 개정이 불가피하다고 주장합니다. 그가 하고 싶은 말은 이런 것일 겁니다. '주권국가라면 군대를 갖는 것은 당연한 권리이다. 이 권리는 어떤 국가에게도 주권적 사안이지 다른 나라가 간섭하고 말고 할 문제가 아니다. 다른 나라와 마찬가지로 우리 일본도 군대를 가질 권리가 있다. 그런데 평화헌법은 상비군을 가질 권리를 박탈하고 있기 때문에 여느 보통국가, 정상국가가 누리는 당연한 권리를 제약하고 있다. 따라서 평화헌법은 개정되어야 한다'

일본은 세계에서 유일하게 군대를 가질 권리를 박탈당한 나라, 정상국가가 아니라 예속국가 아닌가 라는 자격지심이 일본 정치인들에게 있을 수 있습니다. 그런데 문제는 일본이 오늘날에 이르기까지 위안부, 강제연행자, 원폭피해자, 야스쿠니 강제 합사 등에 이르기까지 어느 한 부분에서조차 식민지배의 책임을 다하지 않았다는 점입니다. 전범국가가 '보통국가'가 되기 위한 필수적인 전제조건인 침략전쟁과 식민지배에 대한 책임을 하나도 지지 않은 상태에서 욕망하는 보통국가가 제대로 된 보통국가일 수 있겠습니까? 이웃 나라들이 과거의 군국주의 일본을 떠올리고 불안을 갖지 않을 수 없습니다. 만약 일본이 과거의 식민지배를 반성하고 응분의 책임 있는 보상을 하며 침략전쟁에 대해서도 책임을 진다면, 일본의 정상국가론은 나름대로 탄력을 받을 수도 있습니다. 그런데 정상국가의 선결조건이 하나도 이루어지지 않고 있습니다. 그렇기 때문에 일본이 아무리 정상국가, 보통국가를 말하더라도 과거의 영광을 재현하여 강한 일본이 되려고 한다는 주변국가의 우려를 불식시킬 수 없고, 말이 정상국가이지 내용적으로 비정상국가가 되려 한다고 판단하는 겁니다. 일본이 품는 보통국가의 꿈은 진짜 보통국가가 아니라 과거 일본 군국주의에 대한 정당화와 부활로 이어질 수밖에 없다고 생각하는 것입니다.

전전(戰前)과 전후(前後)의 인적 · 사상적 연속성

일본의 최근 강화된 도발의 이유에는 아베 등장 이후 전후체제를 탈피하기 위한 의도적 계산이 깔려 있다고 볼 수 있습니다. 그러나 보다 근본적으로 볼 때 해방 후부터 오늘날까지 지속적으로 일본의 도발이 이루어져온 이유는 2차세계대전 이전의 인적, 사상적 연속성에 있다고 생각합니다. 1947년 트루먼 독트린이 발표되고 이후 1949년에 중국이 공산화됩니다. 그리고 1950년 6.25전쟁이 발발합니다. 이러한 일련의 사건을 통해 냉전체제가 강화되는 과정에서 미국은 일본을 반공의 전략적 보루로서 삼으면서 정치인, 군인, 기업인 등 전범들이 대거 석방되었습니다. 요시다 시게루라는 사람이 있습니다. 원래 전범 명단에 들어갔으나 미국에 매우 협조적인 태도를 보였기 때문에 재판을 면했습니다. 이 사람은 수상을 몇 차례 역임하면서, 자민당을 만들고 전후 일본경제 부흥의 주역이 되었습니다. 일본에서 존경받는 정치인이지만 이 사람은 재일 조선인을 두고 '뱃 속의 벌레 같다'는 망언을 한 인물이기도 합니다. 그 다음에 아베 총리의 외조부인 기시 노부스케는 일본 만주국의 고위 관료 출신으로 민간인으로는 유일하게 A급 전범으로 분류되었지만, 석방되어 1957년 일본총리를 역임했습니다. 지금 일본의 부총리인 아소 다로는 최근 1933년 히틀러가 교묘한 헌법해석 변경으로 바이마르 헌법을 무력화시킨 방법으로 평화헌법을 개정하자고 말해 주변국가의 커다란 반발을 사기도 했는데, 이 사람의 장인과 외조부도 총리를 역임하였습니다. 다시 말해 냉전체제의 강화와 일본의 반공 교두보로서의 전략적 위치는 일본 전범들이 정치적으로 소생하는 밑거름이 되었다고 할 수 있습니다. 그리고 그 후손들이 대를 이어 일본정계에서 활약하고 있습니다. 오늘날 일본 정계에 있는 핵심 멤버들은 전전의 인물들과 연속성이 있습니다. 인적 청산이 이뤄지지 않았다, 달리 말해 인적 연속성에 있다는 겁니다.

뿐만 아니라 사상적인 연속성도 **빼놓을** 수 없습니다. 일본의 지식인들은 좌파도 있고 우파도 있습니다만 하나같이 일본의 식민지배에 대해 본격적이고 근원적인 비판을 하는 사람은 드뭅니다. 식민주의를 비판하는 지적 풍토가 매우 빈약하다는 것입니다. 일본 정치인들의 망언도 식민지배에 대한 불철저한 비판 풍토에 기인하는 바가 크다고 할 수 있습니다. 일제 시기 야나기 무네요시라는 사람은 석굴암을 비롯하여 조선의 민족예술에 대해 엄청나게 찬탄을 했습니다. 그런데 이 사람은 '조선민족은 독립할 자격이 없다'는 말도 했습니다. 일본지식인들 가운데 식민지배의 정책에 관해서는 비판했지만 식민주의 자체를 문제 삼는 이들이 많지 않습니다. 일본의 근대는 침략과 식민주의의 역사와 겹치기 때문에, 만약 식민주의 자체를 비판하게 되면 일본 근대 자체를 부정하는 꼴이 되어서 그럴까요? 어쨌든 좌우를 막론하고 식민지배를 본격적으로 비판하는 사람들은 별로 없습니다.

이와도 관련되지만, 일본은 아시아에 대한 책임의식이 정말로 희박합니다. 전전뿐만 아니라 전후에도 일본에서 아시아를 보는 시각의 근본적 변화가 이루어지지 않고 있습니다. 일본인의 의식구조를 연구하는 많은 분들은 일본인들이 아시아에 패배했다는 의식이 희박한 점을 공통적으로 지적하고 있습니다. 일본은 1945년을 어떻게 인식할까요? 많은 일본국민들은 1945년의 패전을 미국에 패배한 것으로 인식할 뿐, 침략당한 아시아 민족의 저항 때문에 패배했다는 인식이 희박합니다. 중국에 졌다는 의식도 희박한데 하물며 조선에 졌다는 의식은 거의 제로에 가깝습니다. 중국이나 우리는 항일 독립투쟁이 일본의 패배에 기여했다고 믿고 있습니다. 그러나 일본은 '미국에 졌을 뿐'이라고 생각합니다. 전력차가 엄청난 경제, 군사 대국 미국을 잘못 건드렸다가 패배했다는 인식입니다. 그러니까 '잠자는 호랑이 코털을 잘못 건드렸다'는 것입니다. 아시아를 침략하고 조선을 식민지배한 데 대해서는 일말의 책임이 없습니다. 이런 점은 전후도 마찬가지입니다. 아시아에 대한 책임의식보다 오히려 일본 자신의 피해의식이 두드러집니다. 한국인, 중국인을 상대로 한 징병, 징용, 생체 세균실험이나 종군 위안부 등 식민지 가해의식 보다는, 미국에 의한 히로시마와 나가사키 원폭에 대한 피해의식이더 강합니다. 바로 이런 인식들이 전전과 전후의 '사상적 연속성'이라고할 수 있습니다. 지금도 일본은 미국에 대해서는 긴장하고 있지만, 아시아에 대해서는 레토릭 수준으로 대응합니다. 일본이 진짜로 걱정하는것은 미국과의 관계입니다. 이런 점에서 앞서 말씀드린 탈아입구의사고방식을 여전히 벗어나지 못하고 있지 않느냐 라는 생각이 듭니다.

식민지배가 반인륜적 범죄라는 국제적 합의를 만들어갈 필요성

앞서 말씀 드린 내용은 왜 70년이 지난 지금까지 식민지배의 상처가 우리에게 남아있는가에 대한 것입니다. 다시 말해, 가해자 일본의 끊임없는 도발, 그것도 매년 빠짐없이 이어진 도발이 과거 식민지배의 상처를 수시로 환기시켜, 마치 우리 자신이 직접 식민지배를 당한 것처럼 반응하게 만드는 현재적 조건들을 말씀드렸습니다. 해방 후 일본은 지금까지 매년 빠지지 않고 우리의 식민 트라우마를 환기시켜왔고, 그래서 현재진행형이 될 수밖에 없었습니다. 상식적으로 생각하면, 우리가 어떤 개인이나 집단으로부터 상처를 받았을 때 그 상처를 치유할 수 있는 첫 걸음은 바로 가해자의 진술한 사과와 책임 있는 보상일 것입니다. 트라우마 치유의 가장 기본은 가해자의 책임 있는 반성과 보상입니다. 그런데 일본은 그런 책임과 보상은커녕 우리의 상처에 소금을 뿌리는 행위를 그 동안 지속해왔습니다. 그렇기 때문에 우리가 식민 트라우마를 치유하기 위해 일본과 전쟁을 해서 사죄를 강압할 수도 없는 노릇이고, 그렇다고 자신의 역사와 진정으로 대면하는 일본사회의 성숙을 마냥 기다리는 것도 하세월이 아닐 수 없습니다. 가해자의 사죄와 책임이 트라우마 치유의 출발점이기는 하지만, 이를 통해서는 식민 트라우마를 치유할 수 없는 상황이라는 것입니다. 그래서 일본의 책임 있는 사죄를 기다리는 것이 아니라 식민 트라우마가 오늘날 한국사회에 던지는 의미가 무엇인지를 성찰하는 것이 보다 중요하지 않나 생각합니다. 그런 맥락에서 세 가지만 말씀드리고자 합니다.

우선 식민지배가 반인륜적 범죄라는 국제적 합의를 만들어 낼 필요성입니다. 본인들의 의사와 관계없이 한 민족의 운명을 강제로 결정한다는 점에서 식민제도는 노예제 못지않은 반인륜적 범죄입니다. 그러나 노예제는 인류사회에 있어서는 안 될 반문명적, 반인륜적 범죄라는 국제적 합의가 있지만, 식민지배에 관한 한 그러한 국제적 합의가 없습니다. 이 점은 오늘날 세계를 주도하는 나라들이 과거에 식민지배를 했던 나라라는 사실과 깊은 관련이 있습니다. 일본뿐만 아니라 세계적으로도 과거 식민지배를 한 국가들은 사죄와 보상을 제대로 하지 않았습니다. 이들 국가가 식민지배의 책임을 회피하기 위해 동원하는 상투적인 레토릭이 '도의적 책임은 있지만, 법적 책임은 없다'는 말입니다. 이를테면 1910년의 한일강제병합은 당시의 국제법상 정당했지만, 오늘날 도의적인 책임을 느낀다는 식입니다. 1993년 '위안부' 동원의 강제성을 인정한 '고노담화'가 발표된 뒤, 일본은 '아시아여성기금'을 만들어 위안부 할머니들에 대한 배상을 시도했다고 앞서 말씀드렸습니다. 그러나 아시아여성기금은 도의적 책임의 위무금(慰撫金) 성격이지 국가가 공식적으로 법적 책임을 지는 보상금(補償金)과는 거리가 먼 것입니다. 위안부 할머니들 대부분이 '아시아여성기금'을 거부한 이유도 이 기금이 일본정부가 법적 책임을 지는 보상금이 아니었기 때문입니다. 조금 전에 말씀드렸듯이 과거 식민지배의 경력이 있는 국가들도 식민지배의 법적인 책임에 대해서는 일본과 마찬가지로 무심했습니다. 사실 1946년의 동경재판에 대해 전쟁의 최대 책임자였던 쇼와 천황의 전쟁책임을 묻지 않는 등 여러 한계가 지적되고 있습니다만, 무엇보다 결정적인 점은 1931년 이후 일본의 전쟁범죄 책임을 물은 데 반해, 식민지배와 이 과정에서 자행된 일본의 비인도적 범죄행위에 대해서는 책임을 전혀 묻지 않았다는 점입니다. 2차세계대전에 승리한 연합국들도 식민지를 보유했던 국가들이기 때문입니다.

또 우리 스스로도 식민지배가 반인륜적 범죄라는 자각이 상당히 얕습니다. 소설가 조정래 선생이 쓴 한국 근현대사 3부작 소설 가운데 하나인 『아리랑』 서문에 '홀로코스트에 대해서는 그렇게 잘 알면서 왜 우리 민족이 당한 식민지배의 희생과 고통에 대해서는 모르느냐'는 질타성 문제제기가 있습니다. 3년간 학살 당한 유태인수는 잘 알면서 일제 36년 동안 우리 민족이 얼마나 죽어갔는지 어림숫자도 모르고, 유태인 처녀들이 발가벗겨 독가스실에 죽은 것을 잘 알면서 우리 민족의 처녀들이 동남아 일대의 정글에서 윤간 당하며 죽어간 것을 모르느냐는 겁니다. 유태인의 비극은 우리의 일인 양 분노하면서, 정작 우리 자신들의 비극을 망각한 데 대한 질타일 것입니다. 제가 볼 때 이 문제제기는 서구적 시각에 침윤된 우리의 오리엔탈리즘적 의식을 잘 지적하고 있지 않나 생각합니다. 서구와 미국은 홀로코스트만 과도하게 강조하는 반면, 식민지배와 그로 인한 희생과 고통에 대해서는 침묵하는 경향이 있습니다. 홀로코스트의 과잉 강조입니다. 홀로코스트를 강조하는 것이 틀렸다는 것이 아니라 형평성의 문제가 있다는 것입니다. 홀로코스트의 학살 못지않게 아시아의 엄청난 민중들이 죽었는데 동일한 관심이 주어지지 않기 때문입니다. 만약에 홀로코스트가 유럽 땅 한복판이 아니라 아프리카 땅, 아시아 땅에서 자행되었다면 서구나 미국이 그렇게 관심을 가졌을까 의문이 듭니다. 조정래 선생의 문제제기에는 서구의 시각이나 문화에 동화되어 그들 눈으로 자신의 역사를 평가하는 내면화된 우리의 오리엔탈리즘적 인식에 대한 비판이 잘 드러나 있습니다.

국제법상 식민주의를 범죄, 평화와 인도에 반한 죄로 규정하는 새로운 국제적 합의를 만들어가는 데 있어 한·중·일 시민연대가 매우 중요합니다. 강제병합 100년을 맞아 2010년 한일시민대회가 열렸는데, 이 대회는 '더반 선언'의 정신을 한일관계에 적용시켰습니다. 2001년 남아프리카 더반회의에서 식민지배를 당한 나라들이 모여 인종차별의 역사적 뿌리에는 식민주의가 있으며, 식민주의가 인간 존엄성을 훼손한 범죄행위임을 선언했습니다. 2010년의 한일시민대회는 이 더반선언의 정신에 따라 한일강제병합 조약의 부당성 문제를 넘어 식민지배 자체가 범죄행위임을 비판하고, 식민주의의 피해가 현재도 여전히 지속되고 있다는 점을 강조했습니다. 그러니까 식민화 과정에서 동학농민군과 의병들 학살, 식민지배 과정에서 3.1운동 당시의 탄압과 학살, 간도 학살, 관동대지진 학살, 강제징용·징병·위안부 범죄, 야스쿠니 무단합 사, 분단에 대한 일본의 정치적 책임, 나아가서 오늘날 일본인들이 식민 지배를 정당화하는 행위 등 모두 범죄행위로 지적했습니다. 한일지식인 들은 이 대회를 통해 식민지배 청산이 진정한 의미에서 동아시아의 평화공동체를 만드는 길임을 선언했습니다. 이런 맥락에서 우리가 일본 을 비판할 수는 있겠지만 모든 일본인을 적대해서는 안 된다고 생각합니 다. 일본 내에는 위안부 피해자 할머니들을 돕는 모임, 강제징용 피해자 소송을 돕는 모임, 원폭 피해자들을 돕는 모임, 역사왜곡 교과서 채택을 막기 위한 모임 등 수많은 시민단체들이 있습니다. 그래서 국가를 상대 하기보다 그런 시민단체와 연대하는 것이 일본 사회의 성숙이나 동아시 아 평화를 위해서 도움이 된다고 생각합니다.

우리 사회의 '내적 일본' 청산

다음으로 살펴볼 문제는 여러분도 잘 아시는 우리 사회의 '내적 일본' 의 청산, 즉 일제 잔재 청산입니다. 우리는 흔히 '일제 식민지배를 용서하 는 아량이 필요하며, 과거에 메일 것이 아니라 미래지향적인 한일 관계 를 수립해야 한다'는 말을 듣습니다. 그런데 이 말은 어폐가 있습니다. 가해자가 과거의 잘못에 대해서 용서를 빌지도 않았으며, 더군다나 잘못 한 것이 없다고 강변하고 있는 터에 피해자가 용서하는 아량이 있어야 한다는 말 자체가 성립하질 않습니다. 게다가 우리 자신이 일제 잔재를 완전히 청산하지 못하고 있으면서, 용서를 입에 담는 것은 가당찮은 일입니다. 오히려 성찰해야 할 것은 우리가 자신을 스스로 멸시함으로 써 남의 멸시를 자초한 것이 아닌가 하는 점입니다. '무릇 사람이란 반드시 스스로를 업신여긴 다음이라야 남이 나를 업신여긴다(人必自侮而後人侮之)'는 말을 한 사람은 맹자입니다. 맹자의 말처럼 일본 정치인들이 끝없는 망언과 도발을 계속하는 것은 우리가 그렇게 하게끔 어떤 빌미를 제공한 측면이 있다는 것입니다. 해방 후 우리 사회는 친일 잔재를 청산하지 못하고 친일 세력들이 사회 각계각층의 주도적인 역할을 해왔습니다. 바로 이 점이 일본 정치인들이 식민 통치가 유익했다고 서슴없이 말할 수 있는 빌미가 아닌가 생각합니다. 그러니까 일본이 식민지배를 반성하지 않는 것은 일본만의 문제가 아니라 우리 스스로 빌미를 준 측면, 즉 우리 사회의 내적 일본 문제와도 관련되어 있다는 것입니다.

우리 사회에서 일제잔재 청산은 아직도 제대로 이루어졌다고 말하기 어렵습니다. 해방 후 미군정은 통치의 필요성 때문에 일제시대의 관리나 경찰 상당수를 군정업무에 참여시켰습니다. 친일세력의 권력화는 이미 미군정기부터 진행되었다고 할 수 있습니다. 그리고 1948년 정부수립 이후 반민법이 제정되고 반민특위가 구성되었지만, 반민특위의 친일 청산행위가 반공을 어렵게 하며 국론분열을 시킨다는 이유로 해체되는가 하면, 6.25 전쟁의 와중에 반민법이 폐지됨으로써 친일파를 처벌할 수 있는 법적 근거가 완전히 사라지고 맙니다. 부역협력자 처벌은 식민지배를 벗어난 나라의 보편적 현상이지만, 우리의 경우는 여기서 예외적이었다고 할 수 있습니다. 반민특위가 좌절된 이후 오랜 세월 동안 친일문제는 공론화는 물론 연구 자체가 금기시되었습니다. 왜냐 하면 친일 잔재가 제도와 문화 등 다방면에 걸쳐 남아 있는데, 친일세력이 우리 사회의 모든 분야에서 헤게모니를 확고히 장악했기 때문입니다. 그래서 친일문제는 더 이상 거론되어서는 안 된다는 사회 분위기가 형성되었던 것입니다. 친일문제 연구의 금자탑이라고 할 수 있는 임종국 선생의 『친일문학론』이 오랫동안 금서로 묶여 있었다는 사실은 친일

문제가 우리 사회에서 어떻게 다루어졌는가를 상징적으로 보여준다고 할 수 있습니다. 이런 사회 분위기에서 과거 친일했다는 것은 더 이상 부끄러운 행위가 될 수 없습니다. 친일과 관련된 행위를 부끄러워하고 반성하는 풍토는 사라지고 친일행위에 대한 온갖 변명만 난무하게 되었습니다. 완전한 가치전도 현상이 아닐 수 없습니다. 일본군 간도 특설대 장교로 독립군을 토벌했던 백선엽 같은 사람은 '독립운동을 했다고 해서 독립이 더 빨라지는 것도 아니고 독립군을 토벌했다고 해서 독립이 더 늦어지는 것도 아니다'는 말을 남겼습니다. 그런 사람이 6·25전쟁의 영웅이라고 해서 그가 입었던 군복을 문화재로 등록하려고 시도하는가 하면, KBS의 '전쟁과 군인'이란 다큐멘터리를 통해 전쟁영웅으로 부각시키기도 했습니다. 또한 친일행위에 대한 청산, 그리고 비판과 성찰이 결여된 사회 풍토가 오래도록 지속되어오면서, 친일파 후손들이 선조의 매국 대가로 취득한 재산에 대한 반환소송도 스스럼없이 행하는 사례들도 빈번하게 생겨났습니다.

이쯤 되면 우리 사회의 가치관 전도가 어느 지경에까지 이르렀는지를 알 수 있습니다. 이런 가치전도현상은 오늘날 우리 사회 지도층의 성격과도 밀접하게 관련되어 있습니다. 조선조 선비들은 결코 오늘날 사회 지도층처럼 그렇게 부정과 비리를 저지르지 않았습니다. 물론 영조 이후 치열한 당쟁 끝에 노론 일당독재가 고착되면서 선비전통이 많이 훼손되기는 했습니다. 1910년 한일강제병합 후 집권당이었던 노론은 독립운동에 뛰어들지 않았지만, 소론 출신의 이회영 6형제와, 남인 출신의 이상룡 등은 독립운동에 적극 투신합니다. 우당 이회영 선생은 가족들과 함께 압록강 위의 서간도에 가서 신흥무관학교를 설립하며, 또 안동 99칸 임청각의 주인인 석주 이상용 선생 역시 서간도로 가서 독립운동을 전개하였습니다. 또 1910년 '경술국치' 이전에 많은 선비들이 비록 복벽주의의 한계를 지니지만 의병투쟁에 나서 나라를 위해서 자기의 목숨을 던졌습니다. 그리고 경술국치를 당했을 때 전국의 많은 선비들이 자결을 했습니다. 황현 매천만 자결한 것이 아닙니다. 조선조의 유구한 선비전통이 생생하게 살아있는 사례가 아닐 수 없습니다. 그런데 이런 노블레스 오블리주 전통이 일제시대를 거치면서 약화되다가, 해방 후 친일 세력이 득세하면서 거의 말살되었고, 매국과 애국의 가치 전도 현상이 전면화되었습니다. 오늘날 사회지도층하면 떠오르는 탈세, 병역비리, 뇌물 수수의 주역이라는 이미지는 이러한 가치전도현상의 결과라고 할 수 있습니다.

과거사 청산과 민주화는 함수관계에 있습니다. 다시 말해 일제잔재 청산은 국가권력의 민주화와 밀접한 관계에 있습니다. 친일문제가 다시 역사의 전면에 등장한 데는 1987년 이후의 민주화가 결정적으로 작용하였습니다. 민주화가 진전되는 과정에서 잘못된 과거사 청산이 시대적 화두로 등장했습니다. 위안부 문제는 1980년대 말까지 공적 영역에서 거의 논의되지 않았습니다. 하지만 1987년 이후 사회의 민주화 분위기 속에서 위안부 문제가 표면화되었습니다. 1991년 김학순 할머니가 최초로 '위안부' 피해자임을 드러내는 공식 기자회견을 했으며, 지금은 1000회를 넘었습니다만, 1992년부터 일본 대사관 앞에서 위안부 할머니들의 수요집회가 정기적으로 이루어졌고, 또 언론에도 빈번하게 보도되었습니다. 그리고 과거에는 연구가 되지 않다가 그 때 이후부터 위안부 문제를 다루는 연구가 부쩍 늘어났습니다. 그 전까지는 위안부 문제를 거론하는 것은 금기에 가까웠습니다. 성폭행과 관련해서 2차피해란 말이 있는데, 폭행당사자에게 잊으라며 고통을 강요하는 것을 말합니다. 위안부 문제는 잊으라는 정도가 아니라, 민족의 순결성을 훼손한 여자, 예전 몽고에 잡혀가고 청나라에 잡혀갔던 환향녀(還鄕女) 취급을 받았습니다. 그래서 한일협정 당시, 일본정부에 피해 보상을 요구조차 하지 않았습니다. 위안부 할머니들은 그 동안 억울한 고통을 하소연하지 못하다가, 국가권력이 민주화되면서부터 자신의 이야기를 할 수 있게 되었습니다.

그리고 반민특위 해체 후 50년 넘게 방치된 친일잔재 청산 문제가 국가권력 차원에서 최초로 공식화된 것이 2003년입니다. 그때 과거사청산은 친일행위, 해방 직후와 한국전쟁 중 희생된 민간인 살상, 권위주의 정권하 인권침해의 세 분야에 걸쳐 진행되었습니다. 그러다가 정권이 교체되고 난 후 2010년에 이르러 과거사청산위원회가 폐지되고, 대신 건국60주년 기념사업이 대대적으로 벌어졌습니다. 임시정부는 실질적으로 영토를 지배한 적 없기 때문에 대한민국의 뿌리는 독립운동세력이 아니라 1948년 건국의 주역들에게 있다는 것입니다. 이는 대한민국이 임시정부의 법통을 승계한다는 헌법전문의 내용을 무시할 뿐만 아니라 친일을 정당화할 소지가 다분한 것이었습니다. 이로부터 우리는 역사가 단지 과거에 머무는 것이 아니라 현실정치의 문제이며, 국가권력의 성격과 밀접히 연관되어 있음을 알 수 있습니다. 현재 내적 일본의 청산은 국가권력에 막혀 아직도 우리 사회의 현재적 과제로 남아 있다고 할 수 있습니다.

식민지배와 분단 · 이산의 역사적 인과관계

끝으로 식민지배는 남북분단 그리고 민족이산과 아주 밀접한 인과관계에 있다는 인식이 필요합니다. 일제 식민지배는 분단의 역사적 기원이자 우리 민족이 해외로 이산하게 된 원인이 되고 있습니다. 우선 한반도 분단은 궁극적으로 일제 식민지배와 관련되어 있습니다. 물론 분단의 외형적 핵임은 1945년 일본의 패전에 따라 38선을 경계로 남쪽과 북쪽에 각각 진주한 미국과 소련 등 외세에 있습니다. 우리 역사학계에서 분단의 원인을 두고 외세에 있는가(외인론), 아니면 민족 내부의 대립과 적대에 있는가(내인론)로 크게 나뉩니다. 물론 두 가지 요인이 복합적으로 얽혀 있다는 사실을 인정하지만 복합적 요소 중에서 어떤 요인이 더 주도적인 역할을 하였는가가 초점입니다. 하지만 궁극적 책임은 일본에 있습니다. 왜냐 하면 미소의 한반도 진주를 불가피하게 만든 것이 일본의 식민통치였기 때문입니다.

독일은 2차 세계대전의 전범국가이므로 분단되었습니다. 만약 아시아에서 독일처럼 분단되어야 하는 국가가 있다면 그것은 일본뿐입니다. 그러나 연합국은 전범국가인 일본이 아니라 식민지배의 피해자였던 한반도를 분단시켰습니다. 그리고 독일은 분단된 지 50년도 안 되어 통일되었고 한반도는 여전히 분단의 굴레를 벗어나지 못하고 있습니다. 이것은 상식적으로 볼 때, 역사 정의에 반하는 일, 일종의 범죄에 가까운 것입니다. 우리 민족으로서는 정말 억울한 일입니다. 하지만 동서냉전 체제가 형성되면서 미소 강대국의 전략적 필요성 때문에 한반도가 분단되어버렸습니다. 건국대 통일인문학연구단에서 '일제 식민지배가 우리 민족에게 남긴 가장 큰 문제는 무엇인가?'라는 설문조사를 한 적이 있습니다. 그런데 '전통문화의 훼손과 단절'을 39.3%로 가장 많이 선택했으며 뒤이어 '남북 분단'을 33.7%로 선택했습니다. 역사적으로 볼 때 분단은 일제 식민지배의 결과로서 발생한 것임에도 불구하고 이런 결과가 나온 것은 무엇 때문일까요? 그것은 한국인이 분단을 일제 식민지배와 관련시키기 보다는 북한에게 분단의 책임을 돌리는 점과 관련되어 있습니다. 분단체제의 적대성 때문에 분단은 일제 식민지배의 결과로 분명하게 인식되지 못하고, 북의 책임으로 여기게 된 것입니다. 그러나 분단은 일제 식민지배의 결과입니다. 분단이 식민지배로부터 기인한다면, 통일은 역사적으로 일본 제국주의 지배를 극복한다는 의미를 지닙니다. 물론 식민 트라우마의 치유는 일본 제국주의 역사에 대한 사죄에 근거한 책임 있는 행동을 요구합니다. 그러나 분단 극복과 통일이 식민 트라우마 치유를 포함하여 일제 식민지배 청산에서 가장 중요한 핵심적인 방향이 아닐까 생각합니다.

다음으로 일제 식민지배는 비단 분단을 가져온 데 그치지 않고 민족이산을 가져왔습니다. 현재 전세계 해외동포는 약 730만인데, 그 절반 정도(55.5%)가 식민지배의 결과로 중국, 일본, 러시아, 연해주, 사할린 등지으로 이산되었습니다. 720만이라면, 한반도에 거주하는 인구의 10% 정도가 됩니다. 지금 남한의 인구가 5500만, 북한은 2000만이므로 합치면 한 7500만 정도 됩니다. 그러니까 10명 중 1명이 해외에 나가 살고 있습니다.

여기서 생각해 볼 문제가 있습니다. 우리 한국인들은 통일을 남과 북의 문제로만 보는 경향이 있습니다. 이것은 무엇을 의미하는 것일까요? 이것은 분단과 민족이산이 일제 식민지배로부터 발생한 것임을 자각하지 못한 점과 관련되어 있습니다. 조금 전에 말했다시피 남과 북은 분단의 책임을 서로에게 돌리면서 분단이 궁극적으로 일제 식민지배의 결과라는 점을 충분히 자각하지 못했습니다. 그러나 우리가 분단과 민족이산의 역사적 원인이 일제 식민지배에 있다는 점을 자각하는 것은 매우 중요합니다. 왜냐 하면 그럴 때만, 분단 극복과 통일의 문제는 남과 북만이 아니라 해외 코리언 전체를 포함하는 문제라는 점을 알 수 있기 때문입니다.

해외 코리언은 '식민'과 '분단'이라는 20세기 한반도의 역사적 수난을 남북 주민과 더불어 공유하고 있습니다. 식민과 분단이라는 역사적 상처를 공유하고 있기에, 한민족으로서의 정서적 유대를 지니고 있습니다. 남과 북 그리고 해외 코리언들의 삶이 서로 결합될 수 있는 것은 식민, 그리고 이산과 분단이라는 공통의 상처가 민족적 유대로 연결되어 있기 때문입니다. 이런 점에서 우리가 통일을 생각할 때 발상의 전환을 해야 한다고 생각합니다. 남북주민만의 문제로 국한할 것이 아니라, 해외 코리언을 포함하여 민족적 합력(合力)을 모으는 방향으로 통일 한반도의 미래를 그리는 것이 온당하지 않는가 생각합니다. 시간적 관계로 조금 빠르게 설명했습니다. 이상으로 강의를 마치도록 하겠습니다.

〈질문〉 간단하게 선생님 의견을 듣고 싶어서 질문을 드립니다. 최근 미야자키 하야오 감독의 〈바람이 분다〉라는 애니메이션, 제로센이라고 하는 가미카제 비행기를 만든 제작자의 일생을 다룬 애니메이션이 일본에서 개봉을 하고 9월 5일에 한국에서 개봉을 한다고 해서 이걸 한국에서 개봉을 해도 되느냐에 대한 논란이 한동안 굉장히 많이 있었던 것 같아요. 한편으로는 교수님께서 말씀하셨던 트라우마의 작동이기도 할텐데, 다른 한편으로는 아직 공개가 되지 않은 상태에서 단순하게 제로센을 만든 전범자의 일생을 다루는 내용이 한국에서 개봉될 필요가 있느냐라는 과민반응처럼 보이기도 했거든요.

〈답변〉 아마 그 영화가 문제가 된다면 특히 초등학생이나 중고등학생들 같은 감수성이 예민할 학생들에 주는 영향과 관련될 것입니다. 영화 개봉을 반대하는 한국인의 정서는 충분히 이해가 됩니다. 그 때문에 아마 개봉되기 힘들지 않을까 생각합니다. 그러나 영화가 개봉되더라도 비판할건 비판하고, 분노할건 분노하고 나아가서 일본의 사회적 분위기를 판단할 수 있는 자료로 삼는다는 측면도 있습니다.

〈재질문〉 식민 트라우마 라는 부분과 단순히 이렇게 과민반응하는 부분, 이 둘을 구분할 수 있을까 하는 생각에서 여쭸습니다.

〈답변〉 원래 트라우마가 그런 과민증상을 포함합니다. 한국인의 일본에 대한 집단적 정서를 놓고 볼 때 그런 과민증상은 자연스러운 반응이라고 할 수 있습니다. 보통 트라우마를 이야기하면 개인적 차원에 국한시킵니다. 한 개인이 생명을 위협당하는 어떤 사건을 겪고 난 다음에 악몽을 꾸거나, 기억을 회피하는 고통스러운 증상들이 나타납니다. 그러나 오늘 강의에서 말한 식민 트라우마는 개인적 차원이 아니라 민족적 차원의 집단적 트라우마입니다. 그리고 그런 집단적 트라우마가 식민지배를 직접 경험하지 않은 해방 후 세대들이 보이고 있다는 점입니다.

한국사의 원초적 비극, 분단 트라우마의 양상과 그 치유를 위하여

／ 김종군 ／

한국사의 원초적 비극, 분단 트라우마의 양상과 그 치유를 위하여

김종군
건국대학교 통일인문학연구단 HK교수

'통일인문학'을 말하는 이유와 그 개념들

저는 문학전공이기 때문에 통일인문학에 대한 이론적 접근보다는 분단과 한국전쟁 체험담을 구술조사하면서 발견한 분단의 상처들에 대해 실제적으로 이야기할 겁니다. 그래서 강의 제목을 분단 트라우마 양상으로 정해봤습니다.

제가 소속된 통일인문학연구단은 한국연구재단으로부터 국가시원을 받아서 연구사업을 진행하는데, 아젠다 명칭이 '소통·치유·통합의 통일인문학'입니다. 여기서 말하는 통일인문학은 지금까지 통일담론들이 대체로 사회과학 분야에서 정치체제 통합, 경제 통합 방향으로 주로 다뤄져 왔는데, 이러한 통일담론들의 한계를 극복해 보자는 의도가 큽니다.

독일 통일 20년을 이야기하는데, 실제로 체제가 통합되고 베를린 장벽이 무너지면서 하나가 되었다고 하면서도 구동독 지역에 살던 사람하고 서독지역에 살던 사람들이 지금도 서로 마음속에 앙금이 남아있고, 배척하는 마음, 서로 위화감을 조장하는 부분들이 크다는 사실 때문에 저희는 통일인문학에 착안했습니다. 한반도의 통일문제를 인문학적 시각으로 접근해야 한다는 의도를 가지고 있습니다. 그래서 우리가 통일을 염두에 두었을 때 '사람의 통일'을 먼저 이야기해야 한다고 생각한 것이죠.

그런데 통일은 문뜩 우리에게 다가올 수도 있지만, 그렇지 않을 수도 있어요. 오랜 시간이 더 지난 후의 일일 수도 있다는 것이죠. 그래서 저희가 이야기하는 통일의 개념은 '과정으로서의 통일'입니다. 지금 2만 5천 명이 넘는 탈북자들이 한국에 와서 적응해 가는 과정들 역시도 다 통일의 한 과정으로 볼 수 있습니다. 그 사람들이 한국에 적응하는 사례들 자체가 통일 이후의 남북주민들의 통합에 좋은 선례가 될 것입니다. 저희 연구단은 60년 넘게 헤어져 살면서 근래에 들어서 우리보다 힘들게 살아온 북쪽 사람들이 '어떻게 통일 이후에 한국 사람들과 잘 조화를 이루고 소통할 수 있을까?'에 대한 고민들을 지금도 탈북자들하고 함께 하고 있습니다. 그 상황들도 다 과정으로서 통일이라고 할 수 있습니다.

그리고 저희 연구단은 통일의 범주에 있어서도 통일의 주체를 남북주민에 한정하지 않고, 해외에 나가 있는 730만 정도의 코리언들까지를 포괄합니다. 그래서 디아스포라 개념을 도입해서 코리안 디아스포라를 다 포괄을 하는 통일 개념으로 설정하는 겁니다. 저희는 일제강점기 이전부터 자의에 의했던 타의에 의했던 고국을 떠날 수밖에 없었고, 다시 강제 이주당한 재러 고려인들, 그리고 재중 조선족들, 자이니치라고 스스로 칭하는 재일 조선인들까지 주체가 되는 통일을 꿈꾸고 있습니다.

분단 트라우마의 개념

저희가 인문학적인 통일담론들을 새롭게 제안하고 있는데, 소통·치유·통합을 연구 방법으로 제시합니다. 그 가운데 하나가 치유에요. 무엇을 어떻게 치유할 것인가를 고민하면서 트라우마 개념을 가지고 왔습니다. 실제로 트라우마라는 개념은 정신의학적인 용어입니다. 우리 현대사에서 비극적인 사건들이 연속되면서 그것이 우리 민족에게 가한 외상은 너무도 심각했고, 그것 때문에 심리적인 장애를 안게 되었습니다. 이를 역사적 트라우마라고 하고, 분단과 한국전쟁의 역사 현장에서 가해진 외상과 정신적인 상처에서 비롯된 병리 현상을 분단 트라우마라는 용어로 규정합니다.

분단 트라우마의 개념은, '한반도 분단과 한국전쟁 이후에 분단체제가 지속되는 가운데서 자행된 살상과 폭력, 국가의 통제 속에서 발생한 심각한 정신적 병증'이라고 개괄적으로 정의됩니다. 제가 말씀 드릴 주제는 '한국인이 가지고 있는 원초적 트라우마로서의 분단 트라우마'입니다. 이후 강연에서 국가폭력 트라우마와 전쟁 트라우마를 따로 다룰 것이지만, 그 모든 걸 포괄하는 것이 분단 트라우마이기 때문에 '원초적 트라우마'라는 말을 썼습니다. 분단사건에서부터 시작돼서 한국전쟁을 겪었고, 이후 분단체제를 유지하기 위해서 지속적으로 반공논리를 내세워서 공안사건들이 터지고, 그 과정에서 무수한 국가폭력이 가해졌지 않습니까? 제가 개괄적으로 설명을 드리면서 다양한 사례들을 말씀드릴 겁니다.

그 사례들은 분단이라는 역사적 사건 속에서 겪은 상처의 체험을 구술한 자료에서 가져옵니다. 구술조사 과정에서 얻은 사례를 접해보면, 분단체제 속에서 국가폭력의 대상이 된 사람들은 자칫 '오해받을 만한 일'을 한 경우도 있습니다. 그럼에도 결론은 국가가 분단체제를 유지하고, 이를 정략적으로 이용한 측면이 크다는 점을 느낄 수 있습니다. 대표적인 경우가 납북어부들의 간첩 조작 사건입니다. 동해안에서 오징어 배를 타고 조업을 나갔다가 잠깐 졸든지, 안개가 잔뜩 끼어 앞을 분간하지 못해서 헤매다가 안개가 걷혀서 눈을 떠보니 앞에 금강산이 보인다는 겁니다. 실수로 월경을 한 것이죠. 그러면 북에서 데려가는 겁니다. 그리고 송환되면 북을 갔다 왔다는 이유로 지속적으로 감시받고, 자칫 자신이 본 북한 실상에 대해 술자리에서라도 이야기하는 순간 간첩으로 몰리는 상황들이 있었습니다.

하여튼 분단 트라우마의 실상들은 분단정국과 이후 이데올로기 갈등들이 계속되면서 시작됩니다. 우리가 흔히 알고 있는 제주 4.3이 그렇고, 여순사건이 그렇고, 얼마 후 그 정점에 6.25가 있었고, 그 이후에 빨치산 토벌과정도 있었죠. 그리고 빈번하게 있어 왔던 용공 사건들, 간첩단 사건들에서 수도 없이 발생하게 된 것입니다. 국가에서는 반공의 논리로 국민들을 통제하는 분단체제를 유지하면서 국민들에게 긴장감을 심어주고, 그 가운데 심각한 국가폭력이 발생하였습니다. 이것들도 모두 분단 트라우마의 한 축이라고 볼 수 있습니다.

분단 트라우마의 최근 양상, 탈북 트라우마

요즘은 탈북자들이 급증하면서 이들이 탈북과정에서 겪은 트라우마가 심각합니다. 여러분들은 탈북자를 만나본 적 있나요? 대학에도 탈북자들이 많이 진학하고 있습니다. 저는 통일인문학을 연구하면서 북한의 실상을 그들의 입을 통해 듣기 위해 많이 만났습니다. 분단 이후 북한 사회의 전통문화 현황을 확인하고자 만난 탈북자들은 모두 자신들이 탈북과정에서 겪은 외상과 그로 인한 정신적 고통을 주로 이야기합니다. 탈북 트라우마인 것이지요.

[사진1] 철조망 너머 두만강

2만 5천명을 넘어선 탈북자들이 국내에 다 정착한 건 아닙니다. 캐나다, 호주, 유럽 등으로 많이 나갑니다. 대학 등록해 놓고 한 학기 두 학기 다니다가 외국으로 나가는 경우가 많아요. '너희는 경제적으로 어렵다면서 어떻게 외국을 나갈 생각을 하니?' 라고 물으면, 국가의 보호를 벗어난 삶을 한 번 경험해 보니까, 목숨을 걸고 떠돌아 봤기 때문에 두려움이 덜하다고 합니다. 어차피 남쪽도 타향 땅이고, 해외도 타향 땅이에요. 그 생각들이 탈북자들에게 내재한다는 것이죠.

해외로 나가는 탈북자들 중에는 실질적으로 한국 사회에 적응하지 못해서 떠나는 분들도 있습니다. 어쨌든 그들이 가지고 있는 트라우마를 저는 나름대로 조사를 쭉 하고 구술총서도 만들어내고 하면서 '탈북 트라우마'라고 지칭을 했어요. 탈북자들은 한국 사람들이나 북에 살고 있는 사람들이 느끼지 못하는, 떠돌아 다니면서 느꼈던 트라우마가 강력해요. 그 사람들의 트라우마는 또 다른 분단 트라우마의 양상인 것이죠. 그래서 탈북 트라우마까지도 분단 트라우마의 하위 개념에 들어갈 수 있을 것이라고 생각을 합니다.

그렇다면 탈북자들이 겪는 것은 사회 현상과 관련한 문제인데, 어째서 의학용어까지 끌어와서 정신병증으로 이야기를 하느냐는 의문을 제기할 수 있을 겁니다. 그들이 겪는 부적응의 심각성이 치료가 필요한 신경증에 가깝기 때문입니다. 분단 사건으로 발생한 상처 그 자체가 지금도 계속 진행되고 있고, 우리 모든 사람들에게 다 적용됩니다. 모든 사람들에게 적용되는 예를 들어 보면, 촛불집회가 한동안 진행되다가 한 순간에 멈춰버렸어요. 국회의원 이석기씨 사건이 터지면서입니다. 공안사건이 한 번 터지고 나면, 국가 정책에 비판적인 발언이 주춤해진다는 것이죠. 우리 국민들은 '혹시나 나도 빨갱이로 몰리는 거 아니야? 종북으로 몰리는 거 아니야?' 하는 공포를 모두 가지고 있다는 겁니다. 저도 겪고 여러분도 겪지 않았습니까? 그렇게 다 내재해 있어요.

탈북자들이 한국에 와가지고 벌어먹고 살아야 되지 않습니까? 식당을 가면 주방아줌마로 탈북자를 쓰지 않습니다. 그러나 조선족은 다 써요. 탈북자나 조선족이나 사투리가 비슷하지 않습니까? 탈북자들은 대체로 함경도에서 와요. 방언이 아주 비슷한데도 '탈북자에요.'라고 이야기하는 순간에 '저 사람 혹시 간첩 아닐까?'라고 꺼려한다는 것이죠. 그러니까 이 사람들이 차라리 '저는 조선족이에요.'하고 신분을 속이는 수밖에 없는 상황들이 연출되는 것입니다. 우리 젊은 세대들은 북이라는 체제와 전쟁을 직접 겪지 않았습니다. 그런데도 우리 머릿속에는 저 사람들 간첩일 수도 있고, 뭔가 체제 전복을 꾀할 수도 있고, 나한테 위해를 가할 수도 있다고 생각합니다. 어느 정도 철이 들고부터는 전 국민이 다 가지고 있어요. 하여튼 분단체제 속에서 분단 트라우마의 양상들이 이렇게 포괄적으로 분포하고 있기 때문에 이 부분에 대해서 조금 더 고민해서 호전되게끔, 나아지게끔 하는 부분들이 필요하겠다고 생각했습니다. 그래서 의학용어를 끌어 와서 치유과정을 좀 적용시켜보자고 생각하게 된 것입니다.

분단체제에서 분단 트라우마 활용

제가 이야기하는 분단 트라우마 자체는 방금 말씀드린 것처럼 실제로 한 개인 개인들이 겪은 어떤 역사적인 사건에서 기인한 부분도 있어요. '우리 집안에는 큰아버지가 빨치산들에게 끌려가서 총을 맞고 죽었어요. 우리 아버지는 오징어 배를 타가지고 북에 한번 갔다고 간첩으로 몰렸고, 우리 가족은 연좌제에 걸려서 형은 육군사관학교를 그렇게 가고 싶었는데 갈 수 없었어요.'라고 하는 개인적인 부분도 다 있습니다. 그런데 그게 집단적으로 다 확산되어 있다는 사실입니다. 그래서 우리가 이야기하는 분단 트라우마는 크게 집단적으로 볼 부분도 있고 개인적인 차원에서 볼 부분도 있다는 겁니다.

우리는 천년 가까운 시간을 이 한반도 땅덩어리에서 단일 민족국가라는 이름으로 살아왔습니다. 고려 450년, 조선 500년에 가까운 긴 시간을, 일제강점기를 거친 최근 백년을 빼더라도 근 천년을 한반도에 사는 사람들은 한 종족들, 한 족속들이야 하고 생각하고 살아왔다는 겁니다. 그러다가 일제에 나라를 빼앗겨서 '식민지 너무 싫었어요.'하고 분개하고 '독립을 해야 됩니다.'라고 부르짖는 상황이었는데, 독립이 되고 난 뒤에 바로 분단이 되어버렸어요. 거기에서 오는 좌절, 하나가 되고 싶어 하는데 그게 좌절되었던 것이지요. 둘로 나누어진 상황 속에서 한국은 왜 통일이 쉽지 않냐고 자꾸 이야기하면, 서로를 죽였기 때문에, 피를 봐서라고 말하는 부분들이 있어요. 그 정점에는 6.25라고 하는 한국전쟁이 있습니다. 그 상처가 너무 커서 한반도 전체가 그 상처를 모두 안고 산다는 것이죠.

분단 트라우마에서 주목해야 할 또 다른 사항은 위정자들의 문제입니다. 정치하는 사람들이 분단체제의 대치 정국을 이용해가지고 정권 야욕을 계속 채워나가고 있다는 겁니다. 북측 정부도 김일성 일가 세습 체제를 유지하기 위해 지속적으로 이용해왔고, 남한도 마찬가지고. 이와 같은 과정 속에서 분단체제를 계속 활용하면서 분단의식을 재생산시키면서 체제를 유지해왔다는 것이죠. 그렇기 때문에 집단적인 공포심리가 대단해요.

저는 학술회의를 위해 북측 학자들을 종종 만납니다. 제가 만난 북한 사람들은 간첩과 같은 존재들은 아닙니다. 학술교류를 위해 중국 등의 해외에서 만나게 됩니다. 북한의 조선 사회과학원이나 김일성종합대학에서 나와서 학술세미나도 하고 하니까요. 함께 앉아서 공식적인 자리에서 술도 한잔하고 하면, 그 사람들 참 순박해요. 물론 학자들이기 때문에 그런 부분도 있겠지만요.

저는 이제 40대 중반 조금 넘었는데, 어려서부터 항상 〈똘이장군〉 만화에 나온 것처럼 북한 사람들을 이리나 늑대인 것처럼 배웠습니다. 그렇게 북한에 대해서 우리는 괴뢰라는 말을 쓰면서, 북괴라는 말로 인식을 하지 않았습니까? 그 자체가 얼마나 큰 공포로 다가왔는지 모릅니다. 어렸을 때 '모의간첩 신고 운동' 이런 게 있었어요. 저는 지리산 밑에 살았는데, 지금으로 따지고 보면 국가 정보 기관, 이런데 있는 군인들이나 공무원들이 간첩 역할을 해요. 그래서 재빨리 신고를 하면, 신고를 한 사람에게 책받침을 줬었어요. 한 반이 한 50명이면 50개를 줬어요. 그냥 파는 10원 짜리나 20원 짜리는 얇아서 찍찍 찢어지는데 그 113 대공부서에서 주는 책받침은 아주 두꺼워요. 그런 책받침을 받아들고 좋아했던 기억이 납니다. 그런 분위기를 계속 만들어가면서 분단체제를 유지해 왔습니다. 지금 우리에게도 그러한 공포가 만연해 있습니다. 여러분들 전쟁 안 겪었잖아요. 그런데도 북을 떠올리면 공포심리가 다 자리하고 있다는 겁니다. 그래서 분단 트라우마는 집단적인 성격으로 진행된다는 것입니다.

분단 트라우마의 치유 가능성

집단적 성격의 분단 트라우마라는 거대 담론으로써 이야기를 해봤을 때, '아, 맞아 그런 부분들도 있고, 우리 한국 사람들 하나하나 심리 속에 저런 부분이 있어.'라고 이야기들을 합니다. 실제로 전쟁을 겪었던 사람들·학살된 민간인들·월남한 사람들·월북자·납북자 그리고 그 가족들·탈북자까지, 그 사람들이 가지고 있는 상처들을 쭉 말씀드리겠습니다. 저는 이것과 관련해서 구술조사를 많이 다녔습니다. 제가 만난 수 많은 개인들이 가지고 있는 트라우마를 들으면서 유형화가 가능하다고 판단했습니다. 이 유형화를 통해 분단 트라우마의 전체적인 규모, 양상들을 읽어낼 수 있다고 생각합니다. 그래서 저는 구술조사를 열심히 하고 있습니다.

오늘 제가 말씀드릴 것을 미리 앞질러 가보면 결론적으로 저는 구술치유를 생각해요. 가뜩이나 많은 치유 가운데서 구술, '입으로 주워섬기면서 속을 풀어내는 과정'은 이야기 치료와는 조금 다른 차원입니다. 개인적 성격의 분단 트라우마 부분들이 모아지고 유형화되는 과정에서 집단적 성격의 트라우마도 규명할 수 있지 않을까 하는 고민들에서 나온 결론입니다.

저는 이번 강연을 진행하면서 분단서사·통합서사라는 용어를 쓸 것입니다. 여러분들 머릿속에 떠오르는 개념과 비슷하게 생각하시면 됩니다. 나와 이념적으로 다른 쪽을 적대시하고, 상대를 밀어내고, 하나가 되지 못할 것이라는 심리에서 나오는 이야기들을 분단서사라고 정의합니다. 분단체제가 유지되면서 분단서사가 사람들의 마음속에서 지속적으로 분단 트라우마를 재생산하는 시스템입니다. 그리고 분단 트라우마는 분단체제 속에서 우리의 일상 속에 막강한 위력을 발휘하면서 또 다른 분단서사를 새롭게 만들어 낸다는 것이죠. 분단 트라우마의 심각성이 바로 여기에 있습니다. 남북이 나눠져 있는 분단체제에서 매우 심각한 문제입니다.

분단체제 속에서 분단서사의 심각성을 알고, 이를 해결하기 위한 작가들의 노력이 지속적으로 있었습니다. 여러분들께서는 이런 분단문제를 다루는 작가들의 작품도 많이 읽으셨을 겁니다. 윤흥길 작가의 〈장마〉를 접해 본 적이 있나요? 원작 소설을 바탕으로 영화로도 만들어졌고, 70년대에 TV문학관으로 소설 내용을 고스란히 앉혀서 방영되었지요.

실제로 작가들이 전쟁이라고 하는 상황을 그리면서 '내가 피해자이면서도 가해자에 대해서 어느 정도 재고해주고 이야기할 여지는 있는 것 같아.'라고 작품을 풀어가면 '저 사람 좌파 아니야?, 종북 아니야?' 이렇게 나올 여지가 많기 때문에 그런 생각을 표현하는 것이 쉽지 않아요. 그렇기 때문에 작가들은 허구라고 하는 기재를 가지고서 소설을 써내고 하지 않습니까? 〈장마〉의 마지막 장면, 화해의 무대라고 하는 것이, 죽었는지 살았는지 생사를 확인할 수 없는, 아마 죽었을 것으로 추정되는 삼촌이 돌아올 것이라는 무당의 말에 할머니는 막내아들의 생환을 기대합니다. 기약한 날이 저물도록 삼촌이 오지 않았는데, 큰 구렁이 한 마리가 들어오지 않습니까, 대문을 넘어서. 그래서 가족들이 그 구렁이를 보고서 죽은 삼촌이 아마도 구렁이로 환생을 해서 저렇게 왔나보다 생각을 하죠. 친할머니와 갈등을 겪던 외할머니가 음식상을 차려 대접을 하고 타일러 보내는 과정들에서, 적대감으로 갈등을 겪던 가족들이 서로 화합이 되었다고 보는 시각입니다. 그게 바로 〈장마〉의 마지막 결론 부분입니다. 그런데 저는 그 마지막 장면이 과연 화해의 장면으로 볼 수 있을까 의문입니다.

제가 올 봄에 전라도 순창에 구술조사를 갔는데, 팔순이 다 되가는 할머니한테 이야기를 들어보려 했더니, 어르신이 입을 짝짝 다시면서 이야기를 할 듯 말 듯해요. 자꾸 말씀을 좀 해 주십사 채근을 했더니, 그분이 말하는 요지는 그거예요. 자기는 한국전쟁시기에 고생 안했다고. 그래서 '어떻게요?'라고 물었더니, 자기 작은아버지가 파출소 소장을 했다는 겁니다. 그런데 자기 집 바로 옆집에 일제강점기에 공부를 좀 한 사람이 있었는데, 그 사람은 사회주의 사상에 빠져가지고 빨치산의 지역 대장이 되었다는 겁니다. 할머니의 표현대로라면 옆집은 '반란군 대가리'가 있고, 자기 집은 '경찰 대가리'가 있었다는 겁니다. 그래서 한 동네에서 이념 갈등을 겪은 상황을 이야기하는 겁니다. 그것까지는 나름대로 쭉 이야기를 해요. 그래서

"어르신, 그 사람들은 지금도 그 동네에 있어요?"

하니까,

"아니."

"그럼 어디 갔어요?"

"그냥, 그냥."

"그러면 어떻게 됐는데요?"

"다 죽지 뭐. 다 죽은 거지 뭐. 다 죽였어, 그 온가족 다 몰살당했는데."

그 어르신이 뒷부분에서 하신 말씀이, 몇 년을 그 집이 빈집으로 방치가 되었대요. 빨치산 우두머리가 살던 집이니까 누가 들어와 살지도 않고. 그런데 여름에 비가 그렇게 오는데 누가 지나다가 봤더니, 보통 산강이라고 하죠, 부엌에 대나무를 가지고서 싱크대에 그릇 씻어서 놓고 하는 그 살강에 구렁이들이 줄줄이 줄을 지어 지나더라는 겁니다. 동네사람들이 그 빨치산 활동하다가 죽은 사람들이 다 그렇게 뱀으로 다시 태어나서, 다시 환생해서 거기 있다고. 빨갱이는 죽어서도 징그러운 뱀으로 환생한다는 것이죠.

이게 윤흥길의 〈장마〉에 나오는 심리와 비슷하게 읽혔습니다. 그

사람들이 윤흥길의 〈장마〉를 봤겠어요? 그 시골 촌로들이. 그 상황 속에서 작가는 이렇게 상상해서 어느 정도 화해의 모션들을 취해보자라고 결말을 맺었는지 몰라도, 여전히 빨치산 활동을 한 사회주의자들에 대해서는 우호적인 입장을 취하지 못한다는 것이죠. 작품을 접하지 못한 촌로의 구술을 들으면서, 연구자들이 〈장마〉의 결론에서 화해를 논하는 것은 지나치게 긍정적인 평가가 아닐까 생각해 봤습니다. 윤흥길 작가는 한국전쟁 중 겪은 가족들의 갈등을 그렸고, 결말에서 친할머니와 외할머니가 화해를 하는 장면으로 끝을 냈지만 그 본질에는 빨치산으로서 산에서 죽은 사람들은 뱀으로 환생할 수도 있다는 시각을 드러냈다고 볼 여지가 있다는 겁니다.

요 근래에 지속적으로 이 문제에 대해서 글을 쓰시는 분이 전상국 선생님이세요. 전상국 선생님께서 전작인 〈아베의 가족〉과 근래에는 〈남이섬〉이라는 작품을 냈어요. 강원도 쪽에서 여자들이 겪었던 전쟁, 전쟁 상황에서 여성들에게 가장 위협적인 것이 성폭력이죠. 젊은 새댁이 임신 중에 연합군에게 강간을 당하고 자식을 낳았는데, 아이는 장애를 가지고 태어났다는 것이지요. 그래서 애가 할 수 있는 말이 '아베, 아베' 그 소리밖에 없었고, 결국은 미국으로 이민 가는 가족에게서 버림받는 이야기가 〈아베의 가족〉입니다. 작품의 작가인 전상국 선생을 인터뷰하면서 선생님께 제가 이런저런 이야기를 드리니까, 자기는 전쟁의 참상을 고발하고 싶었고, 그 고발의 내용을 공유하는 가운데 치유도 가능하다고 본다고 했습니다. '미군이니까 어쩔 수 없어. 연합군들이 와가지고 우리를 그나마 전쟁에서 원조를 해줬잖아요. 그러니까 괜찮아요.'라고 해서는 안 된다는 거죠. 자신은 작가이기 때문에, 자신을 업어간다 해도 이야기를 만들겠다고 했어요. 그럼에도 작품의 전개에는 한계가 있다고 했습니다. 분단체제 속에서는 결국 한쪽 편에 서서 이야기를 하는 수밖에 없다고. 남한 체제에 사는 사람들은 좌익에 대해,

북에 대해서 긍정적으로 그리는 것이 용납되지 않는 상황이라고요. 그렇다고 전쟁에서 아군에 의해 가해진 피해에 대해서도 언급하지 말아야 한다는 것은 하나의 억압인 것이죠.

분단체제 속에서 분단서사 자체가 분단 트라우마를 계속 재생산하는데, 전쟁의 상황은 서로에게 상처를 주고받는 관계이므로, 전쟁의 참상을 고발하는 가운데 소극적으로나마 치유를 생각할 수 있지 않을까 보는 것이죠. 분단서사를 극복하기 위한 통합서사로 전쟁의 참상을 고발하는 작품들을 거론할 수 있다고 봅니다.

분단 트라우마의 양상

이제 구체적으로 트라우마의 양상을 가지고 이야기하겠습니다. 가장 중요한 건 역사적인 맥락을 가지고 이야기를 해야 한다는 겁니다. 앞서 말씀드렸듯이 분단 트라우마는 분단에서부터 시작하는 겁니다. 한국전쟁 이전부터 이야기를 하면, 해방이후에 분단이 이루어졌죠. 그 사이에서 남한 내에서도 이데올로기 갈등이 있었고요. 그래서 벌어졌던 처음 사건이 제주도 4.3이에요.

저희는 시집살이이야기 조사를 전국적으로 해본 적이 있습니다. 저희가 제주도에 가서 조사를 해보면, 제주도 할머니들은 시집살이는 안 했다고 해요. 제주도의 독특한 가옥구조 있지 않습니까? 제주도는 며느리가 들어오면 본채를 며느리하고 아들한테 내주고 아래채로 어른들이 내려와서 살아요. 그런데 중요한 것은 마당을 끼고 살아도 위채 부엌이 따로 있고, 아래채에 부엌이 따로 있어요. 보통 뭍에 있는 집들은 부엌은 한군데 밖에 없죠. 부엌 한군데에서 밥을 같이 다하고 아래채에는 소죽을 끓이든지 하는 용도로 아궁이가 있을 뿐이지 부엌이 따로 있지는 않아요. 그런데 제주도에는 부엌이 따로 있습니다. 그러니까 며느리는 며느리 밥해 먹고 살고, 시어머니는 시어머니 밥해 먹고 살아간다 이거예요. 야박하고 이런 거 아니에요. 그 사람들은 그렇게 살아가는 문화가 있기 때문인 겁니다.

그래서 '밭걸이 때문에 시집살이가 없나요?' 하면 '아니'라고 말합니다. 제주도 어르신들에게 생애담의 주요 화제는 4.3이었어요. 절름거리면서도 물질로 평생을 살았다는 아주머니는 남자 교수들 앞에서도 치마를 척 걷어 보여주시는데, 허벅지에서 무릎까지가 살이 전부다 무슨 대패로 밀어 놓은 것처럼 되어 있어요. 어린 나이에 총탄이 스친 거지요. 약은 없고 상처에서 진물이 나고 하던 게 몇 년이 가더라는 겁니다. 그 사람들에게는 모든 이야기가 4.3에서 시작해요.

제주도는 일본하고 가깝지 않습니까? 일제강점기에 어떻게 하면 먹고 살까 해가지고 일본으로 많이 건너갔었어요. 우리가 징병, 징용을 이야기할 때 위안부 할머니나 여러 가지 사항들을 이야기하는데, 제주도 사람들의 징용은 먹고 살기 위한 돈벌이 징용도 많았어요. 돈을 벌기 위해서 간 사람들은 가서 공부도 했어요. 해방되고 돌아와 가지고 일본에서 공부했기 때문에 초등학교 선생님들을 많이 했었어요. 국가 체제가 갖추어지지 않은 혼란스러운 해방정국에서 이들 식자층 중심으로 건국준비위원회가 결성되는데, 미군정이 일제에 부역했던 경찰이나 공무원들을 다시 채용하는 것을 보고 반발을 하게 되죠. 그 가운데 이제 식자층들은 다 빨갱이로 몰립니다. 그리고 토벌과정에서 그 사람들이 산으로 다 올라가 버린 과정들이 있습니다. 4.3사건으로 제주도 전역에서 8만 정도가 죽었다고들 이야기하는데, 실상은 거의 모든 제주도민들이 연루되어 있다고 봐도 무리가 아닐 겁니다.

노무현 대통령 시절에 국가적인 사과를 했지요. 그래서 이제 뿔뿔이 흩어져서 남양주까지 와서 살던 한 할머니는 요새 제주도 들어가서 살더라고요. 어떻게 돌아오게 되었냐고 하니, 제주4.3사건 진상규명 및 희생자 명예회복위원회(제주4.3위원회)에서 사람이 왔는데, 공무원이라고 하는 사람이 당시 상황을 이야기하라고 하더랍니다. 그 말을 듣는 순간에 절대 이야기 안한다고 했답니다. 그랬더니 그 사람이 지금은 세상이 바뀌었으니까 그냥 이야기를 해 달라고 해서 지난 일들을 풀어 놓았고, 그 후 남편을 설득해서 제주도로 내려오게 되었다고 했어요. 그 분 이야기가, 여덟 살 때 아버지가 공무원으로 일을 했는데, 이웃사람 모함을 받고 죽임을 당했다는 겁니다. 아버지가 트럭을 타고 가는 것을 학교서 돌아오다가 보고는 손을 흔들었는데, 얼마 후 제주시내 공원의 벤치에서 아버지가 벌겋게 드러누워 죽어있는 장면을 봤다는 겁니다. 대처에서 학교 다니던 오빠가 아버지가 죽었다고 내려왔는데, 예비검속으로 걸어서 또 죽였답니다. 전쟁이 나니까 문제 일으킬 사람들은 미리미리 죽여야 한다는 거지요. 제주도는 실탄이 아까워서 그랬는지, 배에 싣고 가서 그냥 바다에 던져버리는 거죠, 수장을 많이 했다고 합니다. 이 할머니는 자기 오빠가 수장당하는 과정들을 너무 진지하게 이야기해요. 그래서 평생을 고향을 떠나서 남양주에 와서 살았는데, 그 이야기를 하고 국가에서 조금 지원도 해주고, 보상이 이루어진다고 해서 남양주 집을 팔고 제주도로 와서 집을 하나 사서 살고 있었습니다. 그런데 주변에서는 이제 시대가 바뀌니까 그런 이야기를 하면 안 된다고 했답니다. 그런데 그 분은 '한 번 입 밖으로 내고 나니깐, 내가 살면 얼마나 산다고, 내 입에서 한 번 터지고 나니까 나 그냥 해야겠더라.'고 말해요. 그래서 구술조사를 간 우리를 집안으로 받아들여서 이야기를 들려주었습니다. 이러한 것이 제주도의 상황입니다.

그 다음 여순사건. 호남지역, 벌교 · 보성 · 강진 · 해남 · 순천 · 광양 · 구례 · 순창 · 남원 · 하동 이쪽 어른들은 빨치산이란 용어를 몰라요. 그 사람들 반란군이라고 해요. 지금은 우리가 여순사건이라고 이야기하지만, 몇 년 전까지는 공식적인 용어가 여순반란사건이었잖습니까? 그 반란군이라는 사람들이 웅거해가지고 백운산·지리산에 다 퍼져 있었어요. 그리고 그 사람들을 다 잡아들이지 못한 상황에서 6.25가 났어요. 국군이 밀려나갈 때 그 사람들은 남아 있었어요, 흔히 우리가 빨치산이라고 하는 존재들이. 그 사람들이 여순반란사건 때 넘어 와가지고 계속 산에 거주했다는 논리입니다. 그래서 반란군이라는 용어를 가지고 이야기를 합니다.

한국전쟁이 발발했을 때, 실제로 통계자료를 보십시오. 남한이 100만 명 정도가 죽었다고 하고요. 북한은 우리보다 인구가 적은데도 110만 정도가 죽었다고 합니다. 우리보다 더 많이 죽었어요. 우리가 '북에서 몇 명이 죽었는지까지 챙겨줘야 해?' 이런 논리로 지금까지 우리는 그냥 넘어갔었죠. 하지만 북한 상황이 우리보다 더 심각했다는 겁니다. 그리고 양민 학살이 많이 있었지 않습니까? 이 부분들이 지금 구술을 통해서 많이 조사가 이루어지고 있습니다.

실제로 1950년 6월 25일에 전쟁이 나가지고 서울 사람들이 전쟁을 겪었습니다. 그러나 6월 25일 전쟁은 스쳐간 전쟁이었습니다. 전쟁 발발 후 남쪽으로 계속 밀렸기 때문에 다 스쳐간 전쟁이었습니다. 그래서 낙동강 근처에서 전선이 형성되지 않았습니까? 그 두 달 만에 낙동강으로 밀렸던 거잖아요. 그리고 다른 지역에도 인민군들이 지나가면서 마을조직을 구성해줍니다. 너는 인민위원장하고 너는 여맹위원장하고, 이러면 지역사람들이 다해요. 이제 본격적인 전쟁은 남한이 유엔군과 같이 밀고 올라가서 중공군이 개입하고 난 다음, 1.4후퇴 그 어간에서부터 시작합니다. 서울 중심으로 해가지고 수원까지 그 사이에 오고가고 했던 과정들, 그 전쟁을 겪은 어른들은 겨울전쟁이라고 합니다. 겨울전쟁, 그것이 기억에 남고 오래도록 상처를 많이 줬던 전쟁입니다.

저희는 코리언 디아스포라까지를 통일의 주체로 보기 때문에, 중국에 가서 조선족들, 특히나 연변 쪽 사람들이 생각하는 한국전쟁은 어떤

[사진2] 조선족 열사비

것인지 조사를 했어요. 그 사람들은 한국전쟁을 '항미원조전쟁'이라고
이야기합니다. 미국에 항거하고 조선을 도왔다는 것이죠. 동북3성 요녕
성, 길림성, 흑룡강성 그 쪽에 가면, 특히나 연변 쪽은 마을 어귀에
콘크리트를 가지고 뾰족하게 탑을 세워놓았어요. 그리고 빨간 글씨로
'열사 ○○○ 추모' 이렇게 써놓았어요. 열사비라고 합니다. 그리고 그
주변에 묘비를 다 세워놓았어요. 그 마을에서 항미원조전쟁에 나가서
죽은 사람들을 그 주변에다가 묻어놓았어요. 그걸 열사묘, 열사비라고
합니다. 중국에 55개 소수민족들이 사는데, 조선족들은 매우 뿌듯해
합니다. 자신들은 국공합작 전쟁할 때도 장개석을 몰아내는데 큰 힘을
보탰고, 미국을 몰아내고 우리의 고국인 조선을 돕기 위해서 참전했다는
것에 대해서 아주 자긍심을 가지고 있어요. 그래서 열사비를 마을마다
세워두는 겁니다. 그리고 강택민 주석이 동북3성을 돌아보면서 교시를
남겼는데, 조선족들이 사는 동네는 참 대단하다, 조선민족들에 대해
'산마다 진달래, 마을마다 열사비'라는 시 구절을 가지고 치사를 했다고

합니다. 진달래는 조선족을 상징하는 꽃입니다. 그래서 그걸 매우 뿌듯하게 생각해요. 애초 한국전쟁에 6만 명 정도가 기존에 공산군으로 활동하다가 참전하였고, 그 다음에 중공군 개입했다는 그 시점에 조선족들이 2만 명 정도가 더 전쟁에 참전을 했다는 겁니다. 참전했다는 분들을 만나 이야기를 들었습니다. 저는 솔직하게 물어봅니다. '남한사람들, 한국인들 총으로 쏴 죽여 봤어요?' 하고 물으면 '그걸 나한테 왜 물어!' 하고 이야기를 해요. 그냥 다 지나간 이야기니까 한 번 이야기를 해달라고 하면,

"그땐 어쩔 수 없었다. 우리는 적국이었기 때문에 쏴죽일 수밖에 없었다. 미군도 쏘고 다 쏴 죽였다. 그런데 지금 내가 이 이야기를 해서 내가 한국에 가서 밥 한 그릇이라도 얻어먹을 수 있겠어? 우리 딸도 부산에 있고, 우리 아들도 안산에 있는데."

라고 말합니다.

그 노인은 자녀가 전부 한국에 와 있어요. 한 번쯤 한국에 가서 자녀들을 보고 싶은데 못 가겠다는 겁니다. 이런 감정들이 모두 전쟁에서 비롯된 부분들입니다.

이후에 흥남철수가 이루어지면서 엄청난 문제가 발생하는데 바로 이산가족, 우리가 흔히 이야기하는 가족 이산이라는 부분들입니다.

휴전이 된 다음에 통계적으로 봤을 때 수많은 전쟁미망인, 상이군인들, 전쟁고아가 발생했습니다.

이제는 정전이 되었습니다. 휴전협정이 맺어졌는데 그 이후가 더 문제입니다. 납북어부들 같은 납북자가 3700명이었는데 3300명이 돌아왔습니다. 지금 북에 있는 사람들이 이 정도 수준이라고 2008년 통계가 있습니다. 그런데 돌아온 납북어부들은 대체로 정치적 필요에 의해서 선거철에 정국 전환용으로 간첩단 사건에 얽혀요. 국가인권위원회라든지 과거사진실화해위원회에서 제공해준 자료를 근거로, 이번에 저희가 만났던

강원도 고성의 한 어부는 간첩혐의를 벗고 대법원에서 최종 무죄판결을 받았습니다. 그 양반은 거의 알콜 중독 비슷하게 되어있는데, 1억 8천 정도의 보상만 받았답니다. 제가 '처음에 어떻게 끌려가셨어요?' 하고 물었더니, 친구가 맞선을 주선해서 나갔더니 경찰들이 다방에서 연행을 하더랍니다. 눈을 가리고 끌고 가서 사흘을 두들겨 패고 거처를 옮기는데, 거기가 자기 집 근처의 명성콘도였다고 합니다. 한화콘도가 옛날에 명성콘도였습니다. 그 지하실에서 사흘을 맞고. 그러니까 우리는 한화콘도에 가서 재미있게 놀고 하는데, 그 밑에서 사람들이 얼마나 많이 맞아서 간첩으로 몰리고 했겠어요. 사흘 만에 질질 끌려 나와 거처를 옮겨서 갔더니, 속초가면 영랑호 호수 있지 않습니까? 영랑호 콘도 독채로 가더랍니다. 그곳에서 간첩 혐의를 조장하면서 조서를 만들었다고 합니다. 그 분이 지금도 잊혀지지 않는다고 한 장면이 있어요. 자기는 얼마나 맞았는지 축 늘어져 있는데, 밖에서는 가족과 함께 놀러온 애들이 자전거를 타면서 노는 소리가 계속해서 들리는데 죽을 것 같았답니다. 여기서는 지금 무슨 일이 벌어지고 있는지 저 사람들은 아무것도 모르고 여섯 살 일곱 살 먹은 아이들이 깔깔거리는 웃음소리가 아직도 귀에 쟁쟁하다고 했어요. 자기는 이렇게 반시체로 널브러져 있는데. 그 분은 그렇게 죽을 것 같은 상황인데도 그 당시 장면이 고스란히 다 기억이 난대요. 나에게 고문을 가했던 사람들도 다 기억나고. 그 비몽사몽 하는데도 다 기억한다는 거죠. 얼마나 큰 상처면 그렇겠습니까?

분단 트라우마는 분단의 역사 속에서 직접 고통을 당한 사람들만의 문제가 아니라는 것이 더 심각합니다. 지금은 연좌제가 없어졌다고 말을 하죠. 신원조회라는 말도 없어졌다고 하는데, 저희 때는 군대 가면 철책에, GOP나 GP에 들어가려면 신원조회를 했어요. 가족 중에 북으로 간 사람이 있거나 좌익활동 혐의가 있다면 다 연좌제에 걸립니다. 직접 사건에 연루된 사람이 100만 명이라고 하면 그 가족들을 포함한 500만

명이 전부 다 연좌제에 해당되는 사람들이에요. 친가나 외가나 연좌제를 통해서 다 걸린다는 것이죠. 우리 전체 남한 국민들이 다 어찌 보면 걸려있는 부분들이에요.

탈북자들의 진술에 따르면 북한지역에도 이 연좌제 피해가 크다고 합니다. 월남인 가족들은 신분이 검다고 표현한답니다. 우리는 빨갱이라는 말을 가장 두려워하는데 북에서는 신분이 빨개진다면 좋은 것이고 문제가 있으면 검어진다고 표현을 한대요. 신분이 검어지면 평양에서 추방되고 한답니다. 그래서 월남가족들에 대해서 연좌제를 북에서도 적용을 했었죠. 지금도 하는 곳이 있다고 합니다.

분단 트라우마는 결국 남한 주민들만의 양상도 아니고, 북한 주민들·해외 동포들까지도 모두 심각하게 가지고 있기 때문에 우리 민족 전체의 문제라고 할 수 있는 것이죠.

분단 트라우마에 대해서 더 중요한 것은 지금 정전되어 있는 상황 속에서는, 지극히 현재 진행형의 성격을 지닌다는 것입니다. 탈북자들이 가지고 있는 트라우마에 대해서도 앞서 이야기를 했고, 몇 년 전에 겪었던 연평도 사건과 같은 준전시 상태가 되면, 그 위기감 자체가 현재 진행형으로 표출되기 때문에 더욱 심각하다는 겁니다.

제주 4.3에서 비롯된 트라우마

제주도 4.3사건의 트라우마를 구순에 가까운 노부부에게서 들을 수 있었습니다. 구술자는 할머니인데, 본인이 겪은 피해는 당시 죽임을 당한 동서에 비하면 아무 것도 아니라고 했어요. 구술자의 시아주버니가 일본에 가서 학교를 다니고 왔습니다. 해방이 되고 난 다음에 초등학교, 당시 국민학교 선생을 했어요. 그런데 이제 사상이 붉다고 4.3에 걸린 거죠. 자기는 아무 거리낄 것도 없지요. 자기 남편도 아니고 자기 시아주버니인데. 그래서 자기는 마을에 있었고, 동서는 젖먹이 아들을 업고 신랑을 따라 산으로 올라가야 되는 상황이지요. 그런데 토벌대들이 추격해 올라가니까 시아주버니와 남편 형제는 남자 몸이니까 얼른 올라갈 것 아닙니까? 그 와중에 동서는 등에 아들을 업고 걸음이 느리니까 잡혔어요. 그 자리에서 즉결로 죽이라고 하는데 총알이 아까우니까 죽창으로 찔러 죽이는 겁니다. 그런데 등에 세 살 먹은 애가 업혀있으니까 애를 어떻게 할지 묻더랍니다. 아랫동네에 자기 동서가 있으니 맡겨달라고 했다는 거에요. 그래서 애를 벗겨놓고 죽창으로 찔러 죽이고는, 그 애를 갖다 줘서 자기가 키워가지고 장가보내고 한 이야기를 하는 겁니다. 그런 과정들에 대해서, 본인들이 직접 총탄을 맞지는 않았지만 그 모든 걸 다 자기가 목격했기 때문에 이야기를 하는 상황들입니다.

방금 말씀드렸지만 제주는 시집살이 이야기를 아무도 하지 않고 모두 4.3이야기를 하는 상황입니다. 제주도 사람들에게 4.3은 무엇인지에 대해서 한번 고민해볼 심각한 부분들입니다. 사실 요즘 제주도로 구술 조사 나가면 자식들은 '어머니 또 시작이네.' 하면서 서울에서 온 사람들

[사진3] 제주 섯알오름추모비

을 만나지 말라고 합니다. 앞서 말씀드린 것처럼 제주4.3위원회가 구성되면서 한 번 이야기를 하지 않았습니까? 한 번 하고 나니 '나는 이제 못 참아, 나는 해 버릴 거야.'하는 마음들은 다 가지고 계세요. 제가 착안한 치유의 지점이 여기입니다. 한 번 내뱉고 나니까 후련함을 느끼거든요. 그러니까 반복적으로 내뱉고 싶어 하는 것이거든요.

빨치산 토벌과정의 트라우마

이제 지리산 인근에 사는 사람들 이야기입니다. 구술자는 제 고향 친구의 모친이십니다. 전쟁에서 여성들이 갖는 공포 가운데 가장 큰 것이 성적으로 유린당하는 것이죠. 제가 반란군들이 처녀들을 건드리느냐고 물었더니, 구연 장소에 있던 할머니들이 다 한꺼번에 웃잖아요. 너는 아무것도 모르고 그런 식으로 질문을 하냐는 식으로.

예전에는 산중에 화전민들 많이 살지 않습니까? 지리산 인근 큰 마을의 언저리에는 분홍색 기와를 올린 집들이 쭉 있었어요, 다가구 주택 같이. 그걸 독가촌이라고 불렀어요. 하나하나 떨어져 있는 화전민을, 산에서 빼내서 거기에 모여 살게 했습니다. 그래서 빨치산들이 활동했던 지역의 큰 마을에 가면 다 있습니다. 그런데 그 독가촌이 겉으로는 국가에서 저 사람들 신변을 보호해주기 위해서 했다고 하지요. 하지만 그게 주가 아닙니다. 산 속에 집들이 그렇게 있으면 빨치산 잔당들에게 식량 보급이 가능하다는 겁니다. 그래서 산 속의 집들을 다 없애버려야 했던 겁니다. 그래서 지리산 인근에 사는 사람들한테 빨치산 이야기를 청하면, '낮에는 토벌대에 당하고 밤에는 반란군에게 당했다.'고 합니다. 군경들의 횡포가 얼마나 심했으면 낮에는 토벌대한테 당한 기억이 생생하고, 밤에는 굶주린 반란군에게 약탈 당한 기억이 생생한 것이죠. 밤낮으로 당할 수밖에 없는 그 약탈의 과정들을 겪고 산 겁니다.

빨치산 토벌 당시 저희 시골에 허름한 여관이 있었는데, 토벌대장의 숙소로 사용을 했다고 합니다. 그 집 딸이 한 열 살 정도 됐는데, 마루를 닦으면서 들으니 방 안에서 자기들끼리 이렇게 이야기를 하고 있더래요. '면장 놈을 죽여 버릴까?'라고. 새 토벌대장이 왔으면 면장이 돼지를 한 마리 잡든가, 염소를 한 마리 잡아가지고 문안을 와야 하는데 안 온다고 '저걸 죽여 버릴까?'했다는 겁니다. 그 면장이 자전거를 타고 올라오는데, 그 여관집 어린 딸이 미리 나가서 총을 맞을지도 모르니 마을로 들어오지 말라고 했답니다. 그래서 그날로 음식을 장만해서 토벌대 대장을 대접했다고 해요. 그런 약탈, 수탈이 너무나도 심했던 상황들입니다.

속초 아바이 마을 월남민의 상처

그 다음은 이산가족 상황인데, 속초 아바이 마을에 사는 어르신입니다. 구술자는 속초 아바이 마을을 처음 개척한 어르신인데 여든 여덟 정도 되셨습니다. 본인의 상황이 기구해서 국내에서는 많이 소개가 안됐지만 일본 NHK라든지 독일 방송에서 많이 자기 이야기를 가져갔다고 이야기를 하더라고요. 여러분이 생각할 때 월남한 사람들이 북에서 살림 규모가 어땠을 것 같습니까? 속초 아바이 마을에 사는 사람들이. 물론 어렵게 살던 사람들도 있지만 그 사람들은 일부고, 속초 아바이 마을에 근거지를 잡았던 사람들은 대체로 여유가 있었던 것 같아요. 그 사람들은 북에서 피난해 내려올 때 자기 배를 가지고 내려 온 분들이 많아요, 목선을.

구술한 분도 역시 마찬가지로 자기 집안이 여유가 있어서 일제시대에 유학도 갔다 오고 해가지고 해방 이후에 북에서 학교 선생을 했답니다. 그런데 전쟁이 나서 밀고 올라갔지 않습니까? 국군들이 올라와서 뭐라

고 이야기하느냐 하면, '우리가 다 보호를 해줄 수 없으니 치안대를
조직해라. 남쪽은 다 그렇게 한다.'하더랍니다. 그러니까 이제 세상이
바뀌는 줄 알고, 자기가 배운 사람이고 하니까 대장이 되어서 치안대를
조직을 했어요. 그런데 한 한 달 후에 중공군이 밀고 내려오지 않습니까?
군인들이 장갑차처럼 생긴 배를 대고, 그걸 저분들은 '아가리 배'라고
해요, 그걸 대놓고 다 월남을 하라고 이야기하면서, '치안대에 가담을
한 사람들은 인민군이 들어오면 즉결로 죽으니 직계가족들도 무조건
싣고 내려가야 한다. 다 싣고 내려가거라.' 국군들이 그렇게 이야기를
하고 빠졌어요. 이 분은 아가리 배도 상당히 좁고 자기 집은 부자고
하니까 목선을 두 척이나 준비를 한 거예요. 첫 번째 배에는 치안대에
가담한 청년들이 타고, 두 번째 배에는 그 가족들을 실었어요. 그런데
젊은 사람들이 마을에서 대거 빠지고 하니까 마을에 남은 사람들 일부가
'야, 우리들도 그냥 가자.'해서 배를 하나 더 마련한 겁니다. 그런데
세 번째 배는 내려와도 그만 안 와도 그만인 거 아닙니까? 그런데 그렇게
내려오는데 풍랑이 치고 그러더래요.

[사진4] 속초 아바이마을

풍랑이 심해서 내려오다가 잠시 해안에 배를 대고, 자기가 대장이라서 1호선에서 2호선으로 가봤더니, 이 분이 이제 한 돌도 안 된 딸이 있는데, 자기 아내가 그 딸을 안고는 배 맨 밑바닥에 앉아가지고 사람한테 치여서 좁아서 어쩔 줄을 모르더래요. 그래서 3호선에 갔더니 3호선은 자리가 좀 여유가 있더랍니다. 그래서 이 사람이 아무도 몰래 권력을 좀 부린 거지요. 자기 아내를 빼내서 3호선에 실어놓고 내려왔는데, 내려오다가 말을 들었더니 3호선에 탄 사람들은 굳이 안 내려오겠다고 합의가 돼서 고향으로 돌아가 버렸대요. 아내를 놓쳐버린 것 아닙니까? 그래도 위안이 된 게 아버지 어머니가 계시니까, 금세 전세가 뒤집어지면 또 올라갈 거니까, 부모님이 보호해주겠지 생각을 하고, 이제 포항에다가 배를 대고 있었답니다. 그리고 한 사나흘 지났는데, 아버지랑 가족 전부 다 내려와서 구룡포엔가에 있다는 겁니다. 쫓아가서 '아버지 여기 웬일이냐?'고 물었더니, '너희 가고 난 뒤에 마음이 영 불안하고 그래서 그냥 팔 것 팔고 정리해서 내려왔다.'고 하더래요. '제 처하고 애는요?', '같이 가지 않았느냐?', 그 중간에 떠버린 거예요. 자기 아내하고 애만 떠버렸어요.

이 어르신이 배운 것도 있고, 고성 쪽에서 전선이 형성되고 하니까, 속초에 자리를 잡아서 아바이 마을을 처음 개척을 했죠. 제가 '재혼을 왜 하셨어요?' 하고 물었더니, 3년 쯤 지나니까 안 되겠더래요. 아내랑 딸에게는 너무 미안했지만 결국 재혼을 했답니다. 이 분이 동장을 오래 하셨습니다. 자식을 아들 셋에 딸을 하나 놔서 잘 가르치셨더라고요.

그리고 1992년에 한중수교가 되지 않았습니까? 수교 되자마자 이 양반이 연변으로 넘어가요, 그 가족을 찾으려고. 찾는 과정에서 사람 셋을 풀어서 한번 찾아 봐 달라 해가지고 찾았는데, 편지 한 쪽도 안주고 '우리를 찾지 말라.'고 하더라는 겁니다, 자기 아내가. 그래서 무심하다는 생각이 너무 들면서 왜 그러느냐고 물었더니, 찾은 사람이 전하는 말로는, 사위를 잘 봐서 당 간부로 아주 요직에 있대요. 그러니까 딸이 시집을 잘 갔죠. 사위는 장인이 전쟁에서 죽은 줄 안대요. 남한에 간 줄은 아무도 모른다는 거예요. '딸 인생 생각해서, 여태도 안 보고 살았는데 내가 당신을 굳이 만나고 살 것인가? 못 만나겠다.'고 연락이 왔다는 겁니다.

그래서 그 미안한 마음이 그 상황을 듣고 나니까, 처음에는 서운하더랍니다. 이 분이 속초 촌에서 살아서 살이 쪽 빠지고 해서, 농민복같은 잠바 하나 걸치면 북으로 가도 북한사람인줄 알 것 같다는 생각이 들어서 월경을 할 생각도 했었대요. 그런데 그때 나이가 예순 일곱인데 '도저히 내가 걸어가겠나, 산길도 타야 되고.' 하니까 체념이 좀 되더라는 거예요. 한중수교가 되는 날, 아들 셋, 딸 하고 다 모았답니다. '내가 여태 40년 50년을 너희를 위해서 살았다. 은퇴를 했고 남은 시간에 있는 재산을 좀 풀어서, 나는 북에도 아내가 있고 딸이 있고 하니까 한번은 찾아야 되지 않겠느냐 어떻게 생각하냐?'고 물었더니 가족들이 다 그러라고 하더랍니다. 이 분 상황이 되게 극적이에요. 소설 같고 그래서 아주 유명한 이야기입니다.

수복지구 속초 토박이의 억울함과 납북어부들의 비애

속초라는 지역은 분단의 상황을 고스란히 담고 있는 특이한 지역입니다. 아바이 마을, 청호동에는 월남한 분들이 주로 거주를 하고, 속초 토박이들은 영랑호 주변에 많이 살아요. 이들 사이에 미묘한 감정이 있다는 겁니다. 원래 38선이 강릉 위에 양양쯤에 있었지 않았습니까? 거기 가면 38휴게소가 있잖아요. 동해안에 거기가 원래 38선이 있던 길이기 때문입니다. 지금 화진포에 가면 김일성 별장이고, 거기 다 있지 않습니까? 거기가 다 전쟁 전에는 이북 땅이었잖아요. 속초사람들은 원래 이북사람들이었습니다. 그리고 지금은 미시령이 뚫려서 넘어 다니지만 옛날에는 태백산맥이 험했기 때문에 일제시대부터 다 양양에서 원산까지 철도노선으로, 원산 가서 평양 들어가고 평양에서 서울 내려와요. 이 지역 사람들은 괜찮은 집안하고 혼사가 이루어지면 평양이나 원산 사람들하고 이뤄진다는 거죠.

전쟁 끝나고 휴전되면서 우리가 흔히 여기를 수복지역이라고 이야기하죠. 원래 이북 땅이었는데 우리가 차지했으니까 수복지역이라고 이야기하죠. 구술을 해 주신 분의 누님은 평양으로 시집을 가서 살았는데 '누나, 이혼하고 내려오세요.'라고 할 수 있는 상황이 아니니까 북에 있어요. 이 분이 계속 항변하는 것이, '아니, 국경을 넘지 않았는데 왜 우리를 보고 월북자 가족이라고 하느냐? 우리는 원래 이북이었어. 우리는 이북에서 살다가 그냥 그렇게 휴전선이 그어져 버렸는데, 왜 우리를 보고 월북자 가족이라고 하느냐?'라는 겁니다.

그래서 영랑호 주변 속초 토박이들은 그 정서를 다 가지고 있어요. 가족들이나 친지가 북에 있는 경우는 계속 감시당하고, 자식들은 연좌제에 걸려서. 이 분도 아들이 그렇게 육사를 가기를 원했는데, 육군사관학교를 가겠다는데 좌절을 시키고 안 된다고 하는 과정에서 자기가 속이 얼마나 녹았겠느냐면서 미안해 하시더라고요.

하여튼 속초 토박이들은 그곳에 살면서도 계속 감시당하고 월북자 가족으로서 살아가고 있는데, 아바이 마을에 사는 사람들은 월남인이라는 이유로 당낭하다는 겁니다. 국가에서 북 체제를 싫다고 내려온 사람들이기 때문에 항상 우호적으로 봐주고, 지원해주고 했다는 겁니다. 그러니까 한 동네인 속초에 살아도 유쾌한 기분이 아닌 거예요, 서로 바라보는 시각이. 속초라는 지역이 그렇습니다. 거기에다 납북어부들까지 있으니 더욱 복잡한 것이죠.

납북어부들은 같이 사는 아내한테도 북에서 무슨 일이 있었는지 이야기하면 안 된다는 교육을 받고, 계속 감시를 당하지요. 앞서 말씀드렸던 대법원에서 무죄판결을 받아 1억 8천만 원을 받았다던 그 양반은 자기에게 가해진 감시에 대해 치를 떨어요. 자신을 감시한 사람들이 자기의 친한 친구였다는 겁니다. 어렸을 때부터 같이 자란 친구하고 선배 하나하고 셋이서 한 동네에 사는데, 백암온천을 놀러 갔었다는 거예요. 백암온천에서 자기가 시계를 차고 있었는데, 그 온천 옷장에다가 옷을 벗어 놨는데 시계가 없어졌다는 거예요. 그래서 이걸 사장한테 막 문제를 삼을까 하다가, 가뜩이나 감시받고 있는데 그게 싫어서 말을 안 했답니다. 그러니 백암온천에서 자기가 시계를 잃어버렸다는 것은 세 사람만 아는 겁니다. 자기하고 자기 친구하고 선배하고. 앞서 이야기했던 그곳, 영랑호 콘도에 잡혀가서 그렇게 맞을 때, 그 내용이 다 나오더라는 겁니다. '너 백암온천 가가지고 시계 잃어버렸지?' 그 말을 듣는 순간에 피가 거꾸로 솟더라는 거예요. 나하고 허구한 날 살 맞대고 살았던 친구가 프락치였다는 거죠. 옆에서 계속 감시하면서.

이 사람들은 북에 갔다왔다는 이유로 감시받고 통제받는 것에 치를 떨어요. 그래서 대부분은 납북어부들은 알콜 중독으로 고생하다가 예순을 못 넘기고 돌아가시는 경우가 많습니다. 그러니까 입을 닫을 수밖에 없는 상황, 그 상황에서 살아갈 수밖에 없는 그 사람들이 납북어부들입니다.

제가 속초지역을 구술조사하면서 든 생각은, 속초라는 지역이 설악산이 있어 좋았고, 동명항이나 대포항에서 오징어회를 먹을 수 있는 곳이라서 좋았는데, 그 속살은 너무나 암울하다는 것이었습니다. 우리의 분단 트라우마를 고스란히 다 포함한 지역이 속초라는 생각이 들어요. 정치권력에 따라서 어떻게 사람들이 대처를 하고 서로를 어떻게 바라보는가 고민을 해야 하는 부분입니다.

탈북자가 겪은 인신매매의 비극

　분단 트라우마의 가장 현재적 양상으로 탈북 트라우마를 이야기하겠습니다. 남북이 분단된 지 70년이 가까운 상황에서 우리는 북의 상황을 잘 모릅니다. 그래서 북에서 갓 빠져나온 탈북자들을 통해 북한의 전통문화 실태나 현재의 문화를 알고 싶어 자주 만났죠. 그런데 그들에게서 들을 수 있는 이야기는 북한의 식량난과 굶주림, 그리고 탈북 과정에서의 공포들이었습니다. 이들의 이야기를 묶어서 구술총서를 따로 내기도 했어요.

　'고난의 행군시기'라고 북에서 이야기했던 90년 중반, 95년 96년경 북한의 극심한 식량난을 겪었던 탈북자들은 난민 같은 존재들이 대부분입니다. 그런데 요즘 오는 사람들은 상황이 좀 다른 듯합니다. 근래에 만난 탈북 대학생은 남한에서 살기가 어떠한가 묻자, '괜히 왔어요.'라고 대답하더라고요. 그 말에 저는 충격을 받았어요. 어떻게 사선을 넘었는데 후회를 할 수 있냐고 묻자, '아니 사선 안 넘었는데요. 국경수비대 아저씨가 손잡아서 건너 줬어요.'라고 대답하더라고요. 국경 장사를 하는 엄마하고 싸워서, 이모라고 부르는 엄마의 친구를 따라 연변을 나와 봤고, 집에도 안 돌아가고 우두커니 있으니까 엄마 친구가 '너 한국에 가볼래?'하더랍니다. 애가 돈은 어떻게 하냐고 물었더니 '돈은 알아서 다 나와.' 그래서 왔답니다. 탈북자들도 몇 년 사이 탈북의 이유가 완전히 달라졌어요. 우리가 탈북자들을 대할 때 이 점은 좀 염두에 둘 필요가 있겠어요.

　이제 들려 드릴 이야기는 요즘 넘어오신 분들이 아닌 초창기 '고난의 행군 시기'에 왔던 탈북자들 상황입니다. 구술자는 자기가 연변에서 만났던 다른 탈북 여성이 자기한테 들려줬던 이야기라고 했어요. 두 젊은 부부가 네 살 먹은 아들과 노모와 함께 굶어 죽을 위기에 처해서 여기저기 떠돌다가 두만강 바로 앞 남양까지 온 거예요. 노모에게 아들을 맡기고는 둘이서 두만강을 건넜죠. 그리고 민가를 찾아가는데, 둘이 부부라고 하면 먹을 것을 안 줄 것 같아서 남편이 여동생이라고 하자고 해요. 한족 집에서 먹을 것을 얻어먹고 나니, 그 밤으로 한족이 나가서 이 여자를 살 중국 노총각을 구해왔더랍니다. 결국 중국 돈 천원에 팔리게 되는데, 남편은 오빠라고 했으니 자기 아내가 팔려간 집으로 간 거죠. 그리고 그 좁은 단칸방에서 가운데 커튼을 치고, 팔린 아내는 중국 남자와 안쪽에서 동침을 하고, 남편은 커튼 밖에서 잤다는 너무나 당혹스러운 이야기입니다.

그 당시에는 천원이면 우리 돈 15만원, 16만원 돈이었죠. 그런데 500원은 여자를 소개한 한족이 거간비로 떼먹고 500원만 주더라는 겁니다. 다음 날 이별하는 상황에서 언덕에 섰는데 남편은 손을 잡지도 말고, 울지도 말고, 따라오지도 말라고 하더랍니다. '자꾸 붙으면 저 사람들이 우리가 부부지간인 줄 알지 않느냐? 그러니 여기서 이별을 해야 한다.'고 했답니다. 그 남편이 보는 앞에서 중국 남자와 잠자리를 하는 수모를 이야기할 때도 울지 않던 여자가, 이 이별하는 상황을 이야기하면서는 울더라는 거죠. 언덕에 섰는데 남편이 손을 뿌리치면서 '절대 따라오지도 말고 너는 여기 가만히 서라.' 하는데, 자기는 여기 가만히 서 있는데, 내 발이 자꾸 따라 내려가더라는 거예요. 남편은 아내가 만들어준 배낭 하나에다가 팔려간 중국남자의 친척들이 준 헌옷가지를 잔뜩 넣어서 갔는데, 도강을 하다가 잡혀서 돈이고 뭐고 싹 다 뺏긴 겁니다. 잡혀서 감옥에서 살다가 나와 가지고, 네 살 먹은 애를 자기 엄마도 중국에 있으니까 먹여 살리고 싶어서 내보냈어요. 일 나가고 없는 동안에 찾아왔다는데, 그 한족 남자가 안 알려줘요. 또 그렇게 미아가 되는 상황입니다.

그 이야기를 하면서 구술자가 얼마나 우는지 제가 난감했어요. '우리는 왜 도와주는 이가 하나도 없니? 이걸 어디다 말해야 하니, 유엔에다가 말해야 하니 어디다가 말해야 하니?'라고 펑펑 울더라고요. 자신의 경험담이 아니더라도 그 기구한 여성과 동일시가 이루어지면서 자신이 탈북과정에서 겪었던 불안과 공포, 부조리가 낳은 트라우마가 한꺼번에 터져 나온 것으로 보였습니다.

분단 트라우마의 구술치유

　지금까지 분단 트라우마의 양상들에 대해 이야기했습니다. 한반도에 사는 남북주민 모두에게 적용되므로 전 국민적이고, 해외 동포들에게도 상처로 남아있기 때문에 전 민족적이라고 할 수 있죠. 그리고 현재 진행형으로 우리 모두를 괴롭히고 있다고 하겠습니다. 분단 트라우마가 이렇게 심각한데, 그 치유에 대해서 고민을 해야겠죠? 그런데 그게 쉽지 않아 보입니다. 가장 손쉬운 방법은 망각이라고 생각합니다. 잊혀 지면 잊혀 지는 대로 그냥 두는 거지요. 그런데 문제는 그게 잊혀 지지 않고 계속해서 재생산되는 데 있습니다. 그렇기 때문에 치유에 대해서 한번 고민을 해봐야 되지 않겠느냐? 저는 여러 가지 방법론들 가운데 구술치유를 생각했습니다. 제가 구술조사를 다니면서 보았던, 그렇게 울면서 쏟아냈던 생생한 증언들을 들으면서 구술이 치유의 효과가 있다고 보았어요. 제주도 할머니들이 처음에는 이야기하면 절대 안 될 것 같아서 평생 입을 닫고 있었는데 한 번 터뜨리고 나니까, '내가 이제 살 날이 얼마나 남았다고, 내 오빠 죽은 걸 왜 말 못하고 살아.'라고 폭발하는 힘이 치유가 될 수 있다고 봅니다. 가슴 속의 한을 이야기하는 과정에서 얻게 되는 후련함, 소박하지만 어느 정도의 치유 효과는 있다고 생각했습니다.

　실제로 신경정신과 병원에서 의사들이 트라우마에 대해서 치료를 진행할 때, 상담 방식으로 진행을 하죠. 그래서 구술 상담 자체가 효과적일 것이라는 점에 대해서는 누구나 인정할 수 있을 겁니다. 그런데 역사학이나 사회학에서는 대체로 구술한 내용의 사실 확인에 집착을 해요. 탈북자들의 구술을 들으면서도 '저 사람 말하는 내용은 교회에서 들은 걸 자기 경험처럼 써먹는다.'고 말하는데, 저는 그게 아니라는 거죠. 저는 사실의 차원을 넘어서서 그 사람이 하고 싶은 이야기를 다 쏟아내 보라는 겁니다. 그리고 구술자와 듣는 이가 어느 정도 교감이 형성되는 과정에서 자기가 살아온 이야기를 모두 해보라는 겁니다. 시간을 조금 길게 잡더라도, 북에서는 어떤 일이 있었고, 가족 관계는 어떠했는지 등을 자연스럽게 이야기하는 과정에서 속에 있는 이야기를 쏟아내게 된다는 겁니다.

그래서 저는 인터뷰 방식보다는 자기의 상처를 드러낼 수 있는 구술 생애담 방식이 더 좋겠다고 생각합니다. 저는 모든 조사를 여기에 맞춰서 합니다. 살아온 이야기를 자연스럽게 풀어놓는 과정에서 우리는 구술자가 가진 트라우마의 단초를 잡아낼 수도 있겠고, 그에 대해서 치유의 가능성을 잡아낼 수도 있겠다고 생각해서 구술 생애담에 주목했습니다. 구술 생애담 자체가 어떤 치료 효과가 있는가에 대해서 제가 이야기하고 싶은 부분들은 이겁니다. 실제로 생애담 자체가 자기 경험을 가지고서 자기가 주인공이 돼서 이야기를 만들어 나가는 거예요. 그래서 그게 허구일 가능성도 많아요. 그 자체가 신세타령이고, 한 소리 또하고 또하고, 넋두리로 들릴지라도 그 사이에서 기억되고 반복되는 내용들이 지극히 트라우마 진단의 단초들이 될 수 있다는 거예요.

허구에 대해서 역사학하시는 분들이나 사회학하시는 분들이 경계를 해요. '다 거짓말이다, 저걸 왜 자꾸 받아들여?'라고 반응하시는 분들이 많습니다. 그런데 허구를 만드는 과정 자체가 트라우마의 증상이라고 할 수 있습니다. 정신의학에서 트라우마의 증상을 과도한 각성상태, 충격적인 기억을 반복적으로 되살리기, 회피하든지 아니면 둔감화하는 과정이 있다고 합니다. 이것들이 병리학적으로 이야기하는 트라우마의 증상들인데, 이런 증상들이 경험담에 그대로 투영된다는 거죠. 외상을 겪은 경험을 확대 재생산되는 경우도 있고, 그 부분은 빼버리고 이야기하는 경우들도 있으며, 둔감하게 넘어가는 부분들도 있습니다.

탈북자 사례로 든 아주머니를 제가 네 번을 만났어요. 일주일 간격으로 세 시간씩, 네 번을 만났는데 마지막 주정도 되니까 저하고 소통이 너무나도 잘 되더라고요. 그 분에게서 탈북 트라우마라고 진단할 수 있는 몇 가지 사건들을 발견할 수 있었어요. 가장 민감한 부분이 탈북 여성들의 인신매매나 정조관념에 대한 것이었어요. 자신이 입주 가정부로 일하면서 함께 사는, 자신이 가장 존경하는 여성 노교수가 '탈북여성들의 정조관'을 문제 삼자, 불같이 화를 냈다는 대목에서 트라우마를 읽을 수 있었어요. 또 어떤 부분에 대해서는 살짝 빗겨가면서 이야기를 하고 남의 이야기처럼 만드는 부분도 있습니다. 그런 증상들이 모두 구술 과정 속에서 트라우마 자체를 읽어낼 수 있는 부분이고, 치유의 단초도 마련할 수 있는 부분이라는 겁니다. 저는 그래서 생애담 구술을 통한 구술 치유가 가능하다고 봅니다.

통합서사 담론화를 통한 구술 치유

지금까지 이야기했듯이 소박하게 보면, 이야기하는 과정, 증언하는 과정에서 속이 후련해지는 자체가 치유의 효과라고 볼 수 있습니다. 우리가 흔히 트라우마의 치유를 위해서는 신변의 안정이 확보되어야 한다고 말합니다. 분단 트라우마의 치유를 고민할 때도 마찬가지입니다. 제주 4.3에 대한 구술이 활발해질 수 있었던 것은 노무현 대통령께서 4.3사건을 국가의 잘못으로 인정한 후부터였어요. 분단체제 속에서 신변의 안전이 확보되지 않는다면 어떻게 될 줄 알고 그걸 이야기하겠어요. 구술자가 겪은 피해에 대해 국가차원의 사과나 보상이 이루어지고, 외형적으로 신변의 안전이 확보되어야 분단 트라우마의 치유에 대해 말할 수 있을 겁니다.

이러한 신변의 안전이 확보된 상황에서 분단과 한국전쟁, 국가폭력으로 피해 입은 이야기를 생애담 중심으로 구술하게 하는 것이죠. 그 가운데는 전쟁의 잔혹함이나 국가의 폭력에 대해 고발하는 이야기도 있을 것이고, 동정의 시각으로 적을 바라보는 이야기도 있을 겁니다. 더 나가서는 전쟁 상황에서 서로를 죽인 이야기가 아니라 서로를 살린 이야기도 있을 수 있습니다. 그리고 서로 화해를 이룬 이야기까지도 찾을 수 있을 겁니다. 이런 이야기들을 저는 분단서사와는 대비되는 통합서사라고 부르고 싶습니다.

분단체제 속에서 분단 트라우마를 근거로 수많은 분단서사들이 만들어졌고, 사람들 사이에 퍼져나갔습니다. 국가나 관 주도로 6.25가 다가오면 참전용사들의 무용담이 책자로 만들어져 무상 배포되기도 했죠. 그 무용담의 내용은 모두 분단을 고착화하고 상대를 적대하는 분단서사가 주축이 되어 있죠. 이야기의 내용뿐만 아니라 이러한 일련의 시스템이 바로 분단서사라고 말할 수 있습니다. 이러한 분단서사는 분단체제 속에서 세대갈등을 유발하면서 또 다른 분단 트라우마를 재생산하고 있습니다.

분단서사를 극복하기 위해서는 분단 트라우마를 치유하기 위한 통합서사 발굴이 필수적이라고 봅니다. 앞에서 말씀드린 것처럼 전쟁이나 국가폭력을 비판하는 고발 이야기, 상대를 인간대 인간으로 보고 보듬는 동정의 이야기, 비록 지향하는 이념이 달라 갈등을 겪지만 서로를 죽이지는 말자고 한 상생과 화해의 이야기들을 구술 생애담 조사를 통해 찾아내는 일이 시급한 것이죠. 그리고 이런 통합서사들을 사회적으로 확산시켜서 통합서사의 담론화가 이루어진다면 분단 트라우마를 간직한 이들의 고통은 지금보다 훨씬 나아질 수 있다고 봅니다.

통합서사의 사회적 확산을 위해 저는 통합의 메시지를 담은 구술자료집을 출판하고 싶습니다. 국가나 관 주도의 분단서사에서 벗어나는 한 방편이기도 하죠. 노인복지회관 같은 곳에서는 6.25가 돌아오면 성토대회식으로 분단서사를 만들어 갑니다. 특히 참전 경험이 있는 분들은 대체로 영웅적으로 자신의 경험을 이야기하죠, '내가 중공군은 몇을 죽였다.' 식으로 말입니다. 하지만 이런 방식이 전혀 효과적이지 않다는 겁니다.

그래서 전쟁이나 분단사건 속에서 똑같은 상황에 대한 이야기, 예를 들면, 성적으로 유린당했던 이야기 구술을 듣고, '그래, 이 이야기처럼 견뎌낸 사람도 있고, 이렇게 보듬은 사람도 있는데.'라고 공감을 표하는 단계가 시작입니다. 이게 좀 확산되면 '그걸 인제 나도 이야기할 수 있겠구나. 그건 나만의 일이 아니었어.'라고 하는 사회적인 담론이 형성되는 단계로 나갈 수 있겠죠. 그리고 더 나아가 '그래, 전쟁은 나만 겪은 게 아니었고, 나하고 유사한 저 사람도 있는데, 저 사람은 저렇게 살아가고 있네.'하는, 분단 트라우마에서 벗어나서 자립하는 단계에 이르면 치유가 가능하지 않을까? 제 생각은 그렇습니다. 그런 담론이 형성되는 속에서 누구나 다 공감을 표시하고, 사회적으로 수용되는 과정 속에서 통합을 해 나가고, 집단 치유도 가능할 수 있다고 저는 생각하는 것입니다. 그 후에 개인적인 부분에서도 인간적인 관계들을 회복해 나갈 수 있고, 그 부분에 대해서 거침없이 이야기를 할 수 있다는 것입니다.

통합서사의 사례

청주 중앙공원에 어르신들이 많이 모입니다. 그 가운데 아주 입담이 좋고, 제가 찾고자 하는 통합서사의 모델로 삼을 만한 이야기를 종종

들려주시는 유명한 이야기꾼이 있습니다. 애석하게도 지금은 고인이 되셨지만 그 분이 들려준 이야기를 통해서 통합서사의 모델을 제시해 보겠습니다.

이웃동네에 초년 과부로 살면서 아들 하나를 두고 살았던 사람이 아들을 결혼 시켰습니다. 장가 든 아들이 첫 애기도 못 본 상태에서 전쟁이 나 참전을 하게 됐어요. 그런데 부대가 해산이 되어 버린 거예요, 폭격을 받았는지. 그러니까 전사 통지서도 아니고 실종 통지서가 집으로 온 거예요. 어머니는 아들이 죽었다고 생각했어요. 자기가 초년에 과부가 되어 여태 아들을 하나 두고 살았는데, 며느리를 생각하면 며느리는 자식도 하나 없고 이렇게는 못 살 것 같더랍니다. 마침 이웃 마을에 아들의 선배 되는 사람이 재산도 좀 넉넉한데, 상처를 했어요. 그런데 애들을 키워야 되니까 사람을 구하더랍니다. 재혼할 사람을 구한다는 말을 듣고 바로 쫓아 갔어요. 그런데 말을 건넸더니 후배 안사람과 어떻게 재혼을 하냐고 싫다고 했답니다. 그러지 말고 동생을 생각해서라도 좀 어떻게 해달라고 몇 번을 사정을 하고, 며느리한테 이야기를 하는데 며느리가 펄쩍 뛰면서 죽었는지 안 죽었는지도 모르는데 나보고 왜 시집을 가라고 하냐면서 자기는 시집을 안 가겠다고 합니다. 어머니는 내 사는 꼴을 보면서도 모르냐고 하면서 억지로 그냥 시집을 보냈어요.

그리고 휴전이 되었는데, 그 부대가 해산되는 과정에서 아들이 다른 부대에 가 있었던 거예요. 이 사람이 휴전이 되고 난 뒤에 휴가를 나왔는데, 혹시 인민군 잔당들이 있는지 모르니까 총을 다 가지고 나온 겁니다. 그래서 칼빈 소총을 들고 마을 앞에 들어오는데, 동네 사람들이 다 기겁을 하고 자빠졌다는 거예요. 어머니가 얼마나 반가워서 끌어안았는데 사실 속은 오죽했겠어요. 이 사람도 어머니한테 '우리 안식구는 어디 갔소?' 묻고 싶은데 차마 그 소리가 안 나와서 하루를 참고, 이틀을 참았답니다. 그런데 어머니가 이야기를 안 해요. 그러니까 저녁밥을 먹으면서 '어머니 제가 내일은 처갓집을 좀 다녀와야겠어요.' 그러니까 어머니가 눈물을 흘리면서 '나는 니 죽은 줄 알았다. 그래서 여차저차해 가지고 그렇게 싫다고 못 간다고 하는 애를 너 선배한테 내가 재가를 시켰다. 내가 어떻게 하냐?' 하더래요.

그래서 저녁밥을 먹고 드러누웠는데 잠이 안와요. 한 번은 보고 싶고, 그래서 쫓아갔어요, 총을 들고. 부자집이다 보니까 가을에 추수를 해서 볏단을 마당가에 쭉 세워 뒀더래요. 그 집에 들어서니까 불이 훤해요. 그래서 얼른 볏단 속으로 총을 들고 숨었더니, 굿을 해요. 경을 읽는데 동네사람들이 마루에 쭉 섰고, 그 남자 법사들이 경을 읽는데 이렇게 망을 쳐놓고 거기에 재혼한 남편이 드러눕고 여자는 그 앞에서 철철 울더래요. 그래서 저게 뭔가 가만히 내력을 들었더니, 결혼하고 얼마 안 돼서 지금 재혼한 남편이 계속 아파요. 어디 가서 물었더니 전쟁에 나가서 전사한 전 남편의 원귀가 씌어서 괴롭혀서 그렇다는 거예요.

그래서 경을 읽는데, 신대를 잡은 법사가 원귀를 달래서 보내는 경우도 있고, 그렇지 않으면 뒤웅박이라고 하는 바가지에다가 구멍을 뚫어가 지고 거기다가 혼을 담아 넣어서 새끼로 막 칭칭 감아서 땅에다가 꽁꽁 묶는 상황도 있어요. 그거는 아주 극단적인 상황이야. 그런데 신대가 원귀를 잡아 가두는 쪽으로 떨어졌어요. 여자가 얼마나 울면서 우리 남편이 얼마나 불쌍하게 죽었는지도 모르는데, 그만 달래서 보내면 안 되냐고, 제발 달래 보내주라고. 가두면 그거 억울해서 어떡하느냐고 막 그렇게 울고 통곡을 하고 앉았어.

신대가 가두는 쪽으로 넘어갔다고, 법사 점쟁이가 온 마당을 신대를 잡고 귀신 잡는 시늉을 하는데, 공교롭게 그 사람이 서 있는 데로 쫓아왔어. 그러니까 방아쇠에 손을 넣어놓고 있다가 하늘로 빵 쏴버렸어. 빵 소리가 나니까 그 법사는 뒤로 놀라 자빠지고. 동네 사람들도, 서방도 벌떡 다 일어났어요. 그 사람이 볏단 속에서 나오면서, '나 왔소, 내가 안 죽고 살아왔소.' 하더랍니다. 모두가 놀라 있는데, 마누라가 얼마나 울며불며 하니, 그 드러누웠던 남편이 '내가 자네한테 너무 못할 짓을 했네, 미안하네. 얼른 데려가게.' 이렇게 이야기를 하고, 이 사람은 '아닙니다. 내가 부덕하고 부족해서 내 처를 놓쳐버린 걸 어떻게 합니까?'하더랍니다. 여자는 울며불며 전남편을 따라가겠다는 거야. 동네사람들은 그 상황을 보고선 이 상황에서는 전남편을 따라가는 게 맞다, 동네사람들이 그렇게 판결을 해줬다는 거예요. 그리고 집에 와 가지고 세 모자가 끌어안고 얼마나 울었다는 이야기입니다.

이 어르신이 이야기하는 방식이 제가 구술치유 방법론을 구상할 수 있도록 큰 힌트를 줬어요. 이 분의 이야기 방식은 모든 정황 자체를 이야기할 때, 꼭 찍어서 '네가 나한테 가해를 했기 때문에 너를 죽여버려야 한다.'고 극단의 상황으로 몰아가지 않는다는 거죠. 이 분은 자기가 직접 들은 이야기를 하면서도, 전 남편, 새 남편, 아내, 어머니 네 사람에 대해서 아주 온정을 가지고 이야기를 합니다. 나 같으면 첫날에 가가지고 '어머니, 내 안사람은 어디 갔소?' 이렇게 총을 갖다 들이대고 물을 법도 한데, 그걸 그냥 사흘이 되도록 꾹- 참고 있던 것, 남편이 죽어버렸다고 생각하면 그만인데, 마루 끝에서 통곡을 하면서 '우리 남편 어떻게 죽었는지도 모르는데 제발 가두지만 말아달라.'고 하는 그 안사람 하며, 그렇게 살아가는 사람들 자체가 얼마나 점잖느냐고 평가를 덧붙이고 있습니다. 이렇게 이야기하는 방식, 전하는 방식이 통합서사의 모델이 될 수 있다고 봅니다.

전쟁에 관련된 이야기, 분단에 관련된 이야기들은 대체로 다 한쪽 편에 서가지고 이야기할 수밖에 없습니다. 누군가는 가해자고, 나는 피해자라고 이야기하게끔 되어 있어요. 그런데도 극단으로 밀어 붙이는 것이 아니라, 어느 정도의 온정을 가지고 말하는 방식이 사회적으로 확산됐으면 좋겠다는 겁니다. 지금까지 국가체제, 분단체제를 유지하기 위해서 궐기대회니 어쩌니 하던 형식의 수기들, 전쟁영웅담들이 많이 나왔는데, 이제 그에 반대로 우리가 뭔가를 보듬을 수 있는 이야기, 극복하는 이야기들을 모아서 책을 만들어서 사회적으로 확산하고, 배포도 하려고 합니다. 이러한 과정들 속에서 사회적이고 집단적인 분단 트라우마 치유가 가능하지 않을까 생각합니다. 제가 필드에서 나름대로 구술치유 방법론에 관해서 고민을 한 부분들입니다.

코리언
디아스포라,
이산 트라우마와
상상적 동일화
욕망의 박탈

/ 박
영
균 /

제3강

코리언디아스포라, 이산 트라우마와
상상적 동일화 욕망의 박탈

박영균

건국대학교 통일인문학연구단 HK교수

코리언디아스포라의 분포와 역사적 기원에 관한 물음

일반적으로 한국인들 중에 우리 동포들이 얼마나 많이 해외에 나가 살고 있는지를 알고 있는 경우는 많지 않습니다. 게다가 알고 있다고 하더라도 그들은 대부분 현재 해외에 거주하고 있는 코리언들의 이주가 8.15 이후의 일이라고 생각하는 경향이 있습니다. 그러나 이것은 코리언의 이주 역사에 대한 한국인들의 인식이 매우 미천할 뿐만 아니라 편향적이라는 것을 보여줄 뿐입니다. 해년마다 소폭의 변동은 있지만 현재 해외에 거주하는 코리언의 총수는, 대략 7백 2십만 명 정도로 추산되고 있습니다. 이것은 물론 중국인 3천 4백만 여명, 이스라엘 8백 5십만 여명, 이탈리아인 7백 5만 명에 비해 많다고 할 수는 없습니다.

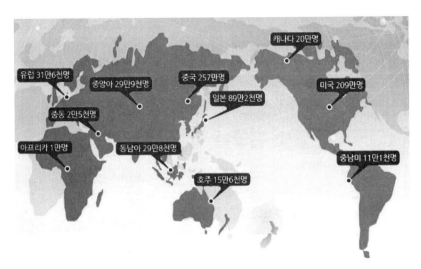

[사진1] 동북아 디아스포라 아카이브

　하지만 본국에 거주하는 같은 종족의 인구 대비 비율로 보았을 때는
사정이 달라집니다. 전체 규모로 보면 중국인이 가장 많지만 본국에
거주하는 인구 대비 비율로 보면 유대인들은 대략 118%로, 본국에 거주
하는 사람들보다 더 많은 사람들이 현재 해외에 살고 있는 반면 중국인
들은 불과 2%만이 해외에 거주하고 있는 셈입니다. 또한, 우리보다
더 많은 인구가 해외에 살고 있는 이탈리아인들의 해외거주비율은 본국
거주대비 7.7%인 반면 코리언들은 남북주민 전체를 합한 인구가 약
7천만 명으로, 본국대비 약 10%가 해외에 거주하고 있습니다. 따라서
이들 대표적인 이주 종족들만을 놓고 보았을 때, 코리언들의 해외 거주
비율은 유대인 다음으로 높은 2위라고 할 수 있습니다. 이것은 전세계적
으로 보았을 때에도 코리언들의 해외 이주 비율이 매우 높다는 것을
의미합니다.

　게다가 우리보다 압도적으로 높은 비율을 가지고 있는 유대인들의
경우, 2000년 동안 나라 잃고 강제 이주되어 다른 나라에서 살다가 2차

세계대전 이후 서방국가들이 현재의 팔레스타인지역에 국가를 만들어 주고 그 나라로 다시 불러 들였다는 점에서 이스라엘이라는 국가 내에 사는 사람보다 그 밖에 사는 사람들이 많다는 것은 너무나 당연하다고 할 수 있습니다. 하지만 우리의 경우, 유대인처럼 그렇게 오랜 기간 동안 나라를 잃고 떠돈 것도 아니고 대항해시대 이후 유럽처럼 신대륙을 발견하고 그곳으로 대규모 이주를 한 것도 아닙니다. 그런데도 전체 코리언 중 약 10%, 다시 말해 10명 당 1명이 한반도가 아니라 해외에 나가 살고 있습니다. 이것은 매우 독특한 현상이라고 할 수 있습니다.

하지만 한국인들은 이런 높은 비율로 코리언들이 해외에 거주하고 있다는 사실을 제대로 인식하지 못하고 있습니다. 이것은 무엇보다도 한국인들이 과거 동서냉전체제 하에서 조성되었던 이데올로기적인 체제 대립으로 인해 8.15 이전부터 중국, 러시아 등지에서 살아왔던 동포들을 '망각'한 채 살아왔기 때문입니다. 1990년대 동서냉전체제의 해체와 노태우정부의 북방정책 이전까지만 하더라도 그들은 '잊혀진 존재'였습니다. 그러나 그 이후, 한국과 중국, 한국과 러시아가 외교관계를 맺으면서 그 지역에 코리언들이 살고 있다는 것을 서서히 자각하게 되었으며 그들의 한국 내 이주와 더불어 대중적으로 그들의 존재를 알게 되었습니다.

현재 우리 동포들 대부분이 살고 있는 지역은 중국, 미국, 일본, 구소련 지역입니다. 이 지역에 거주하는 코리언들은 전체 720만여 명 중 약 87%로, 10명 중 9명이라고 할 수 있습니다. 또한, 미국 지역을 빼고 보더라도 약 57%, 즉 10명 중 6명이 중국, 일본, 구소련지역에 거주하고 있다는 지정학적 특징을 가지고 있습니다. 그런데 이 지역이 어떤 곳입니까? 이곳은 과거 일본 제국주의의 대륙침략이 이루어졌던 곳이자 그 이후 한반도의 휴전선을 경계로 하여 동서냉전체제가 형성되는 4대 열강이 자리를 잡고 있는 곳입니다. 한-미-일이라는 남방삼각과 북-중-러라는 북방삼각의 대립이 그것이죠.

그렇다면 우리가 던져야 할 질문은 '왜 이렇게 많은 코리언들이 한반도의 분단을 둘러싼 4대 열강들에 거주하고 있는가?'입니다. 일제 강점기에 하와이로 노동이민을 간 사람들 소수가 있기는 하지만 거의 대부분이 8.15 해방 이후 미국으로 건너간 재미 한인들을 제외한 코리언디아스포라 중 약 57%를 차지하고 있는 중국, 일본, 구소련지역 거주 코리언들 대부분은 일본 제국주의 식민지 치하에 이주한 사람들입니다. 물론 중국으로 이주한 코리언들의 역사적 기원은 19세기 중엽까지 올라가지만 그들 대부분이 대규모적으로 이주한 것은 일본 식민지 치하에서였습니다. 따라서 코리언디아스포라의 이주역사는 일본 제국주의에 의한 침탈의 역사와 중첩되어 있습니다.

1905년 일본 제국주의는 러-일 전쟁에서 승리한 이후, 막강한 군사력을 바탕으로 1910년 8월 22일 '한일합방조약'을 체결하고 대한제국을 자신의 영토로 병합하고 그 해부터 1918년까지 토지조사사업을 실시하였습니다. 토지조사사업은 겉으로 '근대적인 토지 소유권'을 확립하기 위한 조치라는 명분을 내세웠지만 실제로는 농민들로부터 토지를 빼앗아 조선의 식량을 수탈하고 노동력을 착취하기 위한 거대자본의 형성과 대규모 노동시장을 만들어가는 것이었습니다. 따라서 일제는 이 사업을 통해서 '아무 것도 소유하지 못한 무산자 대중'을 만들어냈습니다.

이들 무산자 대중은 먹고 살기 위해서 도시로 몰려들었으며 부족한 일자리를 찾기 위해 일제의 제국주의적 팽창정책을 따라 만주로, 일본으로, 미국으로 노동이민을 떠나야 했습니다. 게다가 일본의 제국주의전쟁은 식민지 조선의 식량을 필요로 했습니다. 그래서 그들은 '산미증식계획', '농촌진흥운동' 등을 통해 농민들의 식량을 약탈했기 때문에 설사 토지조사사업에서 살아남아 농촌에서 농사를 짓고 있었던 사람들조차도 점차 가난해지고 궁극적으로는 자신의 경작지를 잃어버릴 수밖에 없었습니다. 바로 이런 점에서 일본 제국주의 시절에 이루어진 이산은 외형상 '노동이주'라는 '자발적 이주'의 형상을 띄고 있지만 실제로는 일본 제국주의에 의한 수탈이라는 '폭력과 강제'에 의한 이주, 즉 '비자발적 이주'라고 할 수 있습니다.

게다가 이후에도 일본 제국주의는 대륙으로의 진출을 위해 중-일 전쟁을 일으킨 뒤, 1938년 '국가 총동원법'을 제정했으며 징용, 징병, 근로보국대, 근로동원, 여자정신대와 같은 제도들을 만들어 무수히 많은 조선 사람들을 제국주의 전쟁에 강제로 동원했습니다. 이 당시 일본 제국주의가 강제로 동원한 인력은 대체로 국외로의 징용 약 200만 명, 국내 동원 약 600만 명, 징병 20만 명, 준병력(군속) 동원 약 36만 명, 여성동원(종군위안부 포함) 약 20만 명 등으로 추산되고 있습니다.[1] 또한, 코리언의 만주로의 이주만 보더라도 1931년 63,982명에서 시작하여 1939년에는 1,066,523명으로, 백만 명을 넘어서게 되었으며 일제가 패망을 맞이한 1945년에는 거의 200만 명에 달하게 되었습니다.

그러므로 코리언디아스포라의 이주역사의 기원은 일본 제국주의에 의한 강점이라는 역사적 비극과 결합되어 있으며 일제의 강압통치와 수탈에 의한 이주라는 점에서 근현대사에서 코리언들이 입은 트라우마의 기원을 이루고 있는 '근원적 트라우마'라고 할 수 있습니다. 또한, 그렇기에 코리언디아스포라의 '역사적 트라우마'에 대한 문제를 다루기 위해서는 무엇보다도 먼저 왜 이렇게 많은 사람들이 해외에 살게 되었는가라는 '역사적 기원에 대해 물음'과 더불어 그것이 남긴 상처를 통해서 코리언디아스포라라는 존재가 지니고 있는 역사-존재론적 특수성을 구명하는 데에서 시작할 필요가 있습니다.

---

1) 한일민족문제학회 편, 『재일조선인 그들은 누구인가』, 삼인, 2003, 102~111쪽.

코리언 디아스포라의 역사·존재론적 특수성

코리언디아스포라의 지정학적 위치가 한반도를 중심으로 하여 그 주변의 4대 열강에 집중적으로 거주하고 있다는 점은 역사적으로 볼 때, 일본 제국주의에 의한 식민화라는 동북아시아 전체, 나아가 세계 제국주의 역사 전체의 비극과 관련되어 있습니다. 하지만 동아시아에서의 이런 역사적 비극은 유럽에서 2차 세계대전의 전범국가인 독일의 과거사청산과 같은 경로를 밟지 못함으로써 아직까지도 극복되지 못한 과거로 남아 동아시아의 평화와 공존을 해치고 있습니다. 오늘날 우리가 코리언디아스포라를 코리언의 역사적 트라우마라는 관점에서 다루면서 그들을 단순한 디아스포라가 아닌 제국주의 전쟁이라는 비극을 담고 있는 역사존재론적 특수성을 주목해야 하는 이유도 이 때문입니다.

그런데 현재 한국 학계에서 코리안 디아스포라 문제에 접근할 때, 그 관점을 보며 크게 두 가지의 관점이 대립하고 있습니다. 하나의 관점은 '민족주의 관점'으로, 이 사람들은 코리언디아스포라를 '같은 민족, 동포'라는 관점에서 그들이 어느 정도로 우리와 같은 민족적 의식이나 언어-문자, 생활방식을 가지고 있는가를 보려는 관점입니다. 다른 하나의 관점은 '탈민족주의 관점'으로, 오늘날 '포스트모던'의 성장과 함께 '탈식민주의'나 '다문화주의'적 연구 경향을 따르면서 민족정체성에 근거한 기존의 민족주의 관점을 비판하고 코리언디아스포라를 '디아스포라', '탈민족화'하는 집단으로, 탈경계적이면서 혼종적인 문화를 가지고 있는 존재로 규정하고자 하는 관점입니다.

그러나 이 둘의 관점은 '코리언디아스포라'를 '코리언 대 디아스포라'로 단순화하고 서로를 관점을 일방적으로 대립시키면서 양자의 프레임을 반복적으로 생산하고 있을 뿐입니다. 현재 해외에 거주하는 '코리언' 중 적어도 60% 정도는 오늘날 지구화와 함께 급속히 등장하고 있는 코스모폴리탄, 또는 이주민들과 같지 않습니다. 왜냐 하면 앞에서 본 바와 같이 코리언들의 이주역사는 일본 제국주의 지배라는 '세계사적인 구조적 폭력'의 산물이기 때문입니다. 또한, 이들은 민족주의자들이 주장하듯이 우리와 같은 코리언들이 아닙니다. 그들은 이주해서 다른 종족이 주류인 나라에서 살아오면서 나름의 독특한 문화적 변용들을 만들어왔기 때문입니다. 따라서 그들은 우리와 같은 민족정체성을 가지고 있을 수 없습니다.

그들은 우리와 다릅니다. '코리언'이라는 민족정체성은 한국에 살고 있는 코리언들의 가치-정서, 민족의식, 문화-전통 등으로 환원될 수 없습니다. 그런데도 '민족주의 관점'은 이것을 한국인들의 가치-정서, 민족의식, 문화-전통을 민족정체성의 표준적인 지표로 삼고 있으며 이것을 통해서 민족정체성을 규정하고 있습니다. 따라서 그것은 자신의 위치를 특권화하고 그 속에서 다른 집단의 차이들을 보는 '위치선점의 오류'에 빠져 있습니다. 반면 '탈민족주의 관점'은 이들이 전통적인 민족주의들이 가지고 있는 오류를 드러내면서 이들의 문제들을 정확하게 비판하고 있기는 하지만 역으로 '한국인'과 다른 차이를 가지고 있는 이들이 우리와 동일화하려는 독특한 욕망을 가지고 있다는 점을 간과하고 있습니다.

그들은 그들이 살고 있는 국가의 다수종족과 자신들을 구분하며 한반도에 살고 있는 코리언들을 비롯하여 코리언들에 대한 특별한 감정을 가지고 있습니다. 그것은 그들이 가치-감정-삶의 양식'에서의 유대적 감정, 독특한 동일화의 욕망을 가지고 있기 때문입니다. 이것은 그들이 우리와 다름에도 불구하고 일본 제국주의 지배라는 '고난의 역사'를 우리와 함께 공유하고 있으며 '같은 민족', '같은 동포'라는 유대의 끈을 가지고 있기 때문입니다. 따라서 그들은 '코리언'이면서도 '디아스포라' 입니다. 민족주의와 탈민족주의라는 두 개의 프레임은 이 두 가지의 특성 중 어느 하나를 지우고 있는 것입니다. 즉, 민족주의는 '디아스포라'

의 혼종성을 지우고 있으며 탈민족주의는 '코리언'이라는 공통 수난의 역사와 민족적 유대를 지우고 있는 것입니다.

그렇다면 어디에서 출발해야 할까요. 그것은 바로 코리언의 역사적 트라우마라는 관점에서 접근하는 것입니다. 오늘날 사람들은 지구화와 더불어 이루어지는 모든 이주자들을 지칭하는 개념으로 디아스포라라는 어휘를 사용하고 있습니다. 하지만 디아스포라라는 단어가 가진 의미는 역사적으로 변천을 겪어 왔습니다. 어원적으로 디아스포라(diaspora)는 '분리'를 의미하는 그리스어 전치사 'dia'와 '흩뿌리다'를 뜻하는 동사 'spero'의 합성어입니다. 게다가 이 말은 고대 그리스인들이 소아시아와 지중해 연안의 식민지를 건설할 때 자국민을 이주시킨 정책에서 유래하고 있습니다. 이 경우, '디아스포라'는 '차별과 억압'의 의미보다는 '이산'의 의미에 초점을 두고 있습니다. 하지만 유대 왕국의 멸망과 '바빌론 유수' 이후 디아스포라는 '이산(離散) 유대인' '이산의 땅'이라는 의미로 사용되어지기 시작했습니다. 이 경우, 디아스포라는 '차별과 억압'의 의미를 가지고 있습니다.

그런데도 오늘날 지구화와 함께 통용되는 디아스포라는 더 이상 '박해'의 의미를 담지 않고 있습니다. 코리언 디아스포라는 개념 또한 일반적으로 '박해'의 의미를 담고 있지 않습니다. 요즈음 유행하는 '탈식민주의'나 '다문화주의'의 관점은, 이런 서구적 관점이 가지고 있는 문제를 반복하고 있습니다. 즉 제국주의라는 집단적 폭력이라는 역사를 고려하지 않은 채, 해외에 거주하고 있는 코리언들을 신자유주의 지구화와 더불어 나타나고 있는 인구 이동, 즉 자신의 경제적 이득이나 이익을 위한 '자발적인 이주'라는 차원에서 다루고 있습니다. 하지만 유대인들의 이산이 유대 왕국의 멸망이라는 국권의 상실과 관련되어 있듯이 코리언 디아스포라도 '일제 식민지 지배'라는 국권의 상실과 관련되어 있습니다. 또한 이주 이후의 수난사도 유대인들보다 못하다고 할 수 없습니다.

　그런데도 사람들은 디아스포라를 얘기하면서도 탈경계, 혼종성 등과 같은 이야기만 한다는 점에서 문제를 가지고 있습니다. 이들은 코리언 디아스포라들이 국가와 민족의 경계를 넘어서 있으며 탈민족적 존재들이라고 주장하고 싶어합니다. 그러나 그렇게 되면 일본 제국주의에 의한 식민지배의 결과라는 점은 사라지게 됩니다. 탈식민주의 이론가 중에 대표적인 사람으로 호미 바바라는 사람이 있습니다. 이 사람은 '식민주체'의 능동성과 '혼종성'을 이야기하면서 제국의 지배자들과 피식민자의 적대관계를 모호하게 만들고 있습니다. 물론 식민지의 피지배자들이 모든 지배를 고스란히 받아들이는 수동적인 주체이기만 한 것은 아닙니다. 하지만 일상적으로 '빗겨짐'을 생산하는 저항과 일본제국주의 국가권력에 직접 대항하여 싸운 민족해방투쟁은 같은 비중을 가지고 있는 것이 아닙니다.

　하지만 탈식민주의 이론의 '탈경계', '혼종성', '잡종성' 등에 대한 찬양은 바로 이 두 가지의 저항을 동일하게 만들어버리고 있습니다. 게다가 이들 이론들은 민족해방투쟁을 특권화하고 있다고 비판하면서 오히려

[사진2] 한국인의 삶과 독립운동

일상적으로 이루어졌던 '수줍은' 투쟁을 보다 더 가치가 있는 것으로 만들고 있습니다. 그러나 목숨을 걸고 투쟁했던 사람들과 일상에서 수줍은 투쟁을 했던 것은 결코 같을 수 없습니다. 바로 이런 점에서 아리프 딜릭이 말했던 것에 주목할 필요가 있습니다. 아리프 딜릭은, 탈식민이란 "모두 다 식민 이후에 적용 가능한 것이 아니라 오로지 식민주의 이후 특히 그 결과에 대한 망각이 일어나기 시작한 시기에만 적용가능"한 것이라고 말한 바 있습니다.[2] 이것은 탈식민이란 개념 자체가 식민 지배에 대한 망각을 기초로 하여 만들어진 개념이라는 것을 의미합니다. 따라서 코리언 디아스포라의 문제를 다루기 위해서는 제국주의 지배의 역사에 주목할 필요가 있습니다.

게다가 이것은 '유대인 학살'이 서구 제국주의에 대한 반성과 성찰의 계기를 제공하듯이, 동아시아는 제국주의 역사를 극복하는 길이기도 합니다. 즉, 서구의 나치즘이 서구 문명에 대한 전면적인 반성 체계가 되었듯이 코리언 디아스포라의 문제는 일본 제국주의 지배에 대한 반성과 성찰의 계기를 제공합니다. 동아시아의 비극적 역사는 서양의 전체성을 대신한 동양의 대표로서 일본이라는 사고에서 나옵니다. 일본은 서양에 대항하는 동양이라는 구호를 제기하면서 '범아시아주의'와 '대동아공영권'을 주창했습니다. 따라서 "일본의 동양은 바로 서양의 전체성을 대신한 일본 중심의 전체성"[3]이었습니다. 그러나 그 결과는 서구 제국주의의 복제였으며 난징대학살-관동대학살로 이어지는 학살뿐만 아니라 731부대의 생체실험과 베트남에서의 대량 아사 등과 같은 제국주의의 반인륜적인 국가폭력이었습니다.

바로 이런 점에서 코리언 디아스포라의 문제들을 다룬다는 것은 일본 제국주의 지배라는, 동아시아에서의 제국주의 지배에 대한 성찰과 극복

---

2) Arif Dirlik, The Postcolonial Aura: Third World Criticism in the Age of Global Capitalism, Critical Inquiry, 20, Winter 1994, p. 339.
3) 강상중, 이경덕 · 임성모 옮김, 『오리엔탈리즘을 넘어서』, 이산, 2002, 132쪽.

이라는 문제의 차원을 넘어서 있습니다. 일본 제국주의는 서구 제국주의의 판박이로, 아류로 동양에서 기능했습니다. 그들은 서구 제국주의를 대신하여 동양에서의 서구로 자신을 상징화하고 그것을 통해서 한반도와 중국 침략을 정당화해왔습니다. 따라서 일본 제국주의 지배에 대한 반성과 성찰은 동아시아에서의 비극적인 역사를 극복하는 계기가 될 뿐만 아니라 더 나아가 오늘날 제국주의의 역사를 지워버리고 있는 서구의 제국주의 역사 전체를 극복할 수 있는 성찰적 계기가 될 수 있습니다.

망각된 서구제국주의의 역사와 역사적 트라우마

코헨은 오늘날 자신이 태어난 국가를 떠나 다른 나라로 이주한 사람들을 구분할 때, 박해 도피형 , 제국 식민형, 노동형, 상업형, 문화적 이민 등과 같은 것으로 구분하고 있습니다. 여기서 '박해 도피형'은 2천 년 전에 나라를 잃고 떠돌았던 유대인의 이주와 같은 경우를 가리키며, '제국 식민형'은 유럽의 신대륙 발견 이후 이루어진 대규모 이주 형태를 의미합니다. 또한, '노동형'은 영국 식민지 시기 인도인의 이동, 북아메리카 건설을 위한 프랑스인의 이동, 일본인들의 하와이 사탕수수 농장으로의 이주와 같은 형태이고 '상업형'은 베니스, 레바논, 중국인들의 상업적 이동과 같은 형태들입니다.

그런데 문제는 이와 같은 코헨의 구분이 일제 강점기 당시에 이루어진 코리언들의 이주와 같은 형태들이 가지고 있는 '제국주의적 지배와 폭력'을 감추고 있다는 점입니다. 동일한 일제시기에 이루어진 이주라고 하더라도 그 당시 일본인들의 한반도 이주와 코리언들의 국외 이주는 근본적으로 다릅니다. 일본인들의 이주는 일본 국내의 과잉자본 및 과잉인력의 해소 또는 제국주의적 팽창이라는 목적 하에 이루어진 '국내적 요인'에 의한 이주라면 코리언의 해외 이주는 그와 정반대로 일제에 의한 식민지배의 결과로서 '국외적 요인'에 의한 이주이기 때문입니다. 하지만 코헨의 구분법을 따르면 일본인들의 한반도 이주 형태도, 코리언들의 국외 이주 형태도 모두 다 동일하게 '노동형'이 될 수밖에 없습니다.

그렇다면 왜 그들은 이렇게 생각하는 것일까요. 그것은 바로 그들이 자신의 참혹했던 역사, 제국주의의 역사를 감추고 있기 때문입니다. 서구역사는 제국주의의 역사이기도 했습니다. 그들은 대항해시대 이후 아메리카, 아프리카, 오스트레일리아를 식민화하거나 그 곳으로 이주하면서 원래 그 곳에서 살아왔던 원주민들을 노예로 삼거나 아니면 종족 자체를 아예 절멸시키는 대학살을 자행했습니다. 하지만 아직도 그들은 그 살육의 역사를 유대인들의 '홀로코스트'처럼 반인륜적 범죄의 차원에서 다루고 있지 않습니다. 아직도 그들은 콜럼버스가 신대륙을 발견했으며 그들이 그 땅을 비로소 인간의 역사에 편입시켰다고 생각하고 있습니다.

하지만 그들이 신대륙에 오기 훨씬 이전부터 그 땅의 주인은 인디언들이었습니다. 그들은 자신의 문화와 역사를 가지고 있었습니다. 그들을 이 땅에서 몰아낸 것은 서구인들입니다. 오늘날 아메리카대륙에서 주인을 자처하는 자들은 서구인들입니다. 아메리카대륙에서 원주민들은 매우 적은 수만 살아남았습니다. 그만큼 서구인들에 의한 인디언의 살육은 참혹했습니다. 그들은 아예 종족 자체가 사라질 정도로 무시무시한 학살을 자행했습니다. 그런데도 그들은 그 땅을 차지하게 위해 저질렀던 살육의 역사를, '개척과 모험의 시대'로, '워스턴무비'가 보여주듯이 '미국인들의 개척자(프론티어) 정신'으로 찬미하고 있습니다. 따라서 오늘날 미국을 비롯한 서구인들이 내세우는 인권에는 그들의 참혹했던 살육의 역사에 대한 반성이 없는, 서구인들의 인권일 뿐입니다.

오늘날 미국을 중심으로 하여 서구는 보편적 가치인 인권을 내세우면서 '유고'와 '이라크', '아프카니스탄' 등 다른 문명권의 정치군사적인 무력을 동원하여 개입하고 있습니다. 하지만 그들은 이스라엘이 가자지구에서 팔레스타인들에게 가하는 폭력, 군사적 살인행위에 대해서는 눈을 감고 있습니다. 이것이 바로 오늘날 서구인들이 자랑스럽게 생각하는 인권, 인종주의에 대한 반성으로 제시하고 있는 '홀로코스트'의 신성화가 가지고 있는 이면입니다. 그들은 2차 세계대전 당시 독일 나치에 의해 이루어진 유대인학살을 가장 반인륜적인 범죄인 것처럼 상징화했습니다. 하지만 이렇게 함으로써 그들은 자신들의 반인륜적 범죄를 은폐하고 자신들의 인권 개념을 보편적인 것으로 만들고 있습니다. 제가 보기에 여기에 작동하고 있는 교묘한 술책이 있다고 생각합니다.

즉, '나치즘'을 대표적인 반인륜적 범죄로 만들수록 그 이전에 이루어졌던 제국주의침략과 지배는 '나치즘'의 악마화에 의해 뒤로 물러나게 되는 것입니다. 그들이 초첨화시키는 근원적 악은 '나치즘'입니다. 하지만 서구제국주의에 의한 인종 학살은 나치즘보다 훨씬 더 참혹하고 파괴적입니다. 따라서 '유대인'들의 홀로코스트 신성화는 본질적으로 서구인들 자신이 저지른 죄악의 역사를 지우기 위해서 서구인들이 집단적으로 공모한 결과이기도 합니다. 코헨이 '박해·도피형'으로 유대인들을 들고 있는 것도 같은 맥락이라고 할 수 있습니다. 따라서 이와 같은 이주 유형의 구분은 제국주의적 지배가 낳은 탄압과 박해의 역사를 제거한 채, 유대인들의 이주만을 특권화한, 서구 중심주의적 시각이라고 힐 수 있습니다.

'제국-식민형'의 이주에는 유럽 열강의 제국주의적 팽창 정책으로 제국주의 본국의 노동자들을 식민지로 이주시킨 경우만 있는 것이 아니라 식민지에서의 약탈과 탄압으로 인해 자신의 본국을 떠나 다른 나라로 이주하는 생계형 이주나 제국주의 국가에 의한 강제 이주도 있었습니다. 따라서 유대인들만을 '박해-도피형'으로 분류하는 것은 서구의 트라우마인 독일 나치에 의한 유대인 학살 이후, '유대인 비판=반유대주의'라는 도식을 만들어낸 '홀로코스트의 과잉상징화'에 기인하고 있는 것이라고 할 수 있습니다. 그런데도 한국의 학자들조차 이와 동일한 프레임 속에서 역사를 보는 경향이 있습니다. 이것은 한국 학문의 식민지성을 보여줍니다. 왜냐하면 그것은 근본적으로 서구인의 시각으로 우리 자신을 보는 '우리 안의 오리엔탈리즘'이라고 할 수 있기 때문입니다.

그러므로 코리언 디아스포라의 이주는 탈식민주의나 근래에 제기되는 '코스모폴리탄적 디아스포라'와는 그 성격이 아예 다르며 코헨이 유대인에게만 적용하는 '박해-도피형'에 가깝다는 점에서 연구를 시작할 필요가 있습니다. 그리고 바로 이런 점에서 코리언 디아스포라를 '역사적 트라우마'라는 관점에서 접근해 볼 필요가 있습니다. '역사적 트라우마'라는 개념을 사용하여 역사를 다룬 대표적인 인물은 도미니크 라카프라라고 할 수 있습니다. 그는 유대인 역사학자로서 유대인들의 홀로코스트를 다루면서 '역사적 트라우마'라는 연구방법론을 제출했습니다. 마찬가지로 일제 식민 지배 이후 우리의 역사, 식민과 이산, 분단의 역사를 이와 같은 역사적 트라우마의 관점에서 다룰 수 있습니다.

물론 그동안 코리언 디아스포라가 겪은 수난에 대한 연구들이 없었던 것은 아닙니다. 하지만 이와 같은 연구들은 주로 구술사나 역사학 쪽에서 진행되어 왔기 때문에 협소할 뿐만 아니라 특정 역사나 집단들을 중심으로 하여 이를 과장하는 문제들을 가지고 있었습니다. 그리고 그 내용도 재중 조선족의 경우에는 '문화대혁명', 재러 고려인의 경우에는 '강제 이주', 그리고 재일 조선인의 경우에는 '일본국가에 의한 국가폭력'만을 다루는 경향을 가지고 있습니다.

현재까지 진행된 연구 경향을 보았을 때, 대체적으로 일제 식민지 이후 한민족이 겪어왔던 고난의 역사가 남긴 상처들을 총체적이고 구조적으로 다룬 연구는 없다고 할 수 있습니다. 기존 연구 중에서 우리가 다루고자 하는 역사적 트라우마와 관련된 것이 있다면 유일하게 차승기의 「식민지 트라우마의 현재성」이 있습니다. 그는 "드러나면 동일성이 파괴되는 것, 그럼에도 불구하고 자기 안에서 다른 것으로 대체하거나 환원할 수 없는 그것을 트라우마, 또는 외재성의 흔적이라고 한다면 식민지야말로 한국 근대 역사에, 특히 근대 '한국사'에 트라우마로 머물러 있다"[4]고 말하고 있습니다.

그러나 그 또한 '식민트라우마'를 비유적 표현으로 사용하고 있을 뿐만 아니라 국내에서 진행된 '과거사 청산'이나 '역사 바로 세우기' 차원에서만 다루고 있을 뿐입니다. 물론 그가 말했듯이 "친일문제 관련 위원회의 활동은 단지 식민지 잔재의 청산을 통해 역사를 바로잡고 국민-국가로서의 정당성을 제고하려는 목적에 국한된 실천만이 아니라 필연적으로 식민지를 기억하게 하는, 즉 오늘날의 대한민국 및 그 주권적 성격을 알지 못하는 삶의 형식을 지금-여기의 삶의 형식과 결합시키는 실천을 파생시킨다는 점에서 보다 근본적인 차원에서 기억의 정치성을 숙고하게 만든다"[5]는 것도 사실입니다.

그러나 식민 트라우마는 이것을 넘어선다고 할 수 있습니다. 왜냐하면 한(조선)민족에게 일제 식민지의 기억은 '민족적 리비도'의 흐름이 단절-억압되는 과정과 관련되어 있으며, 이것은 근대사에서 한(조선)민족에게 여전히 오늘날의 기억과 감정의 흐름에 전치(displacement)의 구조를 남기고 있기 때문입니다. 그리고 바로 이런 점에서 '역사적 트라우마'에 대한 새로운 연구 방법론과 연구 작업이 필요합니다. 왜냐하면 여기서 다루어야 할 것은 개인과 사회 사이에 존재하는 억압의 문제가 아니라, 일제의 지배와 관련하여 특정한 집단이 가지고 있는 리비도가 좌절-억압되면서 형성된, 구조적이면서도 집단적인 트라우마이기 때문입니다.

---

4) 차승기, 「식민지 트라우마의 현재성」, 『황해문화』 68권, 새얼문화재단, 2010, 12쪽.
5) 같은 글, 11쪽.

코리언의 역사적 트라우마: 식민과 이산, 분단의 트라우마

역사적 트라우마는 특정한 집단이 공통의 역사 속에서 가지게 된 '트라우마'를 말합니다. 프로이트는 생명의 위협을 느끼는 엄청난 사건을 겪었을 때 트라우마를 가지게 된다고 말했습니다. 그 때 받은 상처가 무의식에 가라 앉아 있다가 특정한 사건이나 계기를 통해서 그것이 환기되는 순간, 과거의 기억이 현재가 현재를 지배하게 되는 '외상 후 스트레스 장애'를 앓게 된다는 것입니다. 예를 들면 내가 차 사고로 죽을 뻔한 경험을 한 후, 차가 그냥 내 옆을 지나가기만 해도 소스라치게 놀라는 것은 그 때의 기억이 현재화되기 때문입니다. 그래서 '외상 후 스트레스 장애'를 앓는 사람에게 시간은 역전됩니다. 과거가 곧바로 현재가 되어 버리고 그렇기에 발작적 증세를 보이는 것입니다.

이처럼 매우 위협적인 사건을 통해서 외상 후 스트레스 장애를 유발하는 것을 '빅 트라우마'라고 합니다. 그러나 외상 후 스트레스 장애는 매우 위협적인 일회적 사건에서만 발생하는 것이 아닙니다. 근본적으로 자신의 생명을 위협하는 사건이 아닌데도 일상적인 폭력과 위협에 반복적으로 노출되었을 때 외상 후 스트레스 장애가 나타나기도 합니다. 이것을 '스몰 트라우마'라고 합니다. 물론 프로이트는 '스몰 트라우마'를 다룬 적도, 트라우마에 대한 정확한 개념을 정의한 적도 없습니다. 그러나 트라우마가 욕망의 좌절-억압과 관련되어 있다는 것은 명백합니다.

예를 들어 내가 어떤 것에 대한 욕망을 가지고 있는데 그 욕망이 외적 강제력에 의해서 또는 내가 예견하지 못한 사태에 의해서 갑자기 중단되거나 지속적으로 억압될 때, 나는 그 경험을 트라우마적 사건으로 기억하게 됩니다. 누군가를 사랑해서 그 마음을 고백했는데, 상대에게 오히려 면박을 당했다든지 아니면 지속적으로 사람들에게 따돌림을 당한다면 그는 트라우마를 가지게 됩니다. 물론 동일한 사건이라고 하더라도 개인적인 차이에 따라 트라우마적 사건으로 남기도 하고 그렇지 않기도 합니다. 하지만 그것이 어떤 것이었든 간에 트라우마를 불러일으키는 것은 우리 욕망의 좌절-억압과 관련되어 있습니다.

마찬가지로 역사적 트라우마 또한 특정한 집단이 동시에 경험하는 충격적인 사건이나 반복적으로 이루어지는 좌절 또는 억압과 관련되어 있습니다. 라카프라도 동아시아에서의 역사적 트라우마 문제를 이야기하면서 일본 제국주의와 연관성을 이야기한 바가 있습니다. 라카프라가 역사적 트라우마를 이야기할 때, 개인적인 트라우마를 구별하는 가장 큰 특징은 집단적인 감염의 체계입니다. 라카프라는 사람들이 일반적으로 가지고 있는 '원초적 트라우마(originary trauma)'와 달리 역사적 트라우마는 '후천적 트라우마(post originary trauma)'라는 점에 주목하고 있습니다. '후천적 트라우마'는 그 자신이 직접 경험하지 않은 것임에도 불구하고 그것을 경험한 사람들과 같은 '외상 후 스트레스 장애'를 앓는다는 점에서 '후천적'입니다.

그렇다면 왜 이런 후천적 트라우마'가 발생하는 것일까요. 라카프라는 이와 같은 집단적인 감염의 체계를 프로이트가 말하는 '전이(transference)'라는 개념으로 설명하고 있습니다.[6] 그러나 전이는 트라우마적 사건을 목격했거나 아니면 외상 후 스트레스 장애를 앓고 있는 사람과 만나면서 그것에 동화되었기 때문에 발생하는 것입니다. 그런데 지금 한국에 살고 있는 젊은 세대는 일제를 경험해보지 못했습니다. 그런데도 그들은 '일본'에 대한 극도의 증오를 표출합니다. 이것은 왜 그럴까요? 바로 이런 점에서 라카프라의 '전이' 개념은 집단적인 감염의 체계를

---

6) "전이적 관계는 트라우마 전염을 이해하는 데 도움을 준다. 그러나 전염성이란 약간 모호한 의학적인 용어다. 나는 그 메커니즘이 투사적 동일시와 합일적 동일시의 과정이라고 생각한다. … 어떤 이는 자신이 결코 경험하지 않은 사건의 트라우마 이후 증상을 되살리거나 다시 겪을 수도 있다. 이러한 되살리기 혹은 이차적 트라우마화는 종종 희생자나 가해자의 아이들에게 발생하며 무의식적으로 광범위하게 발생할 수도 있다."(Dominick LaCapra, 육영수 엮음, 『치유의 역사학으로: 라카프라의 정신분석학적 역사학』, 푸른역사, 2008, 226쪽).

설명하는 데 한계를 가지고 있습니다.

그렇다면 우리는 다음과 같은 질문을 던져 보아야 합니다. '왜 주변의 몇몇 사람들이 아니라 특정한 집단의 사람들이 비록 당사자보다 강도는 약하다 하더라도 마치 자신이 그런 사건을 겪은 것처럼 피해의식을 가지고 극도의 증오감을 표출하거나 공포를 느끼는 것일까?' '왜 특정한 집단의 사람들 다수가 그 자신이 당사자가 아니면서 이와 같은 트라우마에 감염되는 것일까?' 바로 이런 점에서 개인의 트라우마가 특정한 욕망의 좌절, 억압에서 발생하듯이 집단적인 트라우마 또한 이와 같은 집단적인 욕망의 좌절, 억압으로부터 발생한 것이라고 생각할 필요가 있습니다. 물론 프로이트는 이런 이야기를 한 적이 없습니다.

하지만 사회심리학적 분석에 주목했던 에리히 프롬은 특정한 시기에 특정한 집단이 가지고 집단적 욕망, 즉 집단 리비도에 대한 주목했었습니다. 에리히 프롬은 "개인적 성격처럼 '사회적 성격' 역시 에너지가 특유한 방향으로 향해"지도록 만든다고 말하면서 "일정한 사회에서 사는 대부분의 사람들의 에너지가 같은 방향으로 향해지면, 그들의 동기가 같은 것으로 될 뿐만 아니라 같은 이념과 이상을 받아들이게 된다."[7]고 말한 바 있습니다. 또한, 현대 프랑스 사회학자 부로디외는 리비도의 사회화 작업은 "미분화된 충동인 생물학적 리비도를 사회적인 특수한 리비도로 구성"하는 것이자 "바로 이런 충동들을 특수한 관심들로 변모시키는 것"[8]이라고 말했었습니다. 따라서 이런 논의들은 특정한 사회집단도 개인들처럼 특정한 리비도를 공유할 수 있다는 것을 보여줍니다.

그렇다면 코리언이 가지고 있었던 민족적 리비도는 무엇이었을까요? 영국의 저명한 역사학자 에릭 홉스 봄은 서구의 민족국가 형성을 다르면서 '역사적 국가(historical states)'라는 개념을 사용했었습니다. 그는 민족

---

7) Erich Fromm, 김진욱 옮김, 『마르크스 프로이트 평전-환상으로부터의 탈출』, 집문당, 1994, 91쪽.
8) Pierre Bourdieu, 김웅권 옮김, 『실천이성』, 동문선, 2005, 171쪽.

국가가 근대 이후 형성된 것이라는 점을 인정합니다. 그럼에도 불구하고 그는 이런 사례에서 예외적인 경우로 한·중·일을 들고 있습니다. 그가 보기에 한·중·일은 "종족이라는 면에서 거의 또는 완전히 동질적인 인구로 구성된 역사적 국가의 극히 희귀한 사례"[9]입니다. 하지만 그도 간과하고 있는 것이 있습니다. 그것은 바로 한·중·일 중에서도 한반도가 그 어떤 집단보다도 오랜 세월 동안 하나의 국가와 동질적인 인구구성을 유지했다는 사실입니다.

현재 중국의 다수종족은 한족이지만 중국은 매우 많은 종족들이 모여 사는 다민족국가입니다. 게다가 중국은 역사적으로 한국이 아니라 몽골족이나 만주족들이 세운 나라가 오랜 세월동안 존재했습니다. 대표적으로 원나라나 청나라가 그러합니다. 하지만 한반도의 경우, 고려시대 이후로 이민족의 유입이 거의 없었을 뿐만 아니라 중국처럼 이민족이 들어와 국가를 세운 적도 없었습니다. 발해의 유민들이 고려로 들어온 이후, 한반도에서는 오직 하나의 국가가 유지되었으며 우리 민족은 하나의 정치공동체 안에서 생활했습니다. 따라서 한민족은 중국, 일본과 비교했을 때에도 매우 독특한 경우라고 할 수 있습니다.

어떤 사람은 일본도 그런 경우에 속한다고 말할지도 모릅니다.

하지만 일본인들이 자신들을 천황의 후예라고 생각하고 있는 바와 달리 현재 일본에 살고 있는 종족 중 북해도의 아이누족과 오키나와의 사람들은 그들을 일본 본토의 종족과 같은 종족이라고 생각하지 않고 있습니다. 아이누족은 여전히 일본인들과 같은 문명화된 삶을 거부하고 있으며 산속으로 들어가 그들만의 공동체를 이루고 살고 있습니다. 또한, 오키나와의 사람들은 그들을 류큐왕국의 후손이라고 생각하고 있습니다. 따라서 일본인들이 한국만큼 강한 순혈주의를 가지고 있다고 하더라도 그들의 종족적 동일성은 한민족에 비해 강하다고 할 수 없습니다.

---

9) Eric John Hobsbawn, 강명세 옮김, 『1780년 이후의 민족과 민족주의』, 창작과 비평사, 2008, 94쪽.

한민족은 정치적으로도 동질적이며 문화적으로도 동질적입니다. 압록강-두만강 이남의 한반도에서 한민족은 하나의 국가를 이루고 살았을 뿐만 아니라 두메산골까지 중앙정치의 유교적 문화가 영향을 미치고 있는 나라에서 살아왔습니다. 지금도 경상도와 전라도 농촌 지역에 가보면 향약과 서원이 있습니다. 따라서 한반도에서 하나의 국가, 즉 하나의 정치체제를 이루고 살아왔다는 것은 단순한 국가적 차원에서만이 아니라 문화적인 차원에서, 곧 보다 동질적인 문화적 양식과 삶의 방식들을 만들어왔다는 것을 의미합니다. 어쩌면 한국인들의 높은 동질성, 집단주의는 이렇게 살아온 역사적인 삶의 산물인지도 모릅니다.

그런데 조선 후기 한반도는 서구의 제국주의에 의한 근대화라는 문제에 직면했으며 일본 제국주의에 의한 식민화로 '국가'를 잃어버릴 수밖에 없었다. 이것은 오랜 세월 동안 하나의 국가, 역사적 국가를 형성하고 살아온 한민족에게는 받아들일 수 없는 것이었다. 바로 이런 점에서 '식민트라우마'는 한민족이 서구 제국주의의 침탈과 함께 시작된 근대의 공간에서 '민족국가'를 건설하고자 하는 욕망이 좌절되면서 나타나는 트라우마라고 할 수 있습니다. 즉, '민족=국가'를 건설하고자 하는 욕망이 박탈되면서 '민족≠국가'라는 어긋남이 시작된 것입니다. 이것은 오늘날 우리 모두가 가지고 있는 억압입니다.

현재 한반도는 남과 북 두 개의 국가로 분단되어 있습니다. 남과 북 두 개의 국가는 한민족 전체를 포괄하지 못하고 있습니다. 북은 휴전선 이북을, 남은 휴전선 이남을 각각 실효적으로 지배하고 있을 뿐입니다. 그들은 각각 서로 반대쪽을 가지고 있지 못합니다. 따라서 그들은 하나의 정치공동체를 형성하지 못하고 있습니다. 또한, 일제 강점기에 이산된 코리언들은 삼중의 어긋남을 겪고 있습니다. 그들에게 거주국 국가는 민족의 정치공동체가 아닐 뿐만 아니라 북도 남도 민족의 정치공동체가 아닙니다. 바로 이런 점에서 '식민트라우마'는 라카프라가 이야기하는 '근원적 트라우마'라고 할 수 있습니다.

라카프라는 민족사에서 기원이 되는 트라우마를 '근원적 트라우마'라고 규정하고 이를 다음과 같이 정의하고 있습니다. "민족사에는 트라우마적 사건이나 정체성의 기원이 되는 일련의 사건이 있다. 이 기원은 이후 가장 트라우마적인 사건에서 긍정적이거나 부정적인 용어로 혹은 애매모호한 용어로 신성화되며 전형적으로 분리된 유산을 만든다."[10] 따라서 코리언의 역사적 트라우마는 '식민트라우마'라는 근원적 트라우마를 정점으로 하여 '이산'과 '분단' 트라우마가 결합되어 있는 형태라고 할 수 있습니다.

이 중에서 '식민트라우마'는 일본 제국주의에 의한 대한제국의 국권박탈 및 식민화로 인하여 민족국가 건설이 좌절되고 '민족적 리비도'의 흐름이 봉쇄되는 제국주의적 폭력이 유발한 트라우마라고 한다면 '이산트라우마'는 국가를 잃어버린 민족이 제국주의적 약탈정책과 식민화정책에 의해 다른 나라로 이주할 수밖에 없었던 상황이 낳은 트라우마라고 할 수 있습니다. 또한, '분단트라우마'는 '8.15해방' 이후 하나의 통일된 독립 국가를 건설하고자 하는 열망에도 불구하고 남과 북이라는 두 개의 분단국가로 귀결되면서 겪을 수밖에 없었던 리비도의 좌절로부터 오는 트라우마라고 할 수 있습니다. 따라서 코리언의 역사적 트라우마를 다루기 위해서는 이 세 가지 트라우마의 위상학적 배치를 다루어야 합니다.

민족정체성과 코리언디아스포라의 역사적 트라우마

중국, 러시아, 일본, 미국 등지에 거주하는 코리언들은 각기 다릅니다.

---

10) Dominick LaCapra, 육영수 엮음, 『치유의 역사학으로: 라카프라의 정신분석학적 역사학』, 푸른역사, 2008, 288쪽.

그런데도 기존의 민족주의에 근거한 연구들은 '자신의 조국을 어디냐'라고 묻거나 '거주국과 한국이 축구경기를 할 때 어디를 응원하는가'를 묻고 나서 그 답변 비율을 수치화하여 민족정체성을 평가하는 경향이 있습니다. 하지만 이것은 각 지역에 거주하는 코리언들의 차이를 전혀 고려하지 않은 것입니다. 예를 들어 재중 조선족은 '조국이 어디냐'고 묻는 질문에 대해 많은 사람들이 '중국'을 꼽지만 '모국이 어디냐'고 묻는 질문에 대해서는 '한반도'를 드는 경우가 훨씬 많습니다. 이것은 그들이 '태어나서 자란 곳'을 조국이라고 생각하는 반면 '조상의 나라'를 '모국'이라고 생각하기 때문입니다.

그렇다면 왜 우리는 이와 같은 오류를 범하는 것일까요. 그것은 바로 우리가 너무나 자명한 것으로 여기고 있는 것이 사실은 우리에게 익숙한 것, 우리의 몸과 마음에 각인된 것들임에도 불구하고 우리는 그것을 가지고 우리와 다른 그들을 보기 때문입니다. 우리 언어에서의 '조국'과 '모국'은 명확한 구분을 가지고 있지 않으며 일반적으로 거의 유사한 의미로 사용되고 있습니다. 이것은 우리의 경우, 민족과 국가가 일치하기 때문입니다. 그러나 해외 거주 코리언들은 그렇지가 않습니다. 그들이 사는 국가의 국민들은 그들과 같은 종족이 아닙니다. 따라서 그들은 각기 자신들이 처한 환경에 맞춰 독특한 의미체계를 만듭니다.

재중 조선족과 재러 고려인들은 일반적으로 '태어나서 자란 곳'과 '조상의 뿌리가 있는 곳'을 구분합니다.[11] 그것을 '조국이냐 모국이냐', 또는 다른 어떤 것으로 표현하는가는 중요하지 않습니다. 문제는 그들이 이런 표현을 통해서 전달하고자 하는 의미입니다. 중국말과 러시아말은 우리말과 다릅니다. 또한 동일한 한국어를 사용하더라도 그것은 그들의 사회-역사적 삶의 맥락 속에서 변용될 수밖에 없습니다. 따라서 그들의 이런 언어사용의 구체적인 사회-역사적 맥락을 배제한 채, 우리

---

11) 건국대 통일인문학연구단 저, 『민족과 탈민족의 경계를 넘는 코리언』, 선인, 2014, 77~81쪽.

가 가지고 있는 특정한 어휘로 그들의 가진 정체성을 평가할 수는 없습니다.

오히려 그들의 정체성을 제대로 보기 위해 우선적으로 해체되어야 하는 것은 우리가 당연한 것으로 전제하고 있는 개념이나 인식들입니다. 우리는 한국에 살기 때문에 '코리언' 하면 '한국인'이라고 생각합니다. 여기서 코리언은 한국인과 동일한 것으로 간주됩니다. 그러나 한국인은 한국 국민을 의미하며 코리언이라는 민족을 가리키는 단어는 아닙니다. 반면 코리언은 한국 국민만이 아니라 해외에 살고 있는 우리 동포, 더 나아가 우리와 적대적 관계를 형성하고 있는 북쪽 사람들을 포함하고 있습니다. 그러나 북쪽 사람들 또한 자신들이 살고 있는 국가의 국민으로서 그들의 국민정체성을 표현하는 '조선인'을 코리언이라고 생각하며 이것은 남북의 대립이 해외 거주 코리언들에게도 영향을 미치며 남북대립을 재현하기 때문입니다.

해외 거주 코리언들 또한 마찬가지입니다. '재중 조선족', '재러 고려인', '재일 조선인', '재미 한인'들은 그 명칭이 보여주듯이 각각 자신들을 지칭하는 단어를 가지고 있습니다. 그런데 이렇게 자신들을 지칭하는 단어들을 보면 특이한 점이 발견됩니다. 북쪽사람들이 자신들을 '조선인'이라고 하고 남쪽사람들이 '한국인'이라고 하듯이 중국과 일본에 사는 사람들은 '조선'에 친화적이며 미국에 살고 있는 사람들은 '한국'에 친화적입니다. 우리 민족을 지칭하는 단어로 '조선인'이라는 말을 사용합니다.

최근 들어 일본이나 중국에 살고 있는 코리언들 중에 '한인'이라는 명칭을 사용하는 경향이 늘고 있습니다. 이것은 동서냉전체제의 와해와 한국의 발전상이 해외에 소개되면서 나타나는 현상입니다 그러므로 해외 거주 코리언들의 민족정체성은 '삼중의 어긋남'을 가지고 있습니다. 그들은 '거주국 국가≠민족'이라는 어긋남만이 아니라 '민족'에 대해서도 남 또는 북과 자신을 일치시키지 못합니다. 따라서 그들은 '민족≠남, 민족≠북'이라는 어긋남을 가지고 있습니다.

그런데도 한반도에 살고 있는 남과 북의 코리언들은 이런 그들의 정체성을 이해하지 못하고 자신들의 국민정체성으로 그들의 민족정체성을 이해하려고 합니다. 그러나 이런 관점에서는 '코리언디아스포라'의 정체성을 제대로 이해할 수 없습니다. 일반적으로 '정체성'이라는 단어는 영어로 '아이덴티티(identity)'로, '동일성'이라는 뜻도 함께 가지고 있습니다. 그래서 사람들은 '정체성'이란 '어떤 개체 A를 A로 규정하게 하는 것', 'A=A'라는 동일률의 규칙을 따르는 것이라고 생각합니다. 그러나 실존적인 형태로서 A는 결코 동일하지 않습니다. 나는 관계 속에 존재하며 그런 관계들 속에서 나는 변화를 겪습니다.

예를 들어 내가 누군가와 지속적으로 관계를 맺게 된다면 나는 그 과정에서 변화될 수밖에 없습니다. 흔히들 '부부는 닮아간다'고 하는 것은 이를 두고 하는 말입니다. 또한, 내가 연인으로 행동할 때와 친구로 행동할 때, 그리고 직장의 상사로 행동할 때와 아버지 또는 어머니로 행동할 때 나는 달라질 수밖에 없습니다. 따라서 정체성은 고정되어 있는 것이 아닙니다. 전통적 민족주의 관점에서 우리 민족의 원형이 있고 마치 그것이 우리 민족을 규정해주는 것처럼 생각하는 것은 바로 이런 '정체성=동일성'이라는 전제를 벗어나지 못하고 있기 때문입니다.

마찬가지로 흔히 사람들이 남북분단을 극복하기 위해서는 '이질성'을 극복하고 '동질성'을 회복해야 한다고 말할 때에도 이와 같은 문제들은 그대로 나타나고 있습니다. 동질성과 이질성은, 영어로 '호모지니어티(homogeneity)'와 '헤테로지니어티(heterogeneity)'입니다. 이 둘은 서로 상반된 개념입니다. 그러나 동질성이든 이질성이든 간에 동일한 하나의 프레임, 즉 정체성=동일성과 같이 '본질적으로 그것을 동질적으로 만들거나 그렇지 못하게 만드는 근본적인 것이 있다'는 전제를 공유하고 있습니다. 동질성을 뜻하는 '호모지니어티'이든 이질성을 뜻하는 '헤테로지니어티'이든 간에 그 둘을 서로 상반되게 만드는 것은 '호모(homo)'와 '헤테로(hetero)'입니다. 그 이하 '지니어티(geneity)'는 두 단어 모두에 동일하게 나타납니다. 따라서 문제는 이 둘 모두에 존재하는 geneity입니다.

그런데 여기서 '-ity'는 성질을 뜻하는 명사형을 만드는 역할을 하는 것이니까 핵심은 '진(gene)'에 있습니다. '진'이 뭡니까? 바로 '유전자'를 의미합니다. 따라서 동질성과 이질성은 유전자처럼 '어떤 것을 어떤 것이게 해 주는 속성이나 성질과 같은 원형'을 전제로 하고 있기 때문에 서로 상반된 의미를 가질 수 있었던 것입니다. 그런데도 여기서 '동질성'을 주장하는 사람들은 코리언들이 같은 속성이나 성질을 가지고 있다는 '민족주의적 프레임'으로, '이질화'를 주장하는 사람들은 그렇지 않는 사례들을 찾아내어 '혼종성'을 이야기하는 '탈민족주의적 프레임'으로 나아가는 것입니다. 따라서 코리언디아스포라의 민족정체성을 제대로 보기 위해서는 무엇보다도 '정체성=동일성', '동질성 대 이질성'이라는 프레임으로부터 벗어나야 합니다.

그런데 이렇게 '정체성=동일성', '동질성 대 이질성'이라는 프레임을 벗어나 코리언디아스포라의 민족정체성을 보게 되면 우리는 코리언디아스포라를 비로소 제대로 이해할 수 있습니다. 예를 들어 우리에게 민족과 국가의 일치합니다. 이것은 너무나 당연합니다. 하지만 해외에 살고 있는 사람들에게 민족과 국가는 일치하지 않습니다. 게다가 해방 이후 미국으로 건너간 재미한인들과 달리 중국, 러시아, 일본에 살고 있는 사람들은 거기에서 태어나고 자랐습니다. 그들에게 자기 고향에 대한 애향심이나 국민정체성을 부정하라고 하는 것은 '폭력'입니다. 앞에서 말했듯이 그들의 민족정체성은 삼중의 어긋남을 가지고 있습니다. 따라서 그들의 민족정체성은 매우 중층적으로 구성되어 있습니다.

2011년 건국대 통일인문학연구단에서 중국, 러시아, 일본 등지에 살고 있는 코리언들을 대상으로 민족정체성 설문조사를 수행했습니다. 그 당시 우리는 민족정체성을 '인지적', '정서적', '신체적 정체성'으로 나누고 각 측면을 조사해보았습니다. 그런데 매우 재미있는 결과가 나왔습니다. 일반적으로 이전에 이루어진 대부분의 조사들은 자기 정체성을 자기 스스로 인식하는 '인지적 정체성'이라는 관점에서만 다르고 있습니다. 그런데 이렇게 조사를 해보니, 중국, 러시아, 일본에 거주하는 코리언들의 정체성이 매우 복합적이며 중층적이라는 점이 드러났습니다.

인지적 정체성의 측면에서 민족 정체성이 높은 집단의 순서는 재일 조선인→재러 고려인→재중 조선족이었습니다. 반면 정서적 정체성이 높은 집단의 순서는 재중 조선족→재러 고려인→재일 조선인이었으며 신체적 정체성이 높은 집단의 순서는 재중 조선족→재러 고려인→재일 조선인이었습니다.[12] 여기서 특징적인 것은 거주국의 국민으로서 정체성이 높으면 민족으로서 정체성은 낮을 것이라고 생각하는 우리의 통념을 완전히 뒤집는다는 것입니다. 예를 들어 재중 조선족과 재러 고려인들은 국민으로서의 귀속성도 높았지만 정서나 신체적 측면에서 민족정체성도 높았습니다.

왜 그럴까요. 그것은 바로 그들이 다른 민족이 다수종족인 나라에서 살면서 주권의 제약을 문화적이거나 신체적인 자긍심을 통해서 돌파해 왔기 때문입니다. 예를 들어 재중조선족은 '한족은 더럽다. 조선족은 깨끗하다.' '한족은 무식하다. 조선족은 교양 있다.' '한족은 게으르다. 조선족은 부지런하다.' '한족은 인색하다. 조선족은 베푸는 사람이다.'와 같은 '이항대립적 코드화'를 통해서 한족과 자신들을 구별하고 자신들의 문화적 자부심을 극대화하고 있습니다. 마찬가지로 재러 고려인들은 자신들을 '모범적인 소비에트인'이자 '성실한 민족'으로 규정하면서 자

---

12) 건국대 통일인문학연구단 저, 『코리언의 민족정체성』, 선인, 2011, 305-307쪽.

신들의 자부심을 키워왔습니다. 따라서 이들은 국민정체성과 민족정체성을 대립적으로 사고하지 않습니다.

하지만 재일 조선인들은 다릅니다. 그들은 일본 제국주의 본국에 살면서 '반(半)난민'의 상태로 살아왔습니다. 그들은 일본 국가에 대한 귀속성을 거의 가지고 있지 못합니다. 이것은 일본이 조선인들을 차별하고 억압하면서 배제해 왔기 때문입니다. 그래서 그들은 우리말이나 한글의 사용에서 재중 조선족에 비해 훨씬 못하며 전통적인 생활문화들도 거의 갖고 있지 않지만 매우 자의식적으로 일본국가에 대해 저항하고 있습니다. 따라서 우리말과 한글을 어느 정도 사용하는가, 또는 전통적인 생활문화를 얼마나 가지고 있는가와 같은 어떤 하나의 지표로 그들의 정체성을 판단할 수 없습니다. 여기서 중요한 것은 그들이 살아 온 사회-역사적인 환경입니다.

예를 들어 재중 조선족은 중국 국민으로서 정체성이 가장 높은 집단입니다. 하지만 그들은 중국의 한족중심주의가 강하다고 생각합니다. 또한, 한족과의 다르다는 정서적 느낌도 다른 집단에 비해 압도적으로

[사진3] 도쿄조선중고급학교 교정에 걸려 있는 표어

높습니다. 반면 재일 조선인은 일본 국민이라는 귀속의식을 매우 자의식적으로 거부하지만 일본에 민족주의가 강하다고 느끼지 않고 있으며 일본인들과 자신들이 다르다는 정서적 느낌 또한 적었습니다. 이것은 그들의 사회-역사적 환경의 차이에서 나옵니다. 재일 조선인들은 우리 민족의 전통적 문화를 잃어버렸기 때문에 일상생활에서 큰 차이를 느끼지 못하지만 재중 조선족은 그렇지 않습니다. 따라서 코리언들의 민족 정체성은 순위를 매길 수 있는 것이 아닙니다.

오히려 여기서 중요한 것은 그들이 모두다 자신에게 주어진 환경 속에서 특정한 형태의 민족적 유대, 끈을 가지고 있다는 것입니다. 그 끈은 다른 무엇이 아닙니다. 재일 조선인 학자인 서경식은 다음과 같이 말하고 있습니다. "여기서 내가 말하는 '민족'은 '혈통'이나 '문화'나 '민족혼'처럼 소위 '민족성'이라는 실체를 독점적으로 공유하는 집단이 아니다. 내가 말하는 '민족'은 고통과 고뇌를 공유하면서 그 고통에서 해방되기를 지향함으로써 서로 연대하는 집단을 가리킨다. 말하자면 나는 '민족'이라는 개념을, '민족성'이라는 관념에서가 아니라 역사와 정치상황이라는 하부구조에서 이해하려는 것이다."[13]

바로 이런 점에서 중요한 것은 코리언들의 공통으로 가지고 있는 '역사적 트라우마'입니다. 그것은 코리언디아스포라들이 보여주는 '민족≠국가'의 어긋남이라는 '균열'에서 그 증상을 발견할 수 있습니다. 재중 조선족들은 자신들을 '사과배'나 '민들레'에 비유합니다. 사과배는 연변에서 나오는 특산물로, '사과'와 '배'를 접목한 과일입니다. 그들은 이 비유를 통해서 자신들이 '조선족'과 '한족'을 결합하여 새로운 혼종적 문화를 만들어냈다는 것을 보이고자 했습니다. 하지만 그러면서도 그들은 원래의 모체로부터 떨어져나가 바람을 타고 이동하면서 자신의 씨를 퍼트린 '민들레'처럼 그들 또한 온갖 고난 속에서도 그들 스스로의 삶을

---

13) 서경식, 임성모·이규수 옮김, 『난민과 국민 사이』, 돌베개, 2006, 11쪽.

꽃피운 자들로 형상화하고 있습니다. 이것이 보여주는 것은 '민족공통의 수난'과 '고통', 그리고 그것으로부터 벗어나려는 '민족적 유대의 감정'입니다.

그렇다면 우리가 출발해야 하는 지점 또한 여기일 수밖에 없습니다. 일반적으로 한반도에 살고 있는 우리들은 민족과 국가가 일치한다고 생각합니다. 하지만 남북분단 상황만 생각해보세요. 그러면 우리 또한 민족과 국가가 일치하지 않는 고통을 겪고 있다는 것을 발견할 수 있습니다. 왜냐 하면 분단 상황에서 민족은 남과 북 전체를 포함하는 것일 수밖에 없기 때문입니다. 남쪽의 국민정체성이 곧 민족정체성이 될 수 없으며 북쪽의 국민정체성 또한 마찬가지입니다. 여기서도 '민족≠국가'의 어긋남이 존재합니다. 그러므로 우리가 그들의 정체성을 우리의 관점에서 파악해 갈 것이 아니라 오히려 코리언디아스포라의 정체성으로부터 우리 자신의 균열, 어긋남, 민족정체성의 결여를 배워야 합니다.

코리언디아스포라의 삼중적 어긋남은 우리에게 우리 자신이 가지고 있는 균열을 보여주는 '거울'입니다. '균열'은 그들만이 아니라 우리도 겪고 있는 것입니다. 지금 코리언디아스포라들은 '이산' 때문에 고통을 겪는 것처럼 보입니다. 하지만 그들 또한 분단 때문에 삼중의 어긋남이라는 고통을 겪고 있습니다. 우리 또한 민족의 분단으로부터 고통을 겪고 있습니다. 그리고 이런 '분단'과 '이산'의 고통은 역사적으로 일제강점기라는 '식민트라우마'로부터 기원하고 있습니다. 그렇다면 문제는 이 역사적 트라우마가 남긴 고통을 민족적 유대와 연대의 고리로 만들어가면서 '치유'의 길을 찾아가는 것입니다.

민족적 동일화 욕망의 박탈과 민족적 합력창출의 길

'우리는 하나의 민족이다'라고 믿는 믿음의 체계는 환상입니다. 그러나 이런 환상체계는 무의미한 것이 아닙니다. 일반적으로 인간의 삶에서 가장 중요하다고 생각하는 '사랑'이란 무엇일까요? 그가 나를 사랑한다고 믿고 나 또한 그를 사랑한다고 믿습니다. 하지만 그 '믿음'에는 확실한 증거가 없습니다. 그러니까 사람들의 사랑을 가지고 장난치거나 자신의 이득을 취하는 행위들이 있는 것이겠죠. 그러나 그렇다고 그가 나를 사랑한다는 믿음이 없다면 우리는 어떻게 서로 관계를 유지할 수 있겠습니까? '의처증', '의부증'을 가진 사람과 함께 사랑하는 것은 어렵습니다.

마찬가지입니다. 민족적 동일화의 욕망 또한 그런 믿음의 체계를 가지고 있습니다. 그것은 일반적으로 남남의 관계와 같지 않습니다 거기에는 언제나 '초과하는 어떤 것'을 가지고 있습니다. 남남끼리는 서로 자신의 이득을 합리적으로 취하면 됩니다. 그리고 상대가 개인적으로 어떤 일로 고난을 받고 힘들어도 그것에 대해 마음 쓰지 않으며 또 그렇게 마음을 쓰지 않는다고 그 사람을 원망하지도 않습니다. 그러나 형제나 친척처럼 특별한 감정을 가지고 있는 사람들은 그게 안 됩니다. 거기에는 항상 둘을 넘어서는 어떤 것이 작동하고 있습니다. '+α'가 있는 것이죠. 민족이라는 환상체계 또한 마찬가지입니다 거기에는 동남아시아에서 온 이주민들과 달리 특별한 감정, 초과하는 어떤 것이 있습니다.

어떤 재중 조선족 동포는 한국으로 들어오는 조선족들이 '같은 동족이고 민족이고 또 아버지 조국인 고향에 왔는데...'라고 말하고 있습니다. 이런 것은 미국이나 일본인, 필리핀인, 동남아인들이 가질 수 있는 감정이나 욕망이 아닙니다. 이것을 한국인들은 무시하는 경향이 있습니다. 그들은 다른 나라에서 온 사람들과 달리 같은 민족이라는 '특별한 욕망, 환상'을 가지고 옵니다. 그런데도 한국인들이 이런 그들의 감정이나 욕망을 무시하기 때문에 그들의 욕망은 좌절, 박탈되는 것이죠. 그러면 그들이 가지고 있는 민족적 환상체계는 무너지고 그들의 '사랑'은 '배반 당하는 사랑'이 되어버리는 것이죠.

프로이트는 욕망이 좌절되면 '에로스'가 '타나토스'로 전화한다고 말 했습니다. 우리가 무언가를 만들어내는 것은 욕망을 가지고 있기 때문 입니다. 그런데 이런 욕망은 어떤 대상과의 결합을 통해서 실현됩니다. 내가 기타소리를 듣고 반해서 기타를 치게 되면 나는 '음악'을 만들어내 죠. 그리고 이 때 우리의 리비도는 창조적인 힘이 됩니다. 에로스는 바로 이런 생성을 만드는 힘입니다. 하지만 내가 기타를 너무 갖고 싶지만 그것을 실현하지 못할 때, 그런 욕망은 억압이 됩니다. '내가 저것을 가지고 싶은 데 도저히 가질 수 없다. 그러면 너무 괴로워 미칠 것 같은 고통에 사로잡히겠죠. 마치 지독히도 사랑하지만 도저히 이루 어지지 못할 때, 동반 자살하는 것처럼 말이죠. 이것은 곧 욕망의 대상 그 자체를 파괴해버리는 것입니다. 그런 파괴, 죽음의 힘이 바로 타나토 스입니다. 이 둘은 마치 동전의 양면처럼 붙어 있습니다.

마찬가지입니다. 한국에 온 조선족이나 고려인들, 탈북자들은 한국에 '같은 민족'이라는 환상을 가지고 오는데, 철저하게 무시되는 것이죠. 게다가 중국이나 구소련지역에서 온 코리언들은 오랜 세월 동안 한국인 들에게 잊혀진 채, 이국땅에서 살아온 '이산트라우마'를 가지고 있는 사람들입니다. 따라서 이들에 대한 한국인들의 '차별, 무시, 동포애의 억압'은 그들의 트라우마에 더 큰 생채기를 남길 수밖에 없습니다. 그리 고 그것이 그들로 하여금 한국-한국인에 대한 적대적 감정, 증오의 감정 을 낳습니다. 그런데도 오늘날 한국에서 유행하는 다문화주의는 이런 점을 고려하지 않고 있습니다. 코리언의 역사적 트라우마, 즉 이산트라 우마에 주목해야 하는 것은 바로 이 때문입니다.

'이산트라우마'를 치유하기 위해서는 그들의 독특한 욕망, 같은 민족이 라는 욕망을 승인하는데에서부터 출발할 필요가 있습니다. 그들은 다른 나라에서 민족적 동일화의 환상을 키워온 사람들입니다. 따라서 이들의 욕망에 걸맞는 태도가 필요합니다. 둘째, 그러면서도 각 지역의 민족들이 가지고 있었던 차이를 이해하고 그 차이를 생성의 관점에서 볼 필요가 있습니다. 치유라는 것은 막혀 있었던 민족적 리비도가 흐르게 하는 것입니다. 셋째, 그러기 위해서는 모든 코리언들이 가지고 있는 다름, 차이를 새로운 생성의 힘이 될 수 있도록 관계를 만들어가야 합니다.

일반적으로, 우리 한국 사람들은 '다름', '차이'를 싫어하는 경향을 가지고 있습니다. 10명 중 한 명이 반대하면 나머지 사람들은 그 사람이 '뛴다'고 싫어하죠. 하지만 '차이, 다름'이 없다면 우리는 서로에게 그 어떤 것도 줄 수 없습니다. 예를 들어 나와 똑같은 사람을 생각해보세요. 그러면 그는 내가 아플 때 아프고 내가 기쁠 때, 기쁘고 슬플 때, 슬프겠죠. 하지만 그렇기 때문에 그 사람은 아무 도움이 되지 않습니다. 내가 그 사람에게 가서 나의 아픔을 토로하면 그도 역시 아프다고 나에게 토로할 것이기 때문이죠. 따라서 차이가 없다면 우리는 더불어 살 수 없으며 그 어떤 생성도 만들어낼 수 없습니다.

그렇다면 코리언디아스포라들이 가지고 있는 차이, 다름은 곧 우리 민족의 역량이자 힘이라는 관점에서 사고할 필요가 있습니다. 그들의 차이와 다름은 우리 것에 맞추어 동화되고 같아져야 하는 것이 아니라 오히려 그들의 고유한 독특함으로 살아남아 있어야 합니다. 왜냐 하면 그것이 곧 우리 민족의 힘을 강화시키는 것이기 때문입니다. 오늘날 중국의 힘은 어디서 나오는 것일까요. 저는 그들의 힘 중에 가장 중요한 요소가 해외에 거주하는 중국인들이라고 생각합니다. 전세계 어디를 가든 한족과 차이나타운이 있습니다. 그들은 국제적으로 포진해 있으며 그 나라에서 그들의 공동체를 이루고 사회적 힘을 키워가고 있습니다. 그런데 이들을 국제적으로 연결한다면 중국이라는 국가의 국력은 실로 어마어마해질 수밖에 없습니다. 우리 또한 이런 생각을 해야 합니다.

코리언디아스포라는 우리 본토에 사는 사람들 입장에서 보면 굉장히 중요한 자산이란 점을 자각할 필요가 있습니다.

게다가 그들이 거주하는 지역은 우리가 앞으로 만들어가야 할 통일에서 가장 중요한 국가에 살고 있습니다. 한반도의 통일은 남과 북의 힘으로 이룩될 수 있는 것이 아닙니다. 주변국의 협력, 특히 분단에 가장 많은 영향을 미친 중국, 러시아, 미국, 일본이라는 4대 강국의 도움이 절대적으로 필요합니다. 코리언디아스포라의 거의 90%가 이 지역에 살고 있습니다. 따라서 그들은 그 나라에서 국제적 협력을 만들어낼 수 있는 거점이 될 수 있습니다. 뿐만 아니라 지정학적으로 봤을 때에서 코리언디아스포라는 한반도의 대륙 진출 및 동아시아의 평화와 공존을 위해서도 매우 중요한 집단이라고 할 수 있습니다. 예를 들어 한반도 종단철도와 시베리아 횡단 철도가 연계되면 우리는 유럽과 직접적인 통로를 가지게 되는데, 이들 연결통로에 우리 민족들이 살고 있습니다. 즉, 그들은 우리 민족의 정치경제문화적인 잠재적 힘인 것입니다.

전쟁 트라우마와 전쟁에 갇힌 사람들

/ 정진아 /

전쟁트라우마와 전쟁에 갇힌 사람들

정진아

건국대학교 통일인문학연구단 HK교수

"전생 트라우마와 전쟁에 갇힌 사람들". 이런 주제를 여러분들이 들었을 때 여러분들은 어떠한 내용을 기대하고 오셨는지 여쭈어보겠습니다. 평소에 전쟁에 대해서 궁금했던 점들을 자유롭게 이야기해주셔도 좋습니다.

전쟁세대와 전쟁의 유산

〈질문〉 저희 아버지가 1946년 생이세요. 그러니까 아주 어린 유년시절에 전쟁을 겪은 세대잖아요. 아버지와 소통이 잘 안되는데 어린 시절에 이런 선생을 겪은 분들이 지금끼지 전쟁에 어떤 영향을 받고 살아왔는지, 어떤 마음가짐을 가지고 사시는지, 전쟁경험이 지금 현재까지 어떤 영향을 미치고 있는지 궁금해서 수업을 들으러왔어요.

 아버지를 이해하고 싶어 수업을 들으러 오신 거군요. 저는 전쟁세대가 굉장히 상처가 많은 세대라고 생각을 해요. 그리고 그 유산에서 그 분들과 더불어 우리 또한 자유롭지 못하다고 생각을 합니다. 하지만 그럼에도 불구하고 전쟁세대와 우리세대는 좀 다르다. 뭔가 우리는 조금씩 진일보하고 있는데, 전쟁세대는 좀 구시대적이다. 이렇게 느낄만한 사고방식을 어른들께서 가지고 계시는데 그것이 전쟁이 만들어 놓은 프레임이라고 생각해요. 그런데 그것을 벗어나는 순간, 여러 가지 어려움에 처하게 되기 때문에 그 프레임에서 자유로울 수가 없는 것이죠.
 제가 '전쟁 트라우마' 이렇게 썼지만, 저는 전쟁이 무서운 이유가 그것이 무의식적으로 신체화되는 경향이 있기 때문이라는 생각이 들어요. 전쟁 이후에 반공이 강화되잖습니까? 저도 반공 교육을 하도 많이 받다보니까, 민방위훈련 사이렌이 울리면 몸이 무의식적으로 반응하곤 해요. '어서 건물 안으로 대피해야지.'하고 벌써 건물 방향으로 뛰어가고 있던 저를 발견한 경험이 있어요. 그 경험을 하면서 '아! 내게도 반공이 뼛속 깊이 각인되어 있구나.' 하는 생각을 하게 되었습니다. 저는 머릿속으로는 벗어났다고 생각을 했는데, 몸이 기억하고 있는 거예요. 전쟁을 경험한 세대일수록 전쟁의 경험이 신체에 아로새겨졌을 겁니다.
 아버님께서는 어떤 경험을 가지고 계신지 모르겠지만, 6.25전쟁에서 한 오백만 명의 사상자가 났습니다. 남북한 인구가 5천만 정도였으니까 거의 1/10에 가까운 사람들이 죽거나 죽이거나 하는 경험을 한 것입니다. 1/10이면 우리 가족, 친척, 친구 안에 그런 경험을 한 사람들이 있고, 죽음이라는 극한의 상처를 입었기 때문에 죽음에 이르게 한 상대방에 대한 적대감이 생긴 것이지요. 만약에 내가 우익, 국군편이었다면 북한, 인민군에 대한 상처, 좌익에 대한 상처가 있을 것이고, 내가 만약에 좌익, 인민군편이었다고 하면 또 반대의 경험으로 인해 전쟁의 상처가 내면화 될 수 있는 기재가 생겼을 것입니다.

전쟁 전까지만 해도 좌우의 대립이라고 하는 것이 아무리 치열했다고 하더라도 일반 사람들이 사람을 죽고 죽이는 극단적인 경험까지 했던 건 아니거든요. 전쟁이 무서운 것은 그것을 일반 사람들까지 체험하게 함으로써 사람들 사이에 좌우의 대립, 남북의 대립이라는 적대감을 꽝장히 깊이 내면화시켰다는 것입니다. 저는 상상 속의 적대의식은 깨지기 쉽지만 분명한 근거가 있는, 어떤 경험이 작동하면서 신체화 되는 것은 정말 무서운 것이라고 생각하기 때문에, 아버지의 내면, 아버지의 전쟁 경험? 이런 걸 한 번 여쭤보고 얘기를 나누어보면서 소통의 실마리를 풀어나가시면 어떨까 하는 생각이 듭니다.

전쟁과 국가정체성

〈질문〉 저는 민족 대 민족, 국가 대 국가가 아니라 같은 민족 내부의 동족상잔이라는 특이한 전쟁경험이 대한민국이라는 국가정체성이 성립되는데 어떠한 방식으로든 기여를 했을 거라는 생각이 들고, 그 내용이 궁금합니다.

꽝장히 중요한 지적을 해주셨습니다. 역사사회학자 찰스 틸리(Charles Tilly)라는 사람이 그런 얘기를 했습니다. "국가는 전쟁을 만들고 전쟁은 국가를 만든다". 이 말은 전쟁을 시작하는 것은 국가이지만, 전쟁 과정에서 국가가 만들어진다는 의미입니다. 특히나 대한민국과 조선민주주의인민공화국은 전쟁 전에 미완성인 국가였어요, 1948년에 분단국가가 수립이 되었지만 그것이 절대 다수의 동의를 얻은 것은 아니었기 때문에 미완성이고 불구적인 국가라고 얘기를 할 수 있다면, 그것을 국가라는 완성체 형태로 만든 것이 전쟁이라고 할 수 있습니다.

혹시, 『마을로 간 한국전쟁』이라는 책 읽어보신 분 있어요? 박찬승 선생님께서 충남대학교에 계셨을 때 마을마다 들어가서 전쟁체험담을 채록하고, 그것을 바탕으로 쓰신 책이예요. 우리는 6.25전쟁을 '동족상잔'의 전쟁이었다고 얘기하면서도 그 의미를 깊이 이해하지 못하고 있어요. '동족상잔'의 비극이라고 할 때는 그것이 군인들이 전투를 하는 전선 뿐만이 아니라 지역사회, 우리가 살고 있는 마을 곳곳으로까지 이어졌다는 점에 주목을 할 필요가 있습니다.

"전쟁이 왜 일어났을까요?" 이렇게 질문하면 많은 분들이 "우리는 전쟁을 할 생각이 없었는데 미국과 소련 때문에 결국 우리가 대리전쟁을 한 거지요." 그렇게 답을 합니다. 그런데 '과연 그럴까?' 하는 의문을 한번 제기해볼 필요가 있다고 생각합니다. 미국과 소련이 북을, 혹은 남을 차지하려고 했다면 중요한 것은 전선일 겁니다. 누가 어떤 지역을, 어떤 고지를 빼앗느냐가 중요한 것이지요. 이렇게 전투 지역만의 전쟁이었다면 한국사람들 모두에게 트라우마라고 얘기할 정도로 미증유의 상처가 남을 이유가 없었을 것입니다.

아시는 바와 같이 전쟁 과정에서 유엔군의 참전, 중국군의 참전 등으로 전선이 남북으로 크게 요동을 쳤고, 그 과정에서 이승만정권과 김일성정권이 남북한의 주민들을 전쟁에 동원했습니다. 상대방을 죽이는 학살의 과정에 연루시켰어요. 어제까지 같은 친인척, 마을 주민이었던 사람들 사이에 총을 겨누고, 죽고 죽이도록 만든 것이지요. 민족상잔의 비극이라는 게 어떤 것인지를 뼈저리게 실감하는 순간이었을 것입니다. 전쟁 전에는 같은 민족이었던 사람들이 "좌냐, 우냐? 대한민국편이냐, 조선민주주의인민공화국편이냐?" 이렇게 분명히 국가소속을 선택하고 국가정체성을 강요당하는 순간에 직면했습니다. 전쟁을 겪으면서 우리는 같은 민족에서 대한민국과 조선민주주의인민공화국의 편으로 나뉘었고, 두 국가는 본격적으로 자신의 국민을 만들어나가기 시작한 것입니다.

전쟁이 한국사회에 미친 영향

〈질문〉 사람들의 전쟁 경험이 한국사회에 가장 크게 영향을 미친 것이 있다면 어떤 점일까요?

전쟁이 일어나기 전까지만 해도 사람들은 지역사회라는 공간에서 살았습니다. 전통사회에서는 그 지역을 벗어날 일이 크게 없었고, 지역 사회를 벗어난다고 해도 옆 마을로 시집 장가 가거나, 도시에 공부하러 갔다가 돌아오는 정도에 불과했습니다. 그런데 군인으로 참전을 했든, 피난을 가든 전쟁을 겪으면서 많은 사람들이 자기가 살던 지역에서 멀리 떠나는 경험을 하게 됩니다. 유사 이래 그렇게 많은 사람들이 갑자기 지역을 빠져나와서 이동을 하고 다른 지역에서 전혀 다른 삶을 살던 사람들과 만나서 섞이고, 군대라는 조직 속에서 훈련받고 행동하고 이런 경험을 한 적이 있을까요?

그러면 그들이 전쟁이 끝나고 지역사회에 정착했을까요? 그렇지 않습니다. 전쟁에서 다른 세계를 본 젊은 세대들은 도시에서 새로운 생활을 시작하고 싶어해요. 또한 1950년대부터 급속히 도시화가 진행되고, 농촌의 생활기반이 무너져 갔기 때문에 사람들이 도시로 흘러들어갑니다. 특히 지역사회에서 학살의 경험을 가진 사람들은 자의반, 타의반 마을을 떠납니다. 마을에서는 괴로워서 혹은 따돌림을 당해서 도저히 살 수가 없으니까요.

그리고 군대 경험이라고 하는 것은 굉장히 근대적인 규율 경험입니다. "남북한이 그러한 근대적 규율 경험을 가졌기 때문에 전후에 급속한 산업화가 가능했다." 이렇게 주장하는 학자들이 있는데 저 역시 일리가 있는 말이라고 생각을 합니다. 억압적인 형태를 띤다고 하더라도 근대적인 군대 규율에 의해 훈련받고, 전국 각지에서 온 사람들하고 섞이고 이야기하고 소통하고 혹은 적대시하고 이런 과정을 겪으면서 사람들의 삶의 방식이 달라지는 거지요.

제가 인터뷰한 바에 의하면, 제주도에 살던 사람 중에 4.3항쟁에 연루된 과거를 털어버리고 싶어서 자원 입대한 사람들이 많습니다. 군대에 가서 자기가 빨갱이가 아니란 것을 증명하고 싶어 하는, 이른바 '사상세탁'을 하고 싶어 하는 사람들이죠. 그 사람들이 38선 뚫리고 나서 북진해서 사리원까지, 신의주까지 갑니다. 압록강 근처까지 가는 거예요. 제주도에 살면서 섬 바깥으로 나가기도 힘든 사람들이 신의주까지 가는 경험을 하고 돌아오면 이 사람들이 지역사회에서 무언가 발언할 수 있는 존재가 됩니다. 세상 밖으로 나가서 교육을 받고, 훈련을 받아서 그 전과는 세상을 보는 눈이 달라진 사람들, 이 사람들이 제대군인으로서 재교육을 받고 지역사회의 중심인물로 성장하게 되는 것이죠. 이들의 경험에서 드러나듯이 전통적인 공간 개념의 파괴와 근대적인 인식체계로의 전환이라는 측면에서 전쟁이 미치는 영향은 가히 어마어마하다고 할 수 있습니다.

그리고 사회경제적인 측면에서 전쟁의 영향에 대해 한 가지 더 말씀을 드리겠습니다. 전쟁 전까지 한국의 지배세력은 지주였습니다. 대자본가가 많지 않던 시절이니까요. 1946년에 북한에서 토지개혁을 하고, 1949년에는 남한에서 농지개혁을 단행했지만, 그럼에도 불구하고 지역사회에서 지주세력의 발언권은 막강했습니다. 지주가 땅을 가지고 있고, 사람들이 지역에 터전을 잡고 정박해있는 사회에서는 지주가 힘을 가질수가 있어요. 그러나 전쟁으로 인해 전선이 왔다 갔다 하면서 지주들이 엄청나게 많이 죽습니다. 인민군이 내려왔을 때 보수반동 계급으로지목되어 처형되기도 하고, 처형되지는 않는다고 하더라도 잡혀서 한

번 된서리를 맞아본 경험이 생기는 거죠. 다시 옛날처럼 양반입네, 지주입네 큰 소리를 칠 수 없는 세상이 온 겁니다.

또한 전쟁이라고 하는 역동적인 파노라마 속에서 지주들이 적응을 잘 못합니다. 1949년 농지개혁을 한 다음에 지주들한테 '지가증권'이라고 하는 토지보상금이 적힌 증서를 주거든요. 이것으로 나중에 장사할 돈, 또 공장을 살 돈을 마련하라고 '지가증권'이라고 하는 걸 준 거였어요. 그런데 전쟁이 나니까 먹고 살기도 힘들고, 지주가 언제 장사를 해봤나요? 공장을 운영해봤나요? 이 지가증권을 막 팔아서 생활비로 써버린 거예요. 한국 사회에서 지주가 단 3년이라는 빠른 시간에 계급적으로 완전히 몰락하고, 급속한 산업화가 추진된 것 또한 전쟁의 영향이 크다는 생각이 듭니다.

전쟁과 가족주의

〈질문〉 전쟁을 통해 가족에 대한 절대성이라는 매우 특별한 관념이 생겨난 것 같아요. 그것도 전쟁트라우마 때문일까요?

제가 학생들에게 역사, 특히 한국현대사는 너의 삶과 멀리 떨어진 것이 아니기 때문에, 어른들을 인터뷰해서 '가족사'를 써보라고 권하는데요. 한 학생이 자기 작은 할아버지를 인터뷰해서 아주 특이한 가족사를 써왔습니다. 작은 할아버지가 일제시기에는 엘리트였고, 약간의 좌익 성향을 가지고 있었다고 해요. 해방 당시 그분이 열 여덟살 열 아홉살? 해방을 거치면서 그때가 십대 말에서 이십대로 넘어가는 사이였다는데 '건국' 이런 말만 들어도 가슴이 벅차고, '독립' 이런 얘기만 들어도 갑자기 피가 막 뜨거워지면서 내가 이 사회를 위해서 무엇을 어떻게 기여할 수 있을까? 이런 고민을 하는 분이었다고 합니다. 그런데 이분이 전쟁과정에서 그 경험을 하게 된 거예요. "빨갱이 편이냐?" 적극적으로 가담하지 않았는데도 잡혀가고, 자기가 살기 위해서 누군가를 밀고하고, 이게 밀고에서 끝나지 않고 그 사람이 죽거나 다치게 되는 경우가 발생하고. 이런 경험을 하면서 이분이 굉장히 큰 상처를 받으신 것 같아요.

그래서 전쟁이 끝난 다음에 작은 할아버지는 어떻게 되셨느냐고 물어봤더니 "작은 할아버지가 평생 결혼을 안하셨어요." 그래요. 이유가 뭐냐고 할아버지께 물었더니 다음과 같이 대답하셨대요. "그 누구도 믿을 수 없었어. 믿을 수 있는 건 가족뿐이었단다. 아무도 믿을 수 없는데 내가 어떻게 사람을 사귀고 결혼을 할 수가 있었겠니?' 분명히 이분에게도 친구가 있었을 거예요. 일제시기, 해방후 이분에게도 친구가 있었고, 사랑하는 사람들도 있었겠죠. 그런데 전쟁과정에서 자기가 의도하지 않았지만 그 사람들을 해치거나, 아니면 그 사람들이 이분을 해치거나 이런 경험을 한 거죠. 결국 아무도 믿을 수 없게 된 것입니다. 믿을 수 있는 건 혈육 밖에 없는 '불신시대'가 된 거예요. 그래서 전쟁 이후에 가족주의가 굉장히 강화됩니다.

친척? 동료? 믿을 수 없어요. 나를 지탱해줄 수 있는 힘은 오로지 가족에게서부터 밖에 나오지 않는다고 생각을 해요. 국가권력이 계속 누구 편이냐고 묻고, 전후 산업화가 본격화되면서부터는 노동자, 농민에 대한 수탈구조가 강화되기 때문에 그 속에서 생존하고 신분을 상승시켜 나갈 수 있는 토대는 실제로 가족밖에 없는 겁니다. 특히 전후에는 아버지의 부재와 어머니의 끈질긴 모성, 그리고 가족의 절대성을 이야기하는 소설이 많이 등장합니다. 그 이야기 속에 등장하는 가족은 관계라는 관점에서 보면 굉장히 허약한 구조를 가지고 있어요. 아내와 남편, 자식과 부모 사이라고 하더라도 소통하거나 절대적인 신뢰를 주지는 않으면서도 가족이 깨지는 것에 대해서는 공포에 가까운 알레르기 반응을 보입니다. 생존의 기초단위인 가족마저 깨지면 갈 곳이 없는 존재들이었으니까요. 전쟁에서 바닥까지 내려가신 분일수록 그런 공포를 아주 강하게 표출합니다.

전장은 삶터일 뿐

남과 북은 전쟁에 어떤 의미를 부여했을까요? 북한은 미제국주의로부터 남조선을 해방시키겠다, 즉 조국해방전쟁이라고 표방을 합니다. 이승만 대통령도 6.25전쟁 전부터 전쟁을 할 생각을 가지고 있었습니다만, 전쟁을 수행할 군사력을 가지고 있지 못했습니다. 그래서 미국을 방문해서 외신기자들에게 계속 이야기합니다. 남한은 북한을 상대로 전쟁을 할 의사가 있다, 미국이 자유 우방으로서, 맹방으로서 우리의 전투적 결의를 조금만 더 믿어주고 군사력을 흔쾌히 제공해준다면 우리가 백두산에 태극기 꽂겠다. 이승만 대통령의 주장은 결국 미국의 반대로 실현되지 않습니다. 그런데 6.25전쟁으로 인해 기회가 온 거죠. 이승만 대통령은 미군이 참전하고, 유엔군이 참전한 이 기회에 기필코 백두산에 태극기를 꽂고야 말겠다, 꿈에 그리던 북진통일전쟁을 하겠다는 생각을 합니다. 전쟁과정에서 남북한의 두 정권은 조국해방전쟁을 하겠다, 또는 북진통일을 하겠다고 생각하지만 전쟁터에 살고 있는 사람들에게 전쟁은 그냥 전쟁일 뿐입니다. 저는 만약 북의 조국해방전쟁, 남한 북진통일전쟁에 남북한 주민이 절대적으로 동의했다면, 과연 전쟁이 또다시 휴전선에서 교착되는 결과를 낳았을까? 하는 생각을 해보곤 합니다.

최근 6.25전쟁을 다룬 영화 중에 '고지전'이라고 하는 영화가 있는데 잠깐 소개하겠습니다. 그 무대가 애록(AEROK) 고지인데요. 남과 북의 병사들이 애록고지를 뺏고, 뺏기는 과정 속에서 남북한 병사들끼리 은밀한 내통이 있다는 첩보를 방첩대가 조사하게 되면서 영화가 시작됩니다. 이 영화를 만든 감독은 애록고지라는 이름에도 중요한 의미를 부여하고 있습니다. 애록고지, 거꾸로 읽어보세요. KOREA. 애록고지는 한반도의 축소판이다! 그런 이야기를 하고 싶은 것입니다. 국가가 애록고지를 보는 시각은 북과 내통하는 간첩이 여기에 있기 때문에 애록고지를 빼앗겼다는 것입니다. 그래서 방첩대가 들이닥쳐서 조사해보니까 내통이라는 것의 실체가 바로 이런 겁니다. 고지를 뺏고 뺏기는 과정에서 물자를 다 옮길 수가 없으니까 인민군이 여러 가지 물품들을 파묻어놓고 간 거예요. 고지를 빼앗은 국군이 파묻어 놓은 것을 열어보니까 술도 나오고, 음식도 나오고. 그걸 먹고는 그 다음에 씨레이션 같은 것을 보답으로 파묻어놓는 거죠. 그럼 또 인민군이 파보고는 "이 간나 새끼들이 뭐 하나 갔다 놨네." 하면서 편지에 "야 종간나 새끼들아, 잘먹었다." 써놓고. 이렇게 오고가는 거예요. 방첩대가 발견한 간첩행위의 진실이라는 것이 이런 거죠. 어쩌면 이들은 국가에 의한 전쟁을 하지만 전쟁에 어쩔 수 없이 동원된 사람으로서, 이 땅에 살아야만 하는 사람으로서의 공감대를 느끼는 거죠. 감독은 국가의 규정력과 거기에 살고 있는 사람들의 일상 사이의 간극을 보여주고 싶었던 것 같습니다.

이 영화에서 중요하게 지적하고 있는 것이 하나 더 있는데요. 휴전협정과 그 이후의 전투에 대한 이야기입니다. 휴전협정은 전쟁이 시작된 지 채 1년도 지나지 않은 1951년 4월, 5월 시점부터 논의가 됩니다. 1953년 7월의 휴전협정 체결까지 2년이 남은 시간입니다. 어차피 휴

[사진1] 고지전

전을 할 것이라면 전투를 중지시키고 휴전협상을 하면 되는데 유엔군과 인민군은 휴전협정 때까지 싸워서 이긴 곳을 휴전선으로 삼는다는 결정을 합니다. 감독은 그걸 묻고 싶었던 것 같습니다. 너희들은 땅 따먹기 하면서 고지 하나를 더 따기를 원하는지 모르겠지만, 그 속에서 죽어가고 있는 사람들의 처절한 삶이라는 것을 너희가 조금이라도 아느냐?

전쟁을 이야기하는 방식, 전쟁이데올로기

20세기 후반까지 전쟁에 대한 연구는 전쟁이 언제 일어났는가, 누가 일으켰는가에 초점이 맞추어져 있었어요. 전쟁이 언제 일어났나요? 1950년? 6월 25일. 그 날이 무슨 요일인가요? 일요일! 몇 시? 새벽 4시. 우리가 그 어떤 역사적인 사건을 요일과 더불어 시간까지 기억하고 있나요? 우리가 역사적인 사건을 기억할 때 4.19, 5.18, 11.3 날짜까지는 다 알지만, 우리가 요일과 시간까지 기억하는 사건이 있었던가요? 우리가 그만큼 전쟁에 대해서 세세하게 배웠던 것일까요? 그곳에 이데올로기가 있습니다. 6월 25일 그날은 병사들이 모두 휴가를 나간 일요일이었다. 새벽 4시 모두가 잠든 밤 깊은 시간, 야음을 틈타고 인민군이 쳐들어왔다. 우리는 아무 준비 없이 당할 수밖에 없었던 반면, 그들은 철저하게 준비를 해서 공격해왔다. 그 어떤 대비도 할 수 없었던 이대통령을 비롯한 대한민국의 수뇌들은 허겁지겁 한강을 건널 수밖에 없었다. 이러한 스토리에는 우리의 준비 없음, 허겁지겁 도망갈 수밖에 없는 급작스럽고 당황스러운 상황이 부각되고, 치밀하게 준비된 북한의 공격과 침략적 본성이 강조됩니다. 이러한 스토리를 통해 대한민국 수뇌에게는 죄가 없고, 죄가 있다면 철저히 준비한 북한과 그에 반해 해이해져 있던 국군장병들의 안일함이 문제라는 전쟁 이미지가 우리에게 무의식적으로 자리 잡기 시작합니다.

그러면 다음으로 전쟁은 누가 일으켰는가? 왜 일으켰는가? 하는 문제를 짚어보겠습니다. 최근 학생들에게 물어보면 '북침설'을 이야기 하는 학생들이 많습니다. 이 사건이 일파만파로 커져서 대통령까지 국무회의 석상에서 학생들의 안보의식이 해이해지고 있다, 요즘 학생들이 6.25전쟁을 북침이라고 하는데 역사교육을 강화시켜 역사의식을 제대로 심어주어야 한다고 강조한 바 있습니다만, 이것은 일종의 해프닝입니다. 학생들이 말하는 북침설은 북한이 침략했다는 것을 신세대답게 줄여서 표현한 '북(한)침(략)설'이기 때문이죠(청중 웃음). 지금은 그런 이야기를 하는 학생들이 적지만, 예전에는 남한의 "북침 아닌가요?" 이렇게 물어보는 학생들이 실제로 있었습니다. 소련과 중국의 비밀문서가 공개되기 전까지만 해도 전쟁이 과연 누구에 의해서 먼저 준비 됐고, 어떻게 일어났는지 하는 문제는 실체를 알기가 어려웠어요. 그래서 북한의 '남침설', 남한의 '북침설', 미국의 '전쟁유도설' 등 다양한 가설이 있었던 것입니다. 그 중 미국의 동아시아정책을 비판하면서 강력하게 제기되었던 가설 중 하나가 미국의 '전쟁유도설'입니다.

미국의 국무부장관 딘 애치슨(Dean Acheson)이 1950년 1월 미국 프레스센터에서 미국의 극동방위선(애치슨라인)에 대해서 연설을 했는데 애치슨라인에는 알류샨 열도-일본-오키나와-필리핀을 잇는 선을 포함하고 있어 타이완과 한국, 인도차이나 반도와 인도네시아 등은 이 방위선에 포함되지 않았습니다. 일부 학자들은 이 연설이 미국의 극동방위선에서 한국을 배제시켰음을 선언한 것이었으며, 북한은 이를 남침을 할 수 있는 절호의 기회로 생각하게 되었다고 주장하였습니다. 반면 또 다른 학자들은 애치슨의 연설이 북한의 남침을 유도하기 위한 고도의 음모적인 술책이었다고 봅니다. 이 주장들은 애치슨라인이 북한의 오판을 일으키게 했든, 북한의 남침을 유도하기 위한 술책이었든 미국이 전쟁을 유도했다는 점에는 동일한 입장을 취하고 있습니다. 미국이 놓은 덫에 북한이 걸려들었다는 것입니다. 한발 더 나아가서 미국이 북한의 남침을 자극했고, 한국과 미리 협의해서 38선에서 북한을 선제공격한 흔적이 있다는 내용으로 확대되면서 일부 북침설이 제기되기도 했습니다. 그러나 지금은 소련과 중국의 비밀 자료가 공개되고, 전쟁 연구가 축적되면서 북한이 소련, 중국과 전쟁을 사전 모의하고, 선제공격을 했다는 점에는 이의가 없습니다. 학술적으로 이 문제가 일단락된 것이죠.

한편, 최근에 자료가 공개되기 전까지 동유럽사회에서 이 전쟁은 북침으로 알려져 있었어요. 한반도에서 남한이 미국의 지원을 받아 북한을 침략했다는 것이 동유럽이 이해하고 있는 6.25전쟁의 진실이었습니다. 그런데 북한이 침략을 당했음에도 불구하고, 동유럽은 북한을 도와주지 못했습니다. 제2차 세계대전 후의 복구사업을 전개하느라 유엔군처럼 참전해서 북한을 지원할 여력이 없었던 것입니다. 침략을 당한 북한을 도와주었어야 했는데 도와주지 못한 데 대한 미안하고 애틋한 마음이 동유럽 국가들에게 있었습니다. 그래서 동유럽 국가들은 6.25전쟁 이후 북한의 전쟁고아를 몇 천 명씩 데려다가 최고급 교육을 시켜서 다시 본국으로 돌려보내는 프로젝트를 진행합니다. 전쟁기에 북한을 도와주지 못한 데 대한 보상차원인 것이죠. 이는 사회주의 블록의 연대가 강화되고 있는 모습을 보여줍니다.

또한 동유럽 사회에서 6.25전쟁이 북침으로 알려지면서 그동안 자본주의 세력과 사회주의 세력 사이에 민족통일전선이 형성되어 있던 국가에서 민족통일전선이 깨집니다. 1945년 이후에는 추축국의 지배를 받았던 동유럽 나라들이 새로운 국가를 건설하는 과정에서 좌우연합의 민족통일전선이 구축되었습니다. 그런데 6.25전쟁이 북침으로 알려지면서 사회주의 세력의 자본주의 세력에 대한 불신이 커졌습니다. 우익을 언제 다른 마음을 먹을지 모르는 반동적 존재로 규정하게 된 것이지요.

이에 우익에 대한 이데올로기 탄압과 좌익드라이브가 훨씬 강화되었습니다. 그래서 1950년 이후 동유럽의 학자, 과학자들이 서유럽으로 대거 망명하게 되는 것이지요. 이렇게 6.25전쟁은 극동의 한 작은 지역에서 일어난 전쟁이지만, 세계사적으로 국가간 체제동맹이 강화되고 국가 내 이데올로기 갈등이 강화되는 등 냉전이 한층 강화되는데 중요한 영향을 미치게 됩니다.

냉전이라고 하면 유럽의 냉전만을 떠올리지만, 6.25전쟁을 계기로 냉전의 또 하나의 축이 형성되었다는 주장을 하시는 분들이 있습니다. 이것은 1989년 소련의 붕괴, 현실 사회주의 몰락을 계기로 유럽에서 냉전이 해체되고 있지만, 동아시아에서는 여전히 냉전이 강고하게 유지되고 있다는 문제의식에서 비롯되고 있습니다. 유럽에서는 냉전이 해체되고 있는데 왜 동아시아의 냉전은 여전히 강고할까? 바로 6.25전쟁에서 냉전의 새로운 축이 형성되었기 때문이라는 것입니다. 아시아에서 G2, 중국과 미국이라는 양대 국가를 필두로 하는 체제대립의 축이 6.25전쟁을 통해서 등장하고, 닉슨독트린으로 현실화되면서 소련이 무너져도 냉전체제가 무너지지 않을 수 있는 기반이 형성되었다는 것이지요. 이렇게 한국에서 일어난 전쟁은 세계사적으로도 굉장히 중요한 영향을 미쳤고, 그것을 이해하는 다양한 방식과 이데올로기가 있다는 점을 염두에 둘 필요가 있습니다.

전쟁의 준비과정과 전쟁 전야의 동아시아

과거에는 전쟁에 대한 정보를 얻으려면 미국무부의 문서, 그것도 '위생처리'가 되었다고 하는 잘리고 짜깁기된 문서를 통해서만 정보를 얻을 수 있었습니다. 극비문서는 공개를 하지 않았기 때문에 공개된 문서의 행간을 읽어내는 방식으로 역사적 사실에 접근해야만 했었어요. 그런데 중국이 개방되고, 소련이 몰락하면서 고급 정보들이 마구 쏟아져 나오기 시작합니다. 그래서 이제는 우리가 소련의 자료를 통해서 전쟁의 발발 과정에 대해서는 아주 상세하게 알 수가 있게 되었습니다. 소련의 비밀 자료에 의하면 전쟁과 관련해서 북한이 1949년 두 개의 협정을 맺는데요. 하나는 '조소경제문화협정'이고, 하나는 '조중군사협정'입니다. 소련과 맺은 협정은 경제와 문화에 관한 협정인 것처럼 표방되어 있지만, 사실은 소련제 무기 이양에 관한 내용이 포함되어 있습니다. 그것이 개전을 준비하는 과정에서 아주 유력한 물리력으로 작용하게 됩니다.

다음으로 중요한 것은 '조중군사협정'을 통해서 북한에 들어오게 된 5만 명의 병력입니다. 당시 남북한의 전력을 비교하면 북한군이 13만 명이고 남한이 16만 명입니다. 병력 상으로 보면 남한이 우위에 있었는데 전쟁 직전 북한군의 병력이 갑자기 늘어나는 것을 볼 수가 있어요. 5만 명이 보강되기 때문이죠. 전쟁이 났을 때 육군이 초전박살이 나는 이유도 바로 저 5만 명의 전투력 때문이라는 주장이 있습니다. 도대체 5만의 병력은 어떤 존재일까요? 중국군일까요? 6.25전쟁을 위해 중국에서 빌려온 병력일까요?

1945년 일제에게 해방된 직후 중국은 바로 내전상태에 들어갑니다. 장제스의 국민당과 마오쩌둥의 공산당이 누가 중국의 새로운 주인이 될 것인가를 둘러싸고 내전상태에 들어가는 것이죠. 그 치열한 접전지역 중의 하나가 만주입니다. 일제시기부터 만주지역에는 항일무장투쟁을 하던 조선의 독립군들이 있습니다. 주로 좌익세력이 무장투쟁론을 강하게 주창했기 때문에 사회주의적 지향을 가진 항일무장투쟁 세력이 만주지역에서 활동하고 있습니다. 이들은 일제 36년 동안 군사훈련을 받고 일제와 직접 전쟁을 수행했던 병력이기 때문에 실제적인 전투경험을 가진 막강한 병력인 것이지요.

그런데 중국이 내전상태에 있을 때에는 이들을 귀국시켜주지 않습니다. 국민당과 내전을 벌이고 있는 마오쩌뚱 입장에서는 이렇게 전투력이 좋은 병력을 북한으로 보내줄 수가 없었던 것이지요. 그런데 1949년이 되면 만주지역에서의 전쟁은 끝이 납니다. 장제스가 패퇴해서 타이완으로 쫓겨나고, 1949년 초가 되면 전쟁은 막을 내립니다. 이제 이들을 아주 흔쾌하게 북한으로 보내줄 수 있는 거죠. 이들 5만 명이 북한으로 들어오면서 북한군의 병력 자체가 엄청나게 강화됩니다.

1949년 8, 9월 시점이 되면 김일성과 박헌영이 먼저 전쟁을 해야겠다는 의사를 소련측에 내비칩니다. 소련대사가 본국에 보낸 비밀문서에 의하면 "박헌영과 김일성이 방문해서 현 정치상황에서는 평화통일이 어렵다, 이대로 두면 이승만의 탄압으로 남한의 혁명세력이 괴멸될 것이고, 통일은 불가능하게 되고 말 것이라는 의견을 피력했다. 이들은 지금이 평화통일을 할 수 있는 적기라고 주장하고 있다."는 내용이 있습니다. 그것은 박헌영의 정세판단에 영향을 받은 측면이 강합니다.

해방 이후 한반도에서는 사회주의 세력이 강력한 힘을 가지고 있었습니다. 그것은 일제시기의 비타협적인 투쟁의 결과이기도 합니다. 일본의 문화통치가 이루어지면서 자본주의 세력이 개량화되거나 친일쪽으로 많이 돌아선데 반해, 사회주의 세력들은 비타협적으로 항일운동을 합니다. 또한 이들은 노동자, 농민이 주인이 되는 국가를 만들겠다고 생각했기 때문에 일제시기에도 노동자, 농민의 편에 서서 활동을 합니다. 그리고 해방후 토지개혁이 현안으로 등장했을 때에도 "토지를 밭갈이하는 농민에게로!"라는 구호를 내걸고 무상몰수 무상분배의 토지개혁을 주장하는 등 사회개혁에 선명한 구호를 제시하면서 절대적인 지지를 얻어요. 남한의 사회주의 운동을 지도하고 있던 박헌영은 지금 조국해방전쟁을 하면 지하에서 활동하고 있던 20만 명의 남조선노동당원들이 전면적으로 봉기를 해서 조국해방전쟁을 지지할 것이라고 주장합니다.

이렇게 김일성과 박헌영이 1949년 8월경 조국해방전쟁을 해야 되겠다는 의사를 소련대사를 통해 본국에 전달했지만, 소련은 부정적인 반응을 보입니다. 소련은 미국의 힘을 잘 알고 있어요. 연합국의 일원이기도 하지만, 제1차 세계대전, 제2차 세계대전을 겪으면서 미국이 가진 힘이 얼마나 막강한 것인지 체감하고 있습니다. 그리고 잘 알려지지 않은 사실이지만 소련도 제2차 세계대전이 끝난 후 미국의 원조를 받고 있어요. 한편으로 원조 받으면서 한편으로 전쟁을 하기는 어렵다는 생각을 한 것이지요.

그런데 1949년 10월, 갑자기 정세가 반전이 됩니다. 중국에 사회주의 정권이 들어선 것이지요. 미국은 제2차세계대전 후의 세계 구상을 짜면서 동아시아에 대해서는 일본은 고립시키고, 소련을 견제하고 동아시아에 대한 미국의 이해관계를 관철시키기 위해 중국의 장제스를 지원한다는 방침을 세워두고 있었습니다. 그런데 장제스가 중국에서 마오쩌둥에게 패한 것입니다. 소련에 이어 중국대륙이 통째로 사회주의화 되어버린 거예요. 미국은 상당히 충격을 받습니다.

미국의 입장에서는 충격이지만, 중국의 사회주의화로 한반도의 전략적 가치가 달라집니다. 중국이 사회주의국가가 되지 않았을 때까지만 해도 사회주의권에서 한반도의 지정학적 중요성은 그렇게 크지 않았어요. 그런데 중국이 사회주의국가가 되는 순간 오히려 한반도의 지정학적 중요성이 커진 것이죠. 소련, 중국, 북한이 모두 사회주의국가가 되자, 남한만 없으면 동아시아 사회주의권이 평안할 터인데 남한이 있고, 그 뒤에 미국이 버티고 있음으로써 동아시아 사회주의권의 안녕이 위협받고 있는 형국처럼 보이는 것이지요. 중국혁명을 계기로 해서 사회주의권의 자신감이 확대되는 동시에 동아시아 사회주의의 안녕을 위해서라도 한반도 문제를 어떻게든 처리해야 되겠다는 결심을 하게 된 것입니다.

그래서 1949년 말에서 1950년 초로 넘어가면서 분위기가 반전이 됩니다. 비밀문서에 보면 "김일성과 박헌영이 전쟁을 다시 제안했는데 연기할 이유는 없는 것 같다"라는 소련대사의 보고가 보입니다. 1950년 3, 4월경 김일성과 박헌영이 북한의 공식석상에서 사라지는 순간이 있는데 연구자들은 이 시기 김일성과 박헌영이 스탈린을 만나기 위해 모스크바를 방문했을 것이라고 추측을 합니다. 모스크바에서 개전에 대한 확실한 합의를 하고 왔구나 이렇게 짐작을 하는 것이지요. 결국 김일성은 소련의 동의를 얻었어요. 그런데 소련이 단독으로 개전합의를 하기에는 부담스러웠던지 바통을 중국에게 넘깁니다. 스탈린이 김일성에게 돌아가는 길에 베이징에 들러서 마오쩌둥을 만나고 가라고 하면서 필리포프라는 가명으로 편지를 보냅니다. 그 편지에는 "마오쩌둥 동지, 조선 동지들과의 회담에서 우리는 변화된 국제정세로 인해 통일 사업을 착수해야한다는 그들의 제안에 동의했습니다. 그러나 이 회담에서는 그 문제가 궁극적으로 중국 동지들과의 협의를 통해 이루어져야만 하고, 만일 중국 동지들이 동의하지 않는다면 이것은 무기한 연기되어야 한다는 점을 분명히 했습니다."라고 쓰여 있습니다. 중국의 답신은 발견되고 있지 않지만, 우리는 전쟁의 발발로 인해 마오쩌둥이 동의했다는 것을 알 수 있습니다.

그러면 북중러 삼각동맹이 이렇게 준비를 착착 진행하고 있을 때 미국은 두 손 두 발을 맥없이 놓고 있었을까요? 중국혁명 이후 미국의 동아시아 정책이 변합니다. 그전까지만 해도 유럽은 마샬플랜을 통해서 무상원조를 지원하면서 영국의 영향력을 미국이 접수한다는 계획이었습니다. 동아시아에서는 중국은 장제스의 국민당을 지원해서 대륙을 장악하는 한편 소련을 견제하도록 하고, 일본은 무력화시키며, 한반도는 미국에 우호적인 국가를 만든다는 구상이었습니다. 그러나 이제는 중국의 혁명으로 동아시아의 판도 자체가 뒤틀려버렸으므로 동아시아 정책을 다시 세워야 했습니다.

그 전까지만 해도 미국은 중국의 장제스와 한국의 이승만에게 통일을 꿈꾸지 말고 사회경제적 개혁을 통해 정치적 안정을 달성할 것을 재삼 강조합니다. 공산주의가 내부의 불만으로부터 등장한다고 믿었기 때문입니다. 정치를 잘 못하면 사회주의 세력을 중심으로 혁명이 일어난다는 것이죠. 자기나라도 지킬 힘이 없으면서 외국의 군사력을 받아보았자 통일은 불가능하다는 논리입니다. 그런데 중국혁명이 일어나면서 위기의식이 고조됩니다. 혁명이 내부의 적으로부터 오든, 외부의 적으로부터 오든 좀 더 강력한 대응이 필요하다는 주장이 대두합니다. 미국은 좀 더 강력한 대응을 하지 않는다면 제2, 제3의 중국이 아시아에서 나타날 수밖에 없다는 생각을 하게 됩니다. 그래서 '현상유지'에서 '반격'으로 정책이 전환됩니다. 만일 사회주의 세력이 준동할 조짐이 보인다면 조기에 진압하겠다는 방침이지요. 미국 국무장관 고문 덜레스(Dulles)라고 하는 사람이 한국의 제2대 국회 개원을 축하하면서 "북한과 소련의 영향력에서 벗어나기 위해 여러분이 가치 있게 행동해주신다면, 여러분들은 결코 혼자가 아닐 것입니다."라는 발언을 합니다. 물론 미국이 먼저 전쟁을 준비한 것은 아니지만, 여차하면 적극적인 공격을 할 수도 있다는 것을 간접적으로 시사하는 발언이지요.

1950년경 대한민국과 조선민주주의인민공화국은 분단국가로서 미완의 불안정한 국가정체성을 가지고 있었습니다. 삼국통일 이래로 한 번도 분단된 경험이 없는 국가가 분단이 되니까 분단을 극복해야겠다, 빨리 통일을 해야겠다는 욕구가 커집니다. 평화적인 생각을 가진 사람들이 이런 욕구를 가지면 협의를 해서 통일을 하겠지만, 적대적인 의식을 가진 사람들이 이런 욕구를 가지면 빨리 쳐부숴야겠다는 의식이 강화됩니다. 1950년 당시의 자료를 보면 의식 있는 지식인들은 모두 조만간 전쟁이 일어날 것이라고 예측을 합니다. 그리고 1949년 38선에서는 900회 가까운 전투가 발생하고 있습니다. 전쟁이 언제 시작되었는가는 어쩌면 중요한 일이 아닐 수도 있습니다. 이렇게 호전적인 상태에서는 누가 더 깊숙이 밀고 들어가느냐에 따라서 전투가 시작되는 것이니까요.

유엔군 · 중국군의 참전과 국제전으로의 비화

전쟁이 시작된 지 4일 만에 서울이 인민군에게 점령되고, 한 달만에 워커라인 이북 지역은 인민군의 수중에 들어갑니다. 북중러가 노렸던 것은 미국이, 유엔군이 개입하기 전에 전쟁을 끝내는 것이었습니다. 1945년 미소 양군이 한반도에 진주한 명분이 일제로부터 조선을 독립시킨다는 것이었기 때문에 1948년 정부가 수립되고 난 후 미소 양군은 한반도에서 철수했습니다. 그래서 다시 개입하려면 공식적인 명분이 필요했지요. 북중러는 미국은 국제적인 현안을 단독으로 처리하기보다 유엔을 활용할 것이라고 예측했습니다. 그러므로 유엔총회 및 안전보장이사회를 소집하기에는 시간이 필요할 것이고, 그 시간 동안 한반도 전역을 접수할 수 있을 것이라는 계산이 있었습니다. 그런데 북중러가 예상한 것보다 이른 시기인 1950년 6월 30일에 유엔군의 참전 결

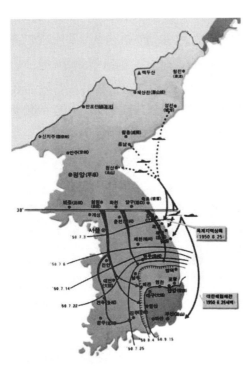

[사진2] 인민군 남하

정이 납니다.

여러분은 궁금하지 않으신가요? 유엔의 중요한 결정을 내릴 때는 유엔안전보장이사회 상임이사국의 결정이 있어야 하는데 소련과 중국이 왜 유엔군의 참전을 막지 못했을까요? 당시 유엔의 사정을 들여다보겠습니다. 유엔안전보장이사회 상임이사국에는 미국, 영국, 프랑스, 소련, 중국 5개국이 있습니다. 그런데 중국에 문제가 생겼습니다. 지금까지는 장제스의 국민당이 유엔대표를 파견하고 있었는데 소련이 중국의 주인이 바뀌었으므로 유엔의 대표도 마오쩌둥의 공산당에서 대표를 파견해야 한다고 주장하기 시작합니다. 정당한 주장이지만, 자본주의 국가들은 승인을 하지 않고 계속 결정을 미룹니다. 그러니까 소련의 유엔대사 말리크가 "항의하기 위해 나는 당분간 유엔 집무를 보이콧하겠다."라고 하고 철수한 상태예요. 어쩌면 전쟁 합의를 할 때 소련은 유엔의 이러한 상황에 내심 안도를 했을지도 모릅니다.

미국은 전쟁이 발발하자마자 전 세계의 미국대사들한테 전문을 보내 소련을 비롯한 사회주의권의 동향을 조사합니다. "지금 한반도에서 전쟁이 일어났는데 북한의 뒤에는 분명히 소련이 개입되어 있을 것이다, 그런데 이 전쟁이 아시아에만 국지적으로 발생한 것인가, 아니면 유럽에서도 동시다발적 집단행동이 있는가? 빨리 조사해서 보고하도록 하라." 순식간에 각국 대사관에서 보고서가 올라옵니다. "유고슬라비아에서 심상치 않은 움직임이 있지만, 조직적인 것은 아닌 것 같다. 따라서 이는 한반도에서 국한해서 발생한 일이다. 만약 누군가 개입을 한다면 그것이 중국이 될 것이다." 미국은 전문을 확인한 후, 북한의 배후에 소련이 있다고 압박함으로써 이 문제에 대해 소련이 쉽게 개입할 수 없도록 국제사회의 여론을 형성합니다. 그런 다음, 소련이 없는 상태에서 유엔안전보장이사회의 결정을 내리고, 1950년 6월 30일에는 유엔총회의 승인을 얻어 일사천리로 유엔의 참전결정을 얻어내는 정치적 승리를 거듭니다.

국군과 인민군이 싸우는 내전단계의 전쟁은 9월 15일 유엔군의 인천 상륙작전을 계기로 국제전으로 비화합니다. 우리는 맥아더장군의 인천 상륙작전을 인민군의 허를 찌르는 비밀작전으로 알고 있지만, 사실은 신문에 "유엔군 인천으로 상륙"이라는 기사가 대문짝만하게 보도됩니다. 저는 그 당시 신문을 보고, 제 눈을 의심했었습니다. '이건 분명히 비밀작전이었는데 어떻게 된 걸까?' 하는 의구심으로 신문을 보고 또 보았었습니다. 그런데 유엔 16개국이 참전하는데 비밀작전이 될 리가 없죠. 16개국이 물자 및 인력수송을 해야 하는데 비밀작전이 가능할까 하는데까지 생각이 미치니까 '아! 이것 역시 우리가 전쟁에 대해서 가지고 있는 신화구나.'하는 생각이 들었습니다. 어떤 나라는 병력을 보내고, 어떤 나라는 물품을 보내고, 어떤 나라는 무기를 보내고 그것을 조율하는데 비밀작전은 애당초 불가능한 것이었던 셈입니다. 물론 군산이냐, 인천이냐 논란이 있었던 것은 사실입니다. 그러나 인천으로 결정이 나고, 유엔에 참전한 각국이 어떻게 인천으로 들어오느냐 하는 것이 지도에 화살표 표시까지 다 되어 신문에 보도가 됩니다.

그러면 이러한 질문도 가능할 것입니다. "아니 그러면 다 알고 있었는데 왜 인민군은 인천상륙작전을 막지 못했을까?" 맥아더장군의 전술적 승리라고 했을 때 그것은 인민군이 취약한 해군력을 겨냥해서 인천을 공격한 점이라고 생각합니다. 인천상륙을 알고도 막을 수 있는 상황이 아니었던 것입니다. 유엔군이 들어오는 걸 막으려면 강력한 해군력을 가진 소련군이 개입해야 하지만, 소련이 북한의 전쟁을 사주한 배후세력으로 지목당한 상태에서 소련제 항공모함을 띄울 수 있는 상황이 아니었죠. 그렇게 한다면 배후조종을 시인하는 모양새가 될 테니까요. 블라디보스톡에 소련의 해군기지가 있지만, 이러한 정치적 부담을 질 수가 없는 상황이었던 겁니다. 인민군은 이미 경상도 지역까지 내려가 있었으므로 유엔군이 인천과 워커라인 양 방향에서 협공을 취하자 "독안에 든 쥐"가 된 것입니다. 완전히 남한지역에 갇힌 셈이 된 것이죠. 이후 인민군은 강원도 산악지역으로 퇴로를 확보하면서 급속하게 퇴각하게 됩니다.

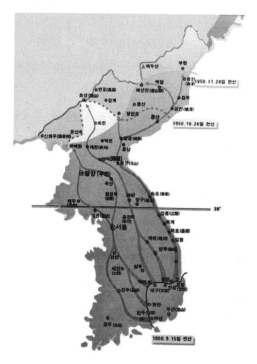

[사진3] 유엔군 북진

유엔군이 9월 28일 서울을 탈환하고 난 후, 전쟁과 관련해서 '북진'이라는 중요한 결정을 합니다. 우리는 북진이 당연한 것으로 인식하고 있지만, 북진은 미국 내에서도, 유엔군 내에서도 수많은 논란을 낳았던 결정이었습니다. 유엔군이 참전한 이유는 북한에 침략당한 남한을 지키기 위해서였습니다. 유엔군이 남한을 지키는 것과 북진하는 것은 차원을 달리하는 문제입니다. 예를 들면 이란과 이라크가 싸웁니다. 이란이 이라크가 침략했다고 유엔에 도움을 요청합니다. 유엔군이 이라크에 침공당한 이란을 구하기 위해 참전합니다. 전세가 역전이 되어 유엔군이 이란에서 이라크군을 몰아냈습니다. 그럼 과연 유엔군은 이란을 침략한 이라크를 징벌하기 위해 이라크에 쳐들어가야 할까요?

우리는 지금까지 이것을 당연하다고 생각하고 있지만, 당시 미국 내에서, 유엔군 사이에 치열한 논쟁이 있던 사안이었습니다. 특히 영국이 "우리가 참전한 이유는 대한민국을 지키기 위해서이지, 조선민주주의인민공화국을 공격하기 위해서가 아니다."라며 강력하게 반대합니다. 이것은 단지 전쟁을 수습하는 것이 아니라 전쟁을 확전한다는 의미를 갖고 있기 때문입니다. 논란에도 불구하고 미국의 아이젠하워 대통령이 '북진'할 것을 결단합니다. 그래서 10월 25일경이면 중국 경계선까지 유엔군이 진격하게 됩니다. 이제 정말 이승만대통령의 염원이었던 태극기를 백두산에 꽂을 수 있는 날이 멀지 않은 것이죠.

유엔군은 북한지역을 모두 접수하려고 했지만, 중국군 참전이라는 복병을 만납니다. '태극기 휘날리며'라는 영화에도 나오듯이 중국군은 무기의 열세에도 불구하고 우세한 병력을 바탕으로 파죽지세로 밀고 내려옵

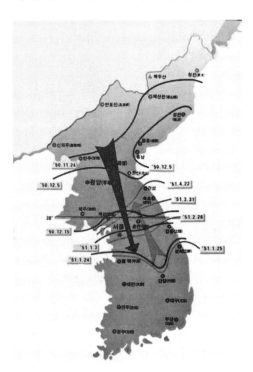

[사진4] 중국군 남하

니다. 유엔군이 다시 서울을 내주고 총퇴각합니다. 1.4후퇴를 하면서 미국은 이 전쟁에서 패할지도 모른다는 생각을 했던 것 같습니다. 당시 미국 육군부 문서를 보면 한반도를 포기하는 안이 유력한 방안으로 등장하고, 미국이 한반도에서 명예롭게 물러날 수 있는 방안이 모색됩니다. 중국의 병력이 예상보다 막강했던 탓입니다. 전면전에서 미국을 비롯한 유엔군이 신생 중국에게 패한다면

그것만큼 미국에게 정치적으로 타격이 큰 일이 없기 때문이죠.

그러면 중국은 왜 참전했을까요? 사회주의 우방 북한을 지원하기 위해서라는 명분을 내세우지만, 중국의 이익을 지키기 위해서입니다. 중국 입장에서 본다면 사회주의 국가가 수립된 지 8개월도 안된 상태에서 세계 최강대국의 병력 미군을 주력으로 하는 유엔군의 화력과 마주치게 된 거죠. 만주지역에 미군 전투기가 떠다니든 상황입니다. 전쟁의 위협을 느낀 것이지요. 실제로 맥아더장군은 만주에 핵폭탄을 투하하고 사회주의 중국과 전면전을 벌여야 한다고 주장했습니다. 이것은 곧 제3차 세계대전으로 가자는 주장입니다. 그리고 이러한 주장에 동조하는 사람들이 있습니다. 바로 이승만대통령과 장제스 총통입니다. 이승만대통령은 미국과 유엔이 참전한 기회에 기어이 백두산에 태극기를 꽂아 북진통일을 달성하고자 했고, 장제스총통은 유엔군을 중국문제에 끌어들여 중국의 패권을 되찾고자 하였습니다. 맥아더장군이 만주에 핵폭탄을 투하하자고 주장하자, 장제스총통은 중국 남부지역에 대만군 병력을 파병할 수도 있다는 제안을 합니다. 중국이 위협을 느낀 것은 당연한 일인지도 모릅니다. 또한 중국 동북지역에는 일제시기 준공되었던 군수공장과 수력발전소들이 있습니다. 이것이 유엔군의 손에 들어간다면 큰 일이라고 생각했던 것입니다.

'북진' 때에도 논란이 있었지만, 원폭 투하 문제에 대해서는 더욱 격렬한 논쟁이 벌어집니다. 특히 맥아더장군의 원폭투하 제안에 영국이 결사반대를 합니다. 만일 확전을 한다면 우리는 본국으로 돌아가겠다고 배수진을 칩니다. 유럽에서 참전한 국가들은 제2차 세계대전을 경험하고 전후복구 중인 나라들입니다. 영국의 경우, 전쟁수습도 채 안된 상태에서 아시아의 작은 나라가 침략을 당했다고 해서 파병을 했는데 북한을 공격하고 이제 중국까지 공격한다면 이 사안에 대해 국민들을 설득할 자신이 없다, 제3차 세계대전으로까지 비화할지 모르는 전쟁을 치르기 위해서는 엄청난 희생을 각오해야 하는데 전쟁에서 막 벗어난 국민들을 전쟁터로 몰아넣을 수 없다고 강력한 반대의사를 표명합니다. 미국도 결정을 내려야했지요. 원폭투하 및 확전 논의는 아이젠하워대통령이 맥아더장군을 해임하면서 일단락됩니다.

휴전논의와 포로문제

중국군이 물밀듯이 내려와서 단숨에 한반도 남쪽지역까지 점령할 것 같았지만, 1951년 초반 다시 전선이 38도선 부근에서 교착됩니다. 미국은 어떻게 하면 영예롭게 한반도에서 물러날 수 있을까를 고민하기도 했는데 전선은 38도선 부근에서 오르락 내리락 큰 변동이 없습니다. 왜 더 이상 전쟁에 진전이 없었을까요? 저는 남의 나라 전쟁이라서 그렇다고 생각합니다. 유엔군과 중국군의 입장에서는 남한지역과 북한지역을 회복한 이상 총력을 기울일 필요가 없습니다. 총력을 기울여 조국해방전쟁, 북진통일전쟁을 완수하자면 목숨을 걸어야 하는데 그것은 남북의 문제일 뿐 당사자가 아닌 그들의 입장에서는 그럴 필요가 없는 것이지요.

전력의 균형상태에서 의미 없는 전투만이 거듭되고 있을 때 전쟁을 주도했던 스탈린이 죽습니다. 전쟁을 마무리할 좋은 계기가 생긴 셈입니다. 스탈린의 죽음으로 추도와 애도의 분위기가 팽배해지자 소련의 유엔대사 말리크(Malik)가 유엔에 등장하여 휴전을 제안합니다. 소련은 처신에 어려움을 느끼고 있었는데, 이 계기를 활용하여 전쟁의 중재자로서 나선 것입니다. 소련의 경우, 전쟁이 확전되면 참전하지 않을 도리가 없지만 만일 참전한다면 전쟁의 배후조종자라는 사실을 자인하는 셈이 됩니다. 그러나 중국은 유엔군이 참전한 이상, 전쟁을 끝내기 위해서는 중국뿐 아니라 소련도 참전해야 한다고 종용하고 있었습니다. 중국은 유엔에게 침략자로 규정되어 세계적인 지탄을 받았습니다. 중국은 전쟁에 합의했으면서도 중국만을 한반도에 끌어들인 소련에게 심한 배신감을 느끼고 있었습니다. 물론 소련제 전투기와 함께 소련 비행사들이 몇 명이 참전하고 있었지만, 소련이 제대로 된 병력을 보내지 않았기 때문입니다.

이러한 찰나에 소련이 전쟁을 중재하고 나섭니다. 처음에 휴전회담은 일찍 끝날 것처럼 보였습니다. 당사자들이 더 이상 전쟁을 할 의사가 없었기 때문입니다. 그러나 두 가지 문제가 조기 휴전을 가로막았습니다. 첫 번째는 남북한 정권의 반대입니다. 조국해방전쟁도, 북진통일전쟁도 실패할 위기에 선 이승만과 김일성은 모두 휴전을 결사반대합니다. 두 번째는 포로문제입니다. 휴전회담을 시작하고 보니 포로문제의 복잡성이 있었습니다. 하나는 13만 명 대 2만 명 조중연합군과 유엔군 포로수의 차이입니다. 원래 포로는 서로 교환하면 끝나는 것이지만, 유엔군으로서는 이렇게 손해 보는 장사를 할 수 없다고 생각한 것이지요. 또 다른 하나는 포로의 정치적 활용입니다. 포로교환이 지연되면서 포로를 이데올로기적으로 활용하기 위한 방안으로서 '자원 송환'이 모색되기 시작합니다. 포로들이 본국 송환을 거부했다. 얼마나 상대방의 체제를 공격하기 쉬운 기제입니까? 거제도 포로수용소는 이곳저곳에 분산되었던 조중연합군 포로 13만 명을 수용했던 곳인데요. 한쪽에서는 반공포로를 만들기 위한 전향공작을 하고, 또 다른 쪽에서는 전향공작에 넘어갈까봐 단속을 하는 등 포로를 둘러싼 치열한 사상전이 벌어집니다.

전향공작과 반전향공작 사이에 무시무시한 협박과 구타가 난무하는 가운데 사상전향공작을 통해 '반공포로'들이 양산됩니다. 그리고 이승만대통령은 휴전협정이 체결되기 직전 반공포로를 석방합니다. "반공포로 석방". 당시 이 사건은 전 세계적인 주목을 받았습니다. 전쟁이 끝나면 포로를 맞교환하는 것이 당연한 일입니다. 그런데 이승만대통령이 그들이 '전향'하여 '반공포로'가 되었다는 이유로 남한지역에 석방해버렸으니 전 세계적인 이슈가 될 만했던 것이지요.

한편 자의로 반공을 선택한 이들도 있지만, 생존을 위해 어쩔 수 없이 반공을 선택했던 사람들은 전쟁이 끝나고 포로교환을 하는 과정에서 극심한 갈등에 직면합니다. 포로심사대를 통과하면 남한으로 혹은 북한으로 가게 됩니다. 다른 사람들은 심사대를 통과해서 집으로 돌아가는데 나는 팔뚝에 '반공'이라는 문신을 새긴 반공포로라서 북쪽의 집으로 돌아갈 수가 없습니다. MBC 프로그램『이제는 말할 수 있다-한국전쟁과 포로편』을 보면 집에 돌아가고 싶은 반공포로들이 팔뚝에 새긴 문신을 이빨로 물어뜯고 피를 철철 흘리면서 갑니다. 남한에서 준 옷을 다 벗어버리고 벌거벗은 채로 기쁜 얼굴로 갑니다. 그 장면이야말로 포로문제를 둘러싼 당시의 참혹한 현실을 보여주는 단면입니다.

포로문제가 복잡한 이유는 또 있어요. 전쟁이 내전적인 성격이 강하다 보니까 이런 사람들이 있습니다. 남한이 고향인데 인민군에 참전했다가 포로가 되었어요. 혹은 국군 모집에 응했는데 고향이 북한이예요. 그러면 이 사람은 어디로 가야 할까요? 내가 사상적 지향에 따라서 선택했다고 하더라도 삶의 터전은 정해져 있는데 국군, 인민군이라는 낙인 때문에 갈 수가 없는 것이죠. 그리고 전쟁포로 중에 남한도, 북한도 싫다 나를 제3국으로 보내달라고 주장하는 사람들도 있어요. 최인훈의 소설『광장』에 나온 주인공도 제3국을 선택하지요. 소설 속에만 등장하는 것이 아니라 그런 사람들이 실제로 백 몇십명 있습니다. 그런데 스위스, 인도 등 제3국 중에 받아주는 나라가 없어요. 그래서 제3국을 신청했던 사람들이 콜롬비아, 아르헨티나 등 남미에 많이 갑니다. 실제로 제3국이라고 할 수는 없지만 받아들여주는 나라가 그곳밖에 없었으니까요. 그 외에도 중국군으로 참전했는데 타이완으로 가고 싶다는 사람들, 중국도 타이완도 싫다는 사람들도 있어요. 이렇게 포로문제는 아주 복잡한 문제입니다.

전쟁의 영향

이제 전쟁의 결과와 영향에 대해서 말씀드릴 시간이 된 것 같습니다. 3년 2개월에 걸친 전쟁의 결과 약 150만 명이 사망하고 350만 명이 다쳤습니다. 이 숫자는 제1차 세계대전의 희생자 숫자보다 많다고 하니 실로 어머 어마한 사람들이 죽거나 다친 것이지요. 이제 그 누구도 전쟁의 자장 안에서 자유로울 수 있는 사람은 없습니다. 전쟁 전까지만 해도 사람들은 좌우의 이데올로기 대립, 외세의 압력으로 분단이 되었지만, 같은 민족이니까 조만간 통일이 될 것이라고 생각했습니다. 그런데 전쟁이 끝나면 누구나 다 알고 있는 거죠. '조만간 통일은 이루어질 수 없겠구나.'

통일이 아니라 분단국가가 장기 지속될 때 전쟁과정에서 중간파가 지향했던 가치인 같은 '민족'이라는 사실보다 좌우가 주장했던 '국가' 이데올로기, 즉 대한민국과 조선민주주의인민공화국 중 어느 편인가가 더 중요해집니다. "너는 어느 편이냐?"라는 질문에 우물쭈물하거나 "저는 어느 편도 아닙니다. 그냥 다 잘 지냈으면 좋겠습니다."라고 대답했다가는 빨갱이, 반동으로 몰리기 십상이예요. 실제로 국회의원 중에 이런 경우가 있었습니다. 북한에서 서울점령작전을 펴기 위해 사람들이 내려왔는데 예전부터 알던 사람인 거죠. 그래서 자기 딴에는 사태를 수습하기 위해 노력합니다. "너희가 왜 내려왔는지 모르겠지만 전쟁이라는 방식으로는 절대 안 된다. 내가 영향력 있는 사람들을 모아 회의를 주선할 테니 평화적으로 문제를 해결해보자." 중간파적인 발상이죠. 그런데 결국 이 사람이 빨갱이로 몰립니다. 국회의원이면 면책특권이 있지만, 인정되지 않습니다. 남북에 분단정권이 수립되었지만, 전쟁전에는 중간파가 존재하면서 좌우의 극단적인 대립과 갈등을 막았습니다. 그런데 전쟁과정에서 중간파가 궤멸되고, 남북의 사상지형이 극좌와

극우 중심으로 재편됩니다. 남북의 정권은 전쟁과정을 통해 물리력을 확보하고, 반대파를 제거하면서 자신의 국민을 확정해나갔습니다. 이것을 '희생양의 정치'라고 합니다. 국가가 국민을 통합하기 위해서는 복지 정책과 사회통합 정책 등을 하나하나 추진하여 국가의 기반을 잡아나가야 합니다. 그러나 대한민국과 조선민주주의인민공화국은 미완성이자 불안정한 국가였기 때문에 국가를 통합하고 권력을 강화해 나가는 방식이 반대파를 빨갱이 혹은 반동으로 몰아서 제거하는 방식이 될 수밖에 없었던 것입니다.

전쟁의 국제적인 영향으로는 앞서 냉전의 심화를 얘기했었는데요. 또 한 가지 주목해야 것이 동아시아 무대에서 신생 사회주의 중국의 등장을 얘기할 수 있을 것 같습니다. 청일전쟁에서 패배한 이후에 중국은 동아시아에 대한 영향력을 완전히 상실했는데요. 6.25전쟁이야말로 '중국의 귀환'이라고 부를만한 사건입니다. 중국이 전쟁 참전을 통해 동아시아에 영향력을 행사할 수 있는 또 다른 축으로써 등장했고, 조중 연합군을 대표하여 유엔군을 대표한 미국과 협상을 주도합니다. 6.25전쟁은 중소갈등이 배태되는 출발점이자, 동아시아에서 소련이 유럽에서 만큼 절대적인 힘을 가지지 못하게 되는 결정적인 계기가 됩니다.

전쟁의 국제적인 영향으로서 다음으로는 일본의 부활을 들 수 있습니다. 제2차 세계대전 후 미국의 세계정책은 중국을 강화하고 전범 일본을 무력화시키는 것이었습니다. 그런데 베를린 장벽이 생기고, 중국이 사회주의화되면서 일본의 부활에 대한 논의가 전면에 등장합니다. 동아시아에서 미국의 이익을 지킬 수 있는 중심축이 필요하다는 것이죠. 일본을 중심으로 아시아 지역을 통합해서 공산주의를 막자. 처음에는 반대론이 강했지만, 6.25전쟁을 거치면서 일본 외에는 대안이 없다는 쪽으로 결론이 납니다.

1951년 샌프란시스코 강화조약은 제2차 세계대전의 전후처리를 문제를 다루는 조약이었는데요. 여기서 사회주의 국가들의 맹렬한 반대에도 불구하고, 미국은 일본의 전쟁 배상 책임을 삭감해주고 일본을 자본주의 동맹국의 일원으로 수용하겠다는 의사표명을 합니다. 일본 중심의 지역 통합, 반공산주의 방어선 구축을 위해 전범에게 면죄부를 준 것이지요. 일본이 지금까지도 제2차 세계대전에 대한 반성을 하지 않고 과거의 역사에 대해 성찰을 하지 않게 된 배경은 바로 한국에서 일어난 전쟁으로 인한 정치적인 복권과 경제적인 부흥이라고 하는 일련의 과정이 있었기 때문입니다.

제2차 세계대전 후 일본은 극심한 불황에 시달립니다. 제국을 호령하다가 주변국에서 들어오던 모든 물자가 차단되면서 엄청난 경제위기를 겪는데요. '닷지라인'이라고 하는 초긴축정책에도 불구하고 사태가 수습될 기미가 보이지 않습니다. 6.25전쟁기 군수물자가 일본에서 옵니다. 유럽에서, 미국에서 물자를 조달하려면 수송비가 엄청나기 때문이죠. 단지 정치적으로 복원되는 것뿐만 아니라 경제적인 부흥의 기초가 이때 만들어지는 것입니다. 일본이 1960~70년대 초고속 성장을 하게 되는 계기는 바로 한국에서 일어난 전쟁으로부터 왔다고 해도 과언이 아닙니다. 그런 의미에서 전 일본총리 요시다 시게루(吉田茂)는 6.25전쟁을 "신이 내린 선물"이라고 얘기합니다.

또한 전 세계적으로 보면 평화 시스템이 정착되지 않고 미국을 중심으로 끊임없이 전쟁 시스템이 작동하는 방식이 6.25전쟁에서 마련되었다고 봐도 과언이 아닐 것 같습니다. 미국은 1920~30년대 경제적 급성장을 이루고, 제1차 세계대전, 제2차 세계대전에서 군수물자를 수출하면서 전세계 최고의 경제력을 가지게 됩니다. 그러나 세계대전이 끝나면서 군산복합체를 해체하고 전쟁체제를 평시체제로 전환해야 하는 문제에 직면합니다. 그러나 6.25전쟁을 계기로 평시체제 전환이 유보되고, 군산복합체가 다시 성장의 발판을 마련합니다. 6.25전쟁에서 보듯 전쟁은 언제 어느 곳에서 발발할지 모르고, 약소국들은 미국의 도움을 필요로 한다고 생각하기 때문입니다.

전쟁기의 민간인 학살과 종북프레임

전쟁을 거치면서 남과 북은 상대방에 대한 적대의식을 강화합니다. 전쟁 경험은 이러한 적대감을 내면화하는 현실적인 근거로 작용합니다. 전쟁기 국가는 국민을 양민/비양민으로 구분하고 광범위한 학살을 자행했습니다. 군인은 서로 총부리를 대고 싸울 수 있지만, 전쟁기라고 하더라도 민간인은 죽이면 안됩니다. 제2차 세계대전을 거치면서 민간인들이 너무나 많이 희생된 데 대한 반성으로서 제네바협정에서 국제적인 합의를 이룬 내용이지요. 그런데 6.25전쟁기에는 광범위한 민간인학살이 있었습니다.

그런데 우리는 그동안 그것을 '민간인학살'이라고 부르지 않고 '양민학살'이라고 불렀습니다. 양민학살이라는 용어에는 이데올로기가 숨어 있습니다. 양민(良民)은 선량한 사람들이라는 뜻입니다. 양민의 반대말은 선량하지 않은 사람들이 되겠죠. 문제가 되는 건 선량한 국민들, 무고한 국민들이 죽은 것일 뿐, 선량하지 않는 사람들, 즉 빨갱이는 죽여도 된다는 이데올로기가 '양민학살'이라는 말 안에 숨어 있는 것입니다.

심지어 희생당한 사람들조차도 이 이데올로기 안에 숨으려고 합니다. 설사 죽은 내 아내와 자식이 좌익였다고 하더라도, 나는 당당하게 "내 자식은 좌익이었는데 무고하게 희생당하였소." 이렇게 얘기하지 않습니다. "내 자식은 빨갱이가 아니었소.", "내 아내는 순진한 아낙네였소." '양민'이었다는 것입니다, 그럼에도 불구하고 학살되었다는 점을 수 십 번 강조합니다. 양민이데올로기 안에 모두 숨어 있습니다. 왜 그럴까요? 한국사회가 반공이라고 하는 프레임 속에 국민들을 모두 가두었기 때문입니다. 거기서 벗어나고자 하는 사람들은 빨갱이로 다시 지목되기 때문입니다.

제가 노근리민간인학살, 거창민간인학살, 제주4.3민간인학살 현장을 모두 가보았는데요. 거창유족회 분들은 지속적으로 신원활동을 하는 과정에서 그 틀에서 벗어나고 있었습니다. 다른 지역에서 민간인 학살을 당하셨던 분들은 아직도 정부와 우익세력에 대해서 증오심이 강합니다. 그런데 거창유족회 분들은 그렇지 않았습니다. 이것은 전쟁국가의 구조적인 문제이기 때문에 그것을 굳이 경찰의 책임, 누구 개인의 책임이라고 할 수 없다, 이것은 우리 모두의 비극이다. 이렇게 접근할 줄 아는 굉장히 성숙한 자세를 가지고 있습니다. 그런 의미에서 6.25전쟁을 우리가 다시 되짚어 보고, 전쟁의 상처를 들여다보며, 전쟁의 상처를 극복한다는 것은 굉장히 중요한 문제인 것 같습니다.

예전에는 국회의원에 출마하면 정책, 정강 같은 것이 필요 없었습니다. 상대방 출마자의 사돈의 팔촌이 빨갱이라고 하면 상황이 종료되곤 했습니다. 그래서 저는 노무현 대통령의 장인이 빨치산 출신인 것이 밝혀졌을 때 게임이 끝났다고 생각했습니다. 아무리 대통령이라지만 이것은 한국사회에서 넘어설 수 없는 벽이다. 그렇게 생각했었는데 노무현 대통령의 대응이 감동적이었습니다. "그렇습니다. 저의 장인은 빨치산이고, 아내는 빨치산의 딸입니다. 그러나 저는 아내를 버릴 수 없었습니다. 아내를 사랑하기 때문입니다." 노무현 대통령의 대응은 여성들의 절대적인 환호를 받았습니다. 반공프레임에 사랑의 프레임으로 대응한 것이지요. 저는 이 사건을 계기로 강고할 것 같던 반공이데올로기도 역사의 뒤안길로 사라질 줄 알았습니다.

그런데 요즘 반공이데올로기가 종북프레임으로 간판을 바꿔달고 등장했습니다. 무언가 비판적인 태도를 취하면 '종북'으로 몰아가는 사회분위기가 다시 등장하고 있습니다. 과연 우리가 어떻게 그 깊은 산을 넘어갈 것인가에 대해서 많은 고민이 필요할 것 같습니다. 없어진 것 같다가 어느새 등장하고, 없어진 거 같다가 바로 옆에 있고. 가끔 저는 수업 첫 시간에 학생들에게 테스트를 해봅니다. 강의를 하다가 갑자기 툭 던집니다. "잘 모르셨겠지만 저는 사회주의자입니다." 이렇게 얘기를 하면 갑자기 자던 학생들도 벌떡 일어나서 쳐다봅니다. 그리고 제 얘기를 아무런 잣대 없이 듣던 학생들도 '저 선생이 혹시 종북이 아닐까' 의심스러운 시선으로 봅니다. 짧은 시간이긴 하지만 시선의 급격한 변화가 느껴집니다. "놀랐죠? 농담이예요." 그러면 학생들의 표정에 안도감이 몰려옵니다. 아직 우리 안에는 헌법에서 보장하는 사상의 자유보다 검열의 벽이 우선한다는 사실을 극명하게 보여주는 사건인 셈입니다. 전쟁트라우마가 무서운 이유는 본인 뿐 아니라 이렇게 후대에게까지 적대감과 경계심, 반공 프레임이 전승된다는데 있을 것입니다.

고지전이라는 영화 마지막 장면이 인상적인데요. 병사 중에 '전선의 달밤'이라는 노래를 기가 막히게 잘 부르는 소년이 있었습니다. 어머니를 그리는 마음, 고향에 대한 향수. 심금을 울리는 그 소년의 노래는 전선의 국군뿐 아니라 인민군에게도 큰 위로가 되었습니다. 애록고지를 차지하기 위한 최후의 전면전이 시작되기 직전, 적막을 뚫고 남북의 병사들이 이 노래를 함께 부릅니다. 이 노래가 끝나면 서로 죽고 죽여야 한다는 사실을 병사들은 서로 너무나 잘 알고 있습니다. 우리가 원한 전쟁이 아니지만, 국가가 만들어낸 프레임에 갇혀있기 때문에 우리는 어쩔 수 없다는 걸 압니다. 하지만 우리는 어머니를 그리는 마음, 고향에 대한 향수, 서로의 처지에 대해 공감합니다. 그 마음으로 함께 노래를 부르는 것입니다. 노래가 끝나는 즉시 아주 처절한 전투가 이어지고 수많은 사람들이 죽어갑니다. 그것이 바로 우리의 모습이 아닐까, 우리가 원하든 원하지 않든 우리가 갇혀 있는 프레임에서 우리는 과연 벗어날 수 있을까, 우리가 그 프레임에서 벗어나기 위해서 무엇을 해야 할까 고민할 시점이 왔다고 생각을 합니다.

어떻게 전쟁을 극복하고 통일할 것인가?

과연 전쟁이 우리에게 남긴 교훈은 무엇일까요? 저는 전쟁이야말로 한반도가 절대 전쟁이라는 방식으로는 통일될 수 없다는 것을 역설적으로 보여주었다는 생각이 듭니다. 한반도에서 전쟁이 일어나자 남북뿐만 아니라 주변 강대국들이 즉각적으로 개입했습니다. 아무도 한반도의 전략적 가치를 포기하려고 하지 않았던 것이지요. 그렇다면 통일의 방법은 하나, 평화적인 방식밖에 없습니다. 많은 학생이 저한테 "통일이란 선입니까?"라고 물어보는데 저는 "통일=선"은 아니라고 생각합니다. 먹고 먹히는 방식으로, 혹은 한쪽의 체제를 한쪽으로 이식하는 방식으로는 서로가 불행해질 것이라고 생각합니다.

통일이 21세기 한반도의 미래비전으로 작동하기 위해서는 우리 모두에게 행복을 주는 통일, 남과 북이 가지고 있는 사회구조적인 문제점을 수정해나가는 통일이 되어야 한다고 생각합니다. 저는 국제학술대회에서 북한학자들을 만날 기회가 있었고, 탈북자들과도 모임을 갖고 있는데요. 오랜시간 떨어져 살아왔는데도 '우리가 참 똑같구나!' 이런 생각을 할 때도 있지만, 어떤 때는 '사고방식도, 정서도 정말 다르구나.' 이렇게 생각할 때도 있습니다.

저는 사회문화적인 교류가 활성화되고, 경제적인 교류가 활성화되어서 이제 우리가 다르지 않다고 생각될 때, 그때 정치경제적으로, 제도적으로 통일을 선언하면 좋지 않을까 하는 생각을 합니다. 통일이 충격적인 선언이나 사건이 아니라 일상 속에서 어느 날 문득 왔으면 좋겠다는 생각을 하는 것이죠. 그리고 그 과정에서 우리가 가진 상처에 대한 성찰이 많이 이루어졌으면 좋겠다고 생각합니다. 전쟁이 남긴 트라우마와 상처받은 사람들의 삶 자체를 고스란히 이해하는 것이 우리가 통일을 만들어가는 과정에서 해야 할 일이 아닐까 하는 생각이 듭니다.

제가 전쟁이 참혹한 이유가 전쟁이 전선에 그치지 않고, 마을로 들어가 동족상잔의 참극을 만들어낸 것이라고 말씀드렸는데요. 전쟁 전의 원한과 갈등이 전쟁기에 폭발되기에 이릅니다. 그 첫 단추는 어느 지역이나 국민보도연맹사건이 시작이예요.

[사진5] 대전 산내 정치범 국민보도연맹원 학살 사건

전쟁 전에 좌익경력이 있던 사람들을 국민보도연맹에 가입시켜 관리하다가 전쟁이 나니까 이 사람들이 북한에 동조할 가능성이 있다고 판단하고 다 학살해버린 것입니다. 인민군이 남하했을 때 각 마을에서는 보도연맹원들의 가족들이 보도연맹원 학살에 가담했던 경찰과 우익을 다시 학살하는 참극이 일어납니다. 국군이 그 지역을 재점령하면 다시 경찰과 우익을 학살했던 좌익을 몰살시켜 버립니다. 학살의 악순환인 것이지요.

그런 일을 겪고 난 사람들은 같은 마을에서 살 수가 없습니다. 특히 같은 문중 사람들 사이에 학살이 있었다면 그 증오감이라고 하는 것은 무시무시한 수준입니다. 그래서 전쟁이 끝나고 마을을 떠나는 사람들이 많습니다. 좌익이라고 지목받아 살 수 없고, 증오감 때문에 살 수가 없는 것이지요. 그 상처라고 하는 것은 우리가 상상을 하는 것 이상으로 크다는 생각을 합니다. 많은 사람들은 한국인들이 굉장히 평화적인 사람들이라고 생각하는데 저는 동의할 수 없습니다. 오히려 굉장히 뜨거운 사람들이기 때문에 어떤 문제가 발생을 했을 때 그 열기가 대단 했다는 생각이 듭니다. 아직도 진실규명을 기다리는 학살현장들이 있습니다. 철저한 진상규명이 있어야 할 것이고, 전쟁과정에서 벌어진 국가의 구조적인 폭력과 동원, 반공이데올로기 및 양민이데올로기에 대한 반성이 있어야 할 것입니다. 그리고 그 폭력과 동원, 이데올로기 작동 과정에 휘말린 우리의 모습에 대한 성찰도 뒤따라야 할 것입니다. 마지막으로는 그 모든 것이 우리의 아픈 역사라는 의식을 가지고 부정적인 유산이라고 하더라도 후대에게 알려서 기억하게 하는 과제가 우리에게 남아있다고 생각합니다.

국가폭력이
자행된 사회에서
정의란 무엇인가?

/ 이재승 /

국가폭력이 자행된 사회에서
정의란 무엇인가?

이재승
건국대학교 법학전문대학원 교수

저는 건국대학교 법학전문대학원에서 법철학과 인권법 등을 가르치고 있습니다. 올해 저는 국내안식년을 보내고 있는데 과거청산 주제와 관련하여 몇 차례 토론회에도 참여하고 대중강연도 했습니다. 올해에는 역사왜곡과 증오적 표현을 주제로 삼은 경우가 많았습니다. 이제 지구도 점점 뜨거워지고 사람들의 적대감도 우려스럽게 달아 오르고 있는 것 같습니다. 제 이야기는 〈국가범죄(앨피, 2010)〉의 연장선에서 진행해 보겠습니다. 이 강좌 시리즈의 주제인 '트라우마'는 제 전공의 범위를 넘어갑니다. 저는 트라우마와 국가폭력을 연계해서 고민해보기는 했지만 국가폭력 피해자, 예컨대 고문피해자의 트라우마를 치유하는 방법이 과연 존재하는지 의문을 가질 때가 많습니다.(장 아메리, 죄와 속죄의 저편, 길, 2012). 비관적인 말씀이지만, 피해자 개인이 인권침해에 관한 사실을 완전히 망각하는 방법(기억제거기계)을 제외하고는 개인적 차원의 치료법은 없지 않을까 생각합니다. 다른 한편 객관적으로 정의가 완전하게 구현된다면 트라우마가 치유될 가능성이 높아지지 않을까 하고 기대도 해봅니다. 물론 이 경우에도 치유되지 않을 공산이 큽니다. 그러나 국가폭력을 야기한 기존구조를 그대로 두고서 개인적 치유를 강조하는 태도는 인간정신의 완전성과 복잡성을 외면하고 정의실현을 회피하는 것입니다. 근본적으로 정의의 실현이 선행되어야 하고 트라우마의 치유나 화해는 그 바탕 위에서 시도할 수 있지 않을까 생각합니다. 요즘 사소한 가십거리조차도 호들갑스럽게 트라우마나 힐링을 언급할 정도로 트라우마나 힐링은 유행어가 되었습니다. 어찌되었던 정신은 심각한 인권침해로 인하여 찌그러져 있다면 그렇게 쉽게 회복되지 않을 것 같습니다. 찌그러진 것 그 자체를 펴기보다는 찌그러지게 했던 객관적 폭력의 구조를 편다면 정신도 회복되지 않을까 생각합니다.

이행기 정의

제 주제는 국가폭력과 정의입니다. 그러니까 정의라고 말했을 때 저는 이행기정의(移行期正義), 영어로transitional justice라는 말을 씁니다. 이제 transition이라고 하면 어떤 체제가 다른 체제로 넘어간다거나 바뀐다는 것을 의미합니다. 학생시절에 경제사학자들의 책에서 봉건제에서 자본제로 사회구성체의 이행이라는 말을 보았는데, 여기서는 독재에서 민주사회로의 이행을 의미합니다. 이행기정의는 결국 독재체제가 민주사회로 전환되면서 과거의 국가폭력의 피해와 유산을 정의의 관점에서 개편하고 시정하는 과정입니다. 피해자의 권리를 회복하고 헌법적인 원칙을 재정립하는 과제를 안고 있습니다. 이를 포괄해서 transitional justice라고 합니다. 우리의 과거청산법제는 과거독재정권을 기만적 완곡어법으로 '권위주의정부'라고 표현합니다. 지금 정부는 어떤가요? 그러한 정부가 아닙니까?

이행기 정의에서 책임자처벌, 피해배상, 구조개혁의 문제가 중요한 과제입니다. 우리사회에서 인권침해를 낳았던 제도들을 혁파하는 것이 가장 중요한 과제입니다. 마지막에 화해를 '양념으로' 넣었습니다. 화해가 중요한 과제이기는 분명하지만 아무래도 현 시점은 화해를 논의하기 적합한 국면이 아니라고 봅니다. 다시 옛날의 통치방식으로 돌아가고 있으니까. 이걸 어떻게 차단하고 멈추게 할 것인지가 더 큰 관심사라고 생각합니다. 심각한 인권침해, 총체적 인권침해를 국가범죄라고 부릅니다. 이 모든 상황을 함축하는 용어는 이것밖에 없겠다고 생각합니다. 물론 사회과학자들은 일상적으로 국가폭력이라는 말을 쓰는 것 같은데, 저는 국가의 폭력적이고 범죄적 특성을 주목하기 위해 국가범죄라는 개념을 한정적으로 씁니다.

국가범죄

이제 개념을 제 방식대로 정리하면, 국가범죄는 '정치, 종교, 인종, 민족, 세계관 여타 이유로 특정한 부류의 성원을 적이나 쓰레기로 분류하고 살육하고 박해하는 행위'입니다. 우리 현대사의 국가범죄에서 정치적인 이유가 크게 작용을 했을 것입니다. 공권력이 주로 정치적 동기에 기해 시민을 학살한 경우가 많았으니까요. 한국에서 자행된 집단살해는 인종적인 집단에 대한 공격으로서 제노사이드가 아닙니다. 그래서 보통 'politicide'라는 용어를 사용하기도 합니다. '정치적 집단살해'로 옮길 수 있습니다. 이데올로기적인 또 세계관상의 이유로 사람을 죽인다는 의미입니다. 국가범죄의 예로 집단살해뿐만 아니라 정치적 살인과 강제실종을 들 수 있습니다. 강제실종은 남미 군사정권 아래서 운동권에 대해 자행되었는데, 우리나라에서는 의문사 사건이 강제실종(forced disappearance)에 해당합니다. 그리고 고문, 폭력, 가혹행위 또 강간, 성노예, 강요된 매춘, 위안소가 국가범죄에 해당합니다. 그리고 강제임신(forced impregnation). 강제임신은 뭔가 궁금하시죠? 사실은 성폭력의 한 방식인데 구유고의 공산주의 정권이 붕괴되고 민족갈등이 극심해져 전쟁상태에 빠지게 되었지요. 그런데 일부 세력이 다른 민족의 여성들을 임신할 때까지 수용해서 강간을 하는 겁니다. 그렇게 되면 이슬람교의 교리상 이슬람교도인 여성은 아이의 아버지의 종교(기독교)를 수용하도록 되어 있습니다. 개종(改宗)과 민족구성비의 변화를 의도한 만행이니 아주 끔찍합니다. 그 다음은 재산강탈입니다. 최근 정수장학회 문제도 불거져 나왔지요. 그밖에 문명화를 이유로 백인들이 자행한 호주원주민 아동의 격리, 이른바 빼앗긴 세대의 문제도 국가범죄입니다.

이런 행태들이 어느 나라의 실정법에 비추어 보더라도 범죄라는 점은 자명합니다. 이러한 행태들을 원칙적으로 허용하는 나라라면 그건 법질서라고 할 수 없는 상태겠지요. 그러니 이러한 행태들은 그 나라의 법을 위반하는 것이기도 하고, 국제법상의 범죄이기도 합니다. 그러나 범죄자들과 그 정부는 그럴듯한 명분으로 사태를 호도하거나 정당화하거나 두둔하면서 처벌을 회피하고 책임이행을 거부합니다. 국제법상의 범죄라는 말에는 특수한 의미가 있습니다. 대부분의 문명국가들이 사기죄를 처벌하는 것은 틀림없겠지만 그렇다고 사기죄를 국제법상의 범죄라고 하지는 않습니다. 아주 중대한 인권침해의 행위로써, 예를 들면 국제재판소가 관할할 정도에 이르는 전쟁범죄와 인도에 반한 죄를 국제법상 범죄(crimes under international law)라고 합니다. 세계인권선언이나 국제규범에서도 등장하는 용어입니다. 대체로 국가범죄는 동시에 국제법상의 범죄에 해당할 것입니다.

범죄의 주체

국가범죄는 누가 자행하는가? 국가범죄라고 하면 국가가 행위를 한다고 해야 하는데 사실 행위자로서 국가라는 것은 존재하지 않습니다. 행위자로서의 국가는 구체적으로 자연인들, 실행자로 개인들의 행위를 필요로 합니다. 박유하 선생은 〈제국의 위안부(뿌리와 이파리, 2013)〉에서 성노예범죄의 말단에서 행동한 조선인 업자를 범죄의 주된 책임자로 강조했습니다. 위안부문제를 업자의 범죄라 규정하고 위안부모집을 지시하고 위안소를 설치한 일본제국의 권력자들, 일본군 사령부, 군지휘관들을 주변적인 배경으로 밀쳐버렸습니다. 그러나 군대(사령관)가 위안부모집을 지시하고 군대(부대장)가 위안소를 직접 설치하고 관리했으며, 업자나 업주는 이들에게 종속되어 협력했던 것입니다. 그 범죄는 일본제국의 권력자들의 결정과 지시에 입각해서 이루어졌기 때문에 일본의 국가범죄임에 틀림없습니다. 동시에 국제법상으로 전쟁범죄나 인도에 반한 죄에 해당합니다.

국가범죄의 주체는 우선 국가 공권력입니다. 군대, 정보기구, 경찰, 공무원, 판사 등을 예로 들 수 있습니다. 판사가 나오니까 좀 이상하죠. 그러나 판사는 점잖게 국가범죄를 자행합니다. 이 문제는 뒤에서 이야기하겠습니다. 그 다음 다양한 관변조직들입니다. 공식 국가기구가 아니더라도 관변조직들이 국가범죄를 저지릅니다. 자경단도 관변조직이라고 할 수 있겠죠. 한국전쟁에서는 치안대, 나치의 방계조직들, 미국남부에서 흑인에게 테러를 가했던 KKK단이 여기에 해당합니다. 인종주의, 인종차별주의 문화 안에서 미국의 공권력이 KKK단의 행위를 방치해버렸다는 사실이 국가범죄입니다. 국가 공권력이 직접 가담 했느냐 안했느냐는 중요하지 않습니다.

블랙리스트는 여러 가지 생각을 갖게 합니다. '이런 사람은 취업시켜선 안 된다'는 블랙리스트를 경찰이나 연관된 조직이 만들어서 노조운동에 참여한 사람에게 취업기회를 박탈합니다. 기업은 블랙리스트를 그대로 수용합니다. 파시스트적 거버넌스가 작동합니다. 이것도 국가행위의 일부이고, 국가책임사항입니다. 나치체제 아래서 독일기업의 유대인 강제노동도 사기업이 하는 것처럼 보이지만 국가 공권력과 연계되어서 이루어졌습니다. 또 사사로운 개인이 국가범죄의 주체로 나선 대표적인 사건이 관동대지진때 조선인 집단살해입니다. 실제로 유언비어에 놀아난 일본인들이 조선인들을 학살하였습니다. 그러나 유언비어를 퍼뜨린 주체가 경찰이고, 경찰이 지속적으로 학살을 부추겼다는 정황들도 아울러 밝혀졌습니다.

이것이 모두 국가범죄의 주체들입니다. 어쨌든 앞서 말했던 업자도 독립된 개인이 아닙니다. 국가의 전체 동원구조의 일부인 것이지요. 그래서 국가범죄라는 큰 틀에서 사태를 규정해야 합니다. 대체로 책을 보면 'state crimes'뿐만 아니라 'state-sponsored crimes'(국가가 후원하는 범죄)라는 말도 많이 씁니다. 국가가 전면에 나서는 경우도 있지만 숨어있는 경우도 있습니다. 정부정책에 적극적으로 동조하는 그와 같은 파시스트적인 폭력조직들을 동원해서 이런 범죄를 자행하도록 합니다.

이러한 범죄행위가 저질러졌을 때 바로 책임을 추궁할 수 있다면 그 나라는 법치국가라고 할 수 있겠죠. 법치국가에서 공권력은 국가범죄를 저지르지도 않을 것이고, 혹시 누군가 자행한다고 해도 엄정하게 단죄할 것이라고 봅니다. 그런데 현실적으로 자행된 국가범죄에 대해서는 제재나 배상이 실효적으로 이루어지지 않습니다. 국가범죄가 자행된 곳에서는 대체로 불처벌(impunity)의 관행이 확립되어 있기 때문입니다. 물론 국제사회는 이러한 범죄를 처벌하는 논리를 발전시켜왔습니다. 과거에는 국제법에서 개인의 형사책임을 추궁하지 않았습니다. 불법행위에 대해서 정부에 배상책임을 지운다든지 그 정도였는데, 어쨌든

2차대전을 겪으면서 이제 국제법상 범죄를 저지르는 개인은 처벌된다는 원칙이 확립되었습니다. 개인의 형사책임 이외에도 가해국가가 피해자 또는 피해국가한테 배상책임을 지는 것이 국가책임법입니다. 이게 민법 상 손해배상의 법리가 국제사회에서도 통용된다고 이해하시면 됩니다. 중요한 것은 국제법에서는 형사책임에 대한 공소시효나 배상책임에 대한 소멸시효가 없다는 점입니다. 국제법상의 책임을 제대로 이행하지 않으면 그 문제는 계속 외교적 현안으로 남게 됩니다. 그냥 시간 지나간 다고 넘어갈 수 있는 게 아닙니다. 이러한 논리는 한 국가 안에서 국가와 시민 사이에서도 적용됩니다.

과거청산의 유형

이제부터는 과거청산의 유형을 검토해보겠습니다. 처음에 이행기정 의를 언급했습니다. 세계 도처에서 1980년 후반부터 독재정부가 도미노 처럼 무너져 내립니다. 남미의 군정이 줄줄이 무너지고, 대한민국도 어쨌든 군부독재, 군사주의가 물러나면서 변화가 생겨납니다. 우선 전 쟁범죄청산 형태입니다. 독일, 일본이 과거에 대표적이었다면 구 유고 나 르완다는 최근의 사례입니다. 한국에서도 국민보도연맹학살사건에 대한 배상판결 등은 전쟁범죄의 청산사례라고 볼 수 있습니다. 그 다음 군부독재청산 형태입니다. 남미 같은 경우에 엄청난 인권침해사건들이 있었습니다. 한국도 비슷합니다. 5·16 쿠데타후 특수범죄처벌법에 의 해 처형된 사람들, 유신 때 인혁당 피해자들, 긴급조치 피해자들이 최근 에 재심을 통해 무죄가 되었습니다.

다음으로 공산독재청산입니다. 동구권 공산주의가 무너진 다음에 헝 가리, 폴란드, 체코, 동독, 리투아니아 등지에서 과거의 국가폭력을 청산 하였습니다. 그리고 폴포트 정권의 만행을 청산하는 크메르의 킬링필드 법정도 이러한 사례라고 해야 되겠지요. 우리도 통일이 되면 이러한 시각에서 과거청산이 다시 부각될 가능성이 높습니다.

그리고 인종주의청산은 대체로 식민주의청산과도 연결됩니다. 서유럽국가들이나 근대화된 국가들이 제3세계에 침략하여 원주민들을 하층민화시키는 과정에서 인종주의와 식민주의를 심화시켰습니다. 남아공, 미국, 호주, 캐나다에서도 동일한 사태가 발생했습니다. 한편 '인종청소'라는 제노사이드는 사회주의 체제가 붕괴된 이후에 동구권에서 또 다시 자행되었습니다. 르완다에서도 90년대에 이러한 야만이 자행되었습니다. 한일 간에도 식민지배책임과 관련해서 미해결된 문제들이 산적해 있습니다. 이렇게 과거청산은 19세기, 20세기에 저질러진 온갖 형태의 독재, 범죄적인 체제들이 붕괴되면서 생겨나는 문제상황입니다.

5대 과제

과거청산의 과제를 보통 5가지 정도 얘기합니다. 진실규명, 책임자처벌, 피해배상, 정신적 혁신, 제도개혁으로 요약할 수 있습니다. 이러한 과제에 비추어 현재까지 성취한 것과 성취하지 못한 것을 진단할 수 있습니다.

출발점은 무엇보다도 진실규명입니다. 진실에 관한 권리(right to the truth)는 포기할 수 없는 피해자들의 권리이고, 국민의 권리입니다. 국민이 그 진실을 기억해야 할 의무가 있고, 이 의무는 과거청산의 중요한 동력이 됩니다. 이 진실에 대한 권리는 시효에 걸리지 않는다고 불처벌투쟁원칙(2005. 유엔총회채택)이 말하고 있습니다.

이제 진실에 기초해서 책임자를 처벌하고 피해자에게 배상하는 것이 또 다른 두 가지 과제입니다. 만약에 이러한 요구사항이 받아들여진다면 상당히 고강도의 정의가 실현된 것입니다. 아마도 근저로부터 정권

교체가 이루어진 사회에서나 가능한 모습입니다. 또 한편으로는 완전하게 바뀐 사회라면 굳이 가해자를 처벌해야 할까라는 의문이 생겨나기도 합니다. 헤게모니가 교체되었는데 그렇게까지 할 필요가 있는가라는 물음이지요. 그와 같이 교체되는 경우는 특별한 예이고 대부분 아슬아슬하게, 가까스로, 타협적으로, 완만하게 교체됩니다. 우리의 상황은 이 경우에 해당합니다. 이런 경우에는 책임과 처벌을 요구함으로써 정의를 점진적으로 구현해야 합니다. 그런데 권력구조와 바탕은 과거와 연속성을 가지고 있기 때문에 도처에서 저항도 계속됩니다. 그래서 인권침해의 책임을 엄밀하게 추궁하기 보다는 온갖 논리로 책임을 회피하며 대체로 피해배상의 형태로 어중간하게 나가게 됩니다.

과거청산의 논의는 대체로 여기서 끝나고 맙니다. 중요한 것은 다시는 그러한 심각한 인권침해가 일어나지 않아야 하는 것이지요. 다시 안 일어나게 하려면 뭐가 필요하겠습니까? 지금까지 그렇게 피해를 야기했던 억압적인 관행과 제도들, 일제시대 때부터 물려받은 그 관행을 포함해서, 미군이 가져온 전시관행들, 냉전체제하에서 양산된 억압적이고 대결적인 관행들, 악법들을 청산해야 하는 거죠. 예를 들어서 국가보안법 같은 것입니다. 간첩 잡는다고 하지만 우리 형법에 간첩죄가 엄연히 있는데, 사실 간첩을 잡는 게 아니라 어쨌든 헤게모니 세력에게 뭔가 불편한 정치적 집단을 간첩으로 만들기 위한 것이 국가보안법 아니겠습니까, 그러니까 이런 악법들을 청산하고 개혁하는 문제가 가장 중요하지요.

거리에 나가면 걸핏하면 적과 동지로 나누어 상대를 '적결(剔抉)'하자는 플래카드를 봅니다. 척결. 끔찍하죠. 살을 도려내고 뼈를 발라내어 죽이겠다는 것을 의미합니다. 타자에 대한 이러한 살기등등한 태도와 의식을 청산해야 합니다. 저는 이런 사고방식을 포괄적으로 학살이데올로기라고 부릅니다. 상대를 빨갱이로, 종북으로 규정하고, 적은 죽여도 된다는 논리로서 학살과 인권침해를 정당화하고 실제로 그러한 만행을 애국적 행동이라고 죽을 때까지 우기지요. 그래서 이런 이데올로기나 세계관을 바꾸지 않으면 안 되는데 우리는 여기까지 나아가지 못하고 있습니다. 물론 김영삼 정부 아래서 전두환, 노태우를 처벌했어요. 그들이 워낙 심각한 범죄를 자행했고, 또 광주희생자들이 강하게 나오니까 처벌을 우회할 수 없었지요. 그런데 솜방망이 처벌로 끝났습니다. 그후 김대중, 노무현 정부 아래서 여러 위원회를 발족시켰습니다. 나름대로 명예회복과 피해배상을 추구하기 위한 목적에서 시작했습니다. 어쨌든 그 동안에 진행된 것만으로도 높이 평가하겠습니다. 보수정권이 들어선 후에는 그러한 작업이 중단되고 심지어 역전되기 시작했습니다. 어쨌든 과거청산을 재추진해야 하고 현재까지의 성과라도 확고하게 지켜야 합니다. 그런데 국가폭력의 청산을 주장하는 사람들이 계속 밀리고 있습니다. 악법이나 나쁜 제도를 혁파하는 것이 매우 중요한데 이것들이 청산되기는커녕 더 많은 구태들이 부활하고 사회적 통신망에서는 사찰이 일상화되고 심지어 최첨단의 기술적 편의가 시민들의 일상을 감시하는 도구로 전락하였습니다. 과거의 침해구조가 그대로 있는 지금 현재는 위태롭습니다.

경찰인권박물관

잠시 쉬어가면서 사진들을 보시지요. 여기는 이스라엘의 홀로코스트 기념관의 사진인데요.

[사진1] 예루살렘의 홀로코스트 희생자(Yad Vashem)

[사진2] 베르겐-벨젠 수용소의
안네와 마고 프랑크의 추모비

가스실에서 사람들의 시신이 포개어져 있는 것을 형상화한 것 같습니다(사진1). 여기는 독일 베르겐-벨젠에 있는 안네 프랑크의 추모비입니다(사진2). 거기에 10여 년전쯤 갔었는데 심난스러웠던 마음이 기억납니다. 이것은 남영동 대공분실 사진입니다(사진3/4). 지금은 경찰인권기념관으로 쓰이고 있습니다.

[사진4] 남영동 대공분실

[사진4] 남영동 대공분실
그는 남영동 대공분실 509호에서 1987년 1월
14일 고문으로 사망했다.

여기에 1987년 1월에 박종철씨가 물고문 받다가 사망하였고 그때 의사가 진실을 폭로했지요. 이 건물의 5층 정도를 보시면 창문이 창문이라고 할 수 없을 정도로 작고 비좁아 보입니다. 고문과 조사의 편의를 위해서, 투신자살을 방지하려는 의도가 반영되지 않았을까요. 그런데 이걸 누가 설계했는가. 한국현대건축사에 이름을 내놓을만한 인물입니다. 예술을 추구하는 사람이 고문시설인줄 알면서 그걸 설계했다니 놀랍지요. 이 분은 다행이 박종철 고문치사사건이 발생하기 전에 사망했습니다.

이제 진실을 규명할 의무, 앞서 이야기한 것처럼 진실을 알 권리 국민의 기억할 의무가 중요합니다. 진실을 규명하는 데 어떤 제도가 좋은지 논란이 되고 있습니다. 법정이 좋으냐 아니면 위원회가 좋으냐. 법정은 별로 유용한 포럼이 아니라고 봅니다. 법정은 항상 누군가를 처벌하려고 했을 때 굉장히 유용해요. 한편 청산에 대한 추상같은 의지를 갖고 있는 검사가 있다든지 했을 때 조금 돌아가는 거지요. 그렇지 않고서는 법정은 믿을 수가 없는 것이지요. 또 판사가 진실을 규명하려고 적극적으로 나서지 않으면 거의 소용없는 절차입니다. 진실 규명 의지가 결여된다면 형사사건에서는 무죄판결로, 국가배상사건에서는 원고패소판결이 나오겠지요. 사안에 대하여 심층적인 고증이나, 역사적 정치적 재평가가 불가피하기 때문에 법원보다는 위원회가 사태해결에 적합하다고 생각합니다. 그래서 우리나라에서도 많은 위원회들을 만들었죠. 아마 위원회들이 발간한 보고서 쪽수를 헤아려본다면 수 만 페이지에 이르지 않을까 생각합니다. 그중에 진실화해위원회가 가장 많은 자료를 생산했습니다. 저도 노무현 정부의 막바지에 1년정도 국방부과거사위원회에서 활동한 적이 있습니다. 군대, 보안사 등이 자행한 인권침해사건, 민주주의파괴사건에 대하여 조사활동을 하였습니다. 다루었던 사건 유형중에 재일교포 조작간첩사건이 있었는데, 그 피해자들은 최근에 재심절차를 통해 무죄판결을 받았습니다.

뉘른베르크 재판

제2차세계대전후 뉘른베르크 재판을 실시하고 나서 국제사회는 뉘른베르크 원칙을 채택하였습니다.

제1원칙: 국제법상의 범죄는 처벌한다. 제2원칙: 국내법을 이유로 국제법상의 책임을 면하지 못한다. 예컨대 국내법을 구실삼아 일본이 국제법상의 책임을 면하려는 시도를 자주하지요. 국내법은 국제책임의 해방구가 아닙니다. 제3원칙: 국가원수로서 또는 정부 관리로서의 행위도 국제법상의 책임을 면제해주지 않는다. 제4원칙: 정부나 상관의 명령을 따랐다고 해서 국제법상의 책임은 면제되지 않는다. 그리고 제5원칙: 국제법상의 범죄자도 공정한 재판을 받을 권리가 있다. 제6원칙: 국제법상의 범죄는 평화에 반한 죄, 전쟁범죄, 인도에 반한 죄이다. 제7원칙: 이런 범죄에 관여한 공범들도 처벌된다. 이게 1950년 UN총회에서 채택됐습니다. 이제 뉘른베르크 법정을 결산하고 그 법리를 국제법적인 원칙으로 재확인하였습니다. 이 원칙이 후에 많은 국제군사법정에서 법리로 가동되었습니다.

본디 뉘른베르크 재판소의 법적 기초는 런던협정이었습니다. 미국, 소련, 영국, 프랑스 연합 4국은 공동으로 뉘른베르크 재판을 진행하였습니다. 국제군사법정은 '수괴급전범들Major war criminals' 22명을 재판하는 법정입니다. 이들에 대하여 1년기간 정도의 재판이 끝난 후에 연합국들이 독일을 4등분하여 통치하고 각 점령구역에서 진범들을 추가석으로 처벌합니다. 이를 후속재판subsequent proceedings'이라고 합니다. 이런 법정은 4년 정도 지속됩니다. 이 과정에서 냉전질서도 고착됩니다.

그 후속재판 중에서 가장 유명한 것이 미군이 진행한 소송입니다. 이것도 뉘른베르크에서 진행됩니다. 열두 종류의 직업군에 대하여 재판을 진행하였습니다. 군대, 법조인들, 돌격부대, 남동군단, 친위대, 공군,

최고사령부, 내각, 외무부, 그리고 이게파르벤(IG Farben), 플리크(Flick), 크룹(Krupp) 등 기업에 대해 재판이 열렸습니다. 이러한 기업은 유대인의 강제노동, 생물무기 생산과 관련을 가집니다. 의사소송은 어떤 이유에서 진행되었을까요? 생체실험과 관련있지요. 12개 소송에서 피고인 185명 중에 142명이 유죄판결을 받습니다. 내용들은 대개 생체실험, 집단살해, 포로학대, 유대인강제노동 등을 이유로 전쟁범죄와 인도에 관한 죄로 처벌되었습니다. 다른 연합국의 점령지역에서도 후속재판이 진행되었습니다.

전쟁범죄는 연합군통제위원회 법률 제10호에 명료하게 제시되어 있습니다. 제10호는 평화에 반한 죄(침략범죄), 전쟁범죄, 인도에 관한 죄 등을 규정하고 있습니다. 누가 전쟁범죄와 인도에 관한 죄를 구별해보시겠습니까? 사실 동일한 행위가 이루어진다고 하더라도 맥락의 문제거든요. 전쟁범죄는 전쟁 시에 이루어진다는 이야기인데 대개 그전까지 전쟁범죄는 적국의 군인이나 민간인에 대한 것이었습니다. 그런데 히틀러는 알다시피 뭘 했습니까. 적국의 주민을 상대로 전쟁범죄를 저지르기도 했지만, 자국의 유대인에 대해서도 범죄를 저지릅니다. 이것은 전쟁범죄의 개념으로 제대로 설명하기 어렵습니다. 그래서 인도에 반한 죄 개념이 나왔습니다. 인도에 반한 죄는 전쟁 상황을 전제하지 않아요. 전쟁이 벌어지지 않아도 처벌하는 거죠. 한국전쟁 때 군경이 국민보도연맹원을 살해하는 행위나 유신시대 때 운동권 청년을 잡아다 고문하고 처형하는 행위도 인도에 반한 죄라고 할 수 있습니다.

뉘른베르크 재판에서 극동군사재판소로 옮겨가보겠습니다. 일본과 일본의 과거점령지에서 여러 재판소가 설치되었습니다. 전체적으로 5,700명이 BC급으로 기소되었고, 984명이 (처음에는) 사형을, 475명이 종신형을, 2944명이 징역형을 선고받았으며, 1018명이 무죄판결을 받았고, 279명에 대해서는 재판이 중지되었습니다. 사형선고의 숫자는 네덜란드군사재판소 236, 영국군사재판소 223, 호주군사재판소 153, 중국군사재판소 149, 미국군사재판소 140, 프랑스군사재판소 26, 필리핀군사재판소 17인 등이었습니다. 그런데 일본을 상대로 한 재판은 뉘른베르크 재판보다 무질서하게 진행이 된 것 같아요. 이 재판에 맥아더가 전권을 행사했고, 또 일본을 미국의 영향권에 두려는 의도가 너무 강해서 일본의 전쟁범죄를 제대로 청산했다고 보기 어렵습니다. A급 전범은 풀려났는데 B, C급 전범은 처형되는 경우가 많았습니다. 여기서 A, B, C급 전범이라는 표현은 정확하지 않습니다. 그것은 기소죄목을 나타내는 기호입니다. A항(평화에 반한 죄), B항(전쟁범죄), C항(인도에 반한 죄)인 셈입니다. 이 재판이 도쿄에서만 있었던 것은 아니에요. 과거에 일본이 침략해 점령하던 지역에 여러 전범재판소가 만들어진 겁니다. 중국에서도 전범재판소가 만들어졌고요. 러시아의 하바롭스크에서도 전범재판소가 만들어졌고, 또 인도네시아에는 네덜란드 사람들이 전범재판소를 설치했습니다. 최근에 네덜란드에서 위안부와 관련해서 일본인 장교들이 처벌받았다는 자료들이 나오고 있습니다.

그 후에도 국제인도법의 발전이라고 볼 수 있는 상황이 있습니다. 90년대에 내전을 겪은 르완다와 구유고에 군사재판소가 설치되었습니다. 1998년에 국제형사재판소에 관한 로마 규정이 채택되고 2001년부터 국제형사재판소가 가동됐습니다. 이게 헤이그에 있는데 서울대학교 교수였던 송상현 선생이 소장으로서 직무를 수행하고 있습니다.

공소시효

이제 공소시효의 문제를 논의해 보겠습니다. 국제형법의 영역에서 국제법상의 범죄에 대하여 공소시효를 배제하는 것이 원칙입니다. 물론 이러한 국제법의 취지에 따라 국내법에서도 공소시효를 배제하려는 노력이 있었습니다. 국제적으로 시효를 배제하려는 과정을 소개해 보겠습니다. 제2차 세계대전 끝나자마자 바로 연합국은 뉘른베르크에 군사재판소를 설치하였기 때문에 시효문제는 여전히 현실적인 문제가 아니었습니다. 전쟁 후 바로 처벌을 시작했으니까요. 그런데 잠수를 탄 나치들을 이제 어떻게 하느냐 문제가 생각거지요. 시간은 자꾸 지나고. 이미 뉘른베르크 재판소는 해소되었습니다. 당시 독일 형법은 살인죄에 대하여 20년이 지나면 처벌할 수 없게 되어 있었지요. 그래서 잠수탄 나치들을 처벌하기 위한 대책이 마련됩니다. 1965년에 일단 연합국점령기간을 시효계산에서 배제하는 조치를 취합니다. 그래서 점령기간만큼 시효가 연장된 것이지요. 다시 69년에 시효를 30년으로 연장합니다. 당시에는 전쟁범죄와 인도에 반한 범죄의 공소시효부적용협약(1968)이 채택됩니다. 독일은 그 취지에 따라 살인죄와 집단살해죄에 대하여 시효를 영구적으로 배제합니다.

공소시효는 철칙이 아닙니다. 과거청산에 반대하는 사람들은 언제나 공소시효의 변경불가론을 주장합니다. 그들이 인권의 총체적 침해를 자행하고도 자신의 지위를 보존하기 위하여 이를 불변적인 원리라고 강변합니다. 한국은 시효 배제에 관련해서는 1995년에 '헌정질서파괴범죄 등 공소시효 특례법'을 5 · 18청산법의 일환으로 제정하였는데, 이 법은 내란죄뿐만 아니라 〈제노사이드 방지조약〉상의 제노사이드에 해당하는 범죄에 대해서는 시효를 배제한다고 규정합니다. 그런데 엄밀히 따져보면 법률적으로 이상한 점이 없지 않거든요. 왜냐하면 제노사이드 방지조약에서 말하는 제노사이드는 인종적, 종교적, 민족적 이유에 입각한 집단살해거든요. 그러나 1945년 이후 한국현대사에서는 그런 의미의 제노사이드는 없었습니다. 처음에 politicide라고 했던 것을 상기해주시기 바랍니다. 한국전쟁 때 군경이 정치적, 세계관적인 이유로 민간인을 집단적으로 살해하였기 때문에 제노사이드 방지조약상의 제노사이드에 딱 맞지 않는다는 거죠. 그렇다고 무의미한 법을 만들었다고 보기는 어렵습니다. 용어와 관련해서 흥미있는 대목은 〈진실화해를 위한 과거사정리기본법〉에 등장하는 집단희생입니다. 집단희생이라는 단어도 홀로코스트(번제물)와 똑같이 미묘하게 학살을 은폐하는 완곡어법입니다. 희생은 종교적이거나 애국적인 동기에 입각하여 죽음의 위험을 스스로 무릅쓴 결과로 야기된 죽음을 의미합니다. 그러나 국민보도연맹이나 예비검속으로 처형된 사람들은 자발적으로 나라를 위해 죽음을 수용한 사람이 아닙니다.

변명

이제 악인의 변명에 관해 말해보겠습니다. 악인의 변명을 보면 대개 '법과 명령에 따랐다', '먹고 살기 위해 했다.' '강요 때문에 했다.' '조국과 민족을 위해서 했다.' '더한 놈이 있다.' '그 시대에는 모두가 죄인이다' 등등입니다. 그러나 이러한 주장들은 정상참작사유가 될지언정 책임을 면제할만한 사유는 아닙니다. 먹고살기 위해서 또는 강요당했다고 해서 타인을 살해하는 행위는 허용되지 않습니다. 법과 명령에 따른 행위도 이미 뉘른베르크 원칙의 검토를 받지 않으면 안 됩니다.

모두가 죄인이라는 주장과 관련해서 성삼문의 시를 생각해볼 수 있습니다. '수양산(首陽山) 바라보며 이제(夷齊)를 한(恨)히노라. 주리 주글진들 채미(採薇)도 하난 건가. 비록애 푸새엣 거신들 그 뉘 따헤 낫다니.' 같은 하늘에서 살 수 없는 찬탈자의 영토에서 숨어 사는 것도 협력자에 지나지 않는다는 참으로 무서운 질타입니다. 순교자 성삼문의 시각에서는 독재치하에서 잠자코 살아가는 사람도 용서가 안되겠지요? 논리적으로는 타당한 주장입니다. 그러나 성삼문이 순교자라고 하더라도 순교자가 되지 않는 모든 사람을 죄인으로 몰기는 어려울 것입니다.

체코의 작가 하벨(Havel)도 이 맥락에서 거론해야겠습니다. 하벨은 공산정권에 대해 불복종운동을 시작하여 결국에는 체코의 독재체제를 무너뜨리고 여세를 몰아서 대통령이 되었지요. 이 분은 새로운 의회가 공산정권에 기여한 구공산당원들을 공직에서 숙청하는 특별법을 제정하자 거부권을 행사합니다. 어쨌든 이렇게 피해자 쪽에 있었던 사람이 사면을 하면 정치적 스토리로서 화해의 외관을 갖추게 됩니다. 그런데 '그 당시에는 모두가 죄인'이라는 변명은 잘못을 저지른 악인들이 스스로 자기를 사면하기 위한 물타기 발언인 경우가 많습니다. 제2차세계대전후 일본의 '일억총참회'나 정치위기에서 걸핏하면 터져나오는 '내 탓이오 운동'은 권력자의 의중을 반영하는 퇴영적인 행태라고 생각합니다.

운보 김기창과 정신의 연속성(사진5)

적진육박(1944)   적영(1971)

다시 예술가들의 삶을 감상해보십시오. 운보 김기창의 그림입니다. 왼쪽 그림은 1944년에 조선미술전람회에 출품한 운보의 〈적진육박〉이라는 작품입니다. 남양군도에서 적진에 살기등등하게 다가서는 일본군인의 모습입니다. 오른쪽 그림은 1971년에 운보가 월남전기록화로 출품한 〈적영(敵影)〉이라는 그림입니다. 민족문제연구소는 왼쪽 쪼가리 그림 사진을 가지고 있습니다. 오른쪽 그림은 국방부가 소장하고 있습니다. 그런데 왼쪽의 적영은 해방이후에 없어진 겁니다. 그러니까 사람들도 이 그림을 기억하지 못하게 된 거지요. 일본 군국주의의 선전용으로 그렸지만 이 그림은 운보에게는 너무 아까운 것이었습니다. 사람들이 기억을 못 하고, 그러니 오죽이나 답답했겠습니까. 그래서 오른쪽 그림을 다시 그려낸 것입니다. 잘 알다시피 한국정부가 베트남 전쟁에 군대를 파견하지요. 운보는 월남전 기록화로 이렇게 과거와 동일한 내용의 작품을 제출한 것입니다. 이런 식으로 뇌 세포 조차도 과거와의 연속성을 유지하려고 합니다. 그가 평화지향적 마음, 또는 민족애적 마음이 조금만 더 강했어도 최소한 두 번째 그림은 그리지 않았을 것이라고 생각하는데 어떻습니까? 예술가의 주책없는 창조본능이라고 할까요. 범죄현장을 다시 찾는 인간의 어두운 내면일까요.

악인의 유형과 등급

악인들의 유형을 몇 가지로 나눠보았습니다. 실제로 악인의 유형은 변명의 유형에 대응합니다. 첫 번째 광신자입니다. 광신자는 치료의 대상이지 대화의 상대는 아닙니다. 다음으로 이데올로그형입니다. 이데올로그와 광신자는 타입이 조금 비슷하지만 모든 이데올로그가 광신자인 것은 아니지요. 이데올로그들은 이론을 만들어내지만 대개 많은 변명거리를 품고 있습니다. 흥미롭게도 정말 나쁜 경우의 인간들이죠. 특히 지식인, 지식인 나치들이 여기에 들어갑니다. 그러니까 광적인 나치들은 나치패망의 책임을 두고 지식인 나치들한테 배반당했다고 생각한다는 겁니다. 그게 대체로 역사가 진행되는 방식인 것 같아요. 그 다음의 악인은 동조자, 기회주의자, 모리배 타입의 사람들 그리고 부화뇌동자입니다. 부화뇌동자는 별 생각이 없이 그냥 사람들이 이렇게 가니까 대세를 따라가는 사람들입니다. 악인의 유형을 이렇게 나누었지만 더 줄일 수도 있을 것 같아요. 제2차세계대전후에 연합군당국은 심판소를 설치하여 독일시민을 엄격하게 분류하였습니다. 주범, 열성파, 소극가담자, 부화뇌동자, 무혐의자 이런 식으로 다섯 등급을 나눈 거예요. 나치협력의 혐의가 없는 사람에게는 결백증명서를 발행하여 여행을 허가해주었습니다.

야스퍼스(Jaspers)는 독일인의 죄를 다루는 〈죄의 문제〉에서 도덕적 죄를 많이 이야기합니다. 도덕적 죄는 자신의 양심이 잘 알고 남이 도덕적 죄를 비난할 수 없다는 식입니다. 오해의 여지가 많은 주장입니다. 저는 도덕적 죄가 야스퍼스가 생각한 방식대로만 존재한다고 보지 않습니다. 즉 자신의 양심만이 자신의 잘못을 따질 수 있는 것은 아닙니다. 다른 사람의 눈도 타인의 부도덕을 가려낼 수 있기 때문입니다. 속일 수 없는 양심을 가진 자는 자신의 잘못을 가장 빨리 가장 예리하게 투시할 수는 있을 것입니다.

연합국이 독일 사람들을 분류할 때 실제로 독일사람들이 적극적인 행위를 많이 한 거예요. 근데 이러한 행위는 법적으로 범죄가 될 수 있습니다. 그러나 그렇게 모조리 처벌해서 감옥에 넣을 수 있는 형편은 아니잖아요. 그래서 그중에 중요하고 나쁜 악인들에게만 형사적인 책임을 물은 것이지요. 야스퍼스는 법적 죄(책임), 정치적 죄(책임), 도덕적 죄(책임), 형이상학적 죄(책임)을 말합니다. 그 정치적 책임도 다소 모호하게 들립니다. 지금 일본에서는 식민지배 및 위안부 문제와 관련하여 도덕적 책임이나 정치적 책임을 언급하는 사람들이 있습니다. 그 개념들이 야스퍼스의 것 같기도 하고, 아닌 것 같기도 합니다. 어쨌든 국제관계에서 한

나라가 다른 나라에 대해서 지는 책임은 결국 법적이고 공식적인 형태의 책임이라고 생각합니다. 국민기금 논쟁이 바로 그것입니다.

[사진6] 리옹의 도살자 '바르비'

여기 리옹의 도살자 클라우스 바르비(Klaus Barbie)의 사진이 있습니다(사진6). 프랑스 리옹에서 유대인 아동들을 수송하고 죽였던 나치 장교입니다. 전후에 이 사람은 볼리비아에 숨어살았습니다. 그런데 이런 사람들이 어떻게 볼리비아에 가게 되었는가? 종전후에 그는 미국 CIC 결국 CIA 똘마니 역할을 했습니다. 그러다가 나치들에 대한 재판이 시작되자 미군들의 도움을 받아서 라틴 아메리카로 튀었지요. 거기에서 우익독재자 판세르의 조언자로 활동했지요. 그런데 54년, 58년에 전쟁범죄로 프랑스 당국은 궐석재판으로 바르비에 대해 사형을 선고합니다. 궐석재판 아시죠. 범죄자가 없더라도 증거가 충분할 때 기소해서 그 사람한테 판결을 하는 거지요. 그런데 프랑스 형법에 따르면 사형판결을 내린지 20년 동안 형의 집행이 안 되면 그 형이 무효가 되어 버리는 거예요. 이것을 형의 시효라고 합니다. 공소시효와는 다릅니다. 1983년 미테랑 정부는 전쟁범죄가 아니라 "인도에 반한 죄(crimes against humanity)"를 이유로 바르비의 송환을 요구하였지요. 미테랑 정부는 볼리비아와 협상 끝에 무기를 비행기로 가득 싣고 가서 돈도 얹어주고 프랑스로 송환할 수 있었다고 합니다. 1987년 프랑스 최고법원은 이러한 죄의 시효부적용원칙은 국제관습법이라고 선언하고 종신형을 선고하였습니다. 바르비는 1991년 옥중에서 사망하였습니다.

아렌트와 악의 평범성

한나 아렌트(Hannah Arendt)에 대해 잠시 언급해보겠습니다. 아렌트는 탁월한 정치학자입니다. 유대인으로서 나치 독일에 관련된 체험과 이를 새롭게 구성하고 표현하는 뛰어난 능력을 보여주었습니다. 악의 평범성 개념도 굉장히 놀라운 구성물이라고 생각합니다. 저는 관료제에 대하여 베버가 가졌던 우려를 구체적으로 바꿔 표현한 것이라고 생각합니다. 베버의 우려. 이런 것들은 야스퍼스도 지적했어요. 실제로 악의 평범성은 야스퍼스가 46년에 먼저 썼어요. 아렌트가 나치범죄는 법의 한계를 넘어서는 괴물 같은 범죄라고 표현했을 때 야스퍼스는 나치범죄의 본성은 지극히 평범성 속에서 저질러졌다는 데에 그 특징이 있다고 대꾸했습니다. 물론 누가 먼저 썼느냐보다는 관료제가 야기하는 위험과 무책임에 대한 통찰은 베버(Weber), 야스퍼스, 아렌트 공히 가졌으며, 아렌트가 〈예루살렘의 아이히만〉에서 이를 확고하게 정립했습니다.

변명 중에서 가장 복잡한 변명이 악의 평범성입니다. 그 자체는 변명은 아니지만 인간의 행위와 책임에 대해 생각할 거리를 많이 제공합니다. 원래 아렌트는 〈전체주의의 기원〉에서 근본악을 이야기했는데, 〈예루살렘의 아이히만〉에서 '악의 평범성'을 말합니다. 당시에도 그렇지만 여전히 논란이 되는 개념입니다. 지인중에 한 분이 과거에 큰 조직사건으로 붙들려갔더랬습니다. 그런데 당시 안기부조사실에서 고문을 엄청나게 받지 않았겠습니까? 고문을 어찌나 많이 받았던지 알 수 없는 암호나

숫자가 필름처럼(주마등처럼) 막 지나가더라는 겁니다. 저는 지인의 이 표현을 이해할 수 없지만 아직도 또렷이 기억나는 대목이 있습니다. 자신을 고문하던 사람들이 갑자기 집에 언제 들어오느냐는 아이의 전화를 받고 자상하게 일상적인 대화를 나누고 돌아서서 다시 고문을 시작했다는 겁니다. 칸막이처럼 분할된 뇌의 이중생활에 아마도 질렸겠지요. 자상한 아빠가 몸을 돌리자 직무에 충실한 괴물이 되어 순식간에 고문을 자행한 것입니다. 악마는 관료제의 형태로 존재하는가요. 관료제적으로 짜여지면 인간은 누구나 그렇게 되는 것인지 의문을 갖게 되었다는 겁니다. '악의 평범성' 개념만 나오면 저는 지인의 말에 꽂힙니다.

결국 아이히만(Eichmann)이라는 사람은 그 인간성 안에 근본적인 악성을 가지고 있는 것이 아니라 평범한 가정적인 사람, 집에 들어가면 좋은 아버지고 남편이고 밖에 나오면 성실하게 일 잘하는 공무원인 거지요. 이런 사람이 왜 그런 행위를 하게 됐는가를 분석하면서 악의 평범성을 얘기한 것이지요. 그런데 여기에 이견이 없지 않습니다. 왜냐하면 아이히만이 정말로 아렌트가 말한 그대로 평범한 인간인가 하는 문제이지요. 우선 아렌트는 아이히만의 변명을 듣고 변명 자체를 구성한 것입니다. 그래서 아렌트의 해석에 이의를 제기하는 사람들이 있습니다. 아이히만은 나치 당원이 되기 전에 이미 반유대주의 세계관으로 무장되어 있는 사람이고, 그렇기 때문에 가스실에 보내는 최종결정을 기안했다는 것입니다. 그렇지 않다면 관료제에 충실히 따르는 것만 가지고는 최종결정이 어떻게 나올 수 있겠는가라는 의문입니다. 이런 비판도 어느 정도 경청할 부분이 있습니다. 자신의 직무에 충실한 것만으로는 최종결정은 나오기 어렵다고 봅니다. 그러나 대부분의 보통사람들, 체제에 편승하는 부화뇌동자들은 악의 평범성 이야기로 잘 설명할 수 있을 것 같습니다. 그러나 아이히만 ㄱ 자신은 평범성 디입에 해당하지 않을 것 같습니다.

골드헤이겐(Goldhagen)의 〈히틀러의 자발적 집행자〉도 언급해야 하겠습니다. 골드하겐은 바로 나치시대에 히틀러에게 독일 보통사람들이 얼마나 열광을 했는지 거의 증명하려는 책을 냈어요. 이 책은 독일의 보통사람들이 히틀러 체제의 만행을 그냥 속으로 반대하면서 마지못해 따라간 것이라는 견해를 비판합니다. 독일사람들이 매우 거북해할 책인게 분명합니다. 역사학자들은 보통사람들의 행태와 관련해서 골드헤이겐의 주장보다 아렌트나 브라우닝(Brauwning)-〈아주 평범한 사람들〉의 저자-의 이야기가 더 실상에 부합한다고 평가하는 것 같습니다.

킬링필드

[사진7] 킬링필드 참상

　킬링필드 법정에 대해서 잠깐 언급해야 하겠습니다(사진7). 국제사회와 캄보디아정부 간에 크메르루주의 학살행위를 처벌하기 위한 협정을 체결하였습니다. 흥미롭게도 캄보디아 사람과 외국사람이 함께 재판하는 혼성법정(hybrid court)을 만들었습니다. 크메르 루주의 만행은 잘 아실 것입니다. 광신적인 사회주의자들. 그러니까 토마스 모어(Thomas More)의 유토피아를 거꾸로 읽고 농촌 유토피아를 건설하려는 광신적 공산주의자들. 모든 도시를 파괴하고 도시적인 것을 다 거부하고 모든 사람들을 들판으로 나가 일하게 하였습니다. 그래서 인구 800만중에서 무려 200만이 사망했습니다. 이런 상황에서 인도적인 개입이 필요하지요. 그런데 어느 나라가 인도적 개입을 했느냐? 베트남이었어요. 이렇게 인구대비 4분의 1을 죽인 사건은 20세기 역사에서 전무후무한 것입니다. 그런데 미국은 개입하지 않았지요. 동남아시아, 인도차이나의 패권에 미국의 이익이 있었기 때문에 크메르 루주 체제에 개입을 할 수 없었고, 베트남이 크메르 루즈를 무너뜨렸던 것입니다. 물론 새로 들어선 정부도 크메르 루즈 후예들이죠. 그러나 이제 차이를 만들고자 국제사회와 타협하고 킬링필드 법정을 설치하게 되었습니다.

피해배상

사실 책임자를 처벌하는 것은 매우 중요합니다. 그러나 형사처벌에는 범죄자한테, 그 형사처벌을 받는 사람한테 인권침해의 책임을 다 전가하는 경향이 나타납니다. 그러한 중대한 인권침해에 대해서 모든 사람에게 일정한 형태로 죄와 책임이 있는데, 한 두 사람만 죽일 놈이 되는 겁니다. 그러나 사회의 대다수 구성원들이 각자의 책임을 세밀하게 이행해야 되는데, 만약 학살자를 처벌 하는 것이 전면에 등장하게 되면 그 재판이 하나의 쇼로 바뀌면서 나머지 사람들이 전반적으로 면책된다는 것입니다. 나머지 사람들도 자기 책임을 이행해야 합니다. 그것이 규범적인 잉여라고 생각합니다. 그것을 야스퍼스는 의식의 대전환이라고 불렀습니다. 어쩌면 인간성의 근본적인 변화가 필요합니다.

피해자에 대해 배상을 해야 하고, 공동체의 법형식으로서 국가가 배상을 해야 합니다. 대중들이, 시민들이 자발적으로 피해자에게 배상하는 것이 적절하지 않습니다. 아마도 위안부문제를 둘러싸고 국민기금과 일본시민의 도의적 책임론은 상당한 혼란에 빠졌다고 봅니다. 배상은 정의의 요구이고, 피해자들의 권리이고, 공적인 방식으로 정당하게 이행되어야 합니다. 그러나 위안부 문제와 관련해서 일각에서는 돈의 문제라고 단순화하는 오류를 범했습니다.

다양한 형태의 원상회복이 필요합니다. 원상회복은 물질적인 것만을 이야기하는 것이 아니라 지위라든지 여러 가지를 다 포함합니다. 원상회복이 이루어져야 하고, 그것이 안 될 때에는 금전배상이 불가피합니다. 금전배상은 개인적으로 상실해버린 삶의 기회에 대한 보상으로서 중요합니다. 나아가 트라우마의 치유, 다양한 재활 조치가 요구됩니다.

국가들은 피해배상과 관련해서는 배상책임을, 법적책임을 인정하지 않으려고 합니다. 그래서 특별한 보상법을 만들어서 해결하려고 해요. 일본은 여러 가지 논리를 폈는데 지금은 소멸시효가 끝났다고 이야기까지 하죠. 그런데 우리나라에서는 놀라운 판결들이 나왔습니다. 1973년 최종길 교수 고문치사 사건, 1985년 김옥분씨 사건, 1950년 울산보도연맹사건에 대하여 소멸시효주장을 배척하고 국가책임을 인정하였습니다. 이런 판결들은 세계 어느 법원사에도 없는 획기적인 사건입니다. 그러나 통일적인 경향이라고 하기에는 여러 문제점도 드러납니다.

그런데 여러분 이런 판결에 대해 어떻게 생각하세요. 자랑스럽게 생각하세요? 우리나라 대법원 판사들의 인권의식이 너무 투철해서 놀랍다고 생각하십니까? 우리나라가 그렇게 많은 학살을 자행해놓고, 정부 당국이나 입법부가 이런 문제를 해결하는 데 정치적 역량을 전혀 발휘하지 않아 판결로 이런 문제를 해결하고 있는 것입니다. 더군다나 첫 번째 사건에 대해 배상판결이 나왔다면 당연히 국회가 법률을 만들어서 나머지 사건들의 소송을 중단시키고 보상법으로 풀어갔여야 하는데 그렇지 못했습니다. 이렇게 중대한 문제인데 국회가 전혀 움직이지 않는 것은 다른 나라에서는 볼 수 없는 현상입니다. 울산보도연맹사건은 특별히 이야기하지 않아도 되겠죠. 국가가 학살을 은폐했고 그리고 2007년 7월에 진실화해위원회가 진실규명을 결정한 날 바로 진실이 드러났기 때문에 그때부터 시효가 기산된다는 논리입니다. 그때부터 3년 안에 소송이 시작되었으니 피해자들이 국가배상을 받게 된거죠. 제 주장은 법원의 판결이 문제가 있다기보다는 그 많은 학살피해자들의 문제를 법원이 개별사건별로 해결할 것이 아니라 국회가 포괄적인 입법을 통해 해결했어야 한다는 것입니다.

만족과 재발방지의 보증

만족(satisfaction)과 재발방지의 보증(guarantee of non-repetition)은 생소하게 들리시겠지만, 그 내용을 간단히 설명하자면, 피해자나 시민이 자기가 더 이상 인권침해를 당하지 않을 것이라는 안도감을 느낄 수 있을 만큼 사회제도와 관행, 법제, 공직자 군인 경찰의 의식, 이웃 시민들의 태도가 인권지향적으로 확립되고 개혁되어 있는 상태를 의미합니다. 그것은 인간의식과 정치사회제도에 겨냥합니다. 매우 어려운 인성적 각성과 정치사회적 혁신을 추구합니다. 그래서 공적인 영역 종사자들, 의료인들, 법률가들, 경찰들, 다양한 형태의 언론기구, 언론인들에 대한 인권교육, 인도법교육을 매우 중시합니다. 종편을 보면 북한 팔아가지고 먹고 사는 방송이라는 느낌을 갖게 됩니다. 두려움, 비겁함에 기초한 방송입니다. 뭐든 자기와 정치적 견해가 다르면 종북이라고 몰아세우고 그리고 하루 종일 북한을 비방하는데, 북한만 바라보고 있으니까 그들이 바로 종북 집단이 아닐까 생각합니다. 적대와 증오 대신에 공존의 기회를 찾는 대안적 사유가 중요함을 느낍니다. 종편에서 불을 뿜는 출연자들의 인권의식을 이른바 '인권피해자권리장전'에 비추어보면 매우 민망한 지경입니다. 인권피해자권리장전은 인권법학자 반 보벤(Theo van Boven)과 바시오우니(Bassiouni)의 연구성과이자 국제인권법과 국제인도법의 현재수준이라고 할 수 있습니다. 2005년 유엔총회가 중대한 인권침해에 대한 해법으로 채택한 원칙입니다.

인권피해자 권리장전은 제가 거론하는 모든 문제를 조목조목 정하고 있습니다. 원상회복, 금전배상 뿐만 아니라 트라우마 문제, 법률가의 서비스, 의료 서비스를 받을 권리 그리고 재활조치, 치유까지 빠짐없이 거론하고 있습니다. 피해자는 개인적으로도 치유가 되어야 하죠. 그러나 쉽지 않다고 생각합니다. 제일 좋은 치유는 뭡니까. 정의가 완전히 구현되도록 하는 것입니다. 아마 정의가 구현되어도 아픈 건 어떻게 치유되지 않을 것도 같습니다. 〈진실의 힘〉이라는 단체가 있는데 고문당하고 간첩으로 조작된 납북어부들이 국가로부터 받은 배상금 중 일부를 출연해서 만든 고문피해자들의 치유단체입니다. 결국 진실만이 치유의 힘을 가지고 있다고 생각합니다. 세상이 진실을 인정해주었을 때 힘을 갖게 되겠지요. 피해자 개인만이 믿는 진실이 아니라 그 진실이 사회의 진실로 정립될 때 치유가 되지 않을까요?

모범학살법

현재 피해배상의 방식이 개인적인 금전배상으로 돌아가고 마는데, 학살이나 심각한 인권침해가 다시 발생하지 않으려면 어떻게 해야 하는지가 가장 중요하고 실천적인 쟁점입니다. 이 문제에 대한 태도가 바로 답인거죠. 이에 대한 포괄적이고 책임있는 답변이 바로 정치적·사회적

피해배상이라고 할 수 있겠죠.

한번 생각해봅시다. 유사시, 전쟁상황을 생각해보세요. 원치 않아도 전쟁을 할 수 있습니다. 전쟁을 추구하고 시도하는 경우도 있지만 끌려 들어가기도 합니다. 전쟁을 하게 되면 공권력담당자들이 보았을 때 적과 협력할 가능성이 높은 사람이 있겠지요. 협력할 수도 있고, 협력할 수 있다고 판단하는 것도 가능하지요. 그러한 사람을 통계적으로 분류할 수도 있겠지요. 그랬을 때 이런 사람을 어떻게 처우를 할 것인지가 문제의 핵심입니다. 그런데 우리는 그 일을 어떻게 했습니까. 그냥 불러다가 총살해 버린거죠. 산넘어 언덕에서, 코발트 광산에서, 교도소 옆 계곡 으슥한 곳에서, 바닷가 폭포 아래서 그렇게 죽였습니다.

그렇게 학살당한 사람들의 후손들이 지금 국가배상을 받고 있습니다. 대법원까지 보도연맹 희생자들에게 배상판결을 내렸습니다. 이제 대법원이 그러한 학살이 불법이고 범죄라고 인정한 것이지요. 그러면 앞으로 전시상황에서는 어떻게 할 것인지에 대하여 명료한 지침이 있느냐가 문제입니다. 앞으로 전쟁이 벌어진다면 그런 사람들을 불러다가 어떻게 할 것인지. 그래서 저는 '모범 학살법'이라는 역설적인 장치를 제안하였습니다. 아주 냉소적으로. 우리가 이른바 '적성시민'을 엄격하게 규정하고 이들에 대해 '예방적 구금'을 할 수 있다는 내용입니다. 그러니까 그 사람들을 사사로이 처형하는 '처단적 구금'이 아니라 적과 협력하는 행동을 사전에 방지하는 수준의 구금을 시행하는 것입니다. 말 그대로입니다. 예방적으로. 어떻게 하면 될까요. 어디 제주도, 부산 앞에 어디 좋은 섬에. 비상상황이 끝날 때까지 머물게 하는 것입니다. 구금의 대상, 절차, 방식, 접견기회 등을 미리 정해 놓지 않으면 안됩니다. 아직 그에 대해서 명료한 지침이 없다면 우리는 매우 끔찍한 사태를 예상치 않을 수 없습니다.

호주의 빼앗긴 세대

[사진8] 빼앗긴 세대 인형극(크리스 쿡)

여기 빼앗긴 세대 이야기는 아동격리문제인데 구약성경의 모세시대에도 유아살해가 나옵니다. 영국에서 건너 간 백인들이 호주 원주민들의 아동들을 문명화라는 이름하에 원주민 아동들을 그 가정에서 강제로 데리고 와서 학교에 기숙시키고 또 다른 데로 입양을 보내버리는 만행을 자행했습니다. 1850년부터 1970년대까지 그런 일이 벌어졌고 피해아동 수가 10만정도에 이른다고 합니다. 인종차별금지협약에 호주정부가 가입 했을 텐데도 그때까지도 만행을 자행한 거예요. 어쨌든 호주에서 수상이 사과도 하였는데 현재 호주당국은 법적 책임을 부인하고 시효소멸론으로 버티고 있습니다. 수상이 멋지게 사과를 하고 아무런 것도 안 하면 그걸 뭐라고 하죠. 진정성이 없다고 하죠. 물론 정권이 노동당에서 보수당으로 바뀌어서 그랬다고 변명하겠지요.

독일의 기억책임미래재단

이제 기억책임미래재단에 대해 언급하겠습니다. 여러분도 잘 아시겠지만 독일은 나치 희생자들한테 여러 각도로 배상을 했습니다. 그러나 희생자들이 워낙 전 세계에 산재해 있기 때문에 보상을 못받은 사람들이 있었던 거예요. 그런데 캘리포니아 주가 1999년에 소송법에다가 특별하게 2차대전때 강제노동을 한 사람들에 대해서 청구권을 인정한 법을 도입한 겁니다. 그래서 한 10년 이내에 소송을 제기할 수 있게 한 것입니다. 그래서 강제노동을 한 사람들이 미국에서 독일굴지의 기업을 상대로 소송을 시작한 겁니다. 소송을 시작하니까 독일정부와 재계는 매우 난처하게 된 것입니다. 무시하면 국제적으로 위신만 추락할 것 같고. 그래서 독일정부와 독일 재계가 그 유대인 청구권자 단체와 협상을 하게 됩니다. 그래서 중재협정도 맺지요. 미국정부와 독일정부. 그 내용이 기억책임미래재단법(2000)으로 나타납니다. 어쨌든 희생자들한테 경제적인 보상을 하겠다는 약속이 지켜졌습니다.

악법청산

[사진9] 법무장관시절 라드브루흐

이제 악법청산을 이야기 해 볼게요. 독일 법철학자 라드브루흐(Radbruch)를 언급해야 하겠군요(사진9). 이 분은 개인적으로 제가 과거청산 문제에 들어가는 계기를 만들어준 법철학자입니다. 이 분을 알지 못했어도 과거청산 문제에 들어갔을 것 같습니다. 육사 선생은 〈청포도〉에서 '이 마을 전설이 주저리주저리 열리고' 하며 고향을 아름답게 그렸는데 남도 끝자락 제 고향에는 언제나 '학살의 전설'이 주저리주저리 열려있어요. 누구의 고향인들 한반도에서 그러지 않은 곳이 있으랴 생각합니다. 제가 이 사람을 만나고 싶어서 만난 게 아니라 시대의 체험이 저를 그에게로 인도했다고 말해야 하겠습니다. 이 분은 바이마르 공화국 초기에 법무장관을 두 번(1920년, 1923년) 역임했습니다. 당시에 사회민 주당의원으로서 법률가인 사람이 그가 유일했다고 합니다. 히틀러 (Hitler)가 집권한 1933년에 하이델베르크 대학의 교수직에서 쫓겨나 이른바 내적 망명의 시기를 보내다 나치패망을 맞이하였습니다. 그후에 그는 〈법률적 불법과 초법률적 법〉이라는 매우 역설적인 제목의 글을 써서 나치청산을 지원했습니다. 간단히 말해서 나치악법은 법률의 형식 을 취했지만 너무나 부정의해서 법이 아니라는 상식적인 견해를 주장하 였습니다. 그리고 초법률적 법이라는 용어는 자연법이라고 생각해도 무방하겠습니다. 그는 그러한 기준에 따라 나치의 악법들은 법이 아니 라고 규정하고 효력이 없다고 선언했습니다. 이 논리를 우리의 법제에 활용할 수도 있겠습니다. 이른바 유신시대에 걸핏하면 쏟아냈던 '긴급 조치들'은 바로 법률적인 불법에 해당하지 않을까 생각합니다.

정치재판, 판사의 죄

이제 판사들의 범죄를 거론하고자 합니다. 죄를 처벌하는 자가 죄를 범하는 것이 역설적입니다. 나쁜 판결, 권력자를 두둔하고 약자를 후려치 는 판사들에 대해 성경은 준엄하게 꾸짖습니다. 그러나 자세히 보면 판사들이 전혀 세속적 공간에서 처벌받지 않으니까 성경에라도 적어서 그들에게 가책을 주려는 의도가 아닌지 생각해보았습니다. 로마법, 독일 법, 프랑스법에도 〈법왜곡죄〉라는 것이 있습니다. 법을 뒤틀어서 부당하 게 판결한 판사나 중재인을 처벌하는 형법규정입니다. 우리는 〈직권남용

죄)가 그러한 역할을 할 수 있지 않을까 생각합니다. 그런데 죄가 없다는 것을 뻔히 알면서도 사형을 선고했다면 직권남용죄로 벌해야 할까요 아니면 살인죄로 벌해야 할까요? 이론상 살인죄로 벌해야 한다고 생각합니다. 그러나 현실에서는 어느 것으로도 처벌받지 않습니다.

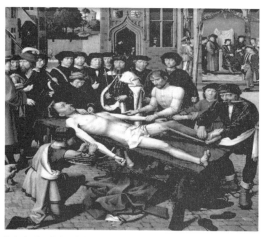

[사진10] 판사 시삼네스에게 가죽을 벗기는 형벌을 가하는
캄비세스 왕

서경식 선생이 쓴 〈나의 서양미술 순례기〉에 보면 캄비세스 왕의 재판 그림이 나옵니다(사진10). 캄비세스왕은 고대 페르시아의 대단히 엽기적인 왕입니다. 캄비세스왕에 대한 이야기는 헤로도토스(Herodotus)의 〈역사〉에 보면 자세하게 펼쳐졌습니다. 캄비세스왕은 판사 시삼네스가 뇌물을 받고 판결을 그르쳤다는 이유로 시삼네스의 가죽을 벗겨 죽입니다. 이런 그림을 관청이나 법정에 게시해두면 어떨까요? 박정희 쿠데타 이후 그리고 유신시대에 수많은 악독한 정치 판결이 자행되었습니다. 사형판결을 사법살인이라고 부르기도 합니다. 그러한 판결을 내린 판사들이 아렌트가 말한 악의 평범성에 딱 부합하는 것

같아요. 그 논의에 정확하게 직업적으로 맞는 모델은 대한민국 판사들인 것 같아요. 이렇게 많은 나쁜 판결을 한 나라가 없어요. 공산국가에서 당의 명령에 의해서 판결을 한 경우를 제외하고는 이른바 명색이 자유국가, 법치국가라고 말하면서 그와 같이 악독한 판결을 자주 내린 나라는 없어요. 남미 같은 데에서는 군대나 정보기구가 그냥 알아서 사람을 바다에 갖다가 버리죠. 그런데 우리나라는 판사들이 더러운 공작을 마무리해요. 이건 아주 심각한거죠. 법관들이 똑똑하면서도 도덕적인 저항력을 가질 수 있다면 얼마나 좋겠습니까. 참 그와 같은 세상이라면 살기가 편하겠죠. 그런데 별로 그러지는 않은 것 같아요. 판사를, 정의를 위해 목숨을 내놓을 수 있는 직업이라기보다는 전망이 좋은 지체 높은 자리라고 생각하지 않는지 의문이 듭니다.

우리나라에서는 딱 한사람의 판사만이 책임을 추궁당했습니다. 일제시대에 50여명의 독립운동가에게 가혹한 판결을 하고 세 차례나 훈장을 받았던 경력이 있는 판사를 민족문제연구소가 〈친일인명사전〉에서 친일파로 규정하자 후손들이 선조가 일제시대의 법을 곧이곧대로 적용한 것뿐이라고 항변하였지만 법원도 민족문제연구소의 편을 들어주었지요. 이렇게 판결한 법원은 유신시대 때 긴급조치로 유죄판결을 하거나 인혁당 사건에서 사형을 판결한 판사를 뭐라고 할지 궁금하죠.

정부당국이나 보수언론은 강기훈 사건에서 진보세력은 동료의 죽음을 사주하고 유서까지 대신 써주는 사악한 집단이라고 터무니없이 매도하였습니다. 강기훈씨가 최근에 재심을 통해 유죄판결을 다투는 것은 그나마 다행입니다.(**강기훈씨는 2015년 5월 14일 대법원에서 최종적으로 무죄가 확정되었다.) 미국에서는 사코와 반제티 사건이 있습니다(사진11). 국제적으로 유명한 사건입니다. 1922년에 있었던 사건인데, 당시 미국사회에서 적색공포가 있었어요. 1차대전 때 이미 미국사회에서 반정부 사회주의자, 평화주의자들이 정치적인 주장을 적극적으로

[사진11] 사코와 반제티(1922)

펼칩니다. 미국의 사회주의자 유진 뎁이 대통령에 출마해서 백만표 정도 얻은 일도 있지요. 미국역사는 공화당하고 민주당만 있는 것 같은데 그렇지는 않았어요. 그런데 그렇게 출마한 사람을 나중에 법으로 걸어서 처벌하기도 합니다. 미국도 표현의 자유가 원래부터 잘 보장된 나라는 아닙니다. 표현의 자유. 권력을 비판한 사람에게 표현의 자유를 주는 나라는 지상에 없는 것 같습니다. 위키리크스 사건에서 보듯이 표현의 자유가 보장이 되면 왜 외국으로 망명하겠습니까? 권력을 비판한 표현은 용납될 수가 없는 거에요. 어쨌든 20년대에 적색사냥이 시작된 거에요. 그때 사회주의자, 무정부주의자들을 치는거죠. 이런 국면에 살인강도사건이 벌어졌는데 사코와 반제티라는 생선장수 두 사람이 용의자로 잡혔습니다. 그들이 사회주의자이고, 무정부주의자였기 때문에 범인으로 몰렸던 겁니다. 진범이 감옥에서 자기가 그랬다는 말까지 나왔음에도 불구하고 두 사람에 대한 사형판결이 내려졌습니다. 그래서 전 세계의 사회주의자, 평화주의자들이 구명운동을 전개했습니다. 미당국은 무시하고 사형을 집행했습니다. 1977년 당시 메사추세츠 주지사였고, 나중에 대통령 민주당 후보로 나왔던, 마이클 듀카키스(Michael Dukakis)가 이들의 명예를 회복시켜주었지요. 1940년대 후반부터 50년대 중반까지 미국에서 매카시즘이 다시 한번 기승을 부렸지요. 냉전의 중심이 그렇게 빨갱이 사냥을 하면 주변은 어떻게 되겠습니까? 주변인 한국에서는 광풍이 몰아치는거죠. 조봉암, 조용수 사건을 보세요. 이제 이분들도 재심절차에 무죄판결을 받았습니다. 그러나 조작된 죄목으로 유죄판결을 했던 판사들은 아무런 책임을 지지 않았습니다.

기억과 애도의 문제

이제 마지막으로 기억의 문제, 일베의 발언들, 홀로코스트 부인문제를 논해보겠습니다. 올해 유독 많이 불거졌던 문제들이기도 합니다. 대체로 비판적인 사람들은 표현의 자유 우선론을 내세울 것이라고 생각합니다. 저는 약간 유보적인 태도를 취합니다. 표현의 자유가 우선되어야 한다는 데에는 동의하지만 다른 중요한 가치들이 존재한다는 점도 아울러 강조합니다. 세상에는 표현의 자유 못지 않게 평화롭게 생존할 권리도, 평등의 권리도 중요합니다. 표현의 피해자들이 사회적 약자고, 학살당한 사람이고, 차별을 당하는 사람, 소수그룹이기 때문에 이 문제를 심각하게 다루어야 합니다. 표현의 자유를 신성시하는 것은 적절하지 않습니다. 특히 국가보안법을 통해 진보적 표현에 재갈을 물리려는 세력들이 표현의 자유우선론 속에서 엄청난 정치적 부수입을 올리기 때문입니다. 그들의 증오적 표현은 현재 지배권력의 언어에 지나지 않습니다.

그래서 이것은 헤게모니의 문제라고 생각합니다. 자유주의 좌파들이 정치권력을 장악하고 있는 동안에는 자유주의 정책에 입각해서 역사교육이나 의식에 인권지향적인 영향을 미칠 수 있거든요. 그렇기 때문에 증오적 언동을 문화적인 방식으로 순치시키려고 시도하겠지요. 최소한 학살을 방지할 수 있는거고요. 이러한 자유주의적 원칙을 가진 사람들이 역사왜곡이나 증오발언을 한 사람들을 잡아다가 처벌하면 자신의 원칙을 배반하는 것이 되겠지요. 헤게모니가 자유주의 좌파한테 있을 때는 표현의 자유에 대한 규제를 해서도 안 되는 것이고, 또 그때는 적절한 통제수단을 확보하고 있기 때문에 그렇게 강하게 금지할 필요도 없지요. 그런데 현재 보수우파들이 권력을 장악하고 있잖아요. 이런 집권세력들한테 역사를 왜곡하고 증오발언을 일삼는 일베들을 처벌하라고 요구하면 그 행동은 정말 꿈속에서 헤매는 것이 아닌가요? 그거 누가 해주겠어요. 그런 법이 만들어지면 누가 법을 가동해서 누구를 처벌하겠어요? 법이 제정되더라도 법적으로 가동이 안 되는 거죠. 결국 표현의 자유의 장에서 우리가 투쟁을 해야 되는 거지요. 표현에 대해서는 철저하게 표현을 통해서 문화적으로 정치적으로 근본적으로 투쟁해야 합니다. 법률에 의존해서 그런 나쁜 말하는 사람 처벌해 달라는 것도 순진한 것이고, 그들에게도 그러한 자유가 있다고 젠체하고 방임하는 것도 적절하지 않습니다. 오로지 문화적이고 정치적인 투쟁만이 필요하고 가능한 방식이라고 봅니다.

형이상학적 죄

야스퍼스는 형이상학적인 죄를 말했습니다. 쉽게 이야기 해봅시다. 사람들은 인권침해에 대해 말합니다. 집안에서 가족끼리 세상이 독재의 주구들로 가득찼다고 말하고는 그것으로 그만인 사람이 있습니다. 어떤 사람은 바깥에 나가 항의시위도 하고 도처에서 투쟁을 합니다. 그러다 몇 달 동안 감옥신세도 집니다. 앞의 사람은 인권침해에 대해 도덕적 죄를 저지른 것이라면 뒤의 사람은 도덕적 죄를 지은 게 아닙니다. 보통사람들은 대개 전자에 해당합니다. 보통사람들이 대부분 후자에 해당한다면 부정의한 세상은 이미 끝났을 것입니다.

도덕적 죄를 짓지 않는 사람도 형이상학적 죄를 짓게 됩니다. 인간으로서 도덕적 책임을 다 이행한 사람조차 동료의 불행에 대한 책임을 면하지 못한다고 야스퍼스는 말하고 있습니다. 그래서 인간으로서 도덕적 죄가 끝나는 곳에서도 남는 죄가 있으며, 그것을 그는 형이상학적 죄라고 불렀습니다. 불행과 부정의가 판치는 곳에서 결국 나만 살아남았다면 나는 죄인이라는 것입니다. 이건 도덕적으로 비난하는 문제를 넘어간다고 생각합니다. 죄가 아니라 부채라고 말하는 것이 정확하지 않을까 생각합니다. 부채와 죄책감을 구별하고 싶습니다. 이러한 형이상학적 죄를 가장 잘 표현하는 것은 문학과 시라고 생각합니다. 야스퍼스 책에도 있어요. '타자가 죽어가고 있는데 나만 살아남았다. 그것이 나 안에서 다른 목소리를 듣게 한다. 나는 죄인이다.' 브레히트(Brecht)의 〈살아남은 자〉가 이러한 감정을 잘 전달해줍니다.

> 살아남은 자
>
> 물론 나는 알고 있다.
> 오직 운이 좋았던 덕택에
> 나는 그 많은 친구들보다 오래 살아남았다.
> 그러나 지난 밤 꿈속에서 이 친구들이
> 나에 대하여 이야기 하는 소리가 들려왔다.
> "강한 자는 살아남는다."
> 그러자 나는 자신이 미워졌다.

이 시는 브레히트가 나치체제를 탈출하다가 자살한 친구 발터 벤야민(Walter Benjamin)을 추억하면서 쓴 겁니다. 형이상학적 부채가 가장 잘 느껴지는 시에요. 형이상학적 죄는 고통과 재난 앞에서 연대를 이루지 못한 것에 대한 인간의 운명적 부채감을 말합니다. 인간의 근원적 공감능력에 관한 것입니다. 가해자, 희생자 구도를 넘어서 확장된다면, 형이상학적 죄는 인권보편주의의 기초가 되지 않을까 생각합니다. 야스퍼스가 말한 연대의 원칙으로 돌아가며 제 말을 마치겠습니다. 우리는 어떠한 경우에도 함께 죽든지 함께 살든지 해야 합니다.

질의응답

Q. 독일이 역사청산이 잘된 사례라고 이야기를 하는데, 그것이 사실 그런 것도 아니고 독일의 자발적인 것이 아니었다. 연합국 측에서 그렇게 강제한 측면과 그것에 대처하는 과정에서 이루어졌다는 견해들이 있는데 그것에 대해서 어떻게 생각하시는지 궁금하다.

A. 대체로 독일과 일본 그리고 한국을 비교해서 이야기하는 것이 좋겠습니다. 2차 대전 이후에 연합국들이 전쟁의 목표 중에 하나가 특히 독일과 관련해서는 나치 청산입니다. 원래 전쟁의 목표를 상대 체제를 청산한다는 데에 두지 않습니다. 전쟁은 적국에 군사적인 패배를 안겨 항복을 받아내는 것으로 그치지요. 그런데 2차 대전은 나치를 청산하겠다는 목표를 설정했지요. 전쟁직후부터 45년동안 연합국이 독일군대를 폐지하고, 정부를 폐지하고, 정계, 언론계, 관계, 군대, 학계 가릴 것 없이 나치전범과 협력자들을 청산하기 시작했지요. 이러한 청산은 독일인들이 자주적으로 한 것이 아니므로 액면그대로 강요된 청산입니다. 이점에서는 일본의 청산도 마찬가지입니다. 연합국의 청산이 어느 정도 시행된 이후에 동독 서독의 헌법이 만들어지고 각기 국가가 수립됩니다. 문제는 이후에 과거청산작업이 어떻게 되었는지가 중요하다고 봅니다. 독일의 보수파들은 오랜 기간 정권을 장악하고 있었지만 연합국이 했던 조치를 폐기할 수 없었습니다. 속으로는 기부힐지라도. 독일 헌법에 점령법(Besatzungsrecht)이 등장합니다. 점령법은 연합국이 점령기간에 시행했던 법을 의미합니다. 독일헌법은 점령법의 효력을 전제하고 시작합니다. 그러니까 연합국이 도입했던 법과 조치들은 독일헌법에 시간적으로 앞서는 것이 아니라, 규범적으로 독일 헌법 상위에 있는 거예요. 그래서 연합국이 했던 조치를 독일정부가 계속 유지시켜야

하는 것입니다.

연합국은 근본적으로 광범위하게 나치청산을 했습니다. 기본적으로 연합국이 4년 동안 청산작업을 했죠. 그러다가 냉전질서가 강화됩니다. 그렇게 되면 사태가 어떻게 진행됩니까. 반동이 시작됩니다. '역시 빨갱이 잡는데는 고등계가 최고야'라는 논리가 친일파청산을 중단시켰듯이 독일에서도 나치들이 대거 복귀합니다. 그래서 독일에서도 인적 청산이 불가능했으며, 나치체제와 정신적 인적 연속성이 유지됩니다. 청산이 중단되면서 도로 나치화된 것이지요. 특히 아데나워(Adenauer) 보수정권 하에서는 이렇다 할 진척을 이루지 못하지요. 심지어 키징어(Kiesinger)라는 나치당원이었던 사람이 수상이 됩니다. 그 이후 이른바 68혁명을 통해 세대가 교체되고 69년 브란트(Brandt)가 수상이 되면서 독일의 역사적 책임을 이행할려는 분위기가 조성되고 중요한 청산 작업이 국제적으로도 확장됩니다. 완벽하게 설계되어 착착 진행되었다기보다는 독일사회 안에서 정치적 투쟁을 통해 하나하나씩 실현되었다고 볼 수 있습니다. 연합국이 떠난 후에도 독일이 스스로 과거청산을 했다는 점은 높이 사야하겠습니다. 특히 공소시효를 배제하고 전범을 처벌하려는 의지는 지속적으로 유지되었습니다. 어쨌든 2011년 뎀잔주크(Demjanjuk)라는 나치 전범에 대해 유죄판결을 할 정도로 과거청산 의지가 높다는 점은 일본이나 한국에서는 찾아볼 수 없는 부분입니다.

독일은 피해자구제의 범위를 서서히 확장시켰습니다. 처음에 구제를 거부하였던 탈영병, 동성애자, 반사회적 인물들에 대한 구제까지 넓혀 갔습니다. 독일은 특히 유럽공동체 안에 중심국가의 지위를 갖기 때문에 전후질서와 국제법, 국제사회의 요구를 무시할 수 없는 처지입니다. 아주 위험한 게임을 하지 않고 독일이 경제적인 여력을 충분하게 활용하여 국내외의 나치피해자들을 구제해왔습니다. 1956년 연방불법배상법을 통해 국내의 나치피해자를 구제하거나 70년대 서유럽의 나치피해자들에게, 90년대 동구권피해자들에게 경제적 보상을 시행하고, 2000년 기억책임미래재단법을 통해 강제노동피해자들에게 보상을 시행하였습니다.

저는 독일 군대와 관련하여, 대체복무제, 제복입은 시민, 국방감독관을 주목하면서 군대의 인권보장체계뿐만 아니라 군대에 의한 만행의 재발방지를 독일의 노력을 매우 높게 평가합니다. 어쨌든 내외의 정치적 압력 속에서 과거청산이 이루어졌기 때문에 독일이 잘 되었다고 평가한다면 그만큼 독일에 대한 압력이 높았다는 것을 의미합니다. 어느 사회나 자신들의 정치적, 규범적인 한계와 싸우고 있는 중입니다. 반면에 일본은 상대적으로 그런 도전을 받지 않았습니다. 전쟁과 식민지배의 피해당사국인 아시아 여러국가들로부터 책임추궁을 당하지 않았고, 미국이 다각도 일본의 무책임을 조장하였습니다. 천황을 퇴위시키지도 않고 식민지배책임을 묻지도 않았던 점을 들 수 있습니다. 오늘날 한일간의 과거사문제에서 근본적인 원칙이 확립되지 못한 것도 상당부분 미국의 책임이기도 합니다. 독일은 유럽 안에서 EU안에서도 경제적으로 가장 큰 나라로서 책임문제를 바르게 정립하지 않으면 주변국가들의 협력을 받을 수 없기 때문에, 유럽 평화, 경제 문제들이 맞물려 있기 때문에 그렇게 했다고 볼 수 있습니다. 이것을 포괄적으로 강요된 과거청산이라고 부를 수 있겠지만 이제는 그 말이 의미는 없을 것입니다. 어떤 나라도 어떤 나라의 정부의 수반도 국가폭력의 책임을 자진신고하고 자발적으로 이행하지는 않기 때문입니다.

독일은 책임을 비교적 일관되게 이행하고 나치전쟁범죄에 대한 경각심을 공적 시민교육과 제도구성의 핵심적인 부분으로 삼고 권면하고 있는데 비하여, 일본은 과거사를 수치로만 알고 지우는데 혈안이 되어 아시아에서 역사논쟁을 일으키는 장본인이 되었습니다. 뉘른베르그 재판을 앞서 언급했습니다. 독일이 뉘른베르크 재판이 종결된 후에도 지속적으로 나치전범을 처벌하기 위한 노력을 전개하였는데, 일본은 일본정부가 재출범한 이래로 단 한차례도 전범을 기소하여 처벌한 적이 없습니다. 그들이 과연 도쿄재판소의 설치근거가 되었던 국제인도법의 취지를 수용하고 있는지조차 의심스러운 행동을 보여주고 있습니다. 강요된 것이냐 자발적인 것이냐 보다는 올바른 국제법, 국제정의를 실현하고 있느냐만이 중요합니다. 그리고 그것을 지지하는 건강한 시민이 얼마나 많은지가 그 나라의 미래라고 생각합니다.

우리는 과거청산의 국제적인 압력을 받는 적이 없습니다. 아직은 미흡하지만 우리 스스로의 내적 동력에 의하여 성취한 청산이었습니다. 이것도 그 자체로 높이 평가할만한 일입니다. 그러나 폭력적인 구조가 야기한 피해를 구제하는 일에는 어느 정도 성공하였지만 폭력적 구조 자체를 극복하는 데에 이르지 못했기 때문에 아직도 갈 길이 멉니다.

'잘 살아 보세' 신화가 남긴 상처들

/ 이광일 /

'잘 살아 보세' 신화가 남긴 상처들

이광일

성균관대학교 강사

일상의 아픔과 상처들, 휴일 없는 〈휴일〉

오늘 강의제목을 제가 〈'잘 살아 보세' 신화가 남긴 상처들〉이라고 했는데, '잘 살아 보세'라는 내용은 아마 별로 없을 거예요.(청중 웃음) '잘 살아 보세', 이게 새마을운동하고 직접적인 연관이 있지요. 새마을운동의 구호가 '잘 살아 보세'니까. 하지만 그런 것보다는, 그러한 현상적인 것보다는 문제를 좀 본질적으로 봐야 될 것이 있는데, 나눠준 강의록 뒤에 보시면 제가 뭐, 전태일 분신, 광주대단지 사건, 이른바 2차 인혁당 사건, 동일방직 똥물 사건 등에 대해 적어 놨어요. 그 당시 '잘 살아 보세'가 남긴 상처들이죠. 그리고 일상의 상처들과 관련하여 〈휴일〉이라고 하는 영화 등 몇 작품을 적어놨어요. 〈휴일〉은 이만희 감독의 작품입니다. 〈바보들의 행진〉, 〈삼포 가는 길〉, 〈영자의 전성시대〉 등은 유신체제가 한창 기승을 부리던 1975년쯤에 나온 영화들인데요. 한국 영화사에서는 그 시대의 문제를 다룬 의미 있는 작품들이지요.

〈휴일〉이라고, 혹시 이 영화 보신 분 계세요? 아 보셨어요! 이만희 감독이라고, 제가 정치학을 공부하고 있는 사람인데, 한국 영화에 대해서는 문외한이지만 무척 좋아하는 감독 중 한 분입니다. 사적인 것을 말씀드리면 제가 왕십리라는 곳에서 태어났거든요. 그 곳에서 태어나서 대학교 몇 년 때까지 쭉 살았는데 이 분이 영화계에서 이른바 '왕십리파'예요. 아마 왕십리에서 태어나 그곳에서 사시기도 했나봅니다. 또 희곡을 쓰는 백결선생이라고 이만희감독과 작업한 작가 분이 계신데, 〈휴일〉도 이 분이 쓰신 시나리오지요. 아마 이 분들이 영화의 상징인 충무로가 아니라 왕십리에 모여서는 이런저런 논의와 작업들을 하고 그랬었나 봐요. 그래서 '왕십리파'라는 이름이 붙여진 거구요. 어찌 보면 '비주류'라고나 할까요. 원래 왕십리 자체가 그런 곳이었지요.[1] 〈휴일〉은 당시에는 상영되지 못했습니다. 이후 필름이 존재하지 않는 것으로 알고 있었는데, 나중에, 그러니까 2005년에 한국영상자료원에서 발굴해 부산국제영화제의 이만희 회고전에서제에서 처음 상영을 하게 되었지요. 반응이 매우 좋았습니다.

저도 보지는 못했지만, 이만희 감독의 영화가운데 가장 대표적인 것으로는 〈만추〉라는 것이 있어요. 이 작품도 지금은 필름이 존재하지 않습니다. 이후 리메이크 되었는데, 1982년 김수용 감독에 의해 김혜자 씨와 정동환씨가 주연을 맡아 찍은 것이 있고 그 다음에 누구죠, 요즘 인기가 있는 배우... 네, 현빈과 탕웨이가 같이 찍은 것이 있지요, 맥락은 전혀 다르지만요. 〈만추〉는 이만희 감독의 최고의 작품이라고들 해요.

---

[1] 아마도 왕십리(往十里)의 이런 주변성 때문에 그에 관한 다양한 장르의 작품들이 단속적으로 나온 것이 아닌가 생각된다. 김소월의 시 '왕십리'를 비롯하여 조해일의 소설 『왕십리』, 그리고 그것을 시나리오로 각색해 만든 임권택 감독의 영화 〈왕십리〉 등이 대표적이다. 김흥국의 대중가요 '59년 왕십리'도 왕십리의 애잔한 주변적 정조를 담고 있다.

당시에 영화를 본 사람들이 극찬을 했습니다. 특히 이야기 중심이 아니라 이미지 중심의 영화로서 호평을 받았다고 하지요. 그런데 영화평론가 정성일씨는 '설혹 〈만추〉가 발견된다고 하더라도 〈휴일〉이 그에 견줄만한 이만희 감독의 대표작품이라는 평가는 크게 변하지 않을 것이다.'라는 견해를 밝히기도 하였습니다.

〈휴일〉은 1968년에 만든 영화입니다. 이 때는 박정희 정권이 한일협정을 타결 짓고 베트남 파병을 통해 동원할 수 있었던 자원들로 경제성장을 추진하던 그런 시기였는데, 이 영화를 보면 그런 성장의 얘기는 하나도 나오지 않아요. 오히려 그 분위기는 아주 암울하고 을씨년스럽지요. 외견상 스토리는 가난한 연인들의 사랑이야기인데, 추운 겨울날 주로 데이트하는 장소가 물기라고는 하나 없는 차갑고 뿌연 흙먼지 바람이 심하게 부는 장충단 공원과 남산 등이고, 또 확실치는 않지만 제가 볼 때, 뚝섬유원지 혹은 광나루 등이 아닌가라는 생각도 들고요, 어렸을 때 기억에 의존하면요. 물론 미루나무 숲에서 두 연인이 다투고 데이트하는 환상적인 장면이 나오기도 하는데, 그것은 현재가 아니라 과거의 모습, 즉 플래쉬 백(flashback)이예요. 아무튼 현재 그들에게 즐거운 일은 없습니다.

나중에 한 번 보시면 알겠지만, 당시 자본주의 산업화의 성과랄까, 이른바 잘 나가는 그런 모습은 하나도 재현하고 있지 않아요. 그리고 그러한 것과는 상관없이 결국 주인공 허욱(신성일 扮)이 죽는 걸로 끝나지요. 당시에 상영하지 못한 이유는 영화가 되폐적이라는 것 때문이었어요. 임신중절 이야기가 중요한 소재이고 사회비판적인 지식인의 모습, 술집에서의 남녀의 만남과 하룻밤 사랑 등도 그려지지요. 그 때는 검열이 있었으니까, 제작 이전에 시나리오 검열 등도 있었고요. 결국 관련 당국이 상영을 하고 싶으면 주인공을 군대에 보내는 설정으로 바꾸라는 요구를 하였데요. 군대라는 게, 특히 남자들은 뭔가 일이 잘 안 풀리고 도저히 어떻게 할 수 없을 때, 군대를 많이 가잖아요. 경제적인 이유를 포함해서요.

그런데 다른 한편으로 군대라는 것은, 특히 반공분단체제에서 체재 내화의 대표적 상징이기도 하지요. 어렸을 때 남성들은 이런 말 많이 들어봤잖아요, 어머니들이 아들에게 "군대 다녀와야지 사람 되지 저거. 군대를 갔다 와야 진짜 남자가 되지." 근데 그런 제안을 거부한 거죠. 감독, 시나리오작가, 제작자 모두가요. 감독이 원래대로 주인공을 죽이는 걸로 끝내지요. 아이러니하게도 이른바 '재충전의 시간인 휴일'에 두 연인은 죽지요. 한마디로 시대와의 불화를 보여주고 있습니다. 여담이지만, 신성일이 주인공인데 여주인공으로는 이름이 잘 알려지지 않은 전지연이라고 하는 배우가 나와요. 하지만 이 여배우가 찍은 다른 영화를 볼 수가 없습니다, 찾아보았지만. 아무튼 여러분들도 보시면 나름 미인이다, '아름다운 배우다.'라는 생각을 할 거예요.

그리고 유신체제시기에 만들어진 하길종 감독의 〈바보들의 행진〉은 여러분들도 많이 보셨잖아요. 〈바보들의 행진〉은 거의 30분 정도가 잘려나갔죠, 검열로. 제가 이 영화들 파일을 다 가지고 왔는데 조금씩 보여드리면, 강의 시간이 너무 짧아질 것 같고, 아무튼 보다보면 말이 안 되는, 맥락이 이어지지 않는 장면들이 많이 나와요. 검열로 30분 가까이 잘렸으니 제대로 됐겠어요. 한 예로 학생들이 강의를 듣고 있는 중에 밖에서 시위하는 소리가 들리고 저 시위에 가담을 할 것인가, 말 것인가를 놓고 번민하는 그런 장면이 나오는데, 상식적으로 다음 장면에서 시위하는 장면이 나와야 하잖아요, 그런데 갑자기 '연고전'을 하는 그런 장면(청중 웃음), 아이스하키 등 운동시합 장면이 나오니까 전혀 연결도 안 되고, 맥락이 이어지지 않지요. 어찌 보면 이게 그 시대상을 상징적으로 보여주는 장면인데, 저는 비록 이 영화가 대중영화이기는 하지만, 또 다른 '다큐멘터리'가 아닌가 하는 생각을 해요. 당시의 상처를 적나라하게 드러내주는, 의도하지 않은 또 하나의 다큐멘터리라는 생각 말이지요.

나중에 영철(하재영 扮)이 고래를 잡겠다고 동해바다로 가죠. 근데 동해바다를 가도 그 때 영동고속도로가 부분적으로 뚫리고 그랬을 때인데, 힘들게 자전거를 타고 거기까지 계속 가죠. 이 친구는 자전거를 좋아하는데, 자전거는 이 친구의 성격이랄까 그것을 상징화하는 것이기도 합니다. 온 힘을 다해 자전거로 가죠. 오히려 지금 사람들이 그런다고 하면 이해를 하죠. 왜냐면 요즘은 건강을 위해서 자전거 타고 전국을 일주하는 사람들이 적지 않으니까 그럴 수도 있지 않겠습니까. 그런데 자전거 타고 산맥을 넘어서 동해바다로 가지요. 그리고는 고래를 잡겠다며 자전거를 타고 파도치는 까마득한 절벽 아래로 뛰어듭니다. 이게 일종의 사회비판, 권력에 대한 비판이지요. 암튼 이런 것들이 결국 '잘 살아 보세'라는 슬로건 속에서 생겨난 상처들이라는 거죠. 작은 꿈들이 포말처럼 산산이 부서지는.

〈삼포 가는 길〉은 이만희 감독의 마지막 작품인데, 이 작품을 찍고서 편집을 하는 도중에 죽거든요. 그 전에 〈7인의 여포로〉로 국보법에 걸려 정보부 그런데 끌려가서 모진 일을 당하고 구속을 당한 최초의 감독인데, 이 분은 항상 시키는 대로는 안하는 사람이니까, 이른바 요주의 인물이었을 거란 생각을 합니다. 대체로 반공영화의 서사구조가 주인공이 처음부터 아주 확고한 반공주의자로 그려지든가, 이것이 너무 뻔하다고 하면 고뇌하는 지식인처럼 회색지대에 있다가, 즉 공산주의와 자본주의의 문제점에 대해 고뇌하다가 결국 어떤 계기를 통해 반공으로 가는, 대개가 그렇게 정리가 되죠. 물론 이만희감독도 이런 코드를 완전히 부정하는 건 아니지만, 항상 다른 얘기를 하니까 문제가 되죠. 휴머니즘 같은 그런 거 말이죠. 휴머니즘 그 자체를 통해 무언가 반공분단체제가 강요하는 것을 자꾸만 뛰어넘고자 하고, 또 하라는 대로 하지 않으니까 요시찰의 대상이고 결국 영화 만들기도 힘들어지고 그러다가 술을 또 많이 먹게 되었겠지요.[2] 40대 중반에 〈삼포 가는 길〉 편집을 하다가 피를 토하며 죽게 되는데, 유지형의 『영화감독 이만희』에 의하면 장례식을 할 곳을 구할 수 없어서 스카라극장 옆 쓰레기집하장 같은 곳에서 장례식을, 그것도 경찰의 채근으로 쫓기듯이 했다고 해요. 그래도 이만희 감독이 한국의 작가주의 감독 가운데 빼놓을 수 없는 분인데, 쓰레기집하장 같은 곳에서 장례식을 쫓기듯이 했다는 것은 마음을 짠하게 만들지요. 유신시대니까 유신에 대한 반대, 영화시책에 대한 반감을 터뜨릴지 모른다는 기우에서 그렇게 했다고 합니다. 이것도 '잘 살아 보세'가 남긴 상처들인 거죠. 그 상처들이 영화 속에도 담겨 있고.

그런데 1960-70년대 '작가주의 영화'라고 하는 게 대체적으로 보면 그 중심인물들이 지식인들이나 그런 사람들이지요. 〈휴일〉이라는 것도 보면 아주 하층민들의 이야기가 아니라 지식인들의 이야기인데, 어떻게 보면 유일하게 〈삼포 가는 길〉에서는 생존을 위한 주변부의 세 남녀를 통해 당시 민중들의 삶을 이야기하고 있습니다. 이런 맥락에서 '삼포'라고 하는 곳은 자본주의 산업화로 다시 돌아갈 수 없는 고향, 아니면 이상향 등 여러 가지 해석을 할 수 있죠.

이 영화도 마찬가지로 마지막 장면에 남해대교의 전경이 원경으로 비추어지면서 끝나지요. 남해대교가 1973년에 준공된 우리나라에서 가장 오래된 현수교지요. 미국의 금문교인가, 그걸 보고 남해대교를 만들었다고도 하잖아요. 주인공 정씨(김진규 扮)가 버스를 타고 고향인 삼포로 가는데, 그곳이 이미 개발되어 이전과는 전혀 다른 곳이 되어버렸다는 말을 듣고 매우 곤혹스러운 표정을 짓는데, 마지막 장면은 그와 달리

---

2) 이만희의 미작 영화 〈천국의 사랑〉이 대표적이다. 이 영화는 반전의식으로 전쟁을 그렸다고 하며 40% 정도 촬영되었으나 권력의 압력에 의해 미완으로 남겨질 수밖에 없었다고 한다. 후에 이 시나리오는 이원세 감독에 의해 〈전우가 남긴 한마디〉로 만들어졌으나 그것은 이만희 감독이 애초 구상했던 것과는 전혀 다른 것이었다고 한다. 유지형, 『영화감독 이만희』(다빈치, 2005), 263~267쪽 참조.

남해대교를 원경으로 파노라마처럼 쫙 보여주고 그런 당혹스러운 분위기와는 어울리지 않는 음악, 당시 사극 등에서 자주 나오는 장엄한 음악을 배경으로 하면서 끝이 나지요. 지금까지 영화가 보여주었던 것과는 무척 낯선 장면으로요. 〈삼포 가는 길〉이 사실 그런 영화가 아닌데 말입니다.

영화의 마지막에 세 사람이 역에서 헤어지게 되는데, 애초에는 그것이 마지막 장면이었다고 해요. 아마도 남해대교 장면은 이만희감독의 죽음이후 추가된 것이 아닌가 하는 생각이 듭니다. 다른 이야기 같지만, 그 당시 대중가요를 담은 테이프나 LP판을 보면 이른바 건전가요가 맨 끝에 하나씩 들어가 있잖아요. 군가라든지, 뭐 '서울의 찬가'라든지 그런 거요. 이 영화의 마지막 장면도 그것을 연상케 하거든요. 무언가를 선전하는 것처럼 말이지요. 어떻게 보면 실소를 금할 수 없는 장면이기도 한데, 이게 다 상처들인 거죠.

김호선 감독이 만든 〈영자의 전성시대〉는 한 하층 여성이 그 시대를 어떻게 살아갔는지를 잘 드러내 보여주고 있지요. 가난한 시골 어느 집의 장녀인 한 여성이 서울에 올라와 식모를 하고 공장을 다니고 버스 차장을 하다가 사고로 팔을 잃고 말지요. 결국 술집을 전전하며 남성들의 노리개가 되었다가 과거 첫사랑을 만나 도움을 받지만 결국 그를 떠난 후 다리가 온전치 못한 착한 남성을 만나 삶을 꾸려간다는 그런 이야기입니다. 이 영화는 가부장주의의 틀 속에서 벗어난 것은 아니지만, 유신체제 시기 하층여성들이 어떤 구조 속에서 자신의 삶을 살았는 가를 리얼하게 잘 그려내고 있습니다. '잘 살아 보세'라는 슬로건을 믿고 꿈을 가지고 상경했지만, 거기에는 기대와 달리 착취와 반여성적인 현실만이 존재했던 거죠. 이 영화 또한 '잘 살아 보세'라는 신화가 배태한 상처를 잘 재현해주고 있지요.

새마을운동 — 농민의 노동력 착취 및 정치적 동원, 도시/공장 포위전략

그래도 박정희정권이 추진한 새마을운동의 '잘 살아 보세'에 대해서도 좀 얘기를 해야 되겠지요. 박근혜정권이 들어선 이후 새마을운동에 대해 요사이 이런저런 이야기들을 많이 하는데 중요한 게 뭐냐면 처음 새마을운동이 '농촌 잘 살기 운동'으로 시작되었다는 사실이에요. 따라서 이 '농촌 잘 살기'가 그 당시에 객관적으로 가능한 것이었는가, 어떤 조건에서 나온 것이었는지에 대해 한 번 생각을 해봐야 합니다. 그래야 새마을운동의 성격, 특징이랄까 그런 것들을 잡아 낼 수 있으니까요.

처음 박정희씨가 쿠데타를 하고 이른바 민정이양을 해서, 제3공화정이 출범하는데, 그 때 집권 공화당의 상징이 황소였잖아요. 박정희씨도 연설을 하면, 자신이 가난한 농민의 아들이었다는 것을 무척 강조하곤 했고요. 그런 것들이 쿠데타 초기에 농어촌 고리대정리법안을 만들게 하기도 하고 내포적 공업화정책에 반영되기도 합니다. 대표적으로 중공업을 우선시하고 내수시장의 활성화를 위한 농업 진흥 등을 주장하는데, 실제로 이런 것들이 적잖은 주목을 받게 되죠. 그런데 이런 것들이 다 실패를 하고 1968년쯤이 지나면 제3공화정, 공화당 정권이 했던 농업 정책이라는 것이 다 파탄이 나기 때문에 그런 맥락에서 보면, 역설적으로 농촌(업)을 파탄 낸 사람들이 농촌을 잘 살게 하자, 이런 슬로건을 낸 것이라 할 수 있죠.

하지만 여러분도 잘 알다시피 이 시기가 1960년대 말-70년대 초라는 것입니다. 그 이전 한국전쟁이후인 50년대 말-60년대 초에도 경제위기가 있었죠. 50년대 말 미국이 냉전정책을 위한 달러남발로 경제위기에 이르고 그 결과 대외원조를 줄이게 되는데, 우리나라 재정에서 이 원조가 차지하는 비중이 상당했잖아요, 이승만정권 시대에. 그러니까 뭐 휘청하는 거죠. 그런데 60년대 말은 그 때와는 좀 다르거든요. 이 시기는 한국자본주의가 나름대로 어느 정도 성장을 해 내적인 자기동력을 갖게 된 상황에서 경제위기를 맞은 거거든요. 단순히 원조를 끊어서 그런 게 아니라 나름 수출을 해서 이른바 경제성장을 하던 때인데, 뭐 미국에서 섬유제품의 수입을 제한하고, 세계 경제 자체가 위기의 시기에 들어가니까요. 그래서 경제위기를 해소, 극복하는 것이 핵심적인 최우선 과제였고 그런 맥락에서 새마을운동도 봐야 되는 것이지요. 그 당시 임방현씨라고 청와대에서 사회담당 특별보좌관으로 일하고 나중에 대변인도 하고 그랬지요. 이 사람이 솔직하게 이야기를 해요. 농촌에 쓸 돈이 없었다는 거예요. 제3차 경제개발계획을 보면 대부분 중화학 공업이라든지 그 쪽에 자금이 다 들어가기 때문에 그 사람 쓴 것 보면, 농촌에 쓸 돈이 없었다는 것이에요.[3] 그러니깐 잘 알다시피 새마을운동에서도 지원해주는 게 약간의 시멘트 정도였고 그것마저도 차별적으로 지원되었잖아요. 마을간 경쟁을 시키고 또 전시효과가 큰 지역, 즉 고속도로 주변의 규모 있는 지역 같은 곳이나 주지 오지나 그런데는 잘 안주거든요. 그러기 때문에 핵심적인 것은 결국 농민들의 노동력이라는 것을 쥐어짤 수밖에 없는 거지요. 근면, 자조, 협동이니 하는 것도 바로 이런 차원에서 우리가 이해를 해야 되는 것이고요.

또 다른 한 측면이 뭐냐 하면 새마을운동이 농촌을 대상으로 처음 시작을 했을 때, 농촌지역이라는 게 누천년 동안 이어져온 게으름의 상징적 장소였다는 것이지요. 겨울이 되면 뭐 화투나 치고 술이나 마시고. 근데 어찌 보면 당연한 거 아니에요. 화투라도 안치면 뭐하겠어요, 할 게 없는데. 그 당시 땡땡 얼은 땅에서 비닐하우스나 뭐 그런 것을 할 수 있나요, 하고자 해도 돈이 없는데. 아무 것도 할 수 없는 상황에서 화투라도 치는 것이지요. 그런데 당시 부정적 가치를 담은 용어는 다 가져다 붙였지요. 나태하고 게으르고 뭐하고 등등, 다 농촌에 대한 규정

---

3) 임방현, "5.16정신과 새마을정신", 『세대』(1972.7) 참조.

이었잖아요.

그런데 여러분들이 알다시피 1-2년 지나서 새마을운동이 도시, 공장으로, 도시/공장새마을운동으로 확대되어 가잖아요. 그 결과 불과 1-2년이 지나지 않아서 농촌은 근면, 성실의 상징이 됐고 도시는 사치, 낭비, 방종 뭐 이런 걸로 대비되어 규정되었죠. 이것은 일종의 '도시포위전략'을 상징하는 언술이라 할 수 있지요. 이러한 언술은 처음에 농촌에서 새마을운동을 시작한 의도가 어디에 있었는지 짐작케 하는데, 최장집 교수가 오래 전에 쓴 『한국의 노동운동과 국가』라는, 어떻게 보면 고전과 같은 책인데, 거기에 보면 새마을운동의 핵심목표는 농촌에 있는 게 아니고 도시와 공장에 있었다는 이야기가 나와요.[4] 이러한 평가는 당시가 경제위기 시기였고 도시가 박정희정권에 비판적이었다는 점에 주목하면서 다시 음미해 볼 필요가 있어요. 결국 새마을운동을 농촌에서 먼저 시작한 것은 도시라든지 공장지대, 노동자들을 통제하기 위해 한 것이었지, '농촌 잘 살기운동' 그 자체가 목표였던 것은 아니라는 것이죠.

물론 다른 한편으로 의미는 있었습니다. 새마을 운동의 가장 큰 의미는 자본의 입장에서 찾을 수 있는데, 결국 농촌이 시장에 아주 밀접하게 연결되기 시작했다는 것이죠. 경부고속도로가 뚫리고, 지금은 도로가 사방으로 뻥뻥 뚫려있으니까 잘 모르는데요. 당시 시골에는 조그만 삼륜차도 들어가지를 못했으니까 마을길을 정비한다는 게 사실 자본의 입장에서 보면 엄청 큰 거죠. 시장에 대한 접근성이랄까, 자본의 침투력이랄까, 이런 게 상당히 제고되는 측면이 있었기 때문에요. 사실 '일일생활권'이라는 게 그런 거잖아요.

요사이 새마을운동에 다시 주목해 '제2의 정신혁명'과 경제발전을 해야 한다는 주장이 나오고 새마을운동으로 농촌이 잘 살게 되었다는

---

4) 최장집, 『한국의 노동운동과 국가』(열음사, 1988), 184~185쪽 참조.

점이 강조되고 있지요. 그렇지만 단적으로 말해 농촌이 그렇게 잘 살게 되었는데 왜 그곳에 젊은 사람들이 없겠어요? 왜 아이들이 없겠습니까. 그렇잖아요. 냉정하게 봐야 해요. 이런 지금의 상황은 과거부터 추세적으로 그렇게 되어 온 거잖아요. 농촌이 잘 살게 된다는 건 뭐냐면, 그 안에서 주민들이 생활할 수 있는 어떤 사회경제적, 문화적 구조가 형성되어야 하는 것을 의미하는데, 농촌이 그렇지 못하다는 거죠. 그렇게 되니깐 사실은 다들 떠나고 지금 가서 보면 60세 이상 되시는 분이 젊은 층에 속하는 그런 현상들이 일반화되고 있는 거죠. '아이들이 없다'라고 하는 것은 아주 상징적인 것이죠. 그것은 이미 그 지역이 죽었다는 것을 말하는 것이거든요.

다른 한편으로 새마을운동은 정치적으로 대중을 호명해 확고한 지지 기반을 만들려고 했다는 점에서 매우 중요하다고 생각합니다. 이미 지적한 것처럼 새마을운동이 도시와 공장의 통제에 목적이 있었다면, 이 점은 더욱 주목받을 필요가 있는 것이지요. 이와 관련하여 새마을운동을 '민주주의의 도량'이니 뭐니 말하지 않습니까. 그런데 잘 아시다시피 완전히 청와대를 정점으로 한 관주도의 일률적 사업이었잖아요, 전혀 그런 게 아니었잖아요. 우리가 흔히 마을길을 넓힌다고 그러면 마을 길 지나가는 땅 소유주가 그걸 자발적으로 쉽게 내놨겠어요? 그렇지 않았잖아요. 그렇기에 기부를 자꾸 미루는 거죠, 등기이전 같은 거를 계속 미루고요. 언젠가는 찾아와야 하니까. 보도가 안 되서 그렇지 실은 이런 일이 적지 않았거든요. 그리고 또 농민들의 경우, 삶이 어려워서 '잘 살기 운동'을 하는 것인 만큼, 농사를 열심히 지을 수 있도록 도와야 하는데, 오히려 강제로 노동력을 동원하는 등 말이 안 되는 짓을 하거든요. 실상이 이런데도 지금 제2의 새마을운동 운운하는 것은 그것을 통해 뭔가 사회경제적, 정치적 이익을 얻을 수 있는 사람들이 그렇게 하는 거죠. 그렇기에 틈만 나면 새마을운동, 운동하는 것이죠.

'잘 살아 보세', '발전국가'의 모토

새마을운동에 대해서는 또 얘기할 수 있는 시간이 있으면 하고요. 오늘은 박정희체제의 '잘 살아 보세 신화가 남긴 상처들'이라는 강의 주제와 관련된 몇 가지 문제들에 차분히 생각해 보고 그러한 상처를 넘기 위해 요구되는 발상의 전환 및 삶에 관해 이야기를 나누어야 하는데요, 일단 나눠준 자료를 보시면요.

우선 박정희체제의 성격에 대해 함께 생각해 보지요. 이와 관련하여 그 동안 정치학에서 진행된 연구동향을 보면, 이게 뭐 단선적인 것은 아니지만 군부독재, 관료적 권위주의, 종속적 파시즘, 개발독재, 발전주의국가 등 이런 순서로 규정되고 있지요.[5] 군부독재라고 하는 것은 잘 아시다시피 5.16 쿠데타 이후에 이른바 민정이양을 거치기는 했지만, 군부가 실질적으로 지배를 했으니까 당연히 군부독재라는 말이 사용될 수밖에 없는 것이고요. '관료적 권위주위'라고 하는 것은 라틴아메리카에서 '산업의 심화(deepening)'를 위해 관료권위주의가 등장했다는 논의를 수용해서 유신체제의 성격을 규명하고자 한 것이죠. 라틴아메리카에 페론주의(Peronism)니 하는 이른바 노동자 친화적인 민중주의 있었잖아요? 이들에 의해 수입대체산업이 이루어지다가 이게 위기에 직면하게 되자 우리식으로 말하면 산업을 중화학공업 중심으로 재편해야 하는데, 이때 강압적인 군부가 쿠데타로 집권을 해서 그 과제를 추진해 나갔다는 것이죠. 거대 자본, 군부 및 관료 이런 사람들이 쿠데타동맹을 맺어서요, 물론 해외 다국적 자본도 결탁되어 있는 거죠. 이렇게 등장한 것이 관료권위주의 정권이라는 것이죠. 이 논의를 가져다가 한국에 적용한 것인데, 아까 말씀드린 것처럼 한국도 60년대 말 경제위기가 오고 대대적인 구조조정을 하게 되지요, 부실기업정리라고 해서요. 특히 외자를

---

5) 이광일, 『박정희체제, 자유주의적 비판 뛰어넘기』(메이데이, 2011) 2장 참조.

들여와서 과잉, 중복 투자한 것이 문제가 되니까 그렇게 한 것입니다. 그 다음에 유신체제를 통해 위기의 돌파구로 중화공업화를 본격적으로 추진하죠. 그래서 이런 점에 주목하여 관료권위주의정권이라 규정을 하는 것이고요.

종속적 파시즘은 서구나 라틴아메리카의 파시즘 논의를 수용해서 유신체제에 적용한 것입니다. 유신체제가 단순히 권위주의이냐, 좀 골치 아픈 이야기이기는 하지만, 한국에서 정치권력을 얘기하면 다 권위주의라고 하잖아요. 이승만도 권위주의, 박정희의 제3공화정도 권위주의, 유신체제도, 전두환 정권도 다 권위주의 이런 식이잖아요. 그러니까 이게 도대체 변별력이 없는 거죠. 그러면 아까 말씀드렸다시피 유신체제라고 하는 것은 뭐라 그래야 되나, 흔히 말하는 '형식적 민주주의', 그런 것을 완전히 부정한 권력이잖아요. 유신정우회(유정회)라든지, 통일주체국민회의라든지 그런 것들이 그 성격을 담보하는 제도적 상징물인 것이고요. 그러니까 아까 말한 영화 〈바보들의 행진〉, 그런 데서도 잘 재현되어 있지만, 장발을, 치마 길이를 단속하는 등 사실 지금 보면 있을 수 없는 일들이 벌어지는 것이잖아요. 가장 기본적 권리라 할 수 있는 자기신체에 대한 자유를 국가가 노골적으로 개입하여 통제하는 것이지요. 이런 정권하고 3공화정이, 이전의 이승만 정권이 어떻게 같을 수 있느냐 하는 거죠, 물론 앞에 수식어가 붙어 '무슨, 무슨 권위주의'라고 부르기는 하지만 말이지요. 저는 공개적 독재체제, 파시즘 체제라고 규정하는데, 이는 이전의 정권들과는 본질적으로 다르다는 깃이고 '무슨 권위주의'보다는 더 현실정합성이 있다고 보기 때문이죠.

하지만 이 사회에서 가장 대중적으로 통용되고 있는 것은 이른바 '개발독재'라는 용어입니다. 이는 쉽게 이해할 수 있는 용어이기 때문이기도 한데, '개발을 위해 독재를 했다'는 것이죠. 그리고 그 연깅에서 요즘에 학계에서 많이 쓰는 규정이 신제도주의에서 말하는 발전국가

(development state)라는 것이지요.[6] 일예로 간단히 비교하면, 이승만정권은 '약탈국가'(predatory state)이지만, 박정희 정권은 발전국가라는 주장이죠. 약탈국가라는 말 들어보셨나요? 쉽게 말하면, 약탈국가는 지대만 추구하는, 지대만 따먹고 전체적인 거시경제의 측면에서 발전계획을 세워 그것을 위해 투자를 하는 등 그런 것을 전혀 하지 않는 국가라는 것이죠. 그런데 박정희정권은 그렇지 않았다는 거지요. 제한된 인적, 물적 자원을 경제개발을 위해 아주 적재적소에 여러 법, 제도 등을 동원해서 투입하는 등 잘 사용을 했다는 거죠. 그래서 경제성장을 이루었다고 하는 거거든요. 대표적으로 제도의 차원에서 보면, 이른바 선도기관(pilot agency)으로서 경제기획원이라는 것을 만들어서 계획을 총괄하게 하고 상공부라든지 경제관련 부처 등을 만들고 또 수출입은행 등을 만들어서 수출기업들에게 다양한 혜택들을 주잖아요, 여러 금융적인 혜택들이요. 그래서 국가계획에 맞추어서 움직이게 하고요. 물론 이때 국가는 일방적으로 지시하는 행위 주체가 아니라 기업들과 서로 소통하는 관계를 맺고 있었다는 것이고요. 이른바 '착근된 자율성(embedded autonomy)'이라는 것이지요.[7]

결국 발전국가론이 말하고자 하는 것은 '잘 살아보세'를 선도한 것이, 또 잘 살게 된 것이 무엇보다 발전국가, 박정희정권의 '예지와 결단' 때문이라는 것이죠. 박정희라는 리더, 박정희 체제가 제한된 인적, 물적 자원을 경제개발을 위해 전략적, 효율적으로 잘 배치, 사용했기 때문에 급속한 경제성장이 가능했고 그로 인해 잘 살게 되었다는 그런 거죠. 그리고 적지 않은 사람들이 이러한 생각을 공유하고 있고요. 그렇기에 주류 학계에서도 발전국가 얘기를 많이 하는 것이겠지요.

그런데 한 가지 중요한 것은 이 발전국가라는 발상이 주로 국가의

---

6) 대표적으로 P. Evans, *Embedded Autonomy*(Princeton: Princeton Univ. Press, 1995) 참조.
7) 이에 관해서는 김윤태, "발전국가의 기원과 성장-이승만과 박정희체제에 대한 역사사회학적 연구", 『사회와 역사』, 제56집(1999) 참조.

어떤 기능적 측면에 주목하는 것이지, 그것의 계급적 성격이라든지 그런 것에 대해 논의하는 개념이 아니라는 것입니다. 원래 일본을 모델로 했던 논의가 이른바 '아시아의 네 마리 용'으로 확장되면서 한국의 경제 성장, 발전을 설명하기 위한 틀로 적용된 것이지요.[8]

박정희체제에 대한 평가 — 자유주의적 이분법, '추억으로서의 상처'

그러면 이러한 맥락을 염두에 두면서 박정희정권에 대한 기존의 평가에 대해 살펴보지요. 조금 전 발전국가에 대해 이야기했지만, 그에 대응한 박정희정권에 대한 평가로는 경제를 성장, 발전시킨 것에 대해서는 그 공을 인정해야 하지만, 독재를 한 것에 대해서는 비판받아야 한다는 것, 즉 3공화정까지는 그래도 정치적 민주주의를 완전히 부정하지 않았는데, 이후 유신체제와 같은 독재를 해서 비판을 받아야 한다는 것이 일반적입니다. 즉 적지 않은 사람들이 이런 평가에 동의하고 있는 것이지요.

그런데 이와 같은 평가들은 정치와 경제, 국가와 사회를 서로 분리시키는 자유주의적 이분법의 틀 안에 있습니다. 애초 양자가 분리될 수 없는 관계라는 전제 위에서 출발하는 것이 아니라 이른바 경제, 사회의 외부에 분리되어 있는 국가와 그 개입을 문제시하는 것이지요. 즉 정경유착으로 표현되는 국가의 개입, 노동현장에 대한 권위주의적 개입 등 이런 것만 제거되면 사실 문제될 일이 없다는 것이지요. 따라서 이 때 가장 핵심적인 것은 '국가의 민주화'입니다. 1987년 이후 김영삼, 김대중, 그리고 노무현 정권이 말했던 민주화도 이런 발상에서 크게

---

8) 그 원조는 일본의 경제발전을 다룬 존슨(Chalmers Johnson)이다. C. Johnson, *MITI and the Japanese Miracle: the Growth of Industrial Policy, 1925-1975*(Stanford, Calif.: Stanford University Press, 1982) 참조.

벗어나지 않습니다. 경제 및 사회관계들 자체에 문제가 있는 것이 아니라 독재정권이 개입을 해서 노동자들을 탄압하고 기업가들의 혁신적인 활동을 불가능하게 한 것, 즉 '어둠의 경로'를 통해서 정치자금을 받고 하는 것들이 문제이니 만큼 정경유착의 고리를, 노동시장에 대한 개입을 끊고, 시장에 맡겨둬야 된다는 논리를 펴는 것이죠. 이게 바로 자유주의적인 이분법의 논리이고 그렇기에 지금 신자유주의 지구화시대의 모토와 연결되는 것이기도 하죠.

그렇다면 '국가의 민주화'가 뭐냐. 민주주의 발상은 크게 인민주의적인 흐름과 엘리트주의적 흐름으로 나눌 수 있는데, 전자는 '인민의 자기지배, 자기통치'라는 발상을 핵심으로 하지만, 후자는 위임 받은 엘리트의 지배를 민주주의로 파악합니다. 그런데 한국사회는 보수수구독점의 정당체제로 인해 후자가 지배적입니다. 이는 지금 여당인 새누리당과 제1야당인 민주당의 거의 대부분의 구성원이 엘리트민주주의자들로 구성되어 있다는 것을 의미하죠. 물론 이들 또한 말로는 주권자로서의 인민(국민)의 자기 지배, 자기 통치 그 자체를 노골적으로 부정하지 않습니다. 새누리당이 '인민이, 국민이 주인이다, 통치의 주체다'라고 하는 것을 부정하나요? 대놓고 부정하지 않습니다. 그런데 조건을 달죠. 어떻게 이 복잡다단한 사회에서 인민이 직접 통치할 수 있느냐고 말이죠, 이렇게 해서 민주주의 문제를 직접민주주의냐, 간접민주주의냐 라는, 어떤 수단의 선택문제로 치환해 버리는 것이지요. 어느 것이 더 효과적이냐 라는 기능적인 문제로 말이죠. 사실 엘리트주의적인 민주주의라는 건 어떤 수단, 즉 대의제라는 수단을 민주주의 그 자체라고 주장을 하는 것이거든요.

이런 맥락에 주목하면 '국가의 민주화'가 의미하는 내용이 무엇인지 분명해 집니다. '민주주의로의 이행(transition)', '민주주의의 공고화(consolidation)', 이런 말 많이 들어보셨죠? 1987년 6월항쟁 이후에 한국은 민주주의 이행을 지나서 공고화의 단계에 들어섰다, 머 이런 얘기죠. 그런데 이러한 언술들은 기본적으로 슘페터(J. Schumpeter)의 민주주의에 대한 최소 규정에 그 뿌리를 두고 있는데, 그 규정이 뭐냐면 엘리트들의 경쟁과 그 엘리트들 가운데 누군가를 선택, 혹은 배제할 수 있는 것이 법, 제도의 수준에서 보장되어 있다면 그것을 민주주의라고 보는 거죠. 여러분들이 선거를 떠올려 보면 됩니다. 우선 이 사회에서도 엘리트들의 정치적 경쟁이 보장되어 있다고 보는 것이지요. 선거제도 자체에 문제점들이 적지 않지만, 엘리트들이 경쟁하는 시스템이 작동하고 있으며 대중들은 그 선거에서 특정한 엘리트들을 선택, 배제할 수 있는 권리를 보장받고 있다는 거죠. 뭐 요즘에 통진당의 이른바 '이석기사태'로 논란이 되고 있기는 하지만, 어찌되었든 그런 당들도 나와서 경쟁을 할 수 있죠. 이렇게 보면, 한국은 분명히 민주화된 그런 사회인 것이죠.

조금 전에 말한 '민주주의로의 이행'의 핵심은 군부의 지배로부터 벗어났다는 것이고, 공고화는 그로부터 더 나아가서 정치적 경쟁이 법, 제도의 수준에서 안정성, 지속성을 보장받고 있음을 의미하는 것인데, 그럼 구체적으로 그것이 무엇이냐, 헌팅턴(S. Huntington)이라고 하는 사람은 그것을 여당과 야당 사이에 두 번의 정권교체가 이루어지면, 주기적으로 보면 한 10년 정도라고 하는데, 그러면 안정적인 민주주의, 뒤로 역진하여 재권위주의화 될 수 없다는 측면에서 민주주의의 공고화라고 말합니다. 한국도 김영삼씨가 3당합당을 해서 만든 민자당의 후보로 대통령이 되었잖아요. 그 이후에 야당의 김대중씨, 노무현씨가 당선되고 다시 수구적인 이명박 정권으로 갔다가 지금은 그 연장선에 있는 박근혜정권까지 와 있으니까 현상적으로 보면 지금 민주주의가 공고화된 상태이지요. 즉 법, 제도적으로 그런 게 보장되어 있으니까요.

자, 그럼 보시죠. 앞에서 박정희정권에 대한 평가와 관련하여 '국가의 민주화'가 문제라고 얘기했잖아요. 그런데 이제 그 민주화가 이루어진 것이지요. 이런 현실변화의 맥락에서 박정희체제에 대한 평가를 다시 살펴보면, 경제성장을 이룬 공은 높이 평가해야 하지만 독재를 해서 비판해왔는데, 이제 그 독재가 민주화로 인해 과거의 문제가 되어버렸으니 비판과 저항의 대상이 사라진 것이죠. 따라서 과거 공개적 독재시대에 정치적으로 서로 갈등을 하던, 이른바 '산업화세력'과 '민주화세력'이 협력하면서 번영된 국가, 선진 국가를 만들어야 한다는 언술들이 나올 수 있는 조건이 마련된 것입니다. 김영삼정권은 물론 이후 김대중, 노무현 정권 때도 계속 이러한 언술들이 횡횡했죠. 이제는 산업화, 민주화도 되었는데 왜 우리가 서로 싸우느냐 이런 논리인거죠. 이른바 3당합당과 DJP연합 등은 그 정치적 표현이라 할 수 있습니다.

하지만 이러한 언술은 무지 편협한 논리인 거죠. 왜냐하면 이 두 세력은 보수, 수구적인 정치세력이잖아요. 한국의 정치세력이라는 게 김대중 등을 중심으로 한 일부 비판적, 혹은 개혁적 자유주의세력은 좀 다를 수 있지만, 아무튼 여/야당이라는 게 실은 그 역사적 뿌리가 같거든요. 따라서 그들의 눈에는 자신들 이외의 여타 사회정치세력이 의미 있는 존재로 보이지 않을 수도 있었겠지요. 제 정치적인 견해를 밝혀 죄송하지만, 저처럼 지난 대선에서 노동자대통령후보 김소연을 지지했던 사람은 그러면 민주주의자가 아닌가요? 오히려 제가 더 민주주의적일 수 있죠.(청중 웃음) 이런 질문을 할 수 있는 거죠. 그런데도 산업화/민주화라는 이분법의 담론을 통해 마치 자신들만이 경제발전과 민주주의를 위해 노력한 것처럼 일반화시키는 것이죠.

이미 말씀드린 대로 민주주의에는 여러 발상이 있지요. 한국의 보수, 수구적인 정치세력들은 모두 엘리트 민주주의에 갇혀있는 집단들이잖아요. 원래 민주주의라고 하는 것은 인민의, 대중의 자기통치이고 그것을 위해서 우리는 법, 제도적인 것들을 구성하는 것 이외에 다양한 사회영역들 속에서 그런 목적을 위해 이런저런 활동도 할 수 있고 또 하고 있지요. 이런 맥락에서 보면, 정치개념도 확장되어야 하는 것이고요. 그러니까 이런 담론이나 언술들을 들을 때는 그런 것들에 함축되어 있는 의미를 명확히 알고 있어야 하는 것이지요. 어찌됐든 이제 그렇게 됐죠.

이러한 산업화/민주화 담론과 관련하여 한 가지 재미나는 이야기를 하지요. 과거에 립셋(S. Lipset)이라는 정치학자가 근대화론에 입각한 정치발전을 논하면서 "경제가 발전할수록 민주주의가 지속될 가능성이 크다"는 유명한 가설을 내 놓은 바 있습니다. 그런데 정치인들은 이것을 보통 '경제가 발전하면 민주주의가 발전된다.'라고 단순하게 해석해요. 이렇게 해석을 해버리면, 결국 그 의도 여부와 무관하게 박정희정권이 민주주의의 초석을 놓은 것이 되어버립니다. 그리고 실제로도 이러한 주장들을 적잖이 들을 수 있지요. 사실 '산업화세력과 민주화세력의 협력' 운운은 따지고 들어가면 이러한 발상을 양자가 공유하고 있기 때문이기도 합니다.

그렇기 때문에 '잘 살아보세, 그것이 상처를 주었다고? 추억 아닌가?'라는 생각이 오히려 지배적인 것이 되는 것이지요. 그리고 바로 이러한 맥락 위에서 '잘 살아보세'가 남긴 상처를 뒤돌아볼 필요가 있습니다. 실제로 박정희체제를 상징하는 이 슬로건을 상처, 아픔과 연관시켜 생각하는 이들이 과연 얼마나 될까요? 저는 그것을 부정하든 긍정하든 다수는 불가피한 것으로 받아들인다고 봅니다. 다른 한편으로 이러한 흐름은 비교/역사사회학적 논의들로부터 그 근거를 끌어오곤 하지요. 쉽게 말해서 근대 자본주의적 산업화와 민주화의 관계를 살피면,[9] 독일로 상징되는 후발국가가 선발국가를 추격하기 위해 '따라잡기(catching up)전략'을 취하는데, 그때 무엇이 그것을 가능하게 만들었는가라는 것이지요.

그 해심은 선발국은 이미 **부르주**이라는 재산과 교양을 시닌 시민이

9) 이 쟁점을 둘러싼 논의의 흐름에 관해서는 마인섭, "자본주의적 발전과 민주화-한국산업화의 단계, 계급구조와 국가", 『한국정치학회보』, 제26집 제2호(1993), 제2-3장 참조.

형성이 되어서 그들이 헤게모니를 쥐고 산업화, 국가형성을 주도하였던 것과 비교해 후발국에는 그러한 주체형성이 이루어지지 못했다는 것이지요. 쉽게 말해 독일에는 영국과 같은 신흥 세력이 없었다는 거죠. 그럼 그 역할을 누가할까, 바로 국가라는 것이죠. 국가가 자본가, 혹은 은행가로서의 역할을 한다는 것이죠. 이 과정에서 특히 진보적이고, 급진적인 노동운동, 혹은 정치세력을 제어할 필요가 있고 그것을 위해 권위주의권력이 들어선다는 것입니다. 독일의 '사회주의금지법'은 그 상징이고 비스마르크체제는 이러한 목표를 위해 노동자 등 사회하층계급들을 억압하기 위해 봉건계급(융커)과 아직 미약한 부르주아지가 동맹을 맺은 체제라고 할 수 있습니다. 바로 이러한 맥락에서 비스마르크가 도입한 복지제도도 좀 더 잘 이해할 수 있겠지요. 결국 '따라잡기' 전략'을 통해 산업화를 추진할 때, 이런 권위주의권력의 등장은 선택적 친화성을 넘어 거의 필연적인 것으로 간주되기조차 하는 것이지요. 후발국가인 독일 등이 그렇다면, 이른바 식민지 경험을 한 후후발국가들, 즉 탈식민지국가들은 말할 필요가 없겠지요. 물론 탈식민지국가들도 상이한 특성들을 지니고 있겠지만 말이지요. 따라잡기를 해야 되는데 자본주의 세계체제의 맨 아래 놓여있으니 선발국, 후발국을 따라잡으려면 더 권위주의적인 강력한 국가의 존재를 필요로 하고 또한 대중의 엄청난 희생이 따르겠지요. 앞에서 '발전국가' 이야기를 하였지만, 박정희체제와 같은 권위주의적, 혹은 파시스트적 국가가 불가피하다는 결론이 나오는 것이지요.

사실 이런 불가피론들이 적지 않은 사람들에게 각인되어 있죠. 또 결과적으로 어느 정도 먹고 살만큼은 되고 정치적으로도 유신체제나 5공화국과 같은 공개적 독재체제와 비교하여 이른바 자유스러워졌기 때문에 과거의 고통이나 상처가 하나의 추억이 될 수 있는 것입니다. 특히 그 시대를 살아온 분들은 "힘들고 배고팠지만 그래도 그 때가 좋았지!"라고 말합니다. 무엇이 좋았냐고 물어보면, 흔히 열심히 일을 할 수 있었던 때라, 그래서 끼니 걱정으로부터 벗어날 수 있어서 좋았다는 답이 돌아오곤 하지요.

'국가 민주화의 역설' – '위임민주주의', 정치의 위기

하지만 이제 이런 질문을 해 볼 수 있잖아요. 그럼 왜 따라잡기 전략을 써서 이만큼 살게 됐는데, 쉽게 말해서 무역규모로 보면 세계 10위를 왔다 갔다 하고 1인당 GNP가 2만 달러를 넘고 또 뭐 총 수출액은 얼마고 이런 얘기를 많이 하잖아요. 그런데 '이명박, 박근혜 정권은 왜 이렇게 권위주의적 통치를 하는가.' 이명박씨처럼 명박산성을 쌓아 촛불대중과 전쟁을 하고. 당시 누군가가 그랬잖아요, 21세기 설치미술에서 최대의 작품 명박산성, 설치 미술의 '최대의 문제작'이라고 말이죠. 불통을 상징하는 명박산성이야말로 이 시대 민주주의의 위상을 가장 잘 보여주었던 것이죠. 참 이해할 수 없는 것이죠.

하지만 그런 비판은 별 효과가 없었지요. 오히려 '권위주의라고? 투명한 민주적 과정을 통해 집권했는데?, 이제 와서 권위주의라고? 그것은 오버야' 이렇게 얘기를 하는 거죠. 이것이 바로 '민주화의 역설'인 거죠. 따라서 유권자가 아니라 주권자로서 민주주의에 대해 어떤 생각을 가지고 있는가의 문제는 매우 중요합니다. 다시 말해 엘리트주의적 민주주의관을 갖고 있으면 결국 권력을 비판하기가 쉽지 않지요. 왜냐하면 그 입장에서 보면 이미 한국은 민주화 이행을 지나 이른바 심화, 공고화 단계에 와 있기 때문이지요. 일정한 민주적 절차를 거쳐서 권력이 구성되고 그것을 통해 주권을 위임받아서 통치를 하고 있다고 생각하기 때문에 그 입장에서 보면 '박정희 시대처럼 권위주의적이고 억압적인 정치를 하려고 하느냐?'라는 항의는 오히려 그런 비판 자체가 너무 자유가 충만하기에 가능하다는 역공을 받게 되죠. 그렇기에 국가기관들의 반민주적인, 비민주적인 행태들이 고발되어도 그것은 단지 일순간의 병리적인 현상, 혹은 개인의 일탈 문제라고 간주하기 일쑤고요.

아니 오히려 한 발 더 나아가 적극적인 공세를 펴기도 합니다. 이른바 위임민주주의(delegative democracy)라는 게 있는데, 주로 라틴아메리카 대통령제 국가에서 나타나는 양상입니다.10) 대의민주주의는 이른바 주권을 위임하는(mandating) 거잖아요. 그런데 그런 차원에 그치는 것이 아니라 이 위임민주주의라고 하는 건 국민들이 선거를 통해 뽑아준 것은 모든 것을 할 수 있는 권한을 준 것이라고 해석을 하는 거죠. 노무현정권이 한-미FTA 추진이 저항에 직면했을 때, 이명박정권이 광우병 관련 미국산쇠고기수입 반대에 대해, 4대강 사업 반대에 대해 편 논리이기도 합니다. 그리곤 '왜 뽑아놓고서 일을 못하게 흔드는 것이냐'는 거죠. 선거라는 민주적 절차를 통해 뽑혔다고 해도 사회계약론이나 그런 걸 보면 다 그런 것은 아니지만, 자신의 생존의 문제와 관련하여 혁명권이라고 할까요, 뭐 저항권이라고 할까요, 그런 것을 인정해주잖아요. 그것은 결국 주권을 온전히 다 양도하지 않았다는 것을 반증하는 것이기도 하지요. '미국산 쇠고기수입문제'라고 하는 것은 국민의 생존권, 건강권, 나아가 행복권과 관련된 거잖아요. 단순히 걸릴 확률이 매우 희박하다고 넘어갈, 혹은 50년, 뭐 몇 십 년 후에 그 징후가 나타나기 때문에 지금 그렇게 떠들 문제가 아니라고 웅변할 사안이 아닌 거죠. 오히려 누가 그 희소한 병에 걸리게 될지 알 수 없기 때문에 국가가 더 노력을 해야 된다는 것이죠, 검역을 강화하든 뭘 하든 간에 법, 제도적인 수준에서 안전을 극대화시킬 필요가 있다는 말이죠. 이미 지적했듯이 이러한 요구는 급진적이지 않은 자유주의적 계약론의 입장에서 보더

---

10) '위임민주주의'에 관한 논의는 G. O'Donnell, "Delegative Democracy," *Journal of Democracy,* Vol.5, No.1(January/1994) 참조.

라도 그렇다는 것입니다. 물론 신자유주의 지구화시대에 들어서서 국가의 성격과 기능이 변화한 마당에 과연 국가에 대한 그런 이해, 그에 근거한 요구가 어떤 의미를 지닐 수 있는가라는 본질적 질문이 제기될 수 있겠지만 말입니다. 어찌됐든 최소주의적, 엘리트주의적인 민주주의 입장에서 보면 이 역설적인 상황에서 효과적인 이의제기를 할 수가 없는 것이죠.

그런데 오늘 지난 대선에서 패배한 야당의 대통령후보 문재인씨가 대선과정에서 불거진 부정과 관련하여 논평을 냈지요. 박근혜씨 본인이 알았든 알지 못했든 국가기구의 부정적인 방법에 의해서 당선의 수혜를 입었으니까 그런 것들에 대해서 진상을 규명하고 국정원개혁을 촉구하는 그런 내용이었잖아요. 이런 사실들은 엘리트 민주주의, 슘페터의 최소 민주주의 관점에서 보더라도 지금의 정치, 그 핵심이라 할 수 있는 민주주의가 형해화되고 있음을 보여주는 것이지요. 이런 측면에서 정치적 위기국면이라고 할 수도 있겠습니다. 물론 이 위기가 어떻게 해소되는가는 어떤 세력이 헤게모니를 지니느냐, 즉 정치적으로 보면, 위로부터 엘리트들이 선제권을 행사하느냐, 아니면 아래로부터냐에 따라 그 국면전환의 방향과 내용이 달라지겠지요. 정치변화라고 하는 것은 정도의 차이는 있을지언정, 저 아래로부터의 열기랄까, 파토스랄까 그것이 퍼지고 응집되어 올라와야 가능하잖아요. 비록 대중의 요구가 어떻게 실현될 것인지는 계급투쟁, 그것으로 환원될 수 없으나 밀접한 연관성을 지니고 있는 여러 투쟁들에 의해 중층결정 되겠지만, 어쨌든 그래야 헌정에 의미 있는 것으로 기입될 가능성이 제고되는 것이고요.

하지만 최근에 상황을 보면, 매우 중요한 정치국면임에도 불구하고 소강상태가 쭉 이어지고 있는데, 이게 어떻게 될 지는 좀 더 지켜볼 수밖에 없을 것 같습니다, 너무 평론가적인 이야기지만. 위기의 만성화가 위기를 느끼지 못하게 하는 측면이 없지 않나 하는 생각이 듭니다.

자본주의와 '잘 살아보세' 신화, 정치의 현존성과 주체화

사실 자본주의 사회는 불균등발전을 자신의 본질로 하지요. 그렇기에 경쟁에서 이기기 위한 '따라잡기 전략'(catching up)은 자본에 내재되어 있는 속성이라고 할 수 있습니다. 지금의 영미식 신자유주의는 이른바 발전국가와는 상이한 맥락을 지니지만, 그런 전략의 전형이라고 할 수 있습니다. 가장 중요한 차이는 국가가 안내하거나, 강제하는 것이 아니라 적지 않은 구성원들 스스로가 이윤에 지배되는 경쟁의 틀을 자연적인 것으로 받아들이게 되었다는 것이지요. 물론 이것은 자연적인 것이 아니며 계급투쟁, 여타의 자유-평등을 위한 비판, 저항들이 정치적으로 패배한 결과인데, 그것은 프레카리아트(precariat), 잉여(인간) 등의 용어 속에서도 확인할 수 있습니다. 그렇기에 경쟁에서 패배한 이들은 그 어떤 구조를 문제 삼기보다 자신의 능력부족을 탓합니다. 이처럼 국가 경쟁력 강화, 스펙이니 뭐니 하는 것들의 핵심에는 자본의 끊임없는 따라잡기 욕망이 깊이 각인되어 있습니다. '잘 살아보세'라는 것이 신화라고 하는 것은 바로 이러한 맥락에서이고 그렇기에 그것은 단순한 과거의 문제가 아니라 현재-미래의 문제인 것이지요.

지금 이 신자유주의 지구화시대의 모든 국가들은 무한 경쟁에서 살아남기 위해서 다른 국가들보다 더 경쟁력을 키우지 않으면 안 된다고 역설합니다. TV, 라디오, 신문, 특히 넘쳐나는 광고들을 보세요. 그런 내용을 이래저래 변형, 변주해서 계속 주입시키고 있잖아요. 살아남기 위해서는 어떻게 해야 된다, 뭘 준비해야 된다, 그런 얘기를 끊임없이 하는 거죠. 이는 결국 '따라잡기 경쟁'에서 벗어날 수 없다는 것을 전제하는 거죠. 따라서 이런 신화로부터 발생하는 이른바 상처, 고통 등은 불가피한 것이고 더 낳은 미래를 위해, 혹은 미래세대를 위해 지불해야 할 담보라고까지 미화됩니다. 즉 그 무수한 아픔들, 그 흔적인 상처들,

그리고 어떻게 재현할 수 있을 지 알 수 없는 트라우마들이 통과의례처럼 자연스러운 것으로 간주됩니다.

그래서 근본적인 질문이 필요합니다. 아까 제가 '자유주의적인 이분법'이라고 이야기를 했는데, 그런 접근에 의하면 그 아픔, 상처는 하나의 추억으로 인식되는 거죠. 상처, 고통, 트라우마로 인식된다는 것은 뭐냐, 그것은 그 '잘 살아보세'라고 하는 담론이 비대칭적이고 불균등한 사회관계들, 거기에 내재되어 작동하는 권력관계들을 끊임없이 재생산하는, 핵심적인 기능을 하고 있다는 것을 인식한다는 것에 다름 아닙니다. 그렇지 않으면 그것은 상처 등으로 볼 수 없지요. 그 어떤 관계들에 주목하며 고민하지 않는데, 어떻게 그로부터 발생하는 상처를, 아픔을 정면으로 바라보면서 자기화할 수 있겠어요, 없지요. 그렇기에 거기에는 그저 점점 불어나는 돈을 표시하는 숫자에 대한 민감성만이 있을 뿐입니다. 흔히 그러잖아요, 돈 모으는 재미라고요.

어느 사람들은 지금 이 사회를 구성하고 있는 관계들이 나름 온전하고 살만하다고 느낄지 모르겠지만 어떤 이들에게 그것들은 심지어 고역과 같은 것, 더 이상 뒤로 물러설 곳도 없는 '막장의 삶'일 수 있지요. 이 세상에서 절반이 여성이라지만, 여성과 남성의 관계 또한 그럴 수 있습니다. 자본과 노동의 관계 또한 마찬가지예요. 아무리 노사화합을 외쳐도 그 비대칭적이고 불평등한 관계는 해소되지 않고 있어요. 현대자동차의 예를 보면 알 수 있는데, 대법원에서 비정규직노동자를 정규직으로의 복직시키라는 판결이 나도 그 실현이 쉽지 않습니다. 이러한 비대칭적이고 불평등한 관계를 매개로 해서 맺는 환경, 생태와의 관계는 또 어떤가요. 하층의 사람들과 주체할 수 없는 부를 소유한 사람들이 자연, 생태하고 맺는 관계들이 어떻게 같겠어요, 다르지요. 자연과 생태는 분명 이 사회를 구성하는 모두의 삶의 터전이지만, 그것들과 맺는 현실의 관계는 역시 비대칭적이고 불균등합니다.

그래서 아까 말씀드렸듯이 이 관계들이 계속해서 재생산된다고 하는 것은 이미 그 안에 정치가, 권력이 내재되어 작동하고 있다는 것을 의미합니다. 단지 작업장의 권력, 가정의 권력과 같은 미시적인 수준에서뿐만 아니라 국가권력, 정치가 그 안에 현존하고 있다는 것이지요. 따라서 국가와 사회라는 것, 혹은 정치와 경제라고 하는 것 등이 서로 분리될수 없다는 사실은 자명한 것이죠. 물론 이것들의 존재형태나 작동원리는 상이하겠지만요.

그렇기에 가장 중요하고 근본적인 것은 이른바 시민사회, 혹은 경제의 외부에 있는 국가, 혹은 정치가 시민사회나 경제에 불편부당하게개입하여 그런 관계들에서 발생하는 긴장과 갈등을 조정한다는 발상은현실 속에 존재하지 않는다는 것입니다. 그렇기에 그러한 자유주의적(다원주의적) 발상이 하나의 이데올로기로서 비판받는 것이지요. 과연그런 국가가 역사 속에 존재한 적이 있었던지 한 번 생각해보세요. 혁명을 한 국가조차도 마찬가지예요. 단언컨대 그런 국가는 없었습니다. 그 어떤 부당하고 비대칭적인 관계가 재생산된다는 것은 이미 국가가, 정치가 거기에 현존하며 작동하고 있으니까 그렇게 되는 것이고이런 의미에서 국가는 단순한 사물도, 특정 계급의 단순한 도구도 아닌사회관계들, 권력관계들의 절합, 응집의 표현이라고 할 수 있습니다.[11]

이러한 사실은 정치와 관련하여 매우 중요한 메시지를 전달해주는데, 기존의 비대칭적이고 불균등한 관계를 해소, 극복하기 위해서는 그 관계속에서 착취, 수탈, 차별, 배제당하고 있는 이들이 정치의 주체가 될수밖에 없다는 것입니다. 그리고 바로 이것이 자기통치로서의 민주주의 핵심 요소라 할 수 있습니다. 결국 스스로가 목적의식적인 문제의식을 가지고 비판하고 저항하고 싸울 때, 가부장체제, 자본의 지배 등부당한 관계로부터 벗어날 수 있는 단초가 마련된다는 거죠. 자명한

---

11) 이러한 입론에 관해서는 N. Poulantzas, *State, Power, Socialism*(Verso, 1980), 서장 참조.

이야기지만, '외부'의 그 누군가가 문제를 대신 해결해 줄 수는 없습니다. 단지 외부의 사람들은 관련 주체들의 비판, 저항에 연대할 것인가, 말 것인가의 선택지만이 있을 뿐이지요. 물론 이 과정을 통해 외부와 내부의 경계 또한 끊임없이 재구성되지만 말입니다.

그런데 기존의 발상들로부터 벗어나는 것이 그리 녹녹치 않습니다. 오히려 국가의 부당함을 목도, 혹은 받으면서도 항상 (시민)사회, 혹은 경제의 외부에 국가가 존재한다는 발상, 따라서 거의 무의식적으로 그 국가를 중립적인 행위자라고 믿는 것, 그렇기에 국가의 부당한 행위에 직면하여 그것을 예외적인 에피소드, 혹은 고쳐질 수 있는 어떤 병리적 현상으로 간주하는 것, 그리하여 결국 좋아질 것이라는 주관적 희망이 계속 꼬리를 물면서 이어지게 되는 것이지요. 그 인식 여부와 무관하게 적지 않은 사람들이 이런 발상에 사로잡혀 있는 것이 현실입니다. 그러니까 국가 자체가 변화의 대상인데도 국가에게 달려가서는 살려 달라고 하는 것이겠죠. 어찌 보면 병을 준 사람한테 병을 고쳐달라고 하는 경우와 비슷한 거죠, 실은. 잘 생각을 해야 되는 겁니다. 대중의 민주적인 삶을 알아서 보장해주는 그런 자발적인 국가가 있다면 들려주세요. 그런 국가는 없다는 것이죠.

이미 지적한 것처럼 밑으로부터 올라오는 대중의 압력과 저항, 즉 크고 작은 봉기에 의해서만 국가는 반응할 뿐입니다. 그럴 때, 그 요구가 헌정에 기입되고 정치의 주체들이 재구성되면서 이른바 국가의 민주화라는 것이 일정하게 담보될 수 있는 것이지요. 다시 말씀드리지만, 어느 국가도, 어느 헌정체제도 민주주의를 보장해 주지 않습니다. 국가와 사회, 정치와 경제 등과 같은 이분법적인 사고들, 그리하여 제 사회관계들에 대해 정치가 외재하는 것으로 보는 발상들, 이데올로기들로부터 벗어날 필요가 있다는 점에 유념할 필요가 있습니다

이것을 다른 차원에서 보면, 현실의 민주주의라고 하는 것은 항상

모든 것을 포괄하는 그런 것이 아니라는 말이지요. 쉽게 말해, 한 쪽이 자유롭다면, 또 다른 어느 사람들은 부자유하다는 것입니다. 자유는 마치 공기처럼 모든 사람들에게 주어져있는 것처럼 생각을 하지만, 그것은 허상이며 그런 것은 역사상 존재하지 않았고 앞으로도 아마 존재하지 않을 거예요.[12] 물론 그렇기에 그것을 확장시키고자 하는 끊임없는 시도, 운동이 있어 왔고 앞으로도 있겠지요. 제가 좋아하는 옛 노래 가운데 봄여름가을겨울이라는 밴드의 '어떤 이의 꿈'이라는 것이 있는데, 거기 가사를 보면 이런 것이 있어요. "어떤 이는 꿈을 간직하고 살고, 어떤 이는 꿈을 나눠주고 살며, 다른 이는 꿈을 이루려고 사네, 어떤 이는 꿈을 잊은 채로 살고, 어떤 이는 남의 꿈을 뺏고 살며, 다른 이는 꿈은 없는 거라 하네". 바로 현실이 이런 것이죠. 그럼 이러한 관계들을 어떻게 넘어서야 할까. 만일 이러한 모습들을 추억이 아니라 상처라고 생각한다면, 그 관계들을 넘어서야 되잖아요. 이런 맥락에서 정치적인 어떤 행동이랄까, 그런 것들이 요구되는 때인 것이죠.

'잘 살아 보세', 그 상처의 모습들

이 정도로 하고요. 마무리를 해야 할 것 같은데요. 강의의 모두에 상처에는 어떤 것들이 있을까라는 질문에 대해 미시적인 수준에서 영화 〈휴일〉, 〈바보들의 행진〉, 〈삼포 가는 길〉, 〈영자의 전성시대〉 등을 통해 그것을 살펴보았지요.

역사적 사건으로는 전태일의 분신이라는, '잘 살아 보세'가 나은 그늘, 명암으로 표현되기도 하는데, 사실은 당시 모순의 극적인 표출이었지요. 억압적, 병영적 테일러주의에 대항한, 이미 이런저런 상처들이 각인

---

12) 이에 관해서는 지그문트 바우만, 문성현 옮김, 『자유』(이후, 2002) 서장 참조.

된 몸 그 자체로의 비판, 저항이지요. 또 광주대단지에서 도시빈민들의 '폭동', 옛날에는 이를 두고 '폭동'이라고 그랬는데, 이것도 삶을 요구한 대중봉기인 거죠.13) 이 두 사건은 '잘 살아보세'가 무엇인지를 적나라하게 보여준 사건이었고 이를 계기로 적지 않은 지식인들이 가난한 이들의 삶에 관심을 갖게 되고 또 그들과의 연대를 모색하게 된, 그리하여 새로운 주체가 형성된 중요한 계기가 되었습니다.

다른 한편 2차 '인혁당사건'이라는 것도 있었죠. 민청학련사건의 배후 조종세력으로 북한의 명령에 따라 움직인 이른바 인혁당 관련자들에 대해 법원에서 사형판결이 나자마자 수 시간 만에, 8명을 바로 사형시켜버렸지요. 모든 것을 떠나 한마디로 그들은 정치범이잖아요! 강간을 하거나 사기를 쳐서 남의 물건을 빼앗은 파렴치범이 아니잖아요. 정치범이라고 하는 사람들은 정치적 대의를 위해 싸운 사람들이지요. 그렇기에 세계사에서 보면 그 사람이 자유주의자든, 사민주의자든, 공산주의자이든 존중을 해주는 거지요. 특히 재판이 끝난 다음에는 나름대로 예우를 해주고 그런 것이거든요. 근데 이 유신체제라고 하는 것은 이른바 '인혁당사건'을 만들어서 관련자들에게 형언할 수 없는 고문을 하고, 그것이 탄로날까봐 일부 시신의 경우, 가족들에게 인도하지 않은 채 임의로 화장을 해버리고요. 정치범 이전에 인간의 존엄성 자체를 완전히 부정하는 야만적인 짓을 한 거죠. 천인공노할 짓이요. 정치범을 그렇게 한다는 것은 한마디로 권력이 광기의 체제가 되었음을 증명하는 거예요, 국제사법사에서도 이런 유례가 없다고 하잖아요. 나치 등 파시즘 아래에서도 아마 이런 경우는 없었을 것입니다.

일명 '동일방직 똥물사건'은 어떤가요. 여성노동자들이 노동조합을 만들어서 인간적인 대우, 즉 최소한 근로기준법에 규정된 대로의 대접을 받고 싶다는 것이었는데, 그런 요구에 대해 중앙정보부와 당시 의사노동

---

13) 광주대단지사건에 대해서는 김수연, "1971년 광주대단지사건 연구"(서강대 석사논문, 2006) 참조.

통제기관으로 간주되었던 한국노총, 특히 산별 섬유노조, 그리고 자본과 그들 편에 선 남성노동자들이 짝짜꿍해서 똥물을 끼얹고 먹이기까지 한 그런 사건이었죠. 이처럼 전태일의 분신이후 활성화된 민주노조들에 대한 탄압 또한 '잘 살아보세'가 남긴 상처들이죠.

'잘 살아 보세'는 이른바 거시적인 수준과 미시적인 수준에서 적지 않은 상처와 고통을 남겼습니다. 이것은 한 사회는 거시적인 것과 미시적인 관계들이 맞물려 재생산된다는 것을 말해줍니다. 요사이에는 덜하지만 '작은 것이 아름답다'는 언술이 유행했던 적이 있지요. 특히 사회주의체제가 붕괴하고 한국에서 민주화이행이 이루어지면서 등장한 시민운동의 명망가, 활동가들이 많이 사용한 것인데, 하나의 이데올로기라고 할 수 있죠. 이런 맥락의 연장에서 중앙정치가 썩었다고 비판하면서 지역정치의 활성화를 이야기하는데, 중앙정치만 그런가요? 지역정치는 안 썩었고요? 더 썩었지요. 중앙정치와 연결되어 있는 지역유지들에 의해 독점된 지역이야말로 감시의 사각지대가 되어 더 썩고 있다고 보아야지요.

앞서 살펴본 네 편의 영화들은 직간접적으로 구조적이고 거시적인 것이 어떻게 미시적인 것들과 맞물려 긴장관계를 드러내면서 상처를 만들고 있는지, 어느 사람에게는 한을 주는지, 또 트라우마가 되는지 잘 보여주고 있습니다. 〈휴일〉이라는 영화, 꼭 한 번 보세요. 여러분들도 이 영화를 보시면, 1968년은 한창 경제성장이 운위되었던 시기인데, 이만희라고 하는 감독은 왜 저런 멜랑꼴리한 무드의 영화를 찍었을까, 왜 카메라는 어두침침하고 지저분한 곳만을 배경으로 해서 움직이는 것일까, 상대적이지만, 나름 번듯한 거리도 있고 그럴 텐데, 왜 그럴까, 왜 저 젊은 연인들은 뿌연 모래바람이 계속 불어대는 공원에서 저렇게 '궁상'을 떨고 있을까, 여러 가지 아무튼, 왜 그럴까, 왜 카메라의 앵글은 저렇게 불안할까, 왜 두 남녀를 죽이는 것으로 영화를 마무리지었을까,

대충 살아가게 하지, 뭐 이런 의문들이 들지요.

영화라는 것은 공감각적인 매체이기 때문에, 그 당시의 상처라는 것들을 쉽게 느낄 수 있지요. 다른 영화들도 한 번 보시면, 특히 〈삼포 가는 길〉을 보시면, 그 당시 상처라는 것이 무얼까 라는 것에 대해 구체적으로 생각해 보는 기회가 될 수 있을 거라 말씀드리면서 일단 강의는 여기서 마치는 것으로 하겠습니다. 그러면 뭐 자유스럽게 질문을 받도록 하지요.

지역주의와 상처, 자기통치성과 주체화

〈질문〉 한국의 정치지형에서 선거를 통해 나타나는 것을 보게 되면 세대, 성, 종교, 계급 이런 것들의 영향을 더 뛰어 넘어 버리는 것이 어떻게 보면 지역감정이라고 할 수 있거든요. 특히 호남에서 보이는 그 어떤, 영남에 뿌리를 둔 보수정권에 대한 거부감, 저는 최근에 들어서 이 문제에 대해 굉장히 많이 생각을 하게 됐는데, 그 뿌리가 광주(5.18민중항쟁)에서 더 거슬러 올라가서 박정희 정권에 이어져있다고 보거든요. 그러니까 상처라고 말씀을 하셨는데 지역감정이 호남에게 준 상처, 거기에 대해서 조금 더 진지하게 알아보고 싶다는 생각이 요즘에 많이 들거든요?

〈답변〉 네, 김대중씨가 1971년 선거에 대중경제론과 4대국보장에 의한 평화/통일론 등을 갖고 나왔어요. 당시 그러한 주장은 아마 진보당의 조봉암을 연상시키는 것이었죠. 물론 조봉암처럼 진보당을 만들려고 하지는 않았고 보수정당에서 그런 루트를 걷죠, 당시 김대중씨는 자유주의자이지만 상당히 사회비판적인 사람이었잖아요, 조봉암 정도 되었으니까. 김대중씨는 민주사회주의 정도의 스펙트럼에 있었다고 보면 될 거예요, 워낙 '빨갱이다'라고 계속 그런 식으로 색깔을 덧 씌워서 그렇지.

아무튼 김대중씨가 71년에 선거에서 박정희씨에게 위협적인 존재라는 걸 보여줬잖아요. 어느 사람은 "전쟁에는 지고 전투에는 이겼다"는 평가를[14] 내놓기도 하였지요. 간단히 말해 당시 실질적인 공개투표였던 군대 표 60만에다가 부정선거 등을 고려하면, 사실 김대중 씨가 이겼다고 볼 수도 있겠죠. 이런 면에서 보면 불운한 사람일 수 있습니다. 그때 대통령이 됐어야 했는데, 신자유주의 시대에 대통령이 되어버렸기 때문에 자기의 뜻을 펼칠 수가 없었다는 의미에서요. 쉽게 말해서 신자유주의는 대중의 삶을 위한 국민국가의 적극적인 역할을 부정하잖아요. 복지정책을 펼치고 싶어도 여러 가지 제약들이 있는 거고요.

어찌됐든 논란의 여지는 있지만, 1971년 선거에서 반호남의 지역감정을 불러일으키는 단서들이 보이고 이후에 그것이 지금의 지역주의로 심화되는 것이죠. 즉 1980년 5.18민중항쟁의 좌절을 거치고 87년 6월항쟁 이후 이른바 두 김씨의 분열로 신군부에 선거에서 패배한 후 결국 김영삼 씨가 3당합당으로 신군부와 한 배를 타게 됨으로써 호남 배제, 고립이 완전히 고착화되었던 것이죠. 그리고 이 과정을 거치며 호남사람들은 더 깊은 상처를 받게 되고 트라우마에 시달리게 된 거죠. 아마 조금이라도 양식이 있는 이들이라면 이러한 사실을 부정할 수는 없겠죠.

그렇기에 이런 객관적 사실보다는 그것을 넘어서기 위해 이 지점에서 이 지역감정을 추동한 요인이 무얼까 한 번 질문 해 보는 것이 더 의미가 있을 겁니다. 지역주의를 해소하기 위한 이런저런 방안들이 제시되고 있지요. 특히 정치권에서 내놓는 방안이라고 하는 게 주로 인사정책에 있어서 영호남을 적절히 배분하자는 거죠, 이른바 '탕평인사'지요. 정부 요직이나 고위관료 등을 임명할 때 말이에요. 다음에 다른 한편으로는 뭐라 할까, 산업정책을 하는데 있어서 영남과 같은 산업시설을 호남에도 건설해야 한다는 식의 논리이지요. 지역균등발전을 하자는 것이지요.

---

14) 최명, "오백만 표에의 고군분투", 『중앙』(1971.11), 89쪽.

그런 걸 통해서 지역주의를 없애자는 거죠.

그런데 지역주의를 사고할 때, 기본적으로 주목해야 할 것은 그것이 자본의 운동과 밀접한 관련이 있다는 것입니다. 자본주의사회에서 균등발전이라고 하는 것은 있을 수가 없죠. 이미 지적한 것처럼 지역적으로 불균등발전을 합니다. 영호남 사이의 산업분포의 차이도 마찬가지이지요. 자본주의 산업화를 한다고 했을 때, 물론 그 지역 출신들이 쿠데타로 집권을 해서 좀 더 많은 물적 자원을 자신의 지역에 배분한 측면이 없다고는 할 수 없겠죠. 정책적으로도 그런 측면들이 있었겠지요. 그렇지만 자본주의 산업화의 과정에서, 그것도 수출주도형의 산업화를 한다고 했을 때, 과연 어느 지역에 투자하는 것이 자본의 운동에 더 합리적일까를 한 번 생각해 보는 것이 필요합니다. 이른바 입지조건을 보면 자본의 입장에서는 남동벨트, 즉 영남권이 더 좋잖아요. 갯벌이 넓게 펼쳐져 있는 서해안의 호남, 인천보다는 말이죠.

자본이라는 게 권력이 압력을 가한다고 해서 따라하는 것만은 아니거든요. 자본은 이윤을 위해 최적지에 투자를 하고자 하지요. 과대성장국가니, 강한국가니 하여 마치 권력이 강제하면 무엇이든지 다 되는 것처럼 생각들 하지만, 그런 것이 아니거든요. 이 사회에는 이른바 '권력환원론'이랄까, 자본의 운동이라고 하는 걸 고려하지 않고서 모든 문제의 근원을 권력으로 환원시키는 발상이 만연되어 있죠. 지역적으로 보면 한국의 주요산업 편재는 수도권과 남동권, 즉 경상도를 잇는 지역에 집중되어 있습니다. 그렇다고 자본이 호남지역에 침투하지 않느가 하면 그런 것도 아니지요. 자본주의 산업화에서 국가 사이의 시차가 있다면, 국가 내의 지역 간 시차 또한 존재하는 것이지요. 1987년 이후 호남에도 자본이 침투하기 시작하잖아요. 하나의 예로 광양이 그런 곳이죠. 울산이 이른바 현대왕국이라고 하면 광양도 일종의 그런 곳이죠. 이 지역은 광양제철소를 중심으로 돌아간다고 보면 될 거예요, 중소기업도 거기에

다 포섭되어 있고요. 어쨌든 자본의 입장에서 보면, 이윤실현이 지역이라는 요인보다 더 크다는 점은 부정될 수 없습니다.

결론적으로 말하면, 지역주의를 이야기 할 때 가장 중요한 것은 자본의 운동이라는 것입니다. 그것을 옆으로 슬쩍 밀어 놓고서, 그런 근본적인 요인을 빼놓고 말하는 것은 자본을 자신의 물질적 토대로 하는 기존의 정치세력들에게는 일정 정도 의미를 지닐지 모르지만, 그것이 문제를 정면에서 바라보고 해결할 수 있게 해주지는 않는다는 것이죠. 그들은 지역주의라는 틀 속에 대중을 가두어 놓고 그 시소놀이를 통해 자신들의 지배를 유지하는 세력들이니까요. 정부 요직에 호남사람과 영남사람을 비슷하게 배치한다고 해서 문제가 해결됩니까. 그렇지 않다는 것은 이미 확인되었지요. 그럼 그 이유는 무엇일까요.

이와 관련하여 가장 중요한 것이 자본의 운동인데, 그게 무슨 말이냐 하면, 흔히 지역감정이라는 게 박정희씨가 선거 때 표를 얻기 위해서 자극한 결과 생긴 것이라곤 하지만, 그것의 생성에는 자본주의 산업화와 그에 따른 탈농, 이농이 객관적 요인으로 작용하였다는 사실입니다. 산업화가 지역적인 불균등발전 속에서 이루어지고 그 속에서 이른바 산업입지정책이 추진되는데, 그 중심이 남동권과 수도권이었기 때문에 상대적으로 영남 사람들은 서울이나 수도권으로 그리 많이 이주하지 않았어요. 그리고 영남지역 자체는 대규모 농업지역도 아니었고요. 따라서 그 지역은 산업화로 인한 사회문화적 변화에 크게 노출되지 않았습니다.

이와 달리 농업이 주산업이었던 호남 쪽에서는 탈농, 이농을 해서 타 지역으로 많이 이주하게 되지요. 그 사람들이 서울, 수도권, 부산 등에 정착하는데, 요즘에는 조금 달라졌지만, 선거를 하면 부산에서 야당표가 항상 십 여 퍼센트 나온다고 하잖아요, 바로 그 표가 호남에서 이주한 사람들의 표라는 것이죠. 인천도 마찬가지였고요. 먹기 살기 힘드니까 도시로 이주하여 도시의 주변지역에서, 즉 변두리에서 사회 하층에 편재되어 생활을 하게 됩니다. 1979년 서울시에서 조사한 영세민의 출신분포를 보면, 영남 11.6%, 충청 17.5%인데 비해, 호남은 28.3%를 차지합니다.[15] 이러한 차이는 지금도 그렇지만 당시 영남의 인구가 호남에 비해 많았다는 점을 고려하면 더 크다고 할 수 있겠지요.

제 어릴 적 경험을 말씀드리면 좀 이해가 될까요. 아까 제가 왕십리에서 태어나 살았다고 했잖아요, 왕십리라는 곳이 동대문 밖, 옛날식으로 표현하면 도성 밖의 변두리인데, 타 지역의 이주민들이 많이 와서 살았어요. 호남출신도 많았죠. 70년대 초, 중반쯤의 기억을 떠올려 보면 당시에 이미 호남출신들에 대한 편견이 적잖이 유포되어 있었을 때인데, 이런저런 다툼이 적지 않았지요.

하나의 예로 동네에 조그만 시장이 하나 있었는데, 호남사람들이 가판들을 많이 해요. 돈이 없으니까 그런 것이겠지요. 그러다보니 다툼들이 일어나죠. 왜 남의 가게 앞에 가판을 놓고 하느냐, 당신 때문에 장사가 안 된다는 등, 그래서 다툼이 시작되지요. 특히 가판의 장사가 잘 될 때면 더 그랬지요. 호남 사람들이 이런 다툼의 한 주체가 되는데, 그것은 그들이 나빠서 그런 게 아니라 사회경제적으로 하위의 위치에 있기 때문이지요. 가게를 얻어서 장사를 하면 뭐 그런 일이 많이 일어났겠어요, 안 일어났겠지. 다른 또 하나의 예를 들면, 그 때는 여러 세대가 한 집에 세를 얻어서 사는 경우가 많았습니다. 지금은 다세대도 각자 세대별로 수도나 전기계량기들이 있어서 그대로 요금을 내면되기에 다툴 일이 없지만, 그 때는 그렇지가 않았어요. 전기료, 수도료가 나오면 각 세대들이 분할해서 내게 되는데, 그러면 또 싸움이 일어나는 거예요. 살기 어려운 시대였으니까, 몇 십 원을 더 내네, 식구가 적은데 왜 이리 많이 내야하느냐는 등, 또 너네는 큰 애들이고 우리는 작은 애들이잖아,

---

15) 서울특별시, [서울시 영세민의 생활 실태에 관한 조사](1979) 참조.

막 이러면서들 다투지요. 그럼 또 호남 사람들, 충청도와 경상도 사람들의 싸움이 되는 거죠. 이주한 호남사람들이 많다보니까 싸움에 자주 연루되지요. 그리고 추석이나 설과 같은 명절이 되어 각자 고향으로 내려가면, 인척들과 이야기하는 과정에서 타향살이에 관한 것도 자연스럽게 나오지 않았겠어요. 우리 집에, 시장에, 공장에 전라도 사람이 있는데, 정말 호남 사람들 못쓰겠어요, 너무 인색하고 자기뿐이 몰라요. 결국 전라도 깽깽이들 하고는 멀리 해야 되, 뭐 이런 이야기에까지 이르게 되었을 겁니다.

이러한 맥락에서 보면 이 지역감정이라는 게 그 지역에서 생긴 게 아니지요. 영남과 호남에 거주하던 사람들은 애초 직접적인 관련이 없는 것이에요. 발생론적으로 보면, 이 지역감정이라는 게 서울, 수도권, 여타 도시에서 발생하였고 정치권력이, 특히 선거 시기에 집권전략으로 그것을 이용하면서 지금의 지역주의로 발전되었다고 보면 크게 틀리지 않을 겁니다. 물론 이 과정에서 자기의 지지기반을 결집시키기 위해서 의도적으로 지역감정을 자극하기도 하고요. 역설적인 것은 언론에 자주 보도되는 고위공직자들, 관료의 지역적 비율이 어떻더라 하는 기사 등도 지역주의를 해소, 극복하기 위한 합리적 방안이 제시되지 않는 상황에서는 오히려 지역주의를 조장하는 정치적, 이데올로기적 효과를 산출한다는 것입니다. 그 차이가 대동소이하거나 더 커졌다면, 정말 이렇게 차별받고 있구나, 혹 그 안배의 차이가 좁혀졌다면, 우리가 기득권을 이렇게 많이 잃고 있구나, 그런 생각들을 하게 만드니까요.

그렇다면 이제 중요한 것은 그런 것들을 해소하기 위해서 어떻게 해야 하는가라는 문제이죠. 가장 일반적인 것은 호남이 차별을 받고 있으니, 동등한 권리를 누리며 살게 해달라고 요구하는 것이겠죠, 왜 우리만 차별을 받아야 하느냐면서요. 이것은 당연한 요구일 수 있습니다. 하지만 앞서 말했듯이, 이러한 요구가 인사정책에서의 지역별 안배를 전제로 하는 것이라면, 별 의미가 없어요. 사실 장관, 고위 관료 등의 임명에서 가장 중요한 것은 그 지위와 역할을 잘 수행할 수 있는 능력과 도덕적, 윤리적 요건이잖아요. 원칙적으로 보면 그런 능력과 자격을 가진 사람이 지역에 관계없이 그 직위에 임명되면 되는 것이죠. 즉 민주주의의 문제로 그것을 바라보아야 한다는 것이지요. 물론 이런 전제 위에서 지역적인, 성적인, 혹은 계급, 계층적인 안배랄까 이런 것이 정책적으로 고려될 수는 있을 것입니다. 다른 한편 지역 산업의 발전이라는 문제는 이미 말씀드린 대로 자본의 운동, 즉 이윤과 관련되어 있기 때문에 단지 국가재정투융자로만 해결할 수 없는 문제입니다. 따라서 이 경우, 자본의 운동을 제어해야 하는 문제가 핵심으로 떠오르지요.

그런데 지역차별의 해소, 극복과 관련, 더 근본적으로 생각해 보아야 할 점은 5.18민중항쟁의 성격 문제인데, 그 이유는 왜 양식 있는, 적잖은 이들이 광주에, 호남에 여전히 머리 숙이는가의 질문에 대한 답이 거기에 내재되어 있기 때문이죠. 5.18민중항쟁은 신군부파시스트에 대한 저항이라는 일반적 의미를 지니지만, 다른 한편 그 저항의 주체가 지역적인 차별, 배제를 받아온 호남의 저항, 즉 마이너리티의 저항이라는 맥락에서 중요한 의미를 지닙니다. 타자로 되어 차별, 배제 받아 왔던 이들의 저항인 것이죠. 그렇기에 단지 영남과 비교하여 차별받고 싶지 않다는 요구를 넘어서는, 여전히 차별, 배제당하고 있는 이들의 아픔을 자기화하면서 연대할 때만이 그런 요구가 의미를 지니게 된다는 점입니다. 바로 이것은 그것이 지역이든, 인물이든 민주주의를 상징하는 것에 따라다니는 숙명과도 같은 것이라 할 수 있지요. 그렇지 않으면 결국 그것은 조합주의에 불과한 것이 되기 때문에요.

이런 맥락에서 제 경험을 말씀드리면 2011년 전남대 5.18연구소가 주최한 [5.18과 한국 민주주의 그리고 김대중]이라는 타이틀의 심포지엄에서 발표를 한 적이 있어요.[16] 한마디로 그 내용은 5.18민중항쟁이 제도화되어 이제 그 의미가 퇴색되고 있다는 것이었죠, 국가기념일이 되고 보상도 되고. 하지만 5.18민중항쟁의 진정한 의미는 바로 마이너리티로서의 민주주의에 대한 요구, 투쟁이라는 점에 있고 어찌 보면 도청에서의 마지막 항쟁은 그것을 상징적으로 보여준 것이라는 발표와 토론을 한 적이 있습니다. 그렇기에 광주, 호남은 바로 이 점에 주목하여 신자유주의 지구화시대에 수탈, 착취, 배제, 차별받는 이들과 더욱 더 함께 해야 한다는 논지의 내용이었습니다. 그랬더니 발표 도중에 갑자기 플로어에서 어느 한 분이 격앙된 목소리로 불만을 표시하더라고요. 왜 호남 사람들만 계속 희생되어야 하냐고 말이죠.

5.18민중항쟁이 제도화되었다는 것은 결국 봉기로서의 의미가 사라졌다는 것을, 결국 자유주의적인 특정 시각이 배타적, 독점적 지위를 지니게 되었다는 것을 의미합니다. 따라서 국가에 의해 제도화된 5.18은 더 이상 민주주의의 이정표가 될 수 없지요. 따라서 비록 5.18에 직접적인 연관은 없다고 하더라도 이주노동자, 비정규직노동자, 성소수자 등 그런 이들과 연대하여 투쟁하는 호남인들이야말로 진정 5.18항쟁의 마이너리티성을 가장 잘 드러내고 부당한 현실을 극복하기 위해 실천하는 민주주의자들이라고 할 수 있지요. 이것이야말로 5.18민중항쟁을 지역화시키는 것이 아니라 보편화시키는 것이고 그런 의미에서 광주, 호남을 민주주의의 장소로 만드는 것이라 할 수 있습니다.

5.18민중항쟁에 고개를 숙인다는 것은 그런 분들한테는 고개를 숙이는 것이지, 그저 과거의 투쟁과 기억에 의지하여 살고자 하는 이들한테 고개를 숙이는 것은 아니죠. 이 말씀을 드리는 것은 비록 쉽지 않지만, 결국 지역주의는 민주주의의 확대, 강화를 통해서만 해결될 수 있다는 점을 새삼 강조하기 위해서입니다. 지역주의라는 틀 안에서 지역주의의

---

16) 이광일, "5.18민중항쟁과 현재, 그리고 김대중: '정치사회학적인 입장'에서", 5.18연구소, 『5.18민중항쟁 31주년 기념학술대회자료집』(2011.5.19) 참조.

문제는 결코 해결될 수 없습니다. 결국 '나눠먹기'만 있을 뿐이지요.

이런 문제는 영호남 지역과 진보정당의 관계에 주목해 보면 더 분명해지지요. 진보정당들에게는 참담한 이야기일 수 있지만, 총선거 등을 하면 진보정당들이 영남과 호남에서 각각 2등을 하곤 하잖아요. 왜 그렇겠어요. 진보정당들의 존재 이유와 의미, 그들의 활동에 공감해서 표를 주는 사람들도 있지만, 적지 않은 경우는 그런 것이 아니잖아요. 그러니까 영남에서는 제2당의 누군가를 찍어야 되는데 이른바 전라도당 민주당은 안 되는 거죠, 오히려 진보정당을 찍는 거죠. 호남에서도 역시 마찬가지이지요. 경상도당인 한나라당, 새누리당을 찍을 수 없는 거죠. 물론 중요한 또 한 가지 사실은 진보정당들이 지배적 정당들의 정치적 경쟁세력이 아니라는 점 때문이죠. 그런 분들이 지역주의를 해소, 극복하기 위한 의미 있는 대안에 관해 고민하고 자기화하는 것, 그리하여 그로부터 빠져나오는 것은 쉽지 않습니다.

다시 한 번 말씀드리지만, 지역주의가 자본의 운동과 구조적인 연관성을 지니고 있다는 점을 놓치지 않는 것이 중요해요. 아직도 자본타령이냐고 하는 이들이 있지만, 이른바 '삼성공화국'으로 상징되는 나라에서 자본의 운동 메커니즘에 관심을 갖지 않으면 무엇에 관심을 두겠어요?, 삼성공화국인데. 자본의 운동에 모든 것을 귀결시키는 환원론이 아니라 그것의 적지 않은 규정성과 그와 연결되어 촉진되었던 사회적, 문화적 요인들에도 관심을 가져야 한다는 의미에서 그렇습니다. 적절한 답이 되었는지 모르겠네요.

이러한 맥락에서 결국 '잘 살아 보세'라는 신화, 이로부터 벗어나기 위해서는 그 어떤 결단을 내리지 않으면 안 됩니다, 결단. 그렇지 않으면 계속 '잘 살아 보세, 잘 살아 보세' 그러다가 죽고 마는 것이죠. 물론 어떤 사람들은 잘 살겠죠. 상징적이지만 지금 '99 대 1의 사회'라고 하는데 그 1%는 잘 살겠죠. 나머지 99%는 삶에 허덕이다가 결국 생을 마감하는 것이고요. 하나의 예로 지금의 교육시스템에서 100명의 학부모가 그 자녀들에게 동등한 조건에서 동등한 입시교육을 시킨다고 가정해 보세요. 이런 시스템에서는 아무리 용을 써도 결국 몇 프로만 좋은 대학, 이른바 일류대학에 가고 나머지는 못 가는 거잖아요. 그러면 어떻게 해야 되겠어요? 계속 '잘 살아 보세'라는 신화에 매달려 가용 자원들을 모두 쏟아 부으면서 아이들을 그 경쟁에 몰입시켜야 하나요, 아이들이 아파트에 올라가서 투신을 하든지 말든지 신경 안 쓰고 말이지요. 뭐 어떤 믿음, '우리 아이들은 그런 극단적 선택, 바보 같은 짓은 안 할 거야'라고 믿으면서 말이지요. 하지만 만일 이것이 길이 아니라면, 이런 극단적 경쟁체제를 구조적으로 변화시키기 위해 한 번쯤 노력해 봐야 하지 않겠어요? 변화를 시켜야 하잖아요.

제가 앞에서 요즘의 정치상황과 관련해 말씀드렸었지만, '아래로부터 힘'이라고 하는 것이 축적되어 표출될 때 변화가 올 수 있는데, 간과하지 말아야 할 것은 적지 않은 이들이 지금 이 사회의 문제가 무엇인지 잘 알고 있으면서도 여전히 그 어떤 신화, 오늘 말하는 '잘 살아 보세'라는 그 어떤 믿음을 가지고 기존의 방향을 따라 계속 가고 있다는 것입니다. 단지 그 어떤 허위의식에 의해서가 아니라 실질적으로 그런 믿음을 가지고, 그런 욕망을 가지고 행동을 하고 있습니다. 단순히 생각만 하는 게 아니고 그것을 따라 자신의 삶을, 타인과의 관계를 디자인하고 행동 하는 것이지요. 그러니까 그로부터 벗어날 수가 없지요. 물론 계속 심화 되는 상처, 아픔은 보지 못하고요, 아니 애써 외면하는 것이지요. 사실 이런 측면에서 보면 변화는 비관적이기도 합니다.

여기에는 학생도 있을 것이고 그렇지 않은 분들도 계시겠지만, 제가 강의를 하고 여러분이 듣는 이유가 뭐겠어요. 저는 그저 단순히 몰랐던 지식이라든가 그런 것을 알기 위해 여기에 온 것만은 아니라고 생각해요. 왜냐하면 그 모르는 지식은 제가 얘기 안 해도 여러분들 정도면 스스로 공부하여 다 알 수 있고, 그런 면에서 보면 지금 이 자리에는 실은 저보다 더 많은 것을 아는 사람도 적지 않을 거예요. 이 자리에 와서 단순히 교양을 쌓고 그런 것도 있을 수 있지만, 사실 더 중요한 것은 강의 초반에 이야기했던 그런 문제들에 대해서 진지하게 고민해봐야 된다는 것이지요, 자기통치성의 문제 말이죠. 그러니까 자기 통치성이라는 게 선거 때 투표나 하고 그런 것이 아니라는 것, 그리고 이미 그런 발상의 한계는 말씀드렸지요.

저나 여러분들이나 그 자기통치성을 위한 의미 있는 크고 작은 관계들을 만드는 거죠. 여기 오셔서 이렇게 만난 것도 하나의 인연인데, 강의 끝나면 그냥 헤어지고 그럴 게 아니라 뜻 맞는 사람끼리 어떤 모임도 만들고요. 오늘은 저 선생이 〈휴일〉이라는 영화를 한 번 보라고 그랬는데, 특히 영화라는 게 혼자서 보는 거 하고 또 다르잖아요, 여러 명이 보고 토론하면 좋잖아요. 한 사람이 모든 걸 다 이해하고 알 수가 없으니까요. 그러나 어떤 생각들, 경험들, 또 학습의 양들이 각기 다른 사람들이 어우러져 있기 때문에 영화를 보고 이야기하면, 다양한 의견들, 감상들이 나오는 것이죠. 그런 과정을 통해 서로 발전해나가고 그러는 것이거든요. 그리고 바로 이 과정이 자기통치성을 기르는 것이죠. 다중지성이 되는 것이죠. 스스로가 선생이 되고 또 학생도 되고요.

그래야지 '잘 살아 보자'라는 신화로부터 벗어날 수 있지 않겠습니까. 항상 '잘 살아 보자'고 했지만 언제 잘 살아보겠어요. 박정희 시대부터 계속 잘 살자고 그랬는데 여러분들은 어떤지 모르겠지만, 저는 어렸을 때부터 그 언술을 들어 왔는데, 아직까지도 가난하거든요. 잘 살게 되기나 하겠어요?, 제가. 그럴 생각도 없지만요. 이런 의미에서 여러분들도 잘 살자고 생각하지 마셔야죠.(청중 웃음) 저도 요즘 몸이 좋지 않지만, 그래도 이곳에 와서 여러분들과 만나 이렇게 어울리는 것이 무지 좋은 거죠. 만일 제가 여러분에게 잘 살기 위해서는 이런저런 경영기법을 배워야 되고 경제지식을 가져야 되고 뭐 이런 이야기를 한다면, 제 입장에서는 참 난감하고 참담한 거죠. 그러나 여러분들과는 그런 게 아니라 진짜 어떤 문제들, '잘 살아 보세'라는 것을 매개로 해서 조그마한 공간이지만 이렇게 함께 얘기하고 고민해 볼 수 있으니 얼마나 좋겠어요. 이것은 저에게 엄청 중요한 것이에요. 그러니까 여러분들도 이런 과정을 일회적으로 끝내지 말고 조금 전에 말씀드렸지만 모임도 만들고 교류하면, 이 사회가 언제쯤 좋아질지 말씀드리기는 어려워도 여러분들 자신의 삶이 상당히 풍요롭게 될 것이라고 확신할 수는 있어요, 경험상 보면요. 산다는 것이 매일 돈 열심히 벌다가 일요일에 교회 가서 십일조 내고 반성하는 그런 게 아닌 이상은 자기통치성을 위한 어떤 의미 있는 관계들을 만들고 또 그 속에서 삶을 풍족하게 만들 수 있는 많은 것들에 관해 서로 공감, 교류하는 것이 좋지 않을까 생각합니다.

어찌됐든 여러분들이나 저나 동시대를 살아가고 있기 때문에 오늘 이야기를 나눈 상처들을 받지 않기 위해서, 그러니까 앞서 말한 그런 좋은 영화들을 그 시대에 온전히 보지 못하고 죽어간 많은 사람들, 그런 사람들이 이 시대에 다시 생기지 않도록 하기 위해서 뭔가 하지 않으면 안 되는 것이지요, 기존의 지배적 이데올로기나 그런 맥락이 아니라 그것을 넘어서기 위해서요. 어떤 측면에서는 현실을 그냥 쫓아가는 삶이 편할지도 모르겠지만, 그것을 넘어서고자 하는 어떤 자기 성찰이랄까, 자기 삶에 대한 어떤 결단이라 할까, 그런 것들이 필요한 거죠, 특히 이 시대에 말이죠. 외람되지만 이 말씀을 마지막으로 해서 강의는 마치도록 하겠습니다.

5.18의
역사적 경험이
오늘 우리에게
남긴 과제는
무엇인가?

／ 서
유
석 ／

5.18의 역사적 경험이 오늘 우리에게
남긴 과제는 무엇인가?

서유석

호원대학교 교양학과 교수

유신독재가 극에 달하던 1979년 10월 26일. 대통령 박정희는 중앙정보부장 김재규에 의해 암살당한다(10.26 사태). 오래 억눌렸던 민주주의에 대한 시민/학생의 요구, 노동자의 요구가 살아난다('서울의 봄'). 하지만 전두환을 중심으로 한 신군부가 다시 쿠데타를 자행('12.12사태'), 집권음모를 노골적으로 드러낸다. 1980년 5월 광주. 민주화 일정의 지연과 전두환 일당의 집권음모에 항의하는 대학생집회가 잇달아 열린다. 18일 오전 전남대 정문 앞에서 그리고 도심지에서 희생자가 발생한다. 무장 공수부대원에 의해 학생들이 희생된 것이다. 소식을 접한 시민과 학생들이 이튿날부터 거리로 나온다. 이때부터 27일까지 공수부대와 계엄군에 의한 무차별 폭력, 잔혹한 유혈진압이 이어진다. 한국 현대사 최대의 국가폭력 사건이다.

"5.18의 역사적 경험이 오늘 우리에게 남긴 과제는 무엇인가." 오늘 제게 주어진 강의 제목입니다. 5.18은 한국 현대사의 가장 큰 참극이고, 또 국가 폭력에 맞서 싸운 역사적인 민중 투쟁의 경험입니다. 항쟁 기간 동안 국가와 체제의 폭력 앞에 많은 사람이 죽고 다쳤습니다. 33년 전의 일입니다만 그 고통과 상처는 아직도 계속되고 있습니다.

일상의 에피소드: 폭력의 역사

오늘 강의는 제 개인적인 얘기로 시작해볼까 합니다. 저와 동년배의 모든 사람이 비슷하게 경험한 이야기일 것입니다. 이를 통해, 우리 현대 사가 한편으로 격동의 세월이지만 다른 한편으론 폭력의 역사였음을 확인해 보고자 합니다. 죄 값도 치르지 않고 폭력에 젖어 온 역사.

초등학교 시절입니다. 일제 식으로 국민학교라는 명칭을 썼죠. 기억 을 더듬어 보면, 그 국민학교 때부터 선생님은 때리고 학생은 맞았어요. 당시 쓰레빠라 불리던 실내화. 심지어 어떤 선생님은 그 쓰레빠로도 학생 뺨을 때렸어요. 물론 훌륭한 선생님들도 많았습니다. 하지만 또 많은 선생님들이 그랬어요. 쓰레빠뿐인가요. 선생님들은 작은 몽둥이를 들고 다녔어요. 지금 같으면 상상도 못하는 일입니다. 선생님 대부분은 일제강점기에 혹은 그 직후에 태어나 교육받은 사람들이었습니다. 강점 기 시절부터 일상화된 폭력 문화가 이어져 온 거죠.

우리는 일제잔재 청산에 실패했습니다. 강점기 시절 제국주의 국가와 체제 자체가 폭력의 핵심이지만 당시 민중이 직접 접하는 폭력은 많은 경우 친일파들, 특히 조선인 앞잡이들이 행사하는 폭력이었습니다. 잘 알다시피 해방이 되고 나서도 일제 잔재 청산을 못 하고, 또 안 했습니다. 45년 해방 직후 조선민중 스스로 나라를 세우려는 건국 준비위원회도 있었고 상해 임시 정부도 있었지만 미군정은 이를 다 무시하고 청산되어 야 할 사람들을 그대로 다 썼어요. 48년 대한민국 정부가 만들어지고도 마찬가지였죠. 그러면서 그 일상화된 폭력의 문화가 계속됩니다.

국민학교 때 선생님만 학생을 때린 게 아니죠. 고학년이 저학년을 때렸어요. 중학교에 가니까 좀 더 세게 때리더군요. 지금은 상상을 못할 정도로 저희 또래 다 그렇게 맞고 학교 다녔습니다. 다 그러는 가보다 했죠. 교실에서건 동아리에서건 동네에서건 그런 폭력은 일상화되어 있었으니까요.

고등학교 진학을 했습니다. 말이 교복이지 거의 군복 비슷한 교복이 었습니다. 카키색 교복. 그 때 멋도 모르고 좋아서 입고 다녔지요. 당시 에는 학생도 교련이라 불리는 군사훈련을 했습니다. 일본군들이 차던 각반을 하고 군사훈련을 받았죠. 시대는 박정희 군사독재 시절이고. 군사문화가 학교 뿐 아니라 사회 전반에 퍼져있었다고 해야 할 것예요.

제가 "야 이렇게까지 폭력을 행사해도 되는 건가" 큰 충격을 받으며 두려움 속에 생각을 하게 된 건 고등학교 시절이에요. 박정희 시절이죠. 누구든지 간에 박정희에 대해서나 독재에 대해서 발언하는 게 금기시 되던 때죠. 그런 관행에 부분적으로라도 일탈이 있거나 반항하면 가차 없는 폭력의 대상이 되었습니다. 고등학교 1학년 때 경험한 일이에요. 제 짝이 몰래 여학교 학생들과 문학 서클을 했어요. 컴퓨터나 복사기가 없던 시절이라 소식지나 회람을 만들려면, 가리방이라는 철판에 기름종 이를 대고 철필로 글을 쓴 후 그 기름종이를 등사기에 대고 밀어 만들던 시절입니다. 짝이 한 여학생과 가리방 운운 내용을 편지에 썼는데, 편지 검열에 걸렸습니다. 당시 공안당국이 고교생 편지도 검열한 거죠. 결국 제 짝은 중앙정보부에 끌려가 며칠 맞고 나왔습니다. 짝이 한 동안 말이 없었는데 나중에야 제게 이야기해준 겁니다. 고1이면 16살입니다. 친구인 짝은 군사독재에 대해서 무슨 말을 한 것도 아닙니다. 대학생들 이 데모할 때 사용하던 가리방. 편지에 그 가리방 운운했다는 이유 하나만으로 맞고 나온 거죠.

[사진1] 1980년 5월 광주에서의 군폭행 장면

　고3 때 경험한 일입니다. 가깝게 지내던 1년 선배가 시국 사건으로 잡혀갔어요. 저는 그저 그 선배를 자주 만난 혐의로 경찰서에 며칠, 군 검찰에 며칠 불려갔습니다. 그곳에서 봤습니다. 대학생 형들이 경찰들한테 또 중앙정보부 요원들한테 맞는 걸 봤어요. 군 검찰에서는 하얀 와이셔츠에 피가 묻고 얼굴이 창백해진 채로 조사받는 형들의 모습, 윽박지르고 폭언과 폭력을 행사하던 조사관들의 모습을 보았습니다. 정말 잔인하게 때리더라고요. 보이지 않는 곳에서는 얼마나 더 했겠습니까. 검사는 다 명문대 법대 나온 사람들인데 어떻게 그렇게 잔인하게 팰 수 있는지……. 어린 저는 충격을 받았어요. 공안이란 말은 본래 공공의 안전, 시민의 안전, 국민의 안녕한 삶을 의미하겠지만 제 세대의 사람들에게 공안기관은 줄곧 공포의 대상이었습니다. 지금도 어느 정도는 마찬가지죠.

　군대 시절입니다. 80년 5월인데 전 부대가 동원되어 어느 날부턴가 폭동진압훈련을 했습니다. 광주에 폭동이 일어났다. 북한 간첩의 소행

인지 모른다. 국가안위와 사회질서유지를 위해 위급한 때는 군인이 나설 수밖에 없다. 당시 지휘관들의 훈련 취지 설명이었습니다. 다소 불상사가 있어도 진압을 해야 된다. 그 당시 군대 생활 한 사람에게는 졸병이고 뭐고 할 것 없이 전부 다 훈장을 줬습니다. 국난극복의 기장이라고. 저도 제대할 때 훈장을 주더라고요. 20세 전후 애꿎은 젊은이들이 민간인 대상 폭동 진압훈련을 해야만 했던 그런 시절이었죠.

힘든 훈련에 더하여 공포와 폭력도 좀 경험해야 성인이 된다고 군대문화를 옹호하곤 했던 게 과거 성인의 의식이었습니다. 무서운 일이죠. 물론 누구나 그런 시절을 다 겪었는데 뭘 그러느냐 하는 사람도 있겠지만, 제가 무섭다고 하는 이유는 그런 문화가 우리의 일상 속에 아주 자연스럽게 만연해 버렸기 때문입니다. 또 어떤 점에선 지금도 지속되고 있고요.

저는 75년에 대학에 입학했습니다. 학교는 문 여는 날보다 닫는 날이 더 많았어요. 학원자유, 사회민주화를 외치는 학생 시위를 원천차단하기 위한 거였죠. 문 여는 날도 교내 곳곳에 사복 경찰이 상주했어요. 감히 누가 어떤 소리도 못 지르고, 몰려다니지도 못 하던 때였어요. 그러던 중 79년에 박정희가 죽지요. 정치인과 학생, 시민과 노동자가 민주주의를 외치며 거리로 나섭니다. 외신들이 '서울의 봄'이라 그랬죠. 그 무렵 군인들, 전두환, 노태우 등등이 다시 정권을 잡으려 한다는 소문이 퍼지면서 전국의 대학생들이 들고 일어납니다. 80년 5월 15일, 수많은 대학생이 서울역에 모여 대대적인 시위를 합니다. 그러자 17일인가 계엄령이 발동됩니다. 그리곤 전국 대학에 다시 군인들이 들어갑니다. 광주에서의 참사가 이 무렵 시작됩니다. 18일 전남대 학생들이 데모를 했죠. 한 50명 정도가 항의를 하는데 군이 폭행을 합니다. 전남대 정문에서, 이어서 광주 시내에서 시위대에 행한 폭력으로 희생자가 발생합니다. 다음 날부터 광주 시민들이 대대적으로 들고 나섭니다. 그때부

[사진2] 1980년 5월 전남대 앞 시위 장면

터 9일 동안 일종의 봉기가 일어난 거지요. 그러다 결국 27일 군은 아주 잔인한 방법으로 진압합니다. 당시 발표로는 191명이 사망했다고 하는데 실제 광주 사람들에게 들어보면 더 많은 사람들이 죽었다고 해요.

어릴 때 어쩌다 한번 나들이를 가려면 기차를 탔습니다. 그런데 경기도 근처에 이르면 늘 군인이 올라 왔어요. 높은 계급의 군인도 아니에요, 일등병, 상병 이런 친구들인데 일단 승차하면 막무가내였습니다. 제 아버지는 하급 공무원이었고 어머니와 형제 다섯. 형제들이랬자 지금 생각해보면 다 아기들이죠. 군인들은 어디서건 이루 말할 수 없는 횡포를 부렸어요. 여자들한테 희롱하고. 제 어머니한테도 그랬어요.

일제가 끝났지만, 이승만 독재, 그리고 박정희 군사독재로 이어지면서 억압적인 군사문화가 개인의 일상에도 이처럼 영향을 미쳤던 게 우리 현대사입니다.

그러던 중 광주에서 민중 봉기가 일어난 겁니다. 많은 사람이 희생되

[사진3] 1987년 6월 10일 항쟁 당시 사진

었지만 그 5.18 민주화 운동을 계기로 시민의식이 한 단계 고양됩니다. 우리 사회의 소위 민주화 운동 수준도 한 단계 고양되죠. 그 전에는 민주주의에 대해서 그리고 감히 군인에 대해서는 말을 못했어요. 박정희 군사독재, 그리고 10월유신을 민족적 민주주의라고 포장하여 학교에서나 언론을 통해서 끊임없이 홍보하던 때죠. 군사독재 배후에 있는 미국에 대해서는 두말할 것도 없었어요. 미국에 대해 조금만 문제제기하면 간첩으로 몰리던 시절이니까요. 하지만 5.18 항쟁을 계기로 이런 껍질이 벗겨집니다.

앞에서 이야기 한 고교 시절 일입니다. 대입준비도 하지만 가끔은 친구들하고 책도 보고 토론도 하던 시절이었죠. 1년 선배 형이 가끔 지도를 해줬어요. 근현대사를 제대로 공부해야 한다. 민주주의가 무엇인지, 산업화에 가려진 노동자의 열악한 삶이 어떤지, 우리는 지금 어떤 상태에 있는지 관심을 가져야 하다. 훌륭한 선배였습니다. 그런데 그 선배가 어느 날 잡혀갔어요. 제가 고3 때고 그 선배는 대학교 1학년인데

시국사건에 연루되어 군사재판에서 징역 15년 형을 받았습니다. 대학교 1학년이면 19살밖에 안 되잖아요. 나중에 안 일이지만 소위 민청학련 사건입니다. 당시 조작으로 주동자 여러 명이 처형되었습니다. 국제적 비난이 쏟아졌죠. 결국 그 선배는 1년 후 석방되었습니다. 아주 샤프한 형이었는데 그만 고문후유증으로 지금도 고통 받고 있습니다. 작년인가 신문에 크게 났었어요, 그 당시 국가 폭력의 희생자들 지금 어디서 어떻게 지내고 있는가를 다룬 기사에서 보았어요. 전 가끔 생각합니다. 이런 사람들이 있었기에 오늘의 대한민국이 있다고요. 5.18 민주화 운동도 마찬가지입니다.

60년대, 70년대 기간 동안 경제성장을 이루었습니다. 산업화가 이루어지고, 수출과 국민소득이 크게 올랐습니다. 하지만 그 기간 내내 국민은 늘 동원과 감시의 대상이었고 무수한 인권침해가 있었습니다. 통제 사회였으므로 항의 자체가 봉쇄된 시기였어요. 독재 정부가 주도하는 재벌중심의 경제 건설. 그 시절에 저는 학생이었지만 당시 많은 동년배들은 중학 정도의 과정을 마치고 공장에 들어가야 했습니다. 그리고 그들은 저임금과 열악한 근로조건 아래 시달려야 했죠. 노동자의 권리라는 개념 자체가 없을 때였습니다. 1970년 11월 청계천 평화시장에서 노동자들의 근로조건 개선을 요구하며 22살의 청년 전태일이 분신자살을 합니다. 노동자는 기계가 아니라고 외치며 분신을 했는데, 그의 죽음은 노동자의 인권과 복지에 대해 근본적으로 다시 생각하는 계기, 한국 노동운동 발전에 중요한 이정표가 됩니다. 물론 노동 현장에서의 억압과 통제는 그 이후로도 계속됩니다. 노동자들이 노동자의 권리를 외치며 조합을 만들어 자기 목소리를 내고 본격 투쟁하게 된 것은 90년대 말이니까요.

몇 가지 에피소드를 말씀 드렸습니다만, 우리의 현대사는 한편으로 사회와 경제가 성장한 역사였지만, 다른 한편 그 이면에서는 학교 현장,

노동 현장을 포함하여 사회 전체가 국가와 체제에서 비롯된 직접, 간접의 통제와 폭력이 자행된 역사였습니다.

미완에 그친 '폭력의 역사' 청산

80년대, 90년대를 거치면서 우리사회가 민주화됩니다. 군사독재의 시기를 끝내고 직선제에 의한 대통령 선거가 이루어진 거죠. 형식적 민주주의가 시작되었다고 할까요. 또 90년대 이후로 많은 시민단체가 등장하고 민주노총이 생기면서 시민과 노동자의 목소리와 권리요구가 커진 것도 중요한 변화였습니다. 그러면서 폭력의 역사에 대한 국가 차원의 반성이 진행됩니다. 노태우 정부 시절(1988-1993)에 5.18에 대한 진상규명과 책임자 처벌이 부분적으로 이루어집니다. 김영삼 정부 시절(1993-1998)에는 12.12 쿠데타의 온상이었던 하나회가 해체됩니다. 의미 있는 과거사 진상규명 작업은 김대중 정부(1998-2003)에서 이루어집니다. 대표적인 것이 진실-화해를 위한 과거사 정리위원회, 의문사진상규명위원회의 활동이었죠. 전자는 해방 이후 권위주의 통치시대에 이르기까지 반민주적 또는 반인권적 공권력의 행사 등으로 왜곡되거나 은폐된 진실을 밝혀냄으로써 국민의 화해와 통합을 이룩할 목적으로 활동했고요, 특히 후자는 권위주의 통치 기간 중 민주화운동과 관련하여 공권력에 희생된 의문사의 진실을 밝히기 위한 대통령 직속 기구였습니다.

하지만 노무현 정부를 거치고 급기야 보수정권인 이명박, 박근혜 정부에 이르면 이 작업도 유야무야됩니다. 이명박, 박근혜 정권에서는 오히려 과거사에 대한 왜곡이 다시 시작되지요. 사회와 국가에 의해 자행된 폭력의 진상을 밝히고 그 상처를 치유하기는커녕, 과거 권위주의 통치 자체를 정당화하는 흐름이 형성됩니다. 정체불명의 보수단체들이 등장하고 이들은 노동자와 학생, 시민의 권리 주장 현장마다 등장하여 민주집회를 훼방합니다. 역사의 흐름을 거꾸로 돌리는 뉴라이트 단체도 우후죽순 생겨나고요. 그들은 과연 누구인가요. 왜 이런 일이 생길까요. 자연스런 현상인가요.

고난의 민중: 그 우경화의 유혹

저는 오늘 이런 얘기를 한번 드려볼까 합니다. 우리 사회가 형식적인 민주화는 되었지만 실질적 민주화의 길로 가려면 시민의식의 고양이 필요하고 민주주의의 훈련과정이 더 필요하지 않은가 하는 얘기 말입니다. 폭력의 문화를 평화의 문화로 바꿀 수 있는 주체는 정부나 권력기관이 아닙니다. 바로 시민뿐입니다. 그런데 오늘의 현실은 아이러니합니다. 국민들은 역사를 되돌리는 보수 세력을 지지합니다. 선거의 결과가 그걸 입증합니다. 현 정권도 바로 그 산물이고요. 이런 현실을 어떻게 봐야 하나요. 권위주의 통치, 군사독재의 폭력문화에 시달려온 우리들인데, 왜 다시 그런 노선을 잇는 정치세력을 지지하는 건가요.

노무현 대통령 때 얘깁니다. 동북아 평화 공동체를 만들자. 그런데 누가 주도해야 하나. 한국이 주도해야 한다. 중국과 일본은 늘 가해자였다. 반면 우리 민족사는 수난의 역사, 고통 받는 역사였기 때문에 한민족만이 참된 평화가 무엇인지 안다. 그래서 한민족이 동북아 평화 공동체의 주체 자격이 있다. 참 공감 가는 얘기입니다. 당위적으로도 옳은 얘기고요. 그런데 저는 이런 의문을 가지고 있습니다. 사람이 오래 고통을 받으면, 오래 박해를 받으면 곧 평화를 애호하는 사람이 되는가, 평화운동을 주도하는 사람이 되는가.

역사상 가장 큰 박해를 받은 민족, 가장 긴 기간 동안 고난 받은 민족은 유대 민족입니다. 그리고 그들이 그 긴 고난 끝에 만든 나라가 이스라엘입니다. 위 논리를 적용할 경우 유태인과 이스라엘은 가장 평화를 사랑하고 또 실천하는 그런 민족, 그런 국가가 되어야 하는데 과연 그런가요. 실제로는 정 반대 아닌가요. 제가 보기에 이스라엘은 오늘날 가장 폭력적인 국가가 돼 있습니다.

19세기의 칼 마르크스도 그런 논리를 굳게 믿었습니다. 1848년 『공산당 선언』의 제일 마지막 구절이죠. 노동자 계급은 가진 것(재산)이 없다. 노동자 계급에게 남은 것은 억압의 사슬뿐이다. 노동자 계급이 그 사슬을 벗어던질 때 인류는 해방된다. 마르크스주의의 기본 신념입니다.

고난 받는 사람, 박해받는 사람은 평화를 사랑한다. 과연 그런가요. 실제 역사를 보면 오히려 반대의 경우도 많습니다. 근대의 폴란드는 주변 강국들로부터 심한 박해를 받았습니다. 19세기의 마르크스, 또 그와 대립하던 무정부주의자 바쿠닌이 비슷하게 생각한 게 있어요. 폴란드야말로 가장 큰 박해를 받아 온 민족이다. 그렇게 때문에 폴란드야말로 가장 평화를 사랑하는 민족이고 민주주의를 발전시킬 수 있는 민족일 것이다. 하지만 『바쿠닌 평전』의 작가 E. H. 카가 말합니다. 이런 논리는 심리학의 기본도 모르는 이야기라고. 폴란드는 러시아와 오스트리아의 억압을 오래 동안 받았어요. 독일의 억압도 받았습니다. 그런데 폴란드는 거꾸로 자기보다 약한 리투아니아, 우크라이나를 잔인하게 억압했습니다.

유엔인종차별철폐회의가 2001년 8월 남아공에서 열립니다. 오랜 투쟁 끝에 넬슨 만델라가 복권되어 대통령이 된 직후입니다. 역사상 유일하게 남아있던 공식적 인종차별이 철폐된 직후죠. 이를 기념하기 위해 남아공에 유엔 국가들이 모여 인종차별철폐회의를 연 겁니다. 이 때 그 참여를 주저한 나라가 둘이 있습니다. 이스라엘은 명백히 거부했고요, 미국도 참여를 주저했습니다. 이스라엘 눈치를 본 거죠. 아니 직접적으로는 미국 재계를 주도하는 유대인 눈치를 본 거겠죠.

이야기가 좀 엉뚱한 방향으로 흘렀는데요, 제가 드리고 싶은 얘기의 초점은 오래된 폭력의 문화는 사회적 병리를 야기하기도 한다는 사실입니다. 민주화로의 길은 아직 멀었습니다. 특히 사회경제적 민주화, 참여 민주주의의 측면에서 그렇습니다. 그 길로 가는 데는 신자유주의 시계체제, 그리고 기득권 세력의 저항도 있지만, 국민 편에도 문제가 있습니다.

'박정희 신드롬'이란 말 들어보셨죠. 저는 '박정희 신드롬'이 우리사회에 만연해 있고 이 병리가 사회발전에 큰 걸림돌이 되고 있다고 생각합니다. 어떤 점에선 젊은 사람들, 중년층, 노년층 할 거 없이 다 그 신드롬에 젖어 있어요. 선거결과가 말해줍니다. 박정희가 독재는 좀 하긴 했지만 경제를 살려 먹고사는 문제를 해결했다. 한 걸음 더 나갑니다. 민주주의가 밥 먹여 주냐, 혼란만 초래하고, 차라리 박정희 같은 강력한 리더십의 지도자가 그립다. 이런 심리가 알게 모르게 사회 전반에 퍼져 있어요. 이 심리는 무서운 병입니다.

히틀러는 게르만 민족이 선택받은 민족이고 게르만 민족이 다른 민족을 지배해야 한다는 세계관을 갖고 있었어요. 유색인종은 인간 취급 안 했고, 무엇보다 유태인은 제거 대상으로 삼았습니다. 그런데 이런 선민사상이 히틀러에게만 있었던 것이 아닙니다. 서양 역사에 지속적으로 있었어요. 히틀러 당시의 하이데거도 꼭 같은 글을 썼고, 한 세기 전 헤겔에게서도 유사한 주장이 등장합니다. 헤겔은 게르만 민족국가의 단계에서 인류역사가 완성된다고 보았어요. 또 헤겔에게선 이런 대목도 등장합니다. 보통 사람들에겐 역사 진행의 본질, 역사적 사명이 가려져 있지만 '세계사적 개인'에게는 다르다는 겁니다. 니체로 따지면 초인이지요. 역사의 전환기마다 그런 사람이 등장하는데 결국 그런 사람이 역사를 이끌어 가야한다는 주장인 셈이에요. 이 점에선 소크라테스, 플라톤, 아리스토텔레스도 비슷합니다. 우매한 민중의 정치(민주주의)에 반대하고 귀족정치를 옹호한 사람들이죠. 이들 사상에서 정치를 담당해야 할 귀족은 '뛰어난 자'를 의미합니다. 그리고 그런 사람은 따로 있다고 생각했어요. 뛰어난 사람들, 그리고 그 뛰어난 사람들 중에서 가장 뛰어난 사람인 철학자 왕이 세상을 이끌어야 한다고 생각했지요. 그런 철학자가 독재를 해야 한다고 굳게 믿었던 거죠.

이런 이야기를 한 사람이 오스트리아 철학자 포퍼(K. R. Popper)입니다. 『열린사회와 그 적들』에서 상세히 기술했는데요, 그에 따르면 열린사회의 적에는 마르크스도 포함됩니다. 만인의 정치가 아니라 일종의 역사적 선민인 프롤레타리아의 지배, 당의 독재를 옹호했기 때문이라는 거죠. 포퍼는 이 선민사상의 기원을 다름 아닌 유대교의 전통에서 찾습니다.

지금 여러 가지가 복잡합니다. 경제가 어렵고, 취업이 안 되고, 삶의 진로가 불투명합니다. 장사도 안 되고, 특히 서민들이 어렵죠. 이럴 때 다시 그런 강력한 지도자가 나타나서 우리의 문제를 해결해 주었으면 하는 무의식적 바램. 이게 바로 박정희 신드롬입니다. 저는 박근혜 후보가 그렇게 압도적 지지를 받으며 당선된 것도 그런 심리의 영향이라고 생각합니다.

20세기 초 독일로 돌아가 볼까요. 독일이 1차 세계대전에서 패합니다. 파리 강화 조약의 결과 독일은 엄청난 전쟁배상금 부담을 지게 되고 내부적으로도 극심한 혼란이 야기됩니다. 실업자가 늘고 장사는 안 되고 모두가 살기 어렵게 된 거죠. 이 때 등장한 자가 히틀러입니다. 어떻게 등장했냐고요. 선거를 통해서 집권합니다. 당시 어려운 농민, 실업자, 상인들이 다 히틀러를 찍었습니다. 후에는 노동자들도 지지합니다. 요새 용어로 하면 실업자, 비정규직, 중소상인, 자영업자, 농민, 그리고 결국엔 노동자들마저 압도적 지지를 통해 히틀러 파쇼 독재 체제를 만든 겁니다.

그 시절이 좋았다. 그 때, 강력한 지도자가 뭐 좀 인권을 탄압했다지만 그래도 우릴 먹여 살렸다. 사회적 퇴행의 심리, 사회발전을 가로막는 심리입니다.

대학 시절에 읽은 책 중, E. 프롬이 쓴『자유로부터의 도피』(Escape from Freedom)란 책이 있습니다. 프롬은 독일에서 태어난 유태인 사회 심리학자죠. 하이델베르크에서 심리학, 철학을 공부했고, 히틀러 집권 시기에 미국으로 망명합니다. 마르크스와 프로이트(정신분석학)를 나름대로 종합해서 왜 히틀러 같은 사람을 독일 민중 전체가 지지했는지 연구했어요. 이 책이 그 소산입니다. 자유로부터의 도피, 좀 풀어서 이야기 하면 다음과 같은 겁니다.

한 개인의 성장 과정을 보면 대략 사춘기가 과도기입니다. 그 전까지는 어머니가 모든 걸 해결해줍니다. 가령 어린 아이가 도둑질을 했어요. 다른 사람에게 어떤 손해를 끼쳤습니다. 어머니가 다 해결해줍니다. 어떤 때는 어머니가 무서워요. 엄마가 야단도 치고 심하면 매질도 합니다. 하지만 어머니한테 모든 걸 맡기면 어머니가 결정도 해 주고 책임도 져 줍니다. 하지만 과도기인 사춘기를 거치면서 이제는 그 어머니 품을 떠나야 합니다. 그래서 성인이 되는 건데, 성인이 된다는 건 내 스스로 모든 걸 결정하고 책임져야 함을 뜻합니다. 그게 자유에요. 근데 이 자유가 불안한 겁니다. 그래서 사춘기에 고뇌가 있는 것이지요. 물론 이 갈등 기간을 잘 이겨내는 사람은 결국은 자유로운 성인이 되지만, 자유의 두려움에 굴복하는 사람은 자유를 포기하고 다시 어머니의 품으로 돌아가고자 합니다. 퇴행이죠. 그러면 어떻게 되나요. 다시 어머니와 같은 존재를 찾습니다. 나의 모든 결정과 나의 모든 문제를 해결해 줄 강력한 어떤 존재를 찾아 거기에 복종하는 겁니다. 이런 퇴행이 병적으로 심화되면 사도-마조히즘도 나타난다고 프롬은 봤어요.

프롬은 중세 말, 근대, 현대를 거치는 과정도 이에 견주어 이야기합니다. 중세는 농노제라고 하지만 다른 한편에서는 봉건장원이 중세인의 보호막이기도 했습니다. 영주, 기사가 있고 그 밑에 농민이 있습니다만 이들 상호 간에는 일종의 계약 관계가 있어요. 농민이 일정한 세금을 납부하고 영주가 요구하는 부역만 하면 거구로 장원영주가 농노를 자기 울타리 속에서 보호 해줍니다. 중세가 무너지고 자본주의 등장과 함께 근대 개인주의 사회로 넘어옵니다. 근대라고 하는 것은 이런 위계질서가 깨지고 모든 사람이 시장 속에서 개별화되는 단계, 자유를 행사해야 하는 단계입니다. 적어도 이상적으로는 그렇죠. 모든 사람이 스스로 결정하고 스스로 판단하고 또 자기 행동의 결과에 대해 스스로 책임져야 하는 단계입니다. 이게 근대 시장과 민주주의의 출발점이요 기초입니다. 영국이나 프랑스 같은 경우는 많은 투쟁과정, 또 그런 과정 속에서 체득한 훈련을 통해 근대 개인주의, 자유주의에 기초한 민주주의를 수립할 수 있었지만, 독일 경우는 그런 과정이 상대적으로 없었어요. 민주주의 훈련 과정이 부족했던 거죠. 자본주의 발전도 후발이지만 사회구성도 19세기 중반까지 여러 영방으로 쪼개져 있는 상태였어요. 그런 가운데 갑자기 도래한 시장경제와 민주주의 과제 앞에서 사람들이 불안을 느낀 거죠. 그러면서 독일에 이상한 철학이 유행하게 됩니다. 헤겔, 마르크스, 니체. 이들에게는 공통점이 있어요. 강력한 국가와 지도자, 그게 세계사적 개인(헤겔)이든 프롤레타리아 독재(마르크스)든 초인(니체)이든, 그들이 시대를 이끌고 역사를 주도해야 하는 겁니다. 히틀러가 헤겔이나 니체를 좋아한 것도 우연이 아니죠.

프롬에 따르면 히틀러 독재는 히틀러 개인의 작품이 아니라 당시 독일 민중 전체가 만들어 낸 작품이라는 겁니다. 자유로운 시민이 되는 그 자체가 너무 불안하고 무서운 거예요. 그러니까 그 자유로부터 도피한 거죠. 그래서 책 제목이 『자유로부터 도피』인거예요.

제가 프롬의 논리를 정확히 옮겼는지 모르겠습니다. 또 그런 주장에 논리적 허점도 있겠죠. 하지만 저는 우리사회에 만연해 있는 박정희 신드롬도 유사한 것이라고 봅니다. 박근혜씨가 시장에 나타나면 60대, 70대 아주머니들 그냥 울어요. 안타깝게 죽은 육영수 여사, 박정희 대통령을 무의식중에 생각하는 거죠. 자상한 국모, 근대화의 아버지 등등. 이런 대중 심리는 사회적 퇴행입니다. 강력한 지도자의 리더십 밑으로 다시 들어가고 싶은 심리.

요새 군대는 나아졌겠지만 과거의 군대 문화는 사도-마조히즘 문화였어요. 아래 사람, 약한 사람을 잔인하게 다루는 사디즘의 세계. 그런데 모든 사디스트는 동시에 마조히스트예요. 그러니까 그런 사람일수록 자기보다 계급이 높은 사람한테 비굴할 정도로 복종하며 그 속에서 만족을 얻는 겁니다. 퇴행이 병적으로 진행될 경우 나타나는 현상입니다.

폭력문화의 극복: '시민의 힘'으로

제 강의가 좀 두서없이 진행되었는데요, 이제 이야기를 마치면서 시민의 힘을 키워야 한다는 얘길 하고 싶습니다. 사회적으로 소외된 사람들의 의식과 행동은 양 극의 두 갈래로 나타납니다. 마르크스 식으로 말하면 계급의식을 갖추느냐 못 갖추느냐가 그 두 길을 나뉘게 하는 거겠죠. 요사이 말로 하면 성숙한 시민의식을 갖추느냐 그렇지 않느냐 하는 문젭니다. 만일 후자의 경우라면 오래된 박해는 또 다른 박해를 낳을 뿐입니다. 폭력의 희생자들이 그 폭력 문화에 다시 안주하게 되는 거죠.

우리 국민 모두는 체제에서 비롯된 사회적 폭력 문화의 희생자들입니다. 우리 사회를 좀 더 좋은 사회, 평화와 희망의 사회로 만들려면 국민이 나서야 합니다. 5.18 항쟁의 교훈은 시민이 나서서 그 폭력 문화에 저항할 때에만 그 극복이 가능하다는 것입니다. 그러기 위해선 우선적으로 박정희 신드롬 같은 사회적 병리를 극복해야 합니다. 쉬운 일이 아니겠지만, 이 역시 시민의 참여와 발언, 시민의 투쟁과 연대를 통해서만 가능할 것입니다.

저는 시민의 정치활동, 풀뿌리 민주주의가 활성화될 때에만 폭력 문화의 극복이 가능하다고 생각합니다. 각종 NGO활동, 주민운동, 자치운동, 공동체운동에 참여하는 사람이 많아지고, 또 그런 참여 속에서 발언하고 토론하고 성찰하는 사람이 많아져야 민주주의도 가능하고 진보도 가능하지 않을까요. 분야별로, 부문별로, 지역에서부터, 마을에서부터 시민이 참여하고 발언하고 토론하고 여론을 만들고, 또 그 힘으로 사회를 바꾸는 운동.

전교조를 욕하는 사람들이 있습니다. 학생과 교육을 볼모로 불법파업을 하고, 학원과 교육을 정치로 물들인다고 보수 언론에서, 또 일부 사람들이 욕을 합니다. 하지만 저는요 전교조 욕하는 사람들은 나쁜 사람이라고 생각해요. 오늘 강의 서두에서 언급했습니다. 우리 현대사는 초등학교부터 대학교까지 직접 간접으로 폭력문화에 젖어 온 그런 시대였어요. 초중등 교육현장에 촌지 이런 것은 부산물로 부지기수였죠. 그것에 저항해서 그 문화를 바꾸고 싸웠던 사람들이 바로 학교 현장의 선생님들, 곧 전교조입니다. 전교조 처음 만들 때 100명이 넘게 구속되고 1500명 정도가 해직됐었어요. 물론 전교조 지도부의 정책노선이 잘못될 수도 있습니다. 그들의 모든 정책과 행위를 지지하는 건 아니에요. 하지만 초중등 학교문화를 군사문화, 촌지문화, 억압의 문화에서 구해낸 전교조의 공로와 그 기본 흐름을 인정해야 합니다.

형식적 민주화는 이루었지만 실질적인 사회경제적 민주화는 못하는 이유, 물론 여러 요인이 있죠. 객관적으로 신자유주의라는 거대 흐름의 압박이 있고, 대기업과 기득권층의 저항이 있죠. 하지만 다른 한편으로는 주민이 스스로 나서서 문제를 해결하려는 참여민주주의 수준도 제고되어야 한다고 봐요. 학교 현장에서 교사가 나서서 문제를 해결해 온 과정에서 교훈을 얻어야 합니다. 대학민주화를 위해 학생들이 스스로 나서서 학원민주화, 사회민주화운동을 했던 그 경험에서 교훈을 얻어야 합니다. 노동자들이 직접 나서서 노동조건 개선을 위해 싸워온 경험,

그리고 오늘의 주제인 80년 5월, 그 살벌하던 상황에서 일어선 5.18 민중 항쟁의 경험에서 교훈을 얻어야 합니다.

시민운동, 주민참여운동 또 예컨대 협동조합운동 같은 공동체 운동이 과연 사회를 바꿀 수 있겠냐고 회의적인 물음을 던지는 사람이 있습니다. 얼마 전, 사회적 경제를 다루는 토론회에 참석했었는데, 한 경제학자가 같은 질문을 하더군요. 사회를 조금이라도 바꾸려면 냉엄한 국제관계, 특히 거대한 신자유주의 경제 체제의 바퀴를 제어해야 하는데, 그런 작은 참여운동들에 기대를 거는 건 유토피아적인 생각 아니냐 하는 지적이었어요. 맞는 지적입니다. 주민자치, 사회적 경제가 차지하는 비중도 아주 미미하죠.

하지만 전망이 불투명할 때, 또 지금처럼 장기적인 보수화의 국면이 예상될 때에는 작지만 의미 있는 운동을 해야 한다고 봐요. 한 예로 성미산 주민들의 자치운동을 놓고 그런 운동을 통해 사회를 바꿀 수 있냐는 비관적 지적도 얼마든지 할 수 있지만, 저는 오히려 반대로 이런 작은 운동, 또 그런 운동의 연대가 지금 이 시점에 의미 있는 운동이라는 생각을 합니다. 거대담론, 중앙 중심의 거대 운동론이 한계를 이미 드러냈다고 봐요. 성미산 사람들이 자발적으로 모여서 육아문제부터 시작해 먹거리 문제, 지역 환경 문제, 교육문제 등을 함께 고민하고 해결하는 운동, 저는 아주 의미 있는 운동이라고 봅니다. 물론 한계도 있고 문제점도 드러나죠. 전체 경제 규모에서 보면 극히 미미한 운동이지요. 하지만 이런 작은 시민참여운동, 풀뿌리 정치운동이 저는 다음과 같은 몇 가지 점에서 큰 의미가 있다고 생각합니다.

첫째, 그런 참여운동은 역사적 트라우마, 오랜 폭력의 역사에 의해 왜곡된 의식, 박정희 신드롬과 같은 사회적 병리로부터 사람들을 해방시키는 과정, 다시 주인이 되도록 하는 치유와 회복의 과정이 될 수 있다고 봐요. 두 번째로 그런 공동체 운동은 거기에만 있는 것이 아니라 여러

곳에서 조금씩 생겨나고 있습니다. 그런 운동체들이 이미 연대활동도 해요. 저는 이런 연대운동이 활성화되면 조금씩 사회도 바꿀 수 있다고 생각합니다.

제가 사는 전주 주변이 완주군인데 그곳에는 로컬 푸드 운동이 자리 잡고 있습니다. 완주군 농민들하고 전주 시민이 좋은 농산물을 직접 거래합니다. 물론 지금은 지역 경제의 작은 부분인데, 좀 더 커지면 어떤 일이 생길까요. 지역 경제 깊숙이 파고들어온 대기업들이 반발할 테죠, 아니 그보다 더 큰 것은 법적인 제약입니다. 공정거래법 위반, 한미FTA 위반이라고 제동을 걸겠죠. 그래서 이게 작은 운동 같지만 그런 걸 통해서 자립도 하고 의식도 키우고 정치적 각성도 하고, 또 그런 운동들이 서로 힘을 합치면 대기업 중심의 법, 미국주도의 FTA 독소조항을 바꾸는 운동으로까지 확대되지 않을까요.

한국 현대사를 진단하려면, 또 폭력의 역사를 종합적으로 평가하려면 물론 객관적 요인에 대한 분석, 역사와 국제정치에 대한 분석, 그리고 사회경제적 분석이 필요하겠죠. 사람들의 의식이 전반적으로 보수화하고 심지어 퇴행하는 데에도 이런 객관적 요인이 강하게 작용합니다. 폭력의 문화도 그런 객관적 요인에서 비롯된 것인 만큼, 그 상관관계 아래서 문제를 고찰해야 할 것입니다.

하지만, 저는 오늘 모든 변화는 시민의 참여와 발언, 그리고 연대와 저항에서 시작된다는 점에 주안점을 두어 말씀드렸습니다. 체제 폭력이든, 사회적 모순이든 시민이 나서서 주인이 되는 몸짓을 할 때, 그 해결의 희망이 열리는 것입니다. 이것이 바로 30여 년 전 5.18 항쟁의 역사적 경험이 오늘 우리에게 주는 교훈이 아닌가 생각합니다. 1980년 5월 광주의 투쟁. 목숨 걸고 투쟁했던 많은 분들, 또 희생된 분들에 대해서 기억해야 합니다. 그런 투쟁이 있었기에 오늘 우리가 있다는 사실 앞에선 감사하는 마음도 가져야 한다고 생각합니다.

IMF와
한국사회

/
최
원
/

IMF와 한국사회

최 원

건국대학교 통일인문학연구단 HK연구교수

아마 이번 강의 시리즈에 참여하신 다른 선생님들의 경우엔 '한국에 어떤 역사가 있었나' 하는 질문을 중심으로 이러저러한 역사적인 사실들의 의미와 맥락을 검토하는 식으로 강의를 진행해오지 않았을까 여겨지는데. 저 같은 경우에는 오늘 강의 내용이 IMF 이후의 한국 사회에서의 변화를 이렇게 역사적인 방식으로 훑기 보다는, IMF 이후에 한국사회에서 중심적으로 떠오른 경향들을 이론적으로 분석하는 일에 더 치중하려고 합니다. 그런데 이러한 경향들은 꼭 한국에서만 나타났던 건 아니고, 전 세계적인 현상이었다고 볼 수 있습니다. 이른바 신자유주의라고 부르는 경향이지요. 그래서 오늘은 신자유주의가 도대체 뭐고, 신자유주의가 어떤 식으로 발전이 되어져 왔고, 그 내용이 정확히 무엇인지를 살펴보려고 하는데, 이런 질문들을 함께 생각해보면 IMF 이후의 한국사회가 어느 정도 이해가 될 수 있지 않을까, 또 그 속에서 우리가 겪어왔고, 또 여전히 겪고 있는 여러 가지 고통스러운 점들이 단순히 경험적으로만 이해되는 것이 아니라 이론적으로 이해될 수 있지 않을까 생각합니다. 그리고 나면, 원인들의 대한 어떤 분석들을 통해서 원인들을 제거하거나 또는 그 작동을 교정하기 위한 어떤 실천들을 벌여 나갈 수 있는 출발점을 마련해 볼 수도 있겠지요.

IMF 사태 이후의 한국사회

알다시피 1998년에 IMF 사태가 터졌죠. 아시아 전체가 금융위기에 빠졌고, 우리나라도 그 위기를 겪으면서 IMF, 즉 국제통화기금(International Monetary Fund)이라는 곳에 구제 금융을 요청하게 되는데, 그 돈을 지원 받는 대가로 한국은 IMF에서 요구하는 여러 가지 구조조정을 단행하도록 강제됩니다. 그 결과 기업들이 많이 도산하고, 또 아주 대대적인 노동자 해고 등이 뒤따랐지요. 한국사회가 굉장히 살기 어려워진 것이지요. 제가 통계자료를 많이 조사해 오진 않았지만 대표적인 몇몇 지표만 살펴봐도 우리 사회가 IMF 사태 이후 얼마나 살기 어려운 사회가 되었는지 잘 드러나는 것 같습니다. 예를 들어 자살률을 살펴보면 1989년에는 하루에 8.9명 정도가 자살을 했다고 하는데, 2010년에는 하루에 42.6명 정도가 자살을 하지요. 지금도 이와 크게 다르지 않습니다. 이러한 자살률의 추이를 살펴보면 급격한 증가가 IMF 사태를 계기로 일어난 것을 알 수 있습니다. 또 IMF 이후 범죄율도 많이 증가 했어요. 특히 여성에 대한 범죄가 굉장히 많이 증가했는데. 2003년하고 2011년 기준으로 잡았을 때 약 150% 증가를 했다고 합니다. 그 뿐만 아니라 실업률, 특히 청년 실업률이 엄청나게 증가했다고 하죠. 청년 실업률은 현재 거의 30% 정도를 보여주고 있지요. 10명 중 3명은 (취업의지가 있지만) 어떤 종류의 직업도 갖지 못하는 것이지요. 굉장히 불안정한 상황이죠. 뿐만 아니라, 고용되어 있는 사람들도 비정규직이 대다수를 차지하고 있어서 사는 일이 참 쉽지 않은 상황입니다. 그러니 당연히 사회 전체적으로 봤을 때도 양극화 또는 불평등화가 엄청나게 진행되었죠. 이런 여러 가지 지표들을 통해 볼 수 있듯이 한국사회는 IMF 이후 고통스러운 삶을 맛보고 있는데, 이런 현실이 앞으로 어떤 식으로 변화가 될지 장담 할 수는 없지만 쉽게 짧은 시간 안에 바뀔 것이라고 믿어지진 않아요. 그래서 그럼 왜 이런 변화가 일어났는지, 도대체 신자유주의가 뭐길래 이런 변화들이 생겨났는지, 또 이러한 고통, 이번 강의 시리즈 전체의 제목에서 사용된 용어를 쓰자면 이런 트라우마, 즉 상처들이 왜 생겨났는지에 대해서 한 번 고민을 해볼까 합니다.

IMF 사태의 경제적 배경

신자유주의에 대해서 이야기를 하면 경제적인 문제에 대해서 거론하지 않을 수가 없죠. 자본주의는 아시다시피 주기적으로 위기에 봉착합니다. 여기서 주기적으로 위기에 봉착을 한다는 것은 단순히 불경기가 온다든지 하는 상대적으로 짧은 시간에 발생하는 경기변동 상의 위기만을 가리키는 것은 아닙니다. 오히려 굉장히 장기적인 방식으로 발생하는 위기가 더 문제지요. 자본주의의 역사는 아주 오래전으로 거슬러 올라갑니다. 14세기까지 거슬러 올라가지요. 그 때 자본주의가 태동되었다고 볼 수 있는데. 자본주의가 태동되었을 때 자본주의가 세계전체에 한꺼번에 발생한 것은 아니었지요. 어떤 지역을 중심으로 해서 발생을 했습니다. 그러기 때문에 자본주의에는 어떤 헤게모니 국가가 있게 되고, 이 헤게모니는 자본주의 역사를 통해 한 곳에만 고정되어 있는 것이 아니라 몇 번에 걸쳐 이동을 해온 것을 볼 수 있습니다. 맨 처음에는 이탈리아 도시국가들을 중심으로 자본주의가 형성이 되었고, 나중에

17세기에는 그 헤게모니가 이동하여 네덜란드 자본주의가 형성됩니다. 이 헤게모니가 19세기에 영국 쪽으로 넘어가죠. 여기서부터는 우리가 좀 친숙하지요? 그랬던 것이, 1·2차 세계대전을 계기로 헤게모니가 다시 미국 쪽으로 넘어갑니다.

그런데 이렇게 헤게모니가 이동하는 정황들을 살펴보면 어떤 반복적인 패턴들이 좀 보입니다. 헤게모니의 발전과정을 살펴보면 하나의 헤게모니에 기반한 자본주의 질서는 그 발전양상이 크게 두 개의 국면으로 나뉘는 것을 볼 수 있어요. 먼저 첫 번째 국면에서는 '산업화'가 엄청나게 진행되는데, 그것이 위기에 처하면서 두 번째 국면으로 넘어가게 되지요. 이 두 번째 국면이 바로 '금융화' 국면입니다. 그러다 이 금융화 과정 자체가 위기에 빠지면 최종적으로 헤게모니를 다른 국가에 넘겨주고 새로운 자본주의 질서로 이동을 하게 됩니다. 미국 헤게모니 하의 자본주의 세계경제도 마찬가지였는데, 1·2차 세계대전을 계기로 헤게모니가 영국으로부터 미국 쪽으로 넘어가서 미국의 산업화 현상이 활발하게 일어나다가, 그것이 1960년대 말, 70년대 초에 이윤율 저하를 경험하면서 첫 번째 위기가 오죠. 위기가 오고 난 뒤에는 금융화 국면으로 전환되는데. 그 과정에서 80년대에 몇 가지 중요한 사건들이 일어나게 됩니다. 그 가운데 하나가 바로 플라자합의라는 것이에요.

플라자 합의라는 것은 1985년에 있었던 G5 국가 사이에서의 합의이지요. 왜 플라자 합의라고 부르냐면, 그것이 뉴욕에 있는 플라자 호텔에서 성사된 합의이기 때문입니다. 1985년에 미국, 영국, 프랑스, 독일, 그리고 일본, 이렇게 다섯 개 국가가 모여서 합의를 했지요. 뭐에 대한 합의였냐 하면 환율에 대한 합의였어요. 그 당시에는 달러 가치가 굉장히 높았어요. 일본의 엔화 가치는 낮고, 독일의 마르크화 가치도 낮았지요. 당시 미국은 두 가지 적자를 가지고 있었지요. 이게 '쌍둥이 적자'라고 부르는 것인데, 하나는 대외적인 무역 수지 적자였고, 다른 하나는 재정적자였지요. 이 두 가지 적자가 미국 정부에 위기를 몰고 오죠. 그래서 이 위기를 타개하기 위해서, 미국은 엔화가치와 마르크화 가치를 평가절상하고 달러가치를 평가절하하는 합의를 강요했지요. 그것이 플라자 합의의 내용입니다. 그 합의 이후로 미국은 숨통이 다소간 트인 반면에, 일본 같은 경우는 엔화의 가치가 높아지니까 수출이 침체되고, 연쇄적으로 경기가 침체되었죠. 이렇게 불황이 오려고 하니까, 일본정부는 이를 피하기 위해서 저금리 정책을 펼쳤고요. 은행에서 말하자면은 이자를 조금밖에 안주는 정책을 실시하는 거죠. 그러면 사람들이 돈을 은행에 다 넣어 두고 싶겠어요? 당연히 그렇지 않겠지요. 다시 말해서 사람들이 그 돈을 저축하지 않고 다른 데에 쓰는 거죠. 부동산투기라든지 주식투자라든지. 결국 거품이 형성되는 거죠.

근데 이 플라자 협정을 통해서도, 미국의 성장세가 아주 높아지지는 않았어요. 그런 와중에 두 번째 중요한 정책전환이 일어나는데 이게 바로 워싱턴 컨센서스에요. 워싱턴 컨센선스는 미국의 경제학자인 존 윌리엄슨이 남미에 있는 개발도상국을 상대로 1989년에 제안한 일련의 경제개혁정책에 합의한 것입니다. 당시 남미는 여러 개발도상국들이 경제위기에 처해있었고. 그걸 어떻게 해결해야 될지 모르는 상황이었는데. 이를 타개하기 위한 몇 가지 정책을 윌리엄슨이 만들었던 거지요. 그 핵심적인 내용을 볼 것 같으면, 먼저 그것은 작은 정부를 지향합니다. 예전의 정부가 너무 방만했었다고 비판하면서 정부의 규모를 축소하도록 하고, 정부에 의한 경제 개입도 자제하도록 했습니다. 탈규제화라고 부르는 것이 그것인데, 자본의 자유로운 움직임을 막는 다양한 규제를 풀게 한 것입니다. 또 더불어 공적 영역의 민영화가 시작되었지요. 이외에도 무역자유화를 위한 관세를 제거하도록 만들었고, 외국기업이 들어와서 자국의 기업들을 인수합병 할 수 있게 허용하도록 제안했습니다. 즉 자본이 국가 간에 이동 할 수 있도록 여러 가지 규정들을 완화해서 자본이동의 자유화가 이루어진 것이지요. 이러한 일련의 정책 방향에 대해 1990년대 초에 국제통화기금(IMF)하고 세계은행에서 일하고 있던 사람들(이른바 테크노크라트들)이 동의를 하면서 합의가 형성되었는데, 그 사람들이 대부분 워싱턴에 있었기 때문에, 이게 워싱턴 컨센서스라고 불리게 된 것이지요. 윌리엄슨 자신이 이 말을 사용하기는 했는데 그 말을 좋아하지는 않았다고 해요. 하지만 사람들이 그 합의를 다들 워싱턴 컨센서스라고 불렀고 그래서 결국 그것이 그 합의의 이름이 된 셈이지요. 어쨌든 그 이후로 IMF하고 세계은행에 관련된 경제학자, 테크노크라트들이 그 합의를 세계적으로 확장시켜 나가려고 시도했지요. 이들은 개별 국가들이 워싱턴 컨센서스 내용을 받아들이게끔 만들기 위해서 다양한 시도를 했는데, 그것은 설득뿐만 아니라 강제의 수단도 포함했었지요. 사실 IMF 사태도 그랬지요. 그 사태 자체가 정확히 미국에 의해 조작된 것이라고 말하기는 그렇지만, 아시아 금융위기가 계기가 되어서 워싱턴 컨센서스가 관철된 것이 IMF 사태였다는 것은 분명하지요. 한국사회에서는 IMF 사태 전에도 물론 신자유주의적인 정책이 시작되고 있었지만, IMF 사태를 계기로 사회전체에 대한 신자유주의적 재구조화가 전면화되었지요. 결국 IMF사태가 한국에 신자유주의를 강제했다고 볼 수 있습니다.

사실 한국의 신자유주의가 시작된 시점이 정확히 언제인가 묻는다면 여러 가지 설이 있어요. 그 중 좀 설득력이 있는 하나가 무엇이냐면, 박정희 정권 시기 말에 가서 미국하고 여러 가지 문제들이 생겨났는데, 그 갈등의 핵심 쟁점이 신자유주의였다는 것이에요. 미국이 신자유주의로 정책을 전환하면서, 그것을 한국에도 받아들이도록 만들려고 했는데, 박정희 정권이 그것을 탐탁하게 여기지 않았다는 것이지요. 이 설에 따르면, 이러한 갈등이 결국 박정희 정권을 위기로 몰아넣었다고 볼 수 있습니다. 그래서 전두환 정권의 시작과 함께 신자유주의가 한국에

도입되려고 했었는데, 그게 지연이 되었지요. 지연된 이유는, 방금 전에 말씀드린 프라자 합의 때문에 엔고 현상이 일어났고, 이와 동시에 이른 바 "삼저 현상"이 일어났기 때문입니다.

삼저호황이라는 말 들어보셨지요? 삼저호황은 86년부터 진행되었던 것으로, '저달러, 저금리, 저유가'에 기반한 호황을 뜻하지요. 저달러를 만들어낸 것이 아까 전에 말씀드린 플라자합의지요. 달러가치를 평가 절하 하고 엔화나 마르크화의 가치는 절상하는 것 말입니다. 저금리라 는 것은 당시 만연해 있던 불황에 대한 공포를 지우기 위해서 세계주요 은행들이 저금리 정책을 펼친 것을 의미합니다. 마지막으로 저유가란, 원래 이전에는 유가가 고정되어 있었는데, 그것을 자율화하니까 산유국 들이 석유를 많이 팔기 위해서 유가를 내린 것을 의미합니다. 이 세 가지 경향이 우리나라 같은 경우 호황으로 이어졌던 거죠. 일본을 제외 한 다른 아시아 국가들도 마찬가지였어요. 한국정부는 이 호황 때문에 신자유주의적 정책을 아주 빨리 한국사회에 이식시킬 필요가 없었어요. 이 시기에 굉장한 경제성장을 거두었고, 거의 GDP가 매년 10%씩 성장을 하는 그런 고성장 시기를 경험하지요. 그런데 이러한 호황이 결국 거품 으로 이어지고 아시아 금융위기를 야기하지요. 이렇게 되어서 지체되었 던 한국사회의 신자유주의적 개조가 IMF사태를 계기로 본격적으로 시 작되게 됩니다.

미셸 푸코의 권력 분석

이렇게 신자유주의가 전세계에 관철되어 나간 과정은 1970년대 말부 터 시작해서 1990년대 말까지 정도였다고 볼 수 있습니다. 특히 1989년의 워싱턴 콘센서스가 신자유주의 확산의 핵심적인 계기를 이루지요. 하지 만 신자유주의적 정책들을 개발하고 그랬던 거는 이보다 훨씬 이전으로 거슬러 올라갑니다. 이 신자유주의의 기원에 대한 연구를 한 사람이 유명한 프랑스 철학자 미셸 푸코라는 사람입니다. 굉장히 영민한 사람이지요. 유럽에서 신자유주의적인 방향으로 정책전환이 일어난 것이 1970년대 말쯤이라고 볼 수 있는데, 이걸 보면서 푸코는 뭔가 권력이 통치하는 방식이 변화하고 있다는 것을 누구보다도 민감하게 빨리 알아챈 것입니다. 그 당시 푸코는 콜레주 드 프랑스라는 대학에서 강의를 했는데, 여기서 2년 정도에 걸쳐서 이러한 통치방식의 변화를 분석합니다.

푸코의 강의록이 굉장히 많이 있는데, 그 강의록이 아주 오랫동안 출간이 안됐어요. 저작권 문제나 뭐 그런 것들 때문에 출간이 안 되었는데, 2000년대 들어서 조금씩 출간이 되어 나왔고 국내에도 지금 계속 번역되어 나오고 있는 중입니다. 콜레주 드 프랑스에서의 강의록이 중요한 것은 그 당시에 푸코가 생각했던 잘 알려지지 않았던 부분들이 거기에 많이 나와 있기 때문이지요. 자유주의 및 신자유주의의 통치성에 관한 논의도 그 가운데 하나이고요.

규율권력과 생명권력

통치성에 대한 논의를 하기 전에 푸코가 주로 분석했던 것은 규율권력이었습니다. 〈감시와 처벌〉이라는 책 아시죠? 이게 규율 권력에 대한 연구인데요. 규율 권력이라는 것은 쉽게 설명하면 사람들에게 어떤 규범들을 강제하는 권력이라고 볼 수 있는데, 단순히 강제하는 것이 아니라, 어떤 장치들을 통해서 강제를 합니다.

그 중 가장 유명한 예가 판옵티콘이지요. 판옵티콘이라는 말 어디서 들어본 적 있으세요? 판옵티콘은 공리주의 철학자이기도 한 벤담이 만든 원형 감옥입니다. 감방들이 원형으로 배치되어 있고, 그 각각의 감방에 죄수들이 들어가 있지요. 그리고 원형의 중앙에 감시탑이 있어요. 감시하는 사람이 거기서 죄수들이 있는 방안을 살펴보는 거지요. 이때 감시하는 사람은 죄수들을 한 눈에 다 볼 수 있습니다. 그렇지만 감방에 갇혀있는 사람은 중앙에 감시자가 있다는 것은 알지만, 그 감시자가 누굴 감시하는지, 언제 감시하는지는 알 수가 없지요. 그러면 죄수들은 감시자가 자기를 감시하든 그렇지 않든 간에 자신이 항상 감시받고 있다는 느낌을 갖게 됩니다. 그리고 자신의 행동거지를 스스로 규제하게 되는 거지요. 즉, 죄인 자신이 자기 마음 안에 자기 자신을 감시하는 눈을 갖게 되는 거지요. 이렇게 규율을 강제하는 아주 효과적인 방식을 일컬어서 판옵티콘이라고 했지요.

벤담은 이러한 메커니즘을 통해서 사람들이 규범을 지키게 만들고 합리적으로 행동하게 만들려고 했던 것입니다. 무조건 때린다고 규범을 강제할 수 있는 건 아니라는 거지요. 오히려 이런 식의 설계를 통해서 감시를 위한 모종의 구조가 작동하게끔 만들어 놓음으로써 규범의 강제가 거의 자동적으로, 효과적으로 이루어질 수 있다고 본 겁니다. 이러한 메커니즘은 원형감옥을 통해 등장했지만 거기에만 한정되어 있는 것은 아닙니다. 요즘에도 이런 메커니즘은 여전히 남아 있지요. 우리 주변에도 CCTV가 많이 설치되어 있잖아요? 그러면 여러분이 돌아다니면서 어떤 행동을 하려고 할 때도 이 행동이 범죄가 되는 행동은 아닌가 하고 스스로 반성적으로 생각하게 되지요. 다양한 방식으로 이러한 규율권력이 작동하고 있기 때문에, 푸코는 이 사회가 커다란 감옥의 군도, 감옥의 섬들이라고 말하기도 했습니다. 다시 말해서, 감옥뿐만 아니라, 학교, 군대, 병원, 공장 등이 모두 어떤 판옵티콘의 구조를 가지고 있다고 본 겁니다.

반면에 1976년에 나온 〈성의 역사〉 1권에서 푸코는 규율권력과는 구분되는 생명권력을 이론화했습니다. 생명권력이라는 것은 일종의 사회보험적 성격을 가진 권력이라고 생각하면 됩니다. 규율권력이 미시적으로 개개인한테 규범을 내면화 시키는 방식으로 작동한다면, 생명권력은 개개인에 대해 작동한다기 보다는 사회전체적인 차원의 인구를 통제하는 거예요. 근대 이전의 주권권력은 인구에 별 관심이 없었어요. 오히려 영토에 관심이 있었지요. 그러던 것이 근대 이후 인구에 대해 관심을 가지면서 어떻게 하면 인구 전체를 건강하게 만들 것인가, 그것의 생명을 확장할 것인가에 관심을 기울였죠. 체력이 국력이라는 슬로건도 이러한 생명권력에 관련되어 있지요. 그런데 보시다시피 푸코에게서 권력이라는 것은 반드시 억압적인 것이 아닙니다. 아까 말한 규율권력도 예전에 왕이 가졌던 주권권력에 비해서는 훨씬 덜 폭력적이면서도 더 효과적인 통제방식이지요. 왕의 권력은 자신의 죽일 수 있는 힘을 과시하기 위해서 신민을 공개 처형한다든지 하는 식으로 작동하지요. 하지만 규율권력은 그런 것이 아니지요. 훨씬 덜 끔찍한 것입니다. 오히려 그것은 주체들이 스스로 알아서 행동하게끔 만드는 것이지요. 어쨌든 푸코가 말하는 생명권력은 일종의 사회보험이라고 볼 수 있는데, 이것이 국가적 규모에서 조직되어 나온 것이 바로 사람들이 '복지국가'라고 부르는 것이지요.

복지국가라는 게 여러분도 잘 알다시피 20세기 초에 전쟁을 겪고, 그 이후에 대대적으로 시작이 됩니다. 미국에서는 뉴딜정책이 나오고 영국에서도 노동당이 정권을 장악하면서, 다양한 사회복지정책이 시작이 되죠. 그 시기가 70년대 초까지라고 볼 수 있어요. 그런데 70년대 말로 가면서 무언가 변화가 생깁니다. 그 때까지는 사회복지정책을 하려니까 정부가 비대해지고 재정도 엄청나게 필요했는데, 이런 것들에 대한 반경향이 생겨나기 시작하면서 신자유주의적인 정권들이 등장하기 시작했죠. 1979년에 영국에서 대처 수상이 취임을 하고 미국에서는 레이건 정부가 등장하죠. 사실 미국에서의 신자유주의는 레이건 이전에 이미 카터 정부 때부터 시작된다고 할 수도 있는데, 어쨌든 이런 정권들이 탄생을 하면서 신자유주의가 시작됩니다. 이러한 변화를 감지하면서 푸코는 1977~78년에 〈안전 영토 인구〉라는 제목으로 강의를 하고, 그 다음 78~79년에 〈생명관리정치의 탄생〉이라는 제목으로 강의를 하죠. 우리나라에 번역되어 있는 것이 '생명관리정치'라고 되어 있지만, 그냥 '생명정치'라고 말해도 되요. 2년에 걸쳐 행해진 이 두 번의 강의를 통해서 푸코는 통치성이 16세기 이래로 어떻게 변해왔는지를 역사적으로 살펴보면서, 최종적으로 출현한 신자유주의적 통치성이 과거에 있었 던 규율권력적 통치성이나 자유주의적(곧 고전 자유주의적) 통치성하고 어떻게 대조되는지를 연구합니다.

신자유주의적 통치성의 기원

오늘 주로 얘기하고자 하는 것은 이 두 권의 저서 속에서 푸코가 추적했던 통치성 가운데 현대의 통치성, 곧 신자유주의적 통치성인데, 이게 뭐 자세하게 살펴보려고 하면 한도 끝도 없는 것이지요. 푸코의 강의록도 상당히 두꺼운 책으로 나와 있고요. 여러분이 나중에 관심이 있으면 한 번 읽어보면 좋을 것 같은데, 더불어서 도움이 될 만한 또 다른 책을 좀 소개를 하자면, 사토 요시유키라는 일본 사람이 쓴 〈권력과 저항〉, 그리고 〈신자유주의와 권력〉이라는 책입니다. 〈권력과 저항〉은 신자유주의에 대한 이야기는 아니에요. 그렇지만 읽어보면 푸코의 논의 가 매우 쉽게 소개되어 있어서 그의 권력론을 이해하는 데에 상당히 도움이 되요. 사토는 프랑스에서 공부를 한 사람이고 에티엔 발리바르 밑에서 박사학위를 했는데, 그 때 쓴 학위 논문이 바로 이 〈권력과 저항〉이지요. 푸코의 신자유주의에 대한 논의를 본격적으로 소개한 것은 〈권력과 저항〉 이후에 출판된 〈신자유주의와 권력〉에서입니다.

푸코에 따르면 신자유주의적 통치성의 기원은 2차 대전이 끝난 다음에 1948년부터 62년도까지 지배적이었던 독일의 질서자유주의(ordoli-beralism)에 있습니다. 재미있는 게 뭐냐면, 다른 국가에서는 그렇지 않았다는 거죠. 다른 국가에서는 여러분들에게 말씀 드렸다시피 복지국가적인 정책들이 실시가 되었죠. 그런데 독일은 패전국이었고, 그 이전에 있었던 정권이 나치정권이었잖아요? 나치정권이 표방했던 게 민족적 사회주의(national socialism)였죠. 그랬기 때문에 나치의 정책은 복지국가적인 정책들하고 유사한 측면들을 많이 가지고 있었어요. 나치정권의 여러 만행이 복지국가이념하고 부합한다는 게 아니라, 나치는 사회전체적인 계획을 하는 방식으로 사회를 조직하려고 했었고, 그런 게 있었기 때문에 반작용으로 독일에서는 전후에 복지국가가 아니라 반대로 신자유주의적인 정책이 오히려 지배적이 되었다는 겁니다.

하지만 그러한 질서자유주의가 독일에서 출현했던 것은 이미 1930년대부터였습니다. 그게 전후에 지배적인 사회조직의 원리로 나타났던 거죠, 30년대부터 질서자유주의자들은 신칸트주의, 후설의 현상학, 베버의 사회과학을 종합해서 〈질서(Ordo)〉라는 잡지를 창간했지요. 그 핵심멤버는 발터 오이켄과 프란츠 뵘과 같은 프라이부르크 학파 사람들이었지요. 이 사람들 이외에도 나치가 정권을 잡으면서 망명을 했던 사람들이 있었는데, 그 사람들이 빌헬름 리프케와 알렉산데르 뤼스토 같은 사람들이에요. 그리고 오스트리아출신인 프리드리히 하이예크가 있습니다. 이런 사람들이 가지고 나왔던 일련의 사유, 즉 어떤 식으로 자본주의 운영을 해야 하는지에 대한 사유를 질서자유주의라고 부릅니다.

그 다음에 두 번째 기원이 1960년대 및 70년대에 출현했던 미국 시카고학파를 통해서 형성되었습니다. 이 학파의 핵심멤버는 여러 사람이 있지만 게리 베커, 테오도르 슐츠, 밀턴 프리드만을 꼽을 수 있어요. 그런데 신자유주의 정책을 처음으로 발명했던 이런 사람들의 사유를 보면, 우리가 가지고 있는 신자유주의에 대한 인상과는 좀 차이가 나는 사고를 했던 것을 볼 수 있습니다. 우리는 많은 경우에 신자유주의가 고전적인 자유주의의 복귀, 고전 자유주의를 현대적으로 응용한 것이라고 생각을 하죠. 하지만 이 사람들은 전혀 그렇지 않았습니다. 이 사람들은 오히려 고전 자유주의를 비판하는 사람들이에요. 그래서 푸코는 신자유주의가 가지고 있는 정확한 내용이 무엇인지, 본질이 무엇인지 알기 위해서는 단순히 고전적인 자유주의의 복귀라고 해서는 이해 할 수가 없다고 말합니다. 무엇보다도 신자유주의를 발명했던 이 사람들은 정부가 시장에 대해서 '그냥 방임해야 한다', '놔둬야 한다'라고 생각하지 않았어요. 이 사람들은 오히려 이전에 그렇게 생각했던 고전 자유주의의 사고들을 비판하면서 나온 사람들입니다. 그도 그럴 것이 19세기에 영국 자본주의의 특징 중 하나는 그것이 계속해서 주기적인 공황에 시달렸다는 것이거든요? 그렇기 때문에 이들 눈에는 시장이 완전해 보이지도 않았고, 시장을 그냥 놔둬야 한다는 주장은 이해하기 힘든 것이었죠. 신자유주의자들은 고전 자유주의가 가지고 있던 그런 소박한 생각을 비판하면서 나왔던 사람들이었기 때문에, 정부가 시장에 대해서 개입을 하지 않아야 한다고 생각한 것이 아니라 정반대로 강력한 개입을 해야 한다고 생각했습니다. 단 그 개입의 방식을 복지국가(생명권력)의 정책과는 완전히 다른 방식으로 고안했던 것이지요.

고전자유주의

사실 이 얘기가 오늘 중심적인 이야기예요. 이 사람들이 도대체 어떤 식으로 시장하고 국가가 관계를 맺어야 한다고 생각했는지를 살펴보는 것 말입니다. 이를 설명하기 위해서는 독일의 질서자유주의가 그 이전의 고전자유주의와 어떻게 차이가 나는지를 이해해야 하는데, 고전 자유주의의 특징은 방금 말씀드렸다시피 자연주의라고 볼 수 있습니다.

자연스러운 가격 형성을 통해 시장이 자연스럽게 굴러가면 된다고 본 것이지요. 따라서 정부가 개입을 해서 가격을 인위적인 방식으로 통제한다든지 하면 안 된다고 생각했습니다. 중농학파나 그 후에 나온 아담 스미스와 같은 사람들이 주로 그런 주장을 펼쳤는데, 이게 바로 '정치경제학'의 핵심 사상을 이루지요. 정치경제학의 기원을 이루는 것이 바로 중농학파입니다. 이름이 이상하죠? 중농학파. 농업을 중시한다는 것인데, 이런 사람들이 어떻게 근대 자본주의의 핵심적인 통치성을 발명해냈다는 것인지 잘 이해가 안 가잖아요? 중농학파 이전에는 중상학파가 있었어요. 오히려 이 중상학파라는 사람들이 좀 더 근대 자본주의적인 경제에 어울릴 것처럼 보이지 않나요? 상업을 중시했다고 하니까. 그런데 그게 그렇지 않아요.

중상학파야말로 가격을 국가가 인위적으로 통제해야 한다고 생각했어요. 그리고 이 사람들은 이윤의 원천이 상업적인 교류를 통해서 창출된다고 생각했고, 특히 국가 간 상업 교류, 무역에서 더 많은 이윤을 창출하고 우위를 차지하기 위해서는 국가가 금을 많이 가지고 있어야 하고 따라서 가격을 통제할 수 있어야 한다고 생각했지요. 많이 팔고 적게 사기 위해서는 그래야 한다고 본 것이지요. 즉 이들은 국가가 관세 등을 통해서 무역의 가격통제를 해야 한다고 생각했던 거고, 또한 내수 시장에서도 가격통제를 해서 가격을 고정시켜야 한다고 생각했던 것이지요. 물건의 가격이 시장의 변화에 따라서 진동하고 변하게 놔두는 것이 아니라 고정된 가격으로 딱 굳게 만들려고 했던 거죠. 그렇게 해서 물가를 안정시키려고 했어요. 그런데 이런 정책은 완전히 실패하지요. 이러한 경제정책상의 실패를 비판하면서 나왔던 사람들이 바로 중농학파에요. 중농학파가 영어로는 physiocratic school인데, 그 의미는 정확히 말하면 "중농"이라는 뜻은 아니에요. 물론 중농학파라는 번역이 틀린 번역이라고 말하려는 것은 아닙니다. 실제로 이들은 농업을 중시

했어요. 왜냐하면 이들은 이윤의 원천이 상품교류에 있는 것이 아니라 하나 심으면 수백개의 사과가 열리듯이 농업생산에 있다고 봤기 때문입니다. 하지만 어쨌든 physiocratic school의 기본적인 뜻은 "자연이 지배한다고 믿는 학파"에 더 가깝다고 볼 수 있습니다. 자연에 대한 학문은 물리학인데, 그게 영어로는 physics이지요? 비슷하잖아요? 중농학파는 자연을 중시하는 그런 학파라고 볼 수 있다는 것입니다. 그들은 경제란 자연적인 것이고, 시장은 자연스럽게 스스로가 알아서 적절한 가격을 찾을 수 있다고 설명했습니다. 그래서 물가를 인위적으로 조작하려고 하면 오히려 재앙적인 결과를 초래한다고 본 것이지요.

중상학파와 중농학파의 관점 차이를 잘 볼 수 있는 예 중 하나가 곡물가격을 둘러싼 이들의 논쟁입니다. 어떤 거대 상인이 시장 내의 곡물을 독점을 합니다. 자기가 다 독점을 하고나면 경쟁자가 없잖아요? 그러니까 사람들한테 자기 멋대로 가격을 높여서 부르는 거죠. 그걸 막기 위해서 중상학파의 경우에는 가격을 법을 통해서 낮게 고정시키려고 했어요. 그런데, 오히려 이 정책은 시장의 가격을 경직시켜서 다양한 재앙적인 부작용을 낳습니다. 반면, 중농학파는 완전히 다른 방식으로 개입을 하려고 했지요. 예컨대 국가가 곡물을 일정하게 보유를 하고 있으면 된다고 본 거죠. 그렇게 되면 시장에 무언가 독점이나 매점매석 같은 조짐이 보이면 국가가 가지고 있던 곡물을 시장에 푸는 거예요. 그러면 독점이 막을 수 있고 가격이 자동적으로 자연스럽게 조절이 되겠죠. 다시 말해서, 국가가 완전히 개입을 안 한다는 건 아니고, 개입을 하기는 하는데 이렇게 자연스럽게 경제의 기본적인 메커니즘을 존중을 하는 식으로 개입을 해야 한다는 거죠. 바꿔 말해서, 국가가 하나의 정치적 주체로서(즉 법 따위를 통해) 시장에 개입해서는 안 되고, 그 자신이 하나의 경제적 주체로서 시장 안에서 활동해야 한다는 것입니다. 중농학파는 이렇게 시장을 하나의 자연으로 보면서 거기서 작동하는 법칙은 거의 물리학 법칙과 마찬가지로 그 자체로 필연적인 것이자 공정한 것이기 때문에, 그것을 거스르려고 하면 오히려 재앙적인 결과가 이어진다고 생각했습니다. 중농학파 뒤에 나온 아담 스미스 같은 정치 경제학자가 말한 "보이지 않는 손"이 가리키는 것이 바로 이러한 자연으로서의 시장경제의 법칙이지요. 자연스런 가격조정의 신비한 메커니즘.

고전자유주의로부터 신자유주의로

물론 이러한 고전 자유주의의 통치성은 단기적으로는 상당히 효과적으로 작동했다고 볼 수 있지만, 장기적으로까지 그랬던 것은 아닌데, 왜냐하면 그것은 공황과 같이 자본주의에 고질적인 문제 앞에서 속수무책이었기 때문입니다. 이러한 문제점을 역사적으로 경험한 이후 생겨난 것이 바로 아까 말씀 드린 독일의 질서자유주의이지요. 질서자유주의가 고전자유주의와 어떤 변별점을 가지고 있는가를 보면, 무엇보다도 고전자유주의는 '교환'(자유로운 교환)으로 시장을 이해했는데, 질서 자유주의는 오히려 '경쟁'으로 시장을 이해했다는 점에 있습니다. 물론 고전자유주의에서도 경쟁이 중요하지 않았던 것은 아니지요. 하지만 질서자유주의는 교환과 경쟁을 대립시키면서 '경쟁이 더 중요하다' 하는 식으로 경쟁의 패러다임을 만들어 냈고. 더 중요한 것은 경쟁을 자연적인 것이 아니라 인위적인 개입이 필요한 것으로, 즉 인위적으로 그것을 보조해 주어야지만 시장 안에서 생산될 수 있는 것으로 생각을 했습니다. 고전자유주의가 시장 안으로 시장 외적인 교란 요인이 들어오는 것을 단순히 막고, 특히 경제를 정치와 분리시키려고 했다면, 질서자유주의는 시장 안의 투명한 경쟁을 제대로 형성하고 보존하기 위해 시장 외부에서 사회제도들을 활용해서 시장을 지탱하려고 했습니다. 고전자유주의가 시장을 강한 것, 필연적인 것으로 본 반면, 질서자유주의는 시장이 유약한 것, 깨지기 쉬운 것이라고 보면서 그것을 보존하기 위해서는 시장 외부에서 다양한 제도를 통해 시장의 효율적 작동을 위한 사회적 조건을 마련해야 한다고 본 것이지요. 그리고 국가가 바로 그러한 역할을 해야 한다는 것입니다. 그러니까 국가가 개입해선 안 된다고 말하면서 자유방임을 주장하는 것이 아니라, 국가가 시장 주변의 사회적인 제도들을 적극적으로 조직해야 한다는 거죠. 물론 시장을 지키기 위해서 말이죠.

이렇게 이해를 하고 보면 당장 분명해지는 게 있죠. 바로 신자유주의를 고전자유주의의 복귀라고 이해해서는 곤란하다는 것입니다. 신자유주의는 원래 작은 정부론으로 이해되고 또 그렇게 표방하면서 나왔지만, 나중에 가면 이게 '작지만 강력한 정부'가 필요하다는 식으로 변하지요. 그럴 수밖에 없는 게 신자유주의적인 정책들을 효율적으로 사회 내에 관철시키기 위해서, 정부는 여러 가지 개입들을 해야만 하고 때로는 매우 강제적인 방식으로 그렇게 해야 하기 때문입니다.

그래서 사실 우리 같은 경우에도 그렇잖아요? 한국 사회에서도 보면 신자유주의 정책이 실시된다고 해서 정부가 작아지지는 않잖아요. 오히려 점점 더 권력이 강화되고 있고. 특히 IMF 위기가 폭발한 이후에 전면적인 구조조정도 정부주도로 이루어진 것이지요. 복지나 이런 것들에 관련해서는 물론 정부가 작아져야 되지만, 다른 면에서는 정부가 오히려 더 강력해지고 더 커져야 되고 더 힘 있게 작용할 수 있어야만 신자유주의가 제대로 관철이 될 수 있습니다.

그런데 이러한 신자유주의적인 개입주의는 케인즈적인 개입주의와는 판이하게 다른 내용을 가지고 있지요. 케인즈주의는 아까 전에 말씀드렸던 1·2차 대전이 종결되면서 미국이 세계경제의 헤게모니를 쥐는 과정에서 출현한 것이죠. 케인즈주의는 여러 가지 내용을 가지고 있지만, 그 가운데 중요한 하나는 기본적으로 고용을 창출해내고(완전고용을 목표로 하지요), 그 고용을 통해서 사람들한테 임금을 지불하여 사람들이 구매력을 갖게 만듦으로써 공황을 막아내야 한다는 것입니다. 이러한 효과를 거두기 위해선 경제가 산업부문을 중심으로 돌아가야지 금융부문을 중심으로 돌아가면 안 되겠지요. 그래서 케인즈주의는 금융에 대한 엄청난 규제를 도입하고, 금융이윤으로 돈을 벌고자 하는 이자생활자를 "안락사"시키려고 했지요. 공황이 뭔가요? 공황은 시장에 물건이 쌓여 가는데, 그 상품들이 팔리지 않는다는 거지요. 그걸 누가 사줄수 있나요? 사람들, 바로 노동대중이지요. 노동대중이 만약 상품을 사주지 않으면 자본주의의 상품이 상품으로서 실현이 안 되는 거죠. 그리고 상품이 실현되지 않으면 그 상품을 팔아야 하는 기업은 도산을 하게 되죠. 그게 공황이죠. 그래서 케인즈주의는 공황을 막기 위해선 사람들이 고용이 되어 모두 일을 하고 그 대가로 충분한 임금을 지급받아야 된다고 생각한 거죠.

이게 바로 전후에 미국에서 출현한 포드주의와 연결되지요. 포드주의는 대량생산, 대량소비 체제지요. 이를 실현하는 핵심 수단이 무엇이냐 하면 바로 컨베이어 벨트의 도입입니다. 옛날에 코미디언 찰리 채플린이 컨베이어 벨트 앞에서 나사 조이고 있던 그 영화의 장면 기억하시나요? 그게 포드주의의 전형적인 풍경이에요. 컨베이어 벨트를 통해 무엇을 하나요? 바로 노동을 분해하는 겁니다. 복잡한 노동을 분해해서 단순작업들의 조합으로 만들고, 그렇게 해서 옛날에는 한 사람이 모두 다 수행하던 작업을 이제 여러 사람들이 나누어 맡아 할 수 있도록 만드는 거죠. 그러면 고용이 늘어나게 되겠죠. 노동이 이렇게 단순작업으로 분해되면 사람들이 숙련된 기술을 가질 필요도 없습니다. 나사만 조인다던지 뭘 닦기만 한다든지 이런 식으로 분해가 되니까 별다른 훈련을 받지 않고도 쉽게 고용될 수 있는 거죠. 특히 포드주의는 아시다시피 자동차산업에서 출현했는데, 이와 동시에 진행된 것이 바로 서벌브의 건설입니다. 도시 외곽 지역 또는 근교에 엄청난 주택 단지들을 조성하는 거죠. 미국 영화에 보면 똑같이 생긴 집들로 가득 찬 마을 풍경이 종종 등장하죠? 바로 그게 서벌브입니다. 그리고 노동대중이 거기서 살게끔 유도하는 거지요. 하지만 이들의 직장은 도시 안에 있어요. 그럼 이들이 뭘 타고 출근하겠어요? 바로 자동차죠. 이렇게 해서 그들은 자신이 생산한 그 자동차라는 상품을 소비함으로써 그것을 상품으로 실현시켜주는 겁니다. 또 이외에도 뉴딜정책이 등장하지요. 댐 공사를 비롯해서, 사람들을 대량으로 고용할 수 있는 그런 기간산업들을 발전시키는 일에 주력합니다. 이와 더불어서 공공투자라든지 사회보장이라든지 이런 것들도 크게 확장되고요. 그렇게 해서 복지국가라는 것도 등장하게 됩니다(물론 이는 미국보다는 유럽에서 훨씬 더 확장된 규모로 실현되지요).

그런데 그런 케인즈주의적인 국가개입이 있는가 하면, 신자유주의적인 국가개입도 있다는 거예요. 내용은 완전히 다르지요. 신자유주의적 국가개입은 시장의 메카니즘 그 자체에 개입을 하지는 않지만 시장의 조건들, 시장을 둘러싸고 있는 사회적 조건들(노동조건을 포함한)을 만들고 변화시키는 방식으로 개입을 합니다. 예컨대, 노동시장에서 종신 고용제를 폐지하고, 능력별, 성과급 제도를 도입하는 거죠. 사실 신자유주의 이전에는 노동자들을 고용해서 일을 하게 만들면 그냥 끝이었어요. 하지만 이제는 그게 아니라, 노동자들을 나누고 이렇게 분해된 노동자 개인이 각각 어떤 능력을 보여주는지 성과급을 도입해서 성과를 많이 올리면 급여를 많이 주고 그렇지 않으면 잘라버린다던지 하는 거지요. 예전에는 노동자들 사이에서 별다른 경쟁이 없었어요. 물론, 지역과 지역 사이에는 경쟁이 있었고, 상이한 부문에 종사하는 노동자들 사이에서도 경쟁이 있었죠. 그러나 일단 고용이 되서 한 공장 안에 들어가게 되면 서로 간에 큰 경쟁이 없었어요. 그런데 신자유주의적 노동정책을 도입하면서 종신고용제를 폐지하고 능력별 급여 제도를 도입하고 더 나아가 불안정한 일자리를 대량 생산하지요. 이렇게 되면 당연히 경쟁이 치열해지겠지요. 한국 사회도 마찬가지지요. 예전에 제가 대학 다닐 때만 생각해 봐도, 아무리 학교에서 데모만하고 돌아다녀도 졸업만 하면 갈 데가 있었어요. 또 그렇게 취업을 하면 또 나름대로 평생 동안 그 직장을 다니면서 자신이 잘 하는 일을 별 다른 변화 없이 지속하면서 생활을 꾸릴 수 있었지요. 그런데 지금은 전혀 그렇지 않죠. 지금은 죽을 때까지 경쟁해야 되요. 죽을 때까지 다른 사람하고, 바로 옆에 있는 사람들하고 경쟁해야 되고, 이 경쟁에서 이기기 위해 계속 새로운 교육을 받아야 하지요. 평생교육, 말이 좋아 평생교육이지, 이게 사람들을 계속 경쟁 속으로 몰아넣는 기제거든요. 영어 배워라, 너희들의 인적자원을 확장시켜라 등등.

신자유주의는 이렇게 이제까지 경쟁이 없던 그런 영역에 경쟁을 도입시키는 방식으로 작동하는데, 이러한 현상은 자연스럽게 나타난 현상이 아니라 국가의 강력한 개입을 통해 이루어진 것입니다. 국가가 신자유주의적 경쟁을 사회전체적인 차원에서 밀어붙이고 있다는 거예요. 당연히 실업과 노동 불안정성(노동 유연성)이 늘어나게 됩니다. 실업은 아까 처음에도 말씀드렸다시피 우리나라뿐만 아니라 전 세계적으로 문제가 되고 있고, 특히 청년실업은 엄청나게 늘어나고 있죠. 자본가들이 가지고 있는 가장 가공할 만한 무기 중 하나가 뭔가요? 바로 '해고'죠. 그런데 신자유주의 하에서 이 무기는 더욱 더 큰 힘을 발휘하게 됩니다. 갑자기 어느 날 문자로 통보가 날아오죠. 계약 끝났다고, 그럼 갑자기 하루아침에 일자리가 날아가는 거예요. 또 노동유연성이 엄청나게 확장되지요. 노동유연성의 확장이라는 것은 아시겠지만 비정규직 등이 대폭 증가하는 현상을 일컫지요. 기업 소유의 작업장에서 노동은 하고 있는데, 정작 그 기업에 그 사람은 고용이 안 되어 있는 거죠. 그 기업이 아니라 파견업체를 통해 고용이 되기 때문입니다. 그런 방식으로 고용이 되면, 그 사람은 쉽게 자를 수 있고 통제 할 수 있게 되는 거죠.

말씀 드렸다시피 케인즈주의는 소득재분배를 통해서 대중의 구매력 유지에 목표를 두었는데, 신자유주의는 소득재분배를 전혀 허용하지 않고 사회복지를 전혀 신경 쓰지 않습니다. 반대로 신자유주의는 사회복지를 될 수 있으면 최대한 축소하거나 파괴하려고 노력하지요. 그러다 보니까 사회적 리스크를 복지국가와는 다른 방식으로 관리해야할 필요가 생겨납니다. 사람들의 삶이 너무 불안정해지면 그것이 시장을 위협할 수 있겠지요. 사람들이 너무 살기 힘들어서 봉기를 한다든지, 그런 일이 벌어질 수 있기 때문에 이러한 위험을 관리할 필요가 있는데, 신자유주의자들은 복지국가처럼 다양한 공공서비스를 제공하는 것이 아니라 현금을 지급하는 방식을 택합니다. '최저생계비'와 같은 것이 그것이지요. 좌파 쪽에서도 최근 많이 나오는 대안 중 하나가 '기본소득' 이지요? 아무래도 복지국가로 돌아가는 것은 불가능한 것 같고 그러니 현금을 지급하는 기본소득을 실시하자는 건데, 아이러니하지만 기본소득은 원래 신자유주의에서 처음 고안된 거예요. 물론 신자유주의가 말하는 것은 지금 좌파가 얘기하고 있는 기본소득하고는 좀 개념이 달라요. 신자유주의자들이 주장하는 것은 시장으로부터 낙오된 사람들한테 생활 보조비를 지원을 해서 다시 그들을 시장으로 재진입시키자는 것이지요. 즉 시장을 보호하는 것이 목표입니다. 대표적인 제도로는, 어떤 기준을 책성하고 그 기준 아래로 생활수준이 떨어지는 사람들이 있으면 이들에게는 세금을 받는 게 아니라 거꾸로 세금을 주는 제도가 있습니다. 이를 네거티브 인컴 택스(negative income tax)라고 합니다. 이는 확실히 매달 모든 개인에게 조건 없이 동일한 금액의 현금을 보편적으로 지급하자는 좌파의 기본소득 개념과는 다르지요. 그렇지만 좌파의 기본소득 개념은 어찌 보면 신자유주의적 경향에 대해서 좌파가 자기 나름대로 적응해 나가는 방식일 수도 있습니다. 게다가 기본소득을 보편적으로 모든 사람에게 지급하자는 것이 장기적 목표가 되고 우선은 생활난을 겪는 사람들에게 먼저 지급하자는 식으로 타협이 이루어지면, 사실상 신자유주의적 기본소득과 변별성을 갖기 어렵게 되지요. 그래서 좌파의 기본소득 주장에 대해서 전 양가적인 감정을 가지고 있습니다. 어떤 면에서는 그런 게 필요 할 것 같기도 하고, 어떤 면에서는 의심스럽기도 하고 그렇지요.

어쨌든 케인즈주의나 신자유주의는 모두 다 리스크를 관리하는데 리스크를 관리하는 방식이 케인즈주의는 사회보험의 제도화를 통해서 사회적인 차원에서 관리를 하는 거고, 따라서 리스크의 사회화가 진행이 되죠. 예를 들면 여러분이 다쳤을 때, 병원에 가게 되면 국민건강보험의 혜택을 받지요. 이건 케인즈주의적 리스크 관리형태입니다. 그런데 만약에 이 국민건강보험이 민영화가 되면 어떻게 될까요?, 우리나라도 그런 조짐이 조금씩 보이는데, 미국은 의료보험이 거의 완전히 민영화되어 있죠. 이렇게 되면, 민간 보험회사들이 국가 대신 들어오게 되고, 사람들은 자기 리스크를 직접 자기가 계산해야 하죠. 자기 처지에 따라서 부자인 사람은 더 좋은 보험 상품을 살 것이고 그렇지 못한 사람들은 더 안 좋은 보험을 사는 식으로 될 텐데, 궁극적으로 어떤 보험 상품을 살 것인가, 보험 상품을 구매하긴 할 것인가 따위를 개인들이 결정을 해야 되요. 즉 리스크를 관리하는 주체가 국가가 아니라 개인이 되는 거죠. 만일 내가 암 보험을 안 샀다가 내년에 암에라도 걸리면 나는 경제적으로 거의 붕괴상태에 빠질 수도 있지요. 하지만 암 보험을 사면 내게 되는 이 돈이 나는 참 소중한데, 어쩌지? 뭐 이렇게 계산을 하게 되는 거죠. 저도 아직 못 샀어요.(웃음) 의료보험 뿐만이 아니죠. 거의 모든 공공서비스가 민영화되고, 민간회사들의 상품으로 개발되면서, 상품 간 경쟁이 극대화됩니다. 교육만해도 그렇죠. 국립대학이 법인화된다든지. 우리나라도 서울대가 얼마 전 법인화되었지요? 회사가 된 겁니다. 그럼 교육의 질이 향상될까요? 신자유주의자들은 교육이 상품화되면 더 좋은 상품개발을 위한 경쟁이 치열해지기 때문에 교육의 질이 향상된다고 말하지요. 그러나 경쟁력 있는 상품은 결국 사회에서 높은 지위나 취업 등에 유리한 교육을 시키는 교일이 될 테고, 여기에서 경쟁력이 떨어지는 학문은 모두 버려질 수밖에 없게 되겠지요. 인문사회과학 계열 학과들은 상당 부분 사멸의 길을 걷거나 대학 밖으로 밀려날 수밖에 없어요. 자연과학도 기초학문들이 파괴될 수 있습니다.

미국 신자유주의

이제 미국 신자유주의로 넘어가 봅시다. 독일의 질서자유주의 라는 게 60년대 초까지 있었고, 미국에서는 60년대 말, 70년대 초부터 시카고학파가 신자유주의의 두 번째 기원을 형성하면서 발전하기 시작했다고 말씀드렸지요? 미국 신자유주의의 핵심적인 특징 중 하나는 바로 '인적자본'에 대한 강조입니다. 인적자본론이 시카고학파에서 처음 나왔다고 이야기 하기는 어렵고, 독일 질서자유주의에서도 그런 이야기가 좀 있었어요. 하지만 미국신자유주의는 이러한 인적자본론을 극단적으로 전개했지요. 이에 따르면 통상적으로 우리가 회사라고 부르는 것들만 기업이 아니라 모든 존재가 다 기업으로 간주됩니다. 개인도 기업이고, 가정도 기업이고, 공동체도 기업이고, 국가도 기업이에요. 국가들도 다른 국가하고 경쟁하는 기업이라는 거죠. 이런 식으로 미국 신자유주의는 기업이라는 형태를 사회전체로 확장시키려고 듭니다. 그 전에는 자본, 투자, 생산과 같은 것을 고전경제학에서 많이 분석했지요. 그런데 고전경제학과 달리 미국신자유주의, 즉 시카고학파는 노동 그 자체를 분석대상으로 삼은 거예요. 노동을 분석하다니, 맑스주의하고 비슷한 건가 생각하시면 안 됩니다. 신자유주의자들이 노동에 대해서 분석했다는 것은 그들이 인간의 행동양식을 분석했다는 겁니다. 이들은 노동자를 자본가와의 대립 속에서 파악하는 것이 아니라, 자신이 갖고 있는 자원을 활용해서 이윤을 추구하는 자로, 자본가나 다를 바 없는 자로 이해합니다. 다시 말해서 노동자 개인 하나 하나도 기업이라는 것이지요. 따라서 노동자는 자신의 이윤을 극대화하기 위해 이러저러한 실천전략 사이에서 선택을 해야 하는 시장적 주체가 되고, 신자유주의는 바로 이때 이들이 어떻게 선택을 하는가 하는 행동양식을 분석하는 거죠.

신자유주의자들은 노동을 기본적으로 '자본+소득'이라는 식으로 바라봅니다. 여기서 자본은 노동자가 가지고 있는 능력을 지칭하죠. 이러한 능력은 과거 맑스의 분석틀 안에서도 다른 형태로 존재했던 것입니다. 알다시피 맑스는 이를 노동력이라고 불렀지요. 그런데 신자유주의자들은 이제 그것을 '자본'이라고 부릅니다. 노동자 개인이 가진 자본. 그리고 노동력을 능력 자본, 인적 자본이라고 규정함으로써 신자유주의자들은 노동자 개인을 하나의 기업으로 등장시킵니다. 이러한 인적 자본은 다시 선천적인 인적 자본과 후천적인 인적 자본으로 나뉘어요. 선천적 인적 자본은 여러분이 태어났을 때, 건강히 태어났다든지, 유전자가 좋다든지, 잘 생겼다든지, 똑똑하다든지 그런 것들이 포함됩니다. 여러분들이 회사에 들어갈 때 면접시험을 보면, 건강하고 잘생기고 예쁜 사람들이 더 유리하겠지요. 그런 것들이 일종의 자본이에요. 반면 후천적 인적 자본은 말 그대로 후천적으로 획득되는 것인데, 이를 개발하기 위해서 부모는 교육을 시킨다든지, 애를 건강하게 키우기 위해서 분유를 사 먹이지 않고 모유수유를 한다든지 따위의 일을 하게 되지요. 신자유주의자들은 이런 것들을 모두 투자 개념으로 생각합니다. 심지어 선천적인 인적 자본도 투자를 통해서 개발될 수 있지요. 결혼 상대자를 고르는 절차가 대표적입니다. 이렇게 모든 것이 투자 개념으로 이해되기 때문에, 교육, 육아, 결혼 등등이 모두 경제적 관점에서 이해됩니다.

바꿔 말해서, 예전에 우리가 도저히 이건 경제개념으로는 이해할 수 없다고 여겨지던 삶의 측면들이 모두 다 경제적 관점을 통해 이해되는 거죠. 이렇게 되면 뭐가 중요해질까요? 바로 '자기 계발'이 중요해지지요. 예전에 서동진 선생이 박사학위 논문을 〈자유의 의지, 자기 계발의 의지〉라는 책으로 출판했는데, 제목이 말해주다시피 이 책은 자기계발 담론을 분석한 책이었습니다. 그 책 서두에 나온 말이 인상적이었고 비슷한 세대로서 퍽 공감이 갔습니다. 80년대만 하더라도 대학 앞에 있는 서점들에 가보면 사회과학 책들로 꽉 차 있었다는 겁니다. 그런데 어느 순간부터 그런 책들은 팔리지 않기 시작했다는 거예요. 사회과학 서적을 대체한 게 뭐냐면 바로 자기 계발서들이지요. 상사들한테 어떤 식으로 해야지 진급이 되고. 어떤 습관이 성공으로 이끄는 습관인지 따위를 써놓은. 저 같은 사람의 관점에서는 만고에 쓸 데 없는 책이지만, 그러한 책들이 베스트셀러가 되면서 사람들의 주체성 자체가 완전히 변합니다. 80년대 말 또는 90년대 초까지 가지고 있었던 주체성이 사라지고, 다들 스펙을 개발하는 데에만 매달리는 그런 주체들, 기업으로서의 개인들이 등장한 것이지요.

그 다음에 또 중요한 게 뭐냐면, 노동자들이 다양한 형태로 변하는 거죠. 특히 자영업자. 예를 들면 화물운송노동자들. 화물운송노동자들 같으면 기업에 고용되어서 일했지요. 그런데 지금은 어떻게 하냐면 대출을 받아 화물차를 구입하게 만들고 그렇게 이 노동자들을 오너로 만들죠. 그럼 이 사람들은 이제 독립된 기업이 됩니다. 자영업자이지 더 이상 노동자가 아니에요. 사실 하는 일은 옛날이랑 똑같은데 그런 상황으로 세팅을 해서 프리랜서화 시키는 거죠. 노동자가 아니니 노동3권도 보장받을 수기 없죠. 그러니 이게 결국 비정규직이나 다를 바 없거나 더 나쁜 것이죠. 제가 1994년에 미국으로 유학을 갔는데, 그

바로 전에 학생회장 선거에서 생전 처음 보는 기이한 친구들이 입후보를
했어요. 제가 알기로는, 이 사람들이 한국에서 처음으로 대학 학생회장
선거에 출현한 신자유주의자들이었습니다. 이들이 뭘 주장했냐면, 바로
프리랜서화를 주장했지요. 일하고 싶을 때 일하고 쉬고 싶을 때 쉬면서
자유롭게 자기 능력 개발하는 거, 이게 얼마나 좋은 것이냐? 기업에도
좋고 노동자 자신에게도 좋고. 이 소릴 처음에 들었을 때 '이 무슨 말도
안 되는 소리인가? 그럼 노동조합은 어떻게 되는 거고?' 그런데 그것이
결국 대세가 된 지금, 대부분의 프리랜서는 이름만 자유로운(free한)
자이지 결국 비정규직이나 알바인 것이지요. 그러니까 이런 식으로
노동자들을 형식적으로 기업으로 만들면서 이들의 노동권을 박탈해
온 것입니다.

　요즘 많이 이야기 되는 재벌 정상화론 또는 재벌 해체론에 대해서도
다시 한 번 생각해볼 필요가 있습니다. 신자유주의는 원래 경쟁을 극대
화하는 것을 목표로 하기 때문에, 독점이나 불투명한 경영에 대해서
적대적입니다. 그래서 재벌해체 해야 한다고 하면서, 심지어 신자유주
의에 반대하여 개혁하자고 말하면서, 재벌에게 경영의 투명성을 강제하
는 식으로 운동을 벌이는 것은, 그것이 노동권 보장을 위한 운동, 불안정
노동 철폐 운동과 결합되어 있지 않으면, 그냥 신자유주의와 다를 바
없는 것입니다. 아니 노동권 보장 운동이 더 핵심적이고, 재벌해체라는
것은 오히려 그 효과성이 노동권 보장 운동의 진전에 의존하는 것, 부차
적인 것이지요.

　신자유주의는 노동자들을 분할하고 노동자 상호간의 경쟁을 조장함
으로써 연대를 불가능하게 만듭니다. 작업장의 규모도 줄이고 지역적으
로 분산시키는 방식으로 노동자들이 모여 있는 것을 불가능하게 만드는
다양한 전술을 구사합니다. 예컨대 미국의 월마트라는 대형 마켓에서
일하고 있는 노동자들은 서로 말도 못하게 만듭니다. 바로 옆에서 계산

대에서 일하고 있는 사람들이 서로 말을 못하게 하는 것이지요. 정확히 업무에 관련된 이야기만 나눌 수 있게 하고 그것을 따르게 만들기 위해 상시적으로 감시를 하지요. 당연히 업무 시간이 끝난 후에 서로 만나지도 못하게 합니다. 회식도 없죠. 그런 거 했다가는 금방 잘리죠. 이런 것들과 전면적인 싸움을 해야 하는 거지요. 그것이 신자유주의에 대한 투쟁입니다.

복지국가로 돌아가는 것은 가능한가?

이제까지는 신자유주의 통치성에 대한 설명이었는데 이쯤해서 한가지 말씀드리고 싶은 거는 신자유주의 하고 신보수주의(우리나라에서는 뉴라이트)는 그렇게 차이가 큰 것이 아니라는 것입니다. 예전에 노무현 대통령은 자기가 "신자유주의 좌파"라고 말하기도 했는데, 그러면서 한나라당(지금의 새누리당)과 같은 신보수주의하고는 다르다고 말한 거지요. 그런데 본래 신자유주의는 위에서 본 것처럼 사람들 사이에 불평등을 증가시키고 노동대중의 삶을 불안정하게 만드는 것이기 때문에 지속적으로 저항을 불러일으킬 수밖에 없습니다. 이러한 저항에 대한 대응이 폭력적이고 억압적일 수밖에 없다는 것은 두 말할 것도 없겠지요. 이 때문에 신자유주의는 필연적으로 신보수주의를 향하는 경향을 갖게 됩니다. 결국 우리가 지금 경험하는 것이 그것 아닌가요? 우리나라에서뿐만 아니라 다른 나라들에서도 같은 경험이 이어지고 있지요? 한번은 신자유주의자들이 정권을 잡았다가 그 다음에는 신보수주의자들이 잡았다가, 이렇게 교대로 이어지고 있어요. 하지만 이 둘 사이에 진짜 정책적 핵심은 변하지 않습니다. 좀 더 공격적이고 폭력적인 방식으로 신자유주의를 관철시키는가 아니면 좀 더 부드러운 방식으로 관철시키는가. 이 차이만 있을 뿐이지요. 아마 예외적인 경향이 나타나고 있는 쪽이 라틴 아메리카 쪽이라고 할 수 있을 거 같아요. 차베스의 베네수엘라, 모랄레스의 볼리비아, 또 아마도 룰라의 브라질(룰라는 여전히 너무 신자유주의적이긴 한데) 정도?

우리가 과거의 복지국가 패러다임으로 돌아갈 수는 없습니다. 이는 복지국가에서 추구했던 사회적 권리 보장 등이 문제가 있는 것이라 돌아갈 수 없다는 말은 아닙니다. 오히려 문제는 그 사회적 권리의 보장이 민족적 시민권이라는 것과 분리불가능하게 결부되어 있었다는 데에 있습니다. 즉 복지의 수혜자가 정확히 자국의 국민, 민족국가의 구성원으로 한정되었다는 것이지요. 그랬기 때문에 이게 무너진 것입니다. 복지국가의 붕괴는 자본주도의 세계화 과정의 효과이지요. 세계화가 되면서, 자본의 이동이 자유롭게 되면서, 더 이상 그것을 제어할 수 있는 힘을 가질 수 없었던 것이지요. 오늘 시간이 없어서 길게 말할 수는 없지만, 우리가 발명해야 되는 민주주의가 바로 시민권을 초민족적 또는 관민족적(transnational)한 방식으로 확장하는 데에서 그 실마리를 찾아야 하는 것은 이 때문입니다. 새로운 국제주의 또는 오히려 새로운 세계정치가 필요한 것입니다.

"한국사회의
학력, 학벌주의는
치유 될 수
없는가?"

／ 김
면 ／

"한국사회의 학력, 학벌주의는
치유 될 수 없는가?"

김 면

건국대학교 통일인문학연구단 HK연구교수

한국사회의 교육문제

오늘은 제가 '한국사회의 학력, 학벌주의는 치유 될 수 없는가.'라는 주제로 강의를 하겠습니다. 얼마 전 우리는 올림픽경기에서 김연아 선수의 경기모습을 보았습니다. 제가 설명을 덧붙이지 않아도 김연아 선수가 누구인지 다 아시리라 믿습니다. 우리에게 올림픽 금메달리스트로 유명하지요. 올림픽의 메달은 미래의 부와 명예를 상징한다고 볼 수 있습니다. 근데 혹시 올림픽명칭이 사용되는 '기능올림픽'을 들어보신 적이 있나요? 국제기능올림픽에서 우리나라 국가대표팀이 18회나 1등을 했다고 들었습니다. 그런데, 혹시 그중에 참가했던 메달리스트를 한명이라노 아시는 분 있으세요? 역시 없군요. 그런데 독일이나 유럽에서는 그 국제기능올림픽 금메달리스트로 인정을 받게 되면 기능 장인으로서 사회적으로나 경제적으로 많은 혜택을 받게 됩니다. 우리나라의 김연아씨처럼 많은 보장이 주어지는 것이지요.

그러나 세계적으로 자랑스러운 우리나라 기능올림픽 국가대표팀 선수들 중에 안타깝게도 졸업 후에 취직이 안 되는 경우가 있습니다. 나아가 취직을 위해 다시 대학에 진학하여 졸업장을 받는 경우가 있습니다. 몇 단계의 절차를 거쳐 국가대표로 뽑혀서 기능올림픽에 출전하기도 힘든데, 취직을 위해 다시 대학교에서 졸업증명서를 따야 되는 것입니다. 그 사람이 갖고 있는 기술보다는 '졸업장'이 중요한 우리나라 사회입니다. 안타까운 현실입니다.

제가 이런 기술인들이 제대로 대접을 못 받는 우리의 현실을 잠시 언급한 것은 오늘 강의할 주제인 교육과 관련되기에 말씀드렸습니다. 그럼 본격적으로 수업을 시작하겠습니다.

제가 지금 한 신문기사를 보여드리겠습니다. 여기 보시면 스웨덴에 있는 한 스톡홀름 일간지가 보도한 것입니다. 스테판 로벤 사민당 대표가 최근 방한을 해서 한국교육에 대해 적은 것입니다. 여기서 보면 제목이 "지식이 전부, 그러나 대가가 있다"라고 되어있습니다. 한국의 대학 진학률이 2000년에 24% 이었는데 2010년 상승해 진학률이 80%로 상승되었다고 소개했습니다. 지금 고등학생 10명중에 8명이 대학에 진학한다고 합니다. 그리고 수학, 과학, 읽기능력에서도 핀란드 다음으로 우수하다는 점도 거론했습니다. 그런데 그 다음 기사에 학생들이 하루 최대 17시간을 공부하며 대다수가 방과 후 사설학원까지 다닌다고 설명하고 있으며, 기사 말미에 다음과 같이 쓰여 있습니다. 주한 스웨덴 대사가 보기엔 "학생이 억눌려 있으며, 장기적인 부작용이 우려된다. 스웨덴은 교육수준을 올려야 하지만 학생들이 주당 60시간 이상 공부해야 하는 이곳처럼 돼서는 안 된다"고 말입니다.

한국고등학생의 성적이 높다고 자랑스럽기 보다는 억눌린 학생들의 상황을 생각하면 어른으로서 부끄러운 이야기라고 볼 수 있습니다. 우리의 교육제도가 배울만하지 않다고 평가하는 것은 외국에서 보면 마치 우리나라 학생들이 무슨 제품처럼 기계로 찍어내는 듯한 인상을 주는 것 같습니다.

자 그럼 학력과 학벌주의에 대해서 시작하겠습니다.

여러분 보시면, 학력이라는 건 기본적으로 아시겠지만, 교육을 통해 얻은 지식이나 학문을 쌓은 정도를 학력이라고 합니다. 반면 학벌은 보시면 실질적으로 학교졸업을 통해 얻는 지위나 신분을 이야기 합니다. 그 출신 학교라든지 아니면 학파 이런 것을 통상 이야기를 하거든요. 교육은 원래는 지식이나 기술을 배우는 과정으로, 신분이나 출신 이런 것에 상관없이 모든 사람이 사회로 진출할 때 기회의 균등을 주기위해 활용해야 하는 것이거든요. 그런데 우리 사회에서는 지금 교육이라는 것이 그 자체로 목적화가 되어 버렸습니다.

왜 그렇게 되었을까요? 그 상황에 대해서 알아야겠지요.

조선시대의 교육제도

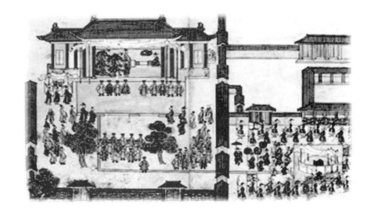

앞의 장면을 보시면 조선시대 과거시험제의 한 모습입니다. 이제 조선시대 교육제도에 대해 잠깐 말씀을 드리겠는데요. 먼저 과거제도를 이야기 하고 나가서 성균관얘기도 하겠습니다. 조선시대 학교교육은 철저하게 과거제도와 연계되어 있었습니다. 과거제는 고려시대 광종 때부터 중국에서 도입이 됐습니다. 그런데 실제로 우리나라의 과거제도는 중국, 원래 시작 했던 중국과는 좀 다릅니다. 우리나라는 특히 신분의 구속이 굉장히 있었습니다. 모든 이에게 열려있어서 시험을 볼 수 있는 것이 아니라, 주로 양반이 신분에 따라 응시하게 되어있어서 양인이하 서민들은 과거시험도 맘대로 볼 수 없었습니다. 임금님 앞에서 보는 전시라는 과거시험은 바로 볼 수 있는 것이 아니라 그전에 많은 시험을 통과해야 했습니다.

과거제에는 처음에 보는 게 '소과'가 있고, 그리고 나중에 '대과' 이렇게 나눠지게 됩니다. '소과'에서도 보시면 전국적으로 보는 '초시'가 있고요, 서울에서 보는 '복시'가 있어서 생원과 진사 각 100명씩을 뽑습니다. 생원, 진사 이렇게 200명이 뽑혀가지고 들어가는 게 성균관입니다. 이 성균관을 들어가야 과거시험을 보는데요. '대과'에도 '초시', '복시'가 있었고 순위를 정하는 '전시'가 마지막에 있었습니다. 이처럼 최종 33인을 선발하기까지 시험을 몇 번 통과를 해야 했습니다.

이 배경을 말씀드린다면, 처음부터 집권사대부가 고려를 물리치고 조선을 세운 사람들이라 고려시대의 불교를 억누르고 자신들의 성리학을 확립하고자 했습니다. 조선시대 통치이념이 성리학인 것을 곧추세우고자 성균관을 굉장히 우대 했지요. 심지어 건국 초 태종은 당시 국가예산의 절반 이상을, 모두 궁궐로 들어오는 공물을 성균관으로 돌려주기도 하고, 그러면서 성리학을 정착시키고자 했습니다.

지금 여러분이 주목할 곳은 조선 교육의 핵심인 성균관입니다. 통치자들은 소수 엘리트들을 뽑는 교육제도를 운영하였습니다. 이 성균관에

게 상당한 특전을 주었지요. 이들 성균관유생은 과거제도를 통해가지고 통치관리로 뽑히는데 많은 이에게 평등해보이지만 실제로 이 시험이라는 게 매우 제한적입니다. 왜냐하면 시험을 통과하기 위해서는 사서오경을 통달해야 됩니다. 이 사서오경이라는 게 여러분도 사서로 논어, 맹자, 대학, 중용에다가 오경은 시, 서, 역, 예기, 춘추로 이걸 전부 통달을 한 다음에 나중에 책문이라고 하는 마지막 코스를 통과해야 합니다.

예를 들어, 많은 백성들이 잘살게 하려고 이러한 새로운 정책을 시행하려는 데, 유생들은 어떻게 생각하느냐? 이렇게 물어본단 말이에요. 요즘에 말하는 논술 시험이랑 같거든요. 그러면 수험생 쪽에서 대답을 내는 데, 자기가 그동안 배워왔고 암기해왔던 사서오경의 내용들을 동원하여 잘 다듬어진 문장으로 좋은 명구라든지 문구를 삽입하여 답을 하게 됩니다. 경전에 대해 정확한 이해를 해야지 인용을 잘하면서도 자신의 독창성을 표출하게 되거든요. 실질적으로 자기의 문장능력을 표출해내는 논술시험이 과거시험이었거든요.

그런데 사서오경을 통달하려면 이게 45만자나 됩니다, 45만자! 이걸 전부 외우고 통달하려면 실제로 기본적으로 아무리 빨라야 30년이 걸리거든요. 하루에 10시간씩 공부를 해도 그렇습니다. 그러니까 나중에 과거시험 볼 때 어떤 일이 있었냐면, '정순교' 같은 유생의 경우 무려 85세가 되어서야 과거시험을 합격했다고 합니다. 평생을 걸어 시험을 준비한 거죠. 믿기지 않지만 사실입니다. 첫 과거시험을 통과하고 성균관에 입학해서 최종 과거시험을 통과하여 33명을 뽑히는데 주력을 하다보니깐, 실지로 이렇게 소수엘리트들을 뽑는 교육제도로 인해서 사람들이 평생 동안 경전 암송과 문장을 익혀왔고 실제 생활에 매우 둔감한 상태에서 경전을 숙달한 것을 신분상승의 유일한 수단으로 평생 목표로 삼게 됩니다.

그 후 관리가 되어서 실정을 모른 채 백성을 다스리려니 좀 힘든 게 아니겠죠? 따라서 과거제도를 목표로 하는 교육은 실제 백성에 도움이 되는 유용한 정보를 습득하는 것이 아니라 오로지 관직에 나가려고 경전만 통달하는 사람들만 양성하는 기형적인 교육제도로 자리를 잡게 됩니다.

구텐베르크의 인쇄술과 우리의 직지

서양사회는 우리체제와 달랐습니다. 유럽은 크게 세속권력의 기사층, 종교권력의 승려계급 그리고 상인계층이 있었지요. 이런 제도에서 세 개의 그룹들이 서로 경쟁을 하면서 국가가 운영이 되는데, 정치적, 종교적, 경제적 권력을 분점 했습니다.

모든 것을 사대부가 소유하는 우리나라와는 상당히 다르게 사회가 운영이 되었다고 볼 수 있습니다. 우리의 경우 사대부, 오로지 경전을 통달하는 사람만이 관리가 될 수 있고, 교육을 받는 사람만이 소수 엘리트층에 합류할 수 있고, 과거를 통과하는 사람들이 정치적인 권력도 토지도 갖고 모든 걸 독점하게 됩니다.

우리가 기술, 직업보다는 신분 중심의 사회라는 것을 비교해서보면 분명해집니다.

여러분 지금 제가 보여주는 것이 구텐베르크의 성경과 우리의 직지입니다. 구텐베르크가 최초로 만든 금속활자의 인쇄기로 찍은 성경입니다. 그와 대비되는 직지심체요절이 있습니다. 구텐베르크의 성경보다도 실제로 제작연도가 무려 70년이나 먼저 앞섰습니다. 여러분도 이에 관하여 매스컴에서 들었을 겁니다. 그러면서 우리민족이 우수하다는 걸 또한 듣게 됩니다.

그런데 문제는 BBC, 뉴욕타임즈, 라이프지 등 유력 언론들이 지난 세기를 통틀어 가장 우수한 발명품으로 구텐베르크의 활자 인쇄술을 뽑았습니다. 우리의 직지가 아닙니다. 그러면 우리는 또 주장하겠지요. 구텐베르크 발명의 연도가 1455년이고 직지심체요절이 1372년이니깐 77년 정도 앞선 우리가 당연히 일등을 해야 된다고. 아마도 서양인들이 잘 몰라서 최고의 발명품을 잘못 뽑은 것이라고 결론을 내릴 것입니다. 뉴욕 타임스퀘어에서 바로 가서 그들에게 우리가 시간적으로 앞서서 인쇄술을 만들었다고 홍보하면 곧 다시 우리의 직지가 최고의 발명품으로 인정받을 수 있을 것이야. 그런데 서양인들이 정말 우리의 직지를 몰라서 구텐베르크의 손을 들어주었을 까요?

"인쇄술을 먼저 발명했다면 논쟁의 끝인가?" 제가 내는 문제입니다. 그럼 "왜 직지는 왜 밀레니엄 발명품으로 평가되지 않는가?" 하는 것입니다. 정답부터 말씀을 드리자면 발명품은 사회를 발전시키거나 변화시키는 역할을 해야 되는데, 우리 발명품은 연도가 빠르지만 사회변화를 이끌지 못했다고 본 것입니다. 우리나라에서는 연도만 중시하죠.

책은 소통의 매체입니다. 책은 전시품이 아니죠! 책을 왜 만들죠? 지식을 널리 보급하고 읽히는 게 인쇄술이잖아요. 그런데 직지심체요절! 우리나라가 자랑하는 그 직지심체요절이라는 내용이 뭔지 여러분은 아세요? 아마도 불교를 믿는 불자 중에서도 이 서적을 읽는 이가 굉장히 소수의 사람들일 것입니다. 부가 설명을 드리자면 이 책은 부처와 조사들의 게송, 법어 등에서 선의 요체를 깨닫는 데 필요한 내용을 담은 책입니다. 일반대중에게는 어렵지요. 반면에 구텐베르크가 찍은 성경은 크리스천이 아니시더라도 대략 어떠한 내용인지 대충들 다 아시잖아요. 바로 이러한 점에서 평가가 극명해 집니다.

첫 번째 발명품으로서의 선택의 기준은 '지식의 대중화를 이룬 기술이 무엇이냐?'로 판정을 한 것입니다. 아무리 좋은 책이라도 책장에 있는 것 보다는 읽히는 것이 중요하기 때문입니다.

더불어 심각한 문제가 있어요. 우리나라의 인쇄술은 많은 대중에게 책을 만들어 보급하기 위한 기능에 충실했는지 살필 필요가 있습니다. 어느 문명권이나 인쇄술이 역사에 등장하면 지도층은 자신의 국가권력과 연계하여 활용하게 됩니다. 따라서 우선 인쇄술을 통해서 처음으로 만드는 것은 '국가법전'이나 '종교와 관련한 경전' 그리고 '행정관련 서적'을 출판합니다. 이러한 책들은 일반인들이 쉽게 찾는 종류의 책이 아닙니다. 초기의 단계를 지나면 자연스럽게 일반대중이 원하는 내용이 담긴 서적들을 인쇄하게 됩니다. 소설, 여행서, 요리책, 동식물관련 책들이 나옵니다. 그러한 흐름을 통해서 우리는 책을 우리일상에서 자연스럽게 접하게 되고 책시장이 발달하게 됩니다.

그런데 우리나라는 어떻게 진행되었나요? 직지심체요절의 출판 이후에도 일반대중이 원하는 책 종류가 나올 수 있었습니다. 그런데 당시 왕조의 집권층은 소수권력을 독점한 채 다양한 정보를 보급하는 것을 거부해왔습니다. 예를 들어서 홍길동전도 어떻습니까? 대중에게 흥미로운 소재와 이야기 꺼리를 담고 있지만, 정부는 혁명적 내용을 담고 있다며 탄압했지요. 따라서 우리나라의 인쇄술은 '유교이데올로기'나 '불교의 경전'을 충실히 전하는 국가시책을 따르게 되어 독자적으로 책시장을 형성하기에는 한계점이 있었습니다.

여러분 과거 조선에서 책을 만들었던 곳은 '주자소'라고 있습니다. 그런데 주자소라고 곳은 책만 단순히 찍어 내는 인쇄소가 아닙니다. 현재 우리 정부조직으로 견주어 보면 국가홍보원의 역할을 하기도 했습니다. 이성계가 혁명을 일으켜서 새로운 나라인 조선을 건립했습니다. 이에 따라 민심을 자기네 편으로 돌리기 위해서 집권왕조를 찬양하는 책이나 새로운 정책을 홍보하기 위해서 인쇄물을 제작하는 곳이었습니다.

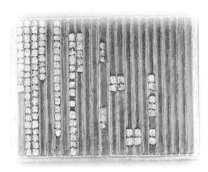

조금 전에 말씀드렸던 과거시험을 보기위한 교재보급으로서 활자 문화를 활용했습니다. 바로 사서오경 같은 서적을 찍어낸 것이라 일반 대중이 쉽게 보기도 힘들었고 읽고 싶지도 않았을 것으로 생각이 듭니다. 따라서 우리 인쇄술이 서양의 것보다 빨리 제작되었다고 정보유통이 용이한 것은 아니었습니다. 소수 권력만이 정보를 독점하고 있었음을 강조하는 것입니다. 이렇게 공적인 일부 계층을 위해 책이 있는 사회분위기에서는 책의 수요가 확산될 수 없습니다.

그에 따라서 기술직을 갖는 직업이 인정을 받을 수 없기에 아무리 뛰어난 기술자라고 하더라도 자신들이 가지고 있는 재능이나 능력이 중요한 것으로 자부심을 가질 수 없습니다. 유교적 사회에서 "사농공상 (士農工商)"이란 사회적 신분제에서 설사 뛰어난 인쇄술 장인이 있다고 해도 그 기술을 자신의 2세에게 조차 전수하려고 하지 않습니다. 뛰어난 장인도 신분제 사회에서는 하찮은 서민이기에, 자신의 자식은 열심히 공부해서 나라의 관리가 되어서 백성을 다스리는 직업을 얻기를 바라게 되지요.

당시 조선에서 기술을 담당하던 계층을 중인이라고 불렀습니다. 이분들은 주로 어떤 직종에서 일을 했냐면요 '의료', '법률', '산학', '외교', '천문과학', '언론'과 같은 직업을 가졌지요. 당시에는 천하다고 해서 정3품은 고사하고 사회적으로 차별을 받았습니다. 그런데 오늘날 이분들의 직업을 바꿔서 이야기하면 의사가 되고 변호사, 회계사, 통역, 번역사, 과학자, 기자, 화가 입니다. 소위 잘 나가는 직업군이라 할 수 있지만, 당시에는 글만을 읽는 사대부 양반과 비교하기 힘든 어려운 생활을 했습니다. 따라서 당시 교육은 배우고 가르치는 기능이 아니라 기득권 보호를 위해 활용된다고 볼 수 있습니다.

우리는 백 년 전까지도 일반인, 백성을 위해 지혜를 가르치는 교육이 없었습니다. 시민들이 자신의 능력을 발휘하거나 경제력을 쌓을 수 있는 공간이라고 할 수 있는 도시라는 공간도 조선왕조가 용납할 수 없었습니다. 따라서 당시에 우리나라가 실질적으로 제대로 된 시민교육이 체제가 이루어지질 못하였습니다. 물론 향교나 서원이 있었어요. 그런데 이런 것들은 다양한 사회현실을 이해하거나 파악할 수 있는 지혜를 주는 곳은 아니었습니다. 오로지 전통적 유교경전의 기준으로 조선시대 사대부가 교육과 정보를 독점을 하였다고 보면 됩니다. 실제로 '교화권'이라서 성리학적 세계관에 대한 이해라든지 성인이 되기 위해서 경전을 숙달하고 도덕을 겸비하라는 것이 있지, 현실적인 정보를 담은 교육은 제한적이었기에 사회적인 발전을 기대하기는 힘들었고 일반민중이 사회를 위한 업적을 쌓기가 막혀있다고 보시면 됩니다. 그래서 보면 우리나라가 굉장히 이 제한적인 성리학 틀 속에서 근대화를 맞게 됩니다.

근대교육제도의 수입과 문제점

이제 근대화에 대해서 살펴보도록 하겠습니다. 앞서 성균관을 중심으로 했던 조선의 교육이 이제 보시면 대한제국으로 바뀌면서 일제침탈을 받게 되고 준비가 미흡하게 근대화를 맞게 되는데요. 여기서 주목할 사항은 전통적인 신분제가 사라지게 됩니다. 비록 나라를 잃게 되지만 이제 신분의식이 제거되면서 모든 이들이 모든 사람이 배울 수가 있게 됩니다. 이 배움이라는 건 뭐냐 하면, 자기가 하고 싶은걸 할 수 있는 정보나 능력을 기를 수 있는 바탕이 되거든요. 그러다 보니깐 외국인 선교사들도 오고 그래서, 실질적으로 모든 이를 위한 교육제도가 도입되고 신분제도에 의해 모든 것이 결정되는 시대가 가게 됩니다.

조선이라는 나라가 아무래도 패망을 함으로써 일반인들한테는 기회일 수가 있는 거죠. 왜냐하면 전통적인 유교체제라든가 사유, 이데올로기 중심의 경직된 사회에서 새로운 사회를 만들 수 있을 테니까요. 이제 현대문물이 들어오니까 기회일 수 있었는데, 시작부터 국제사회의 패권주의에 저항을 못하게 됩니다. 실질적으로 보면 좋은 기회일 수 있었는데, 그게 잘못돼가지고 일본의 지배를 받게 됩니다. 근대개혁 도입 시기에 굉장히 유리할 수 있었던 시기였는데 우리는 일본의 침략을 받게 됨으로써 실제로 보시면 이거 누구나 교육을 받을 수 있었던 기회가 또다시 이제 교육을 체계로 받을 수 있는 새로운 근대의 교육이 일본제국주의에 직접적으로 영향을 받게 됩니다.

　여기 화면에 나오는 사진을 보시면요, 총독부가 있고 바로 그 옆에 보시면 경성제국 대학입니다. 보시면 우리나라의 최초의 근대대학이라고 이야길 하는데요. 사실 원래 그 전에도 대학이 몇 개 세워진 적이 있습니다. 보시면 1905년에 보성전문 대학도 있고요. 그 다음해에 평양에 있는 숭실학교 근데 우린 평양대학교라고도 합니다. 그리고 1910년 이화학당도 있습니다. 1915년에는 경신학교가 있었습니다. 실질적으로 당시에 우리나라에서 근대 대학교를 여기 보시면 굉장히 중요한 게 민립 대학이라는 점입니다. 민립대학. 그러니까 개인들, private으로 국가의 관립이라든지 국립이 아니라 개인대학을 수립하려는 움직임이 굉장히 활발했어요. 그런데 여기서 왜 그럼 국가에서 대학을 만들지 않게 되냐면, 이미 우리의 주권이 일본한테로 넘어 갔잖아요. 일본한테, 이 주권이 넘어감으로써 실질적으로 대학을 제대로 세울 기회가 없게 됩니다. 우리의 교육을 제대로 하기 위해선 뭐가 필요하냐. 바로 이 민립대학교가 필요했는데요. 그런데 일본은 어떻게 했죠? 바로 대학의 운영을 차단하고 1911년에 1차 조선교육령을 발표하고 교육을 점차 통제하게 됩니다. 그래서 1920년에 최초의 경성제국대학 이라는 걸 세우게 되는데요. 그런데 경성제국대학이 들어오면서 우리들한테 굉장히 왜곡된 교육제도와 그 후유증을 경험하게 됩니다.

　이게 무슨 얘기냐면, 그전에 여러분 보시면 일본이라는 나라도 실제로 근대화한지 얼마 안됐거든요. 무슨 얘기냐면, 1850년 일본에 미국의 페리제독이라는 사람이 들어와서 통상을 요구하게 됩니다. 그 후에 일본이 실질적으로 그때 메이지 유신을 처음하게 돼요. 근데 여러분 보시면 지금은 일본의 천황이 마치 영국과 같이 오랜 전통의 제도처럼 꾸며 있지만, 실제로는 천황이란 인물은 교토에 숨어 살고 있어 일반 민중들은 700년 동안 거의 그의 존재를 알지도 못했습니다. 그런데 근대화를 하면서 중앙집권제가 필요하게 되면서 메이지 천황을 등극시키거든요. 참 만들어진 전통이라고 보면 됩니다. 역사와 관련된 모든 이데올로기도 조작하기 시작합니다. 처음부터 그림이나 사진도 그의 모습을 신격화하고자 뽀샵 처리하기도 합니다. 누구라도 보면 이상하잖아요.

일본은 근대화를 배우고자 1860년경 이와쿠라사절단 이라고 해서 백 명이 넘는 인원을 미국과 유럽을 보내서 세계를 배우게 됩니다. 처음에는 미국과 불평등한 협상을 올바로 고치고 오겠다고 했으나, 그것은 실패하고 세계를 돌아다니면서 자기네들도 어떻게 하면 빨리 산업혁명을 할까 배우게 됩니다. 여러 분야에서 특히 교육제도는 독일의 제도를 도입하게 됩니다. 이걸 도입하면서 일본인들은 본격적으로 학교시스템을 정립하게 됩니다. 그리고 다른 나라로부터도 굉장히 많은걸 따라하게 되는데, 그 중에 대학 제도를 따라하게 됩니다.

그때 당시 일본에 제국대학교가 두 개 있습니다. 그게 동경제국대학이랑 교토제국대학입니다. 일본인들은 소수 엘리트 중심의 대학 체계를 근대화의 모델로써 식민지인 우리나라에 설립하고자 하지 않았습니다. 그런데 식민지국가경영을 효율적으로 하기 위해서 자신들을 대리할 인원을 확보하고자 경성제국 대학교를 급히 세우게 됩니다. 그러다 보니까 경성제국대학교의 운영이라든지 교과목 이러한 것들도 거의 일본에 있던 동경이나 교토대학교를 그대로 따라하게 됩니다.

일제강점기의 교육과 경성제국대학

이 경성제국대학에서 1929년에 우리 조선인들이 처음 졸업생으로 배출되거든요. 그래서 1942년까지 졸업생을 생각해보면 그때 거의 2000명 정도 됩니다. 졸업생 중에서 우리나라 학생이 나중에 후반부에 집중하지만 거의 3분의 1인 600명 정도가 됩니다.

여기서 주목할 점은 경성제국대학교 출신자 중에 조선신분제에 있어 중인 출신이 많이 있었다는 점입니다. 그럼 왜 중인 출신이 많았겠습니까? 그것은 역사적 배경에 기인한다고 볼 수 있습니다. 조선시대의 신분사회에서는 일반인들은 과거시험을 볼 기회조차 없었잖아요. 이전 조선시대에 실질적으로 교육제가 신분제를 떠받들고 있었다고 보며 교육이 지배계급의 증표로 여겼던 것입니다. 예전엔 신분제로 원천봉쇄됐던 이들에게 교육제가 중요하다고 본 것입니다.

따라서 당시 신분제가 무너진 새로운 사회 속에서 자신들이 어떻게든 경성제국대학교 같은 데를 들어가면 새로운 지배계층으로 등극할 수 있는 기회로 삼은 것입니다. 이들은 배움에 한이 있었고 신분상승의 욕구를 꿈꾸어왔습니다. 따라서 중인출신의 사람들이 생존을 위한 탈출구로 대학입학을 보았고 실질적으로 유일한 대학인 경성제국대학으로 대거 진학하려고 노력을 하는 거죠. 그러다 보니까는 자녀교육과 관련하여 경성대학이 일본의 식민지 통치와 관련이 있든 아니든 상관없이 어떻게든 대학으로 진학하려고 했던 것입니다. '어떻게든 저기에 들어가면 넌 출세도 보장되고 너의 인생은 완전히 달라질 수 있다'고 하면서 경쟁을 부추기게 됩니다.

경성제국대학교의 존재는 소수 엘리트를 키우기 위해 운영되었습니다. 대학은 식민지 상황에서 출세를 예약할 수 있는 관료 배출소이기 때문입니다. 상향식 신분 지향적 통로로 보았던 것입니다. 그러니까 이게 한 마디로 이걸 뭐라고 얘기 하냐면 '관학아카데미즘'이라고 그러거든요. 그러니까 대학이 관(官), 실질적으로 국가 관료의 길로 가기위한 특권적인 기관으로 여긴 것이죠. 오늘날과 같은 일반적인 대학의교육기능을 하는 게 아니구요. 여긴 소수 관료로서 진출할 수 있는지름길로서 역할을 합니다. 그래서 과거 왕조시대에 신분제로 핍박받았던 중인들이 드디어 신분을 상승시킬 수 있다고 보았죠, 그러기에 중인출신중에 많은 친일파가 있습니다. 잘못 오해 되는 게 중인이 원래친일적이냐고 이야기 할 수 있겠지만, 그보다도 그동안에 성리학이라는과거 유리천정이 있어 막혀서 눌려있었고, 정3품은 고사하고 제대로된 사회신분의 지위를 인정받지 못했기에, 일제에 신분의식이 제거됨으로써 출세를 예약해둔 대학입학을 위해 노력한 것 입니다.

여기서 당시에 확실히 알 수 있습니다. 세상에서 마지막에 승리하는사람은 누구일까요? 다윈의 진화론에 따라 사회진화론이라는 것이 전파되지 않습니까? 세상에서 최종 승리하는 사람은 '힘이 제일 강한 사람'이아닙니다. '머리가 똑똑한 사람'도 아닙니다. 이 진화론이 주는 교훈은'환경에 가장 적응을 잘 하는 사람'이 최종적으로 승리한다고 교훈을줍니다. 변화된 세상에서 전통적인 중인계층의 출신 입학생들은 일제의환경에 가장 잘 적응을 해서 사회에 진출하게 됩니다.

그럼 경성제국대학을 졸업하면 그 후에 어떻게 될까요? 우선 대학의졸업과 함께 가장 많은 인원이 공무원, 관공서에 제일 먼저 진출하여지도자로서 신분상승을 이루게 됩니다. 그 다음으로 학교에 진출하여공부를 계속하려는 사람들도 많았습니다. 그 다음으로는 은행이나 회사로 진출하여 당시 바뀐 세상에 맞춰서 경제력을 얻어 세상에 나가려고합니다. 일반인들은 이렇게 사회에서 출세가 보장된 학교를 어떻게든들어오려고 하고요. 따라서 대학이라는 이미지가 출세를 보장하는 길로인식되게 됩니다.

반면에 신분제에 의지하던 많은 양반은 몰락합니다. 그러면 이전까지 조선의 교육기관이었던 성균관은 어떻게 되었을까요? 성균관은 조선 교육제의 중추였기에 거의 기능을 못하게 한일합방이후에 폐지하고 이후에 이름을 바꾸어서 '경학원'이라고 하는 경전만을 공부하는 학원으로서 석전, 향사의 일만 하게 됩니다. 한 마디로 제사만 관장하는 걸로 격하시켜 버립니다.

　그럼 일제시대, 여기 보시면 그럼 일본이 식민지로 삼은 우리나라에서 제대로 교육을 했을까요? 여러분 보시면 실제로 옳게 교육한 거보다는 어떻게 하면 이 식민지에 대해서 통치를 잘할 수 있을 까하는 것에 중점을 두어서 기능적인 교육을 실시합니다. 이렇게 보면 지금까지 실시되어왔던 전통적인 교육상과는 전혀 다릅니다. 백성의 지도자양성이나 선인들의 문장을 익히며 인격성숙을 이루었던 교육관이 아니라, 천황에 충성하는 국가 관료나 국가에 필요한 실제 테크노라트를 양성하는 역할을 했던 것으로 보입니다. 이 당시 교육정책은 일제가 통제력을 행사하며 학사전반을 관리하였는데 오늘날도 여전히 전통방식으로 남아있습니다.

　이후에 1945년 우리나라의 해방과 함께 경성제국대학은 사라집니다. 그러나 경성제대가 남긴 제도적, 문화적 유산은 계속되는 것입니다.

여러분 경성제대가 남긴 제일 큰 문제점이 뭐냐 하면 성공의 기준으로 사람들이 대학을 가야된다고 목표를 설정한 것입니다. 실제 교육의 내용이나 학습이 아니라 '교육을 통해서 모든 게 다될 수 있다', '높은 학벌만이 사회에서 굉장히 중요하다'라는 이미지를 강하게 심어주었고 사회출세를 위해서 교육을 수단화하도록 인식하도록 만든 겁니다. 그러니까 교육과 권력이 유착되는 시스템을 일본 제국주의에서 배우게 된 것입니다. 교육을 한 개인의 성숙으로 보는 게 아니라, 고등학벌은 무조건 좋다며 상향식 사회이동을 지향을 하는 계단쯤으로 보게 된다는 점입니다.

우리의 교육현장에는 지금까지도 많은 일제의 잔재가 남아있습니다. 96년이 되어서야 국민학교에서 초등학교로 명칭이 바뀌는 데요, 당시 '국민'명칭은 '일제 신민'의 의미를 뜻한 것이었습니다. 그리고 교육현장에서 얼마 전까지 있었던 두발을 강압적으로 단속하는 것도 천황 학생선도규정에 따라 생겼던 잔재였습니다. 아직도 당시 황국식민화를 위한 집단 규율을 위해 생겼던 양식이 여전히 있고 일장기를 액자에 넣어서 경배하던 관습이 있습니다. 학교문화를 마치 군사문화를 이식시켜 놓은 듯이 국가주의를 내세워서 일장기에 대한 맹세를 하는 모습도 여전히 그림자처럼 남아있고, 집단으로 연병장을 중심으로 훈련하던 모습도 오늘날까지도 쉽게 볼 수 있습니다. 초등학교의 교과서의 내용에도 아직 있습니다. 일본이 천황이데올로기를 위해 많은 것을 인위적으로 조작하였고 심지어 식민지교육을 위해 많은 것을 자신들의 관점으로 바꾸어서 가르쳤습니다.

많은 시스템이나 도서나 유물에서 현재에도 일본식 잔재가 남겨져 있어서 해방이후에 일소를 해야 되는 데 우리는 바로 그 기회를 놓치고 한국전이라는 전쟁을 맞이하게 됩니다. 실제로 우리나라가 일본교육제도와의 청산을 얘기하지만 교과서조차도 정리하지 못하고 역사의 흐름에 휩쓸리게 됩니다.

해방 후 미군정기의 교육체제

  자 이제 해방이후의 이야기를 하도록 하겠습니다. 한국전쟁으로 우리
는 모든 것을 다시 새로이 시작해야 했습니다. 여기보시면요, 해방 후
미군정기 얘기를 잠깐 하겠습니다. 우리나라가 인제 갑작스럽게 광복을
맞이합니다. 물론 우리나라도 독립운동이 나름대로 있었죠. 그런데 이
독립운동이 우리 해방과는 직접적으로 연결이 되지 못한다는 아쉬움이
있어요. 그러다 보니깐 미국에서 실질적으로 우리나라를 통치하러 옵니
다. 한반도의 북쪽은 소련이 진군을 합니다. 우리는 미국이라는 나라를
전혀 몰랐어요. 반면에 일본은 굉장히 철두철미 준비를 했기 때문에
패전이 예상이 되자 미국에 로비를 하고 한반도로 부터는 자기네들이
필요한 걸 다 가져가게 되죠. 북한 쪽으로 들어온 소련도 굉장히 또
치밀하게 역시 준비했고요.

  당시 우리나라에 온 미군정은 우리의 여러 지도자들을 만나게 되지만
우리나라를 어떻게 통치해야 될지 계획이 전혀 없었지요. 그러다 보니
까는 정부수립과정에서 능력 있는 인재가 필요하지 않습니까? 당시

한반도를 지배하고 있던 일본이 나가게 되면 미군정의 통치에 필요한 행정조직, 사회 시스템, 정치 시스템에 일할 사람이 필요합니다. 당시 통치를 위한 구체적인 계획이 없는 거죠. 그러다 보니깐 보시면 일제 행정조직 내에서 활동했던 조선인들을 등용하게 됩니다.

여기서 문제점은 뭐냐 하면, 해방만 되면요, 실질적으로 일본인을 쫓아내고 모든 게 다 새롭게 출발되리라고 생각을 했겠죠. 그런데 국가를 운영할 인력을 준비하지 못한 탓에 국가의 중요기관에 조차도 친일경력이나 친일전력에 관계없이 기용하게 됩니다. 여기서 중요한 게 뭐냐 하면, 이 사람들은 처벌받아야 할 사람인데도 불구하고 학벌이 있고 자격이 있는 관계 즉 과거 총독부, 국가관직 이런 중요기관에서 일했다는 경력이 오히려 면죄부를 주는 겁니다. 그니까 일반인들이 또다시 생각하기에는 '학벌만 있으면 일제활동을 해도 면죄부 받는구나', '교육이 확실한 출세의 수단이 맞구나'라며 역시 교육이라는 게 굉장히 필요하구나 이걸 다시 한 번 깨닫게 돼요. 그러다 보니깐 학력과 학연이 중요하게 각인됩니다. 그리고 고등교육에 대한 수요도 양쪽으로 팽창하게 됩니다. 이게 무슨 얘기냐면, 과거 일제의 경성제국대학이 물러나지만 1946년 그 자리를 서울대, 연대, 고대, 이대, 숙대 등 이 스물 두 개의 대학이 인가를 받는데요. 바로 그때 이루어진 대학 서열 체계가 오늘날에도 그대로 살아있게 됩니다.

독일통일과 관련해서도 비슷한 현상이 보이네요. 왜냐면 그 적응력이라는 게 참 중요한 것 같습니다. 독일이 통일되면서 구동독지역에 갑자기 체제 전환을 이루게 됩니다. 그런데 그 당시 구동독의 사회주의 체제 정부에서 소위 높은 고위직에 있던 사람들이 처벌을 받지만, 많은 상급 지위에 있던 사람들이 모두 처벌되지 않습니다. 오히려 고위직 근무자 중에서 많은 이들이 새로운 서독 체제에 발 빠르게 적응합니다. 반면에 동독체제에 있어 통치 받고 핍박받던 민중들, 그 일반인들은 노동자들이죠. 이제 서독으로 편입하면 모든 것이 뒤 바뀔 것 같았는데요 그렇지 않았습니다. 예를 들어 서기장이라든지 고급관리들을 처단될 것 같은 데 굉장히 아이러니하게도 기존에 서기장에 있던 사람들은 서독화 되면서 공장장으로 바뀌고요, 노동자에 있던 사람들은 인민이라고 그렇죠. 그냥 노동자로 남게 됩니다. 아 그런 걸 보고 사회적응력이라는 게 있구나 느끼게 되더군요.

교육이라는 것은 모든 사람에게 기회의 균등이 있고 주체적인 사고를 가질 수 있게 만들어야 되는데, 실제 사회제도화 속에서 교육들은 그 계급질서 속에 적용되는 교육이 이루어지는 것을 볼 수 있습니다.

일제시대에 일본어가 가장 중요했잖아요. 해방 후 미군정 때에는 영어구사능력이 출세의 지름길이 됩니다. 어떻게든 영어가 중요합니다. 미군정 안에서 영어자격을 갖춘 사람들이 필요하게 되기에 친미 인맥이 쌓이죠. 미군정 사람들도 다른 언어도 아니라 학교에서 영어를 배웠다고 하면 인정하여 그 사람을 등용시켜서 쓰게 됩니다. 그 이후 많은 이들이 기회가 되면 미국으로 유학을 가게 되고, 국내로 돌아와서 정치, 경제, 교육, 법조 및 언론계에 주류로 정착합니다. 친미인맥은 우리나라 사회에서 중심에 자리를 잡게 됩니다. 그리고 자녀에게도 같은 코스를 답습시키는 것이죠. 이렇게 학벌주의는 반복됩니다.

예를 들어, 지금도 여러분 우리나라 사회의 여론을 움직이는 언론계를 들어보지요. 언론과 관련하여 '조선', '중앙', '동아', '한국', '경향', '대한내일' 및 '한겨레'까지 대표적이라고 할 수 있죠. 이들 합쳐서 여덟 개의 언론사 중에서 여러분 믿기지가 않겠지만 소위 말하는 S.K.Y 스카이대학 서울대, 고려대, 연세대 출신이 75퍼센트고, 미국 유학자가 62퍼센트예요. 아시겠어요? 자신이 유학을 가서 몇 년 체류하면서 공부하고 친구도 사귀고 자연스럽게 미국의 사회 영향을 받게 됩니다. 반미사상으로 유학을 간다고 몇 명은 주장을 하기도 하지만, 전혀 그러한 의지로만 유학이 이루어진다고 보이지는 않습니다. 따라서 친미엘리트는 친미 인맥뿐을 강화하게 되고 대학을 서열화 시키게 됩니다.

오늘날도 실제로 영어구사능력이 출세를 위한 필수 자격증이죠. 영어를 잘 못하면 다른 능력까지도 인정받기가 어렵습니다. 일제시대의 학벌주의 문화가 해방 후 우리사회에서 친미인맥의 학벌주의로 대체된다고 볼 수 있습니다. 이후 점차 미국유학파가 학벌을 통해서 새로운 지배계급이 계층화 되는걸 볼 수가 있지요.

박정희정권 이후 학력주의 특성

이제 1960년대 이후 군사정부시절 이야기를 하고자 합니다. 무슨 얘기냐면 5·16혁명이후로 육사를 중심으로 하는 군부세력이 등장을 합니다. 이게 신흥 권력 엘리트 계층으로써 육군사관학교가 중앙에 등장을 합니다. 육군사관학교를 나온 집권층은 실제로 경제문제를 다루거나 아니면 어떠한 산업정책을 추진하기가 실제로 힘들지요. 특히 당시는 정부주도형 수출을 경제성장의 드라이브로 추진하다 보니깐 외부의 경제기술관료 라든지 엘리트 행정관료들이 필요합니다. 따라서 핵심적인 역할을 했던 사람들이 바로 소위 명문대 나오고 미국을 갔다온 유학파들, 바로 이런 그룹들을 대거 등용됩니다. 이러한 분위기 속에서 사회에 대학 서열화가 완전히 고착화되는 그런 순환구조가 반복하게 되는 겁니다.

그래서 실질적으로 대학졸업장이 권력증명서가 됩니다. 학벌이라는게 교육 내적인 문제가 아니라 사회집단 간 지위획득을 위한 경쟁과 상당히 긴밀해 집니다. 졸업장은 본디 자기가 하고 싶은 전공이나 전문적 지식을 소정의 교과과정으로 배웠다는 것을 증명서 아닙니까? 그런데 졸업장이 사회에서 권력증명서가 되는 것이지요. 그리고 국가가 공인하는 학력 서만이 계급 간 이동이 이루어지도록 용인됩니다. 계급, 계층 간 이동이라는 게 국가주의가 강해짐으로써 중앙집권제에서 용인하는 학력만 인정을 한다는 것입니다. 국가가 계급을 서열화하고 질서화를 시키는 겁니다. 서열화를 시켜서 인재와 비인재로 나누는 이분법을 확인할 수 있습니다. 이러한 흐름은 이후 90년대에는 조기유학에 대한 열풍으로 연결된다고 볼 수 있습니다.

추가적으로 학벌주의 문제점을 이야기를 해볼까 합니다. 그리고 우리의 문제점과 함께 다른 대안적인 이야기로서 유럽의 교육제도를 추가적으로 이야기하지요.

제가 보면 1차적으로 학벌주의의 문제점은 도구적 교육관이라는 거죠. 여러분 보시면 교육이라는 게 꼭 출세하거나 관리가 되려고 교육받는 건 아니잖아요. 지식이나 기술을 습득하게 되고 인격을 성숙시키는 역할을 원래 한다고 볼 수 있습니다. 그러나 출세를 위한 교육행위는 교육자체의 목적보다는 입신양명을 위한 수단화로서만 기능한다고 볼 수 있습니다. 그런데 이러한 교육에만 몰두하게 되면 가르치는 선생님도, 배우는 학생도 모두 불행하게 될 수 있습니다. 만약에 그런 교육을 통해 실제로 관리로 임용이 안 되거나 자기가 원하던 대학에 못 들어가면 인생의 낙오자가 되기 때문입니다. 사실 교육이라는 게 그게 아니잖아요.

이 왜곡된 교육열로 교육이라는 건 '사회성공'과 '출세의 수단', '미래지위를 결정하는 요소'로 사회적인 인식이 고착화된다고 볼 수 있습니다. 우리사회가 근대화이후에 일제시대, 미군정기 그리고 군사정부시절 이렇게 들어서면서 중앙정치권의 집권부가 권위주의적 통치가 들어서기 때문에 국가주의와 굉장히 관련이 있습니다. 국가가 서열화한 학력, 학벌, 인정된 졸업장을 가지고 있는 사람은 능력 있는 사람이고 따라서 그 대학을 나온 사람들이 사회적인 지도자가 돼야한다는 논리를 규정시킵니다. 따라서 사회에서 중앙을 중심으로서 능력자와 비능력자, 인재와 비인재 이렇게 이분법적으로 나눕니다. 국가에서 용인하는, 공인되는 이들은 사회적으로 나아가서 지도자가 될 수 있다는 인식을 얻기 때문에 학벌을 소유한 자만이 지도자가 된다는 겁니다.

학교교육은 출세를 위한 수단화가 되어서 높은 지위로 이동하기 위해선 학교졸업장이 필요한 것으로 됩니다. 특히 해방이후에 경성제국대학은 사라졌잖아요. 교정만 유물로 남겨두고, 도서도 남겨두고 역사 속으로 사라졌습니다. 가르치던 일본인교수들도 본국으로 돌아갔습니다. 그럼에도 불구하고 마치 경성제국대학교의 그림자가 어둡게 드리운 것처럼 오늘날 느낄 수가 있다는 것이지요.

매년 고등학생들은 졸업하면서 대학입학을 위한 수학능력시험을 치룹니다. 수능시험을 보면 대학교와 고등학교에 따른 순위가 나오는 것을 볼 수 있습니다. 대학교 학생선발과정에서 1등에서 5000등까지 어느 대학을 바라보게 됩니까? 물론 그렇지 않은 소수도 있습니다. 그러나 몇명 예외적인 경우를 제외하고 대부분의 학생들이 거의 다 서울대학교를 지원합니다. 서울대학교는 특별히 홍보를 안 해고 가만히 있어도 국어, 영어, 수학의 1등급을 받은 성적이 우수한 애들이 지원해서 오게 됩니다. 그러다 보니까 뭐냐면 수능시험의 최대의 수혜자가 돼요. 그리고 그 학교를 다니고 졸업하는 졸업생들은 사회에서 일정한 후광을 입게 됩니다. 특히 졸업생들의 동문회가 권력집단화하며 사회적 이익을 독점하고 계속 후학들은 학벌이라는 틀을 따라 오면서 그 대학교를 지원하고 사회에서 최대의 수혜자가 되기를 반복하고 있습니다. 학벌주의라는 문화를 만들게 되는 거죠. 그러다 보니까 서울대는 대외적인 기득권 이라든지 명성을 유지하기에 굉장히 편해지는 거죠. 교육내용을 위한 특별한 개혁이라든지 사회개선을 위한 노고가 필요 없습니다. 커리큘럼도 그대로 몇 십 년 동안 큰 변화 없이 유지하여도 학생들은 교육내용에 큰 관심이나 신경을 쓰지 않습니다. 수업 중에 학생들은 고시 패쓰를 위해 딴 공부를 하거나 취직을 위해 준비하거나 전공시간에도 영어를 공부해도 그다지 신경 쓰지 않습니다. 오로지 학생들은 수능 성적을 받아 서울대 안으로 들어가기만 하면 되기 때문입니다.

교육의 카스트제도와 불평등의 재생산

학벌주의는 수도권 집중화라는 문제를 파생시킵니다. 여러분은 우리나라는 좁은 면적입니다. 그런데 모든 사회경제적인 중심이 수도권에 모여 있습니다. 전체국토의 면적에 수도권 면적이 12%입니다. 그런데 면적은 12%이지만 상주인구는 지금 46.2%입니다. 그런데 고등학생이나 학부모님들이 전국을 통틀어서 80%가 수도권 대학을 가려고 합니다. 실제로 지방고등학교에 있는 학생들도 수학능력성적이 높은 10%안에 드는 학생들의 60%가 수도권 대학교로 진학을 하고 싶어 한다는 조사가 있습니다. 왜 그러할까요? 이유는 부(富)를 얻고 경제적으로 성공할 수 있는 기회, 사회적 재화, 국가 주요 시설이나 문화 시설들이 모두 수도권에 집중되어있으니 수도권에 진학을 희망하는 것으로 보입니다. 좀더 권력에 가까지 있어야지 나도 혜택을 볼 수 있을 테니.

또한 대중 매체도 학벌주의와 관련해서 보도에 문제가 있다고 봅니다. 여러분 보시면 방송이나 언론에서 가끔 우리교육제도의 현주소라고 해서 비판을 하게 됩니다. 그리고 매스 미디어가 교육제도의 틀을 고쳐야 된다고 하면서도 실질적으로 보시면 교육의 서열화를 부추기고 있음을 알 수 있습니다. 예를 들어 중앙일보를 보시면 어느 고등학교가 서울대에 몇 명이 진학하였고, 연세대에 몇 명이 합격하였다고 하며 다른 유명대학 무슨 과에 어느 고등학교에서 몇 명이 합격되었다고 서열화하여 전체 고등학교의 성적표를 매년 게시합니다. 이런 결과를

2010학년도 서울·고려·연세대 합격자수·합격률 순위

순위	학교명(구)	서울	고려	연세	합계	합격률 (%)
1	휘문고(강남)	20	48	48	116	18.6
2	중동고(강남)	17	27	28	72	16.7
3	세화고(서초)	8	32	37	77	15.3
4	중산고(강남)	10	32	22	64	15.2
5	양정고(양천)	9	38	35	82	14.6
6	단대부고(강남)	10	27	34	71	13.8
7	강서고(양천)	8	24	46	78	13.7
8	보성고(송파)	13	35	29	77	13.4
9	중대부고(강남)	11	27	26	64	13.3
	숙명여고(강남)	16	33	31	80	
11	대성고(은평)	8	30	36	74	13.1
12	반포고(서초)	7	15	27	49	12.8
13	영일고(강서)	7	20	30	57	12.6
14	환일고(중)	2	24	29	55	12.0
15	영동고(강남)	6	23	25	54	11.4
	서울고(서초)	13	29	25	67	

자료:본지·하늘교육 공동조사, 최종 합격자 기준. 206개 일반고 중 경기고 등 40곳은 자료 미확보 등의 이유로 비공개 (대학별 등록자 기준으로는 숫자가 달라질 수 있음)

도표로 작성해서 보이기도 합니다. 노골적으로 고등학교와 대학교 순위를 정해서 학벌주의를 자극하고 경우도 있습니다. 따라서 고등학교뿐만이 아니라 대학교 교수를 포함한 관계자들도 이러한 대학교 진학과 관련한 성적표에 신경을 쓰고 있는 실정입니다. 그러다보니 온 국민이 왜곡된 교육열과 교육을 도구화하는 것이 당연하듯이 받아들이는 현실입니다.

대학교 진학과정에서 학생들이 좋아하는 적성이나 배우고 싶은 과목이 그리 중요지 않습니다. 설사 공부하기가 마음에 들지 않아도 대학진학을 위해서는 무조건 국어, 영어, 수학에서 좋은 점수와 등급을 받아야 합니다. 여러분 보시면 요즘 소위 서열이 높은 대학교에 입학을 하려면 국어, 영어, 수학이 1, 2등급 안에 들어야 합니다. 그리고 전공에 따라 사회든 과학이든 2등급 안에 들어야 합니다. 서울 안에 들어오려면 말입니다. 모든 학생들의 수학능력은 국어, 영어, 수학에 판가름 나고 그들의 적성과 관심은 그 이후의 문제입니다.

세상에는 야구를 잘하는 류현진이 있고, 의상 디자인에 관심 있는 친구들도 있습니다. 또는 지하철이나 자동차에 관심이 가는 친구도 있습니다. 세상의 모든 학생들은 그들만의 취향과 관심 그리고 공부하고 싶은 영역이 다를 것입니다. 세상은 다 다양하죠. 그런데 입학의 기준을 모두 똑같이 만들어 줄을 세우면 정말 이상한 겁니다. 모든 사람이 다 획일화 해가지고 그 기준에 맞춰, 이 네 과목을 위주로 입학의 기준을 설정하고 그 기준에 부합되지 못하면 우리는 맞추지 않으면 소위 유명대학교에 입학원서조차 내지 못합니다.

우리나라 사회는 일단 대학을 안 나오면 다른 능력까지도 의심을 받습니다. 앞서 언급했던 기능 올림픽메달리스트도 취직이 안 될 경우 다시 대학에 가서 졸업증을 받아와야 합니다. 그래야 소위 대기업에 취직이 가능합니다. 이런 나라가 많지 않겠지요. 그래서 스웨덴의 한 신문기사는 앞서 우리의 교육제도를 비판한 것입니다. 한국 학생은 우수한 건 맞지만 학교 교육제도를 절대 따라 하지는 말아야겠다! 이렇게 쓴 것 입니다. 칭찬은 아니죠. 교육을 통해 사회에서 개인들은 대학의 이름과 레벨에 따라 학벌 카스트제도에 편입하게 된 것입니다. 인도만 신분적인 카스트가 있는 게 아닙니다. 우리나라도 교육서열화에 따른 학벌 신분제화가 돼있다고 보시면 됩니다. 여기서 선택된 소수들은 굉장히 영광이죠. 그리고 많은 다수는 실망하게 됩니다. 따라서 대입지원과정에서 자기 전공과도 상관없이 무조건적으로 수도권의 대학교에 지원하게 되고 학력을 추구하게 되는 악순환이 반복됩니다. 과잉적 학력인플레로 인해 많은 학생들이 시험을 못 보게 되면 절망하고 심지어 자살하는 학생도 생기는 폐단이 나오는 것입니다. 정말 안타까운 현실이라고 할 수 있습니다.

　그러다 보니 사교육에 더 의존하게 되고 우리나라는 수차례 경제위기
를 겪었습니다. 그런데도 사교육비는 절대로 줄지 않아왔습니다. 오히
려 증가하였고 가난한 아버지와 부자 아버지의 사교육비 차이는 10백
넘는다는 조사가 있습니다. 공교육이 제대로 역할을 못한다고 하더라고
이것은 너무 심한 투자로 보입니다.

　사회구성원은 각자의 삶과 직업이 필요합니다. 그리고 부와 기회는
모든 이에게 균등하게 합리적으로 배분되고 운영되어야지 모든 구성원
은 각자의 행복을 추구할 수 있다고 봅니다. 그런데 현재는 수능시험을
통한 대학서열화 그리고 이어지는 동문중심의 학벌중심주의는 선택받
지 못한 이들을 절망에 빠트립니다. 동문회는 실제 한 학교를 졸업한
사람들이 모여 친목을 도모하고 모교와 연락을 취하기 위해 운영됩니
다. 그런데 우리사회에서 동문회는 그 이상의 기능과 역할을 하고 있습

니다. 인맥과 학력이 서로 결합되어 새로운 문화를 형성하고, 취업이나 경쟁 입찰, 관리직 진출에 있어 많은 독점적 권리를 누리는 바탕이 되어 문제가 되는 것입니다. 회사나 직장을 가도 실질적으로 이 동문회라는 게 있어요. 지역이나 학교를 중심으로 조성된 학벌주의는 그 동문회에 실질적으로 거기에 들지 않으면 은근히 뭐라고 그럴까요. 불이익을 받게 됩니다. 어느 정도의 유리천장이 있습니다. 실제로 조선시대의 계급 질서가 무너졌어도 실질적으로 이러한 학벌중심주의는 한 사람의 능력이나 장래성을 가로막는 장애물로 작용하고 있는 것입니다.

독일의 다른 교육제도

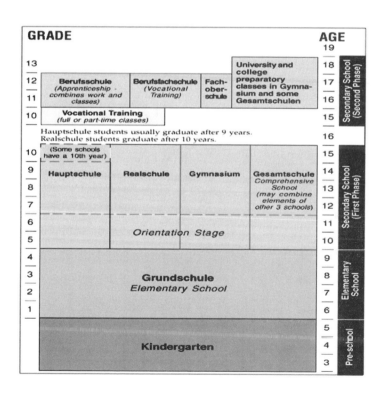

자 이제 독일의 학교와 교육이야기를 비교해서 이야기하고자 합니다. 저는 대학시절 독어독문학을 전공하였습니다. 어쩌다 보니 독일 베를린에서 공부할 기회를 가졌었습니다. 그런데 그곳에는 제가 이전에 잘 알지 못했던 교육제도가 운영이 되고 있었습니다. 그래서 독일 학제에 대해서 언급하고자 합니다.

독일은 통상 어린이들은 3세에서 6세까지 유치원을 다닙니다. 이후 만6세에 의무교육과정인 초등교육에 해당하는 기초학교(Grundschule)에 입학하게 됩니다. 초등교육과정은 4년이고 이 과정이 끝나면 중등학교로 진학하게 되지요. 우리와 달리 일찍이 학생은 초등학교 단계를 졸업하면서 자신의 진로과정을 결정합니다. 이때 무엇보다 그 학생의 성적이나 적성 및 능력 등을 고려하고 학생진로에 관해서 부모님의 의견을 듣고 상담한 다음에 어느 상급학교로 갈 지를 택하게 됩니다. 독일의 학생은 자신의 취향에 따라 9년 과정의 김나지움(Gymnasium), 6년 과정의 레알슐레(Realschule), 5년 과정의 하우프트슐레(Hauptschule)를 선택할 수 있습니다.

그런데 중요한건 레알슐레나 하우프트슐레 같은 실업고등학교에 진학하는 학생들이 여러분 보시면 70퍼센트나 되고요, 대학교는 15퍼센트만 갑니다. 왜냐하면 실업고등학교를 나와도 사회에서 차별 없이 돈 잘 벌고 사회적으로 인정받을 수 있게 되기 때문입니다. 기술자격증이 중요한 관계로 구태여 대학갈 필요가 없죠. 따라서 '왜 대학을 가지 않냐?'고 묻는 것은 '왜 박사학위를 받지 않냐?'고 묻는 것처럼 이들에게 들릴 수 있을 것 입니다. 자신의 직업에서 학위증이 필요 없기 때문입니다. 우리는 사회에 진출하려면 대학졸업장이 필요한데 이곳에서는 그 사람의 기술과 취업능력이 가장 중요시 되는 것입니다.

여기서 보시면요 중등과정의 직업학교에서 이원화교육(Dual System)을 실시합니다. 이원화제도는 기업과 학교가 상호 연계하여 직업교육훈련을 실시하는 제도입니다. 독일의 산업과 경제를 받치고 있는 토대라고 할 수 있습니다. 이 교육시스템을 통해 청소년들은 기업으로의 진출하기 위한 기초지식과 회사 생활에 적응하도록 실습기회를 제공받습니다. 기술도 가르치고 사회생활도 동시에 가르치는 제도라고 할 수 있습니다. 학생들은 훈련약정을 체결하고 일주일 5일 수업에서 전공에 다르지만 대개 주3-4일을 회사에 다니며 실기훈련을 배웁니다. 그리고 직업학교에서 주1-2일 정도 교양과 기초 이론교육을 교육받습니다. 이것이 듀알시스템이라는 이원화교육제도입니다. 사업체에서는 생산시설 외에 별도의 훈련시설을 설치, 운영하는 경우도 있습니다. 통상 사업체 훈련장을 배정받지 못한 학생은 전일제 직업전문학교에서 1년 교육을 받은 이후에 이원화제도에 다시 합류시키고 있습니다.

이 직업교육과정에 들어가면 가장 눈에 띄는 것이 직업 활동비를 담당기업이나 사업체로부터 보장 받게 됩니다. 수업을 받는 학생들이 건축업의 석공이든, 회사의 세일즈맨으로 일을 하든 혹은 호텔의 요리사로 일을 하든 그 직종에 따라서 매월 120만원에서 180만 원 정도를 받게 됩니다. 부모님의 재산이 많이 있건 적게 있건 상관없이 학생들은 최저 생계비 이상을 지원받으며 직업교육에 몰두 할 수 있도록 되는 것입니다. 설사 경제적인 사유로 진학이 곤란한 친구들도 학교에 다니면서 돈을 벌 수 있기에 취학의 기회를 갖게 되는 장점이 있습니다. 이러한 실무교육에는 우리와 같이 사교육이라는 것이 개입될 요소가 전혀 없다고 보면 됩니다. 단지 개인 적성과 취향에 따른 교육을 받도록 하는 것입니다. 독일 전역을 실시하여 드는 운영비는 20조 정도입니다. 우리나라의 사교육 시장 규모가 대략 21조이니 우리에게 당장 도입한다고 그렇게 부담이 크지도 않을 듯합니다. 물론 아직 여러 고려점도 있어야 할 베니까요. 분명한 긴 우리나라 사교육 시장이 너무 커지고 있다는 점입니다.

여기서 보시면, 개인의 능력과 적성에 맞는 직종 선택이 가능하다는 것입니다. 무조건 영어, 국어, 수학에만 매진하고 좋은 등급을 받아야만 미래가 보장되는 것이 아닙니다. 중고등교육과정을 얼마나 산업체와 연결시키느냐가 중요합니다. 실질적으로 실업학교에서 자동차수리분 야에서부터 호텔경영, 헤어디자인, 정육점 기술자까지 수공업, 상공업, 공공부문에 걸쳐서 실시되고 있습니다. 특히 장기간의 현장 훈련교육은 자신의 적성과 맞는지를 분명하게 알 수 있게 합니다.

예를 들어서 굴뚝 청소 학교를 다니는 학생이 있다고 봅시다. 또 다른 예를 보면 자동차 메르체데스 공장에 다니는 학생이 있습니다. 이 둘이 배우는 교과과정에서 수업과목과 내용이 같으면 좋은 결과를 산출할까요? 제가 보기엔 굴뚝청소학교에 필요한 것은 CO_2문제 같이 지구온난화나 환경에 관한 분야를 보다 심도 있게 가르칠 요소가 있겠지 요. 반면에 자동차 공장 학교를 다니는 친구는 엔진이나 도로교통과 관련된 최신 지식이 보다 필요할 것으로 보입니다. 둘의 직업이 다른 데 같은 교과목으로 운영된다면 현실적이지 않다고 생각이 듭니다.
따라서 각 직업학교의 교과목과 자격시험 내용이 독일에서는 교육부 가 일방적으로 정하지 않습니다. 기업과 상공회의소, 주정부와 수공업 협회 등 다양한 관련기관이 오랫동안 서로 논의를 하고 결정하는 것으로 알고 있습니다.

우리나라에서 대학을 졸업한 후에 막연한 동경의 대상으로 유명 대기업들을 선택하는 경우가 있습니다. 그런데 어렵게 삼성, LG, 현대, SK 등 대기업에 취직이 되어 들어갔음에도 불구하고 무려 신입사원의 33%가 첫해를 못 넘기고 퇴직하고 있습니다. 우선적으로 신입사원에 퇴직의 원인이 있습니다. 자기가 막연히 생각하던 직무와 실제 하게되는 직업전선은 다를 수 있습니다. 미디어를 통해 접하게 되는 직업의 이미지와 실제 현실여건과 실무현장은 다를 수 있기 때문입니다. 또 다른 원인은 대학전공과 직무가 일치하지 않음에도, 회사는 그 사람이 나온 출신대학교를 우선적으로 보게 되고 쉽게 채용하는 관행이 있었습니다. 좋은 대학교 출신자라고 무조건적인 능력이 뛰어나다고 보는 편견이 문제입니다. 따라서 독일의 직업훈련교육은 사업체의 실무와 자신의 적응능력을 미리 가늠할 수 있는 좋은 기회라고 생각합니다.

드라마에서 보기엔 주인공이 직업으로 디자이너로 활동하며 좋은 이미지를 주기에, 학생들 중 몇 명은 의상디자인을 배우는 게 되게 좋을 거라고 생각해서 거기에 지원을 해서 사업체를 다니게 됩니다. 그런데 회사에 막상 이렇게 다니다보면 자기 현실이랑 다를 수 있잖아요. 그러다 보면 그 이후 다시 자신의 업무분야를 생각하게 됩니다. 이럴 경우 다른 직업에 대한 경험을 선택해서 쌓을 수 있는 기회를 제공하는 것이 생산적이라고 봅니다. 그러면서 직종을 바꿀 수가 있죠. 이를 통해서 다양한 직업과 회사를 경험하게 됩니다.

그래서 보면 독일식 교육의 가장 큰 핵심은 사회적 환경에 적응능력을 기르고 경제적 사유 로 진학이 힘든 친구들에게 자신에 맞는 직업군을 접하게 하고 사업체 적재적소에 선택을 하게 만드는 것입니다. 우리는 소수 엘리트 중심의 교육제도인데 비하여 독일에서는 많은 학생들이 산업현장에서 직업을 미리 체험하고 선택받아 사회진출을 준비하는 측면이 우리와 매우 다르다는 것을 알 수 있습니다. 교육의 제도권에서 수용을 못하고 낙오되는 친구들이 있어요. 이러한 낙오나 이탈되는 친구들을 국가적으로 어떤 식으로 포용하지 못하면 그건 선진국이라고 할 수 없죠. 후속세대가 일탈되지 않고 제도권 안에서 직업을 준비하게 하는 것은 국가의 책임이라 할 수 있습니다. 독일 교육제도의 가장 큰 핵심은 교육제도의 이탈자, 아웃사이더들을 어떻게든 제도권 안으로 편입시키고자 하는 것입니다.

제가 외국이야기를 통해 우리와 너무나 다른 교육체제에 대해서 당황하게 되었지요. 세계에는 다양한 교육제도가 있고 잘 운영되고 있습니다. 우리는 이제 다양한 교육시스템의 검토가 필요하리라고 봅니다.

통일을 대비한 교육

교육은 우리의 미래를 준비하는 것입니다. 우리는 현재 분단이란 현실을 마주하고 있습니다. 만약에 남북이 통일이 되면 두 체제간의 교육통합은 어떻게 해야 하나요? 이런 미래를 대비하기 위해서라도 우리는 직업교육, 기술교육의 중요성을 인식하여야 합니다. 지금과 같이 국어, 영어, 수학만이 중심이 되고 모든 학생이 다 대학교입학을 위해 고학력중심에 매달리게 될 때 우리는 통일 후 심각한 실업과 내부의 갈등을 직면하게 될 것입니다.

저는 독일통일의 바탕은 이러한 교육제도의 운영에 있었다고 봅니다.

대중매체에서 독일통일의 후유증에 대해서 많은 것을 보도합니다. 왜냐하면 서독과 동독은 자본주의와 사회주의 체제를 반세기나 서로 개별적으로 운영을 하였기 때문입니다. 1990년 갑자기 독일은 통일이 되었지요. 그러니 사람들 간의 가치관이나 제도운영에 있어서 문제가 발생할 수밖에 없던 것입니다. 제가 보기엔 독일인들이 우리와 같이 고학력만 추구하던 사회였다면 내적 통합이 더욱 어려웠을 것입니다.

이원화제도를 통해 주어진 직업훈련과 기술교육은 스스로의 자생력을 기를 수 있는 좋은 바탕이 되어주었다고 봅니다. 대학이 교육의 중심이었다면 일반인들이 새로운 사회체제에 쉽게 적응을 이루지 못 했을 겁니다.

그런데 우리나라가 만약에 북한하고 통일이 된다고 하면, 여러분 어떻게 되겠습니까? 대학입시를 위해 초등학교 때부터 과거에 나온 문제들을 답습하고 예상문제를 예측하여 고도의 문제선택 기술을 기르는 교육에는 분명히 한계가 있다고 봅니다. 가령 북한 학생들을 어떻게 대학입시 위주의 교육으로 내적 통합을 이룰 수 있을까요? 사업체나 산업현장에서 스스로 적응할 수 있는 능력을 배양시킬 수 있을 까 하는 점이 우려됩니다. 통일을 위해서라도 직업교육기술 이러한 실용적인 실무교육이 매우 중요하다는 것입니다.

지금 동서독은 20년이 지나면서 후유증도 많이 치유된 것으로 보이며 실업률도 유럽에서 제일 낮습니다. 실질적으로 현실적인 맞춤기술교육이라는 게 밑바탕이 됐다는 거죠. 그런데 우리나라가 지금 여러분 보시면 남한에서의 교육도 이런 식으로 서열화 시키면 북한의 주민은 통일이 후 어떻게 하려는지 걱정이 앞섭니다. 이게 굉장히 문제점 이라는 거죠. 그리고 실질적으로 여러분 보시면 이런 기술교육이라는 게 지금의 문제도 치유해야할 뿐만이 아니라 앞으로 다가올 통일한국을 위해서라도 굉장히 핵심적이라는 겁니다.

모든 사람들이 대학교 입학을 위해 힘쓰기 보다는 실제로 사회에서 필요한 다양한 분야의 직업기술을 배우고 서로간의 직업을 높이 평가해 주는 사회인식이 확산될 필요가 있다고 봅니다.

또한 직업교육은 우리사회에서 여성의 역할을 또한 기여할 수 있습니다. 독일의 직업교육 안에서 이원화체제에서 여성의 참여비율을 볼 필요가 있습니다. 독일 교육부에서 만든 것 기록을 보시면 160만 명의 참가 학생 중에 여학생의 비율이 41퍼센트입니다. 이미 중고등학교 과정에서 돈을 받고 직장을 나가는 청소년학생들입니다.

반면에 우리나라는 어떻습니까? 우리나라에 4년제 대학에 진입하는 여대생들이 더 많습니다. 2010년부터 남자대학생보다 여대생들이 더 대학교 진학을 많이 해요. 여학생의 비율이 66퍼센트고 남자가 59퍼센튼데, 중요한건 대학교를 마치고 소위 유명한 여덟 개의 대기업 중에서 여대생이 취직률이 몇 퍼센트일까요? 단지 17.8퍼센트입니다. 바로 우리나라의 직업현실은 여학생들의 활동공간이 매우 적다는 것입니다. 물론 우리 사회의 특성 상 여성이 출산이나 육아 등을 책임져야 된다고 할 수도 있습니다. 그럼에도 18퍼센트가 되지 않는 기록은 직업사회에서 여성에게 성차별이라는 유리천장이 작용한다고 볼 수 있습니다.

종합적으로 말하고 싶은 것은 우리 교육의 현재의 모습을 직지 할 필요가 있다는 것입니다. 과거 우리 교육을 형성해왔던 사회적 배경은 무엇이었고 그러한 사회구조의 문제점을 직시하여야 미래의 우리모습이 분명히 달라질 수 있다고 생각이 듭니다. 이제는 우리나라 교육이 바뀌어져야 되는데 그 교육의 주체는 바로 기업인이 되고 산업체가 돼야 된다는 얘깁니다. 우리나라는 아까 얘기했듯이 너무 소수 엘리트 계급체제를 형성하기 위한 대학입시의 한 시험에다 올인 하지 않습니까? 수학능력이 그게 인생을 좌우해요. 반면에 독일은 3, 4년의 교육기간을 통해서 자기가 맞는 직종을 360가지 중에서 선택하고 경험하게 한다는 말입니다. 여러분 중요한 것은 똑똑한 사람을 소수를 길러내는 교육이 아니라 낙오자가 없는 올바른 사회구성원을 기르는 교육을 하는 것이 진정한 교육의 의미라는 겁니다.

학력, 학벌주의에서 능력주의로

지금까지 강의를 요약해 보도록 하겠습니다.

학력, 학벌주의는 조선 성균관에서 경성제국대학교, 서울대 이런 식으로 이어지는 소수 엘리트만의 교육으로 이어져서 전 근대적인 신분제도의 연장선과 같다고 볼 수 있습니다. 지금까지도 그 영향력을 발휘하고 있다고 볼 수 있습니다. 특정 학벌 소유자가 사회 요직에 집중됨으로써 건전한 경쟁이 의미 없게 됩니다. 사회경제적 지위에 어떻게든 접근하려는 접근수단으로 교육을 수단화하고 사교육을 통해 소위 좋은 대학교에 진학을 하려는 경쟁을 심화시키고 있습니다. 이러한 불공정한 경쟁에서 공적교육에만 매달렸던 건전한 학생들조차 스스로를 낙오자로 절망시키는 상황을 가져오게 됩니다.

고등학교와 대학교가 입시 성적에 의해서만 서열화 되고 줄을 서게 만드는 입시 경쟁의 심화는 지방대학의 역할을 찾지 못하고 수도권과 지방을 나누는 피해를 초래하는 등 문제점을 발생시키고 있는 것입니다.

오늘도 중고등학생은 늦은 밤까지 좋은 입시점수를 받기위해서 사교육 학원에 머물러있습니다. 하루 종일 공부하고 또 나머지시간은 학원에 시달리다가 보니 실제로 전인교육은 이루어지기가 요원하다고 생각되는 현실입니다. 창의력과 자신의 취향을 살릴 수 있는 교육이 요구됨에도 그렇게 될 수 없는 것입니다. 학원에서 이루어지는 반복 학습, 암기력 훈련과 문제풀이만으로 실제 학생의 능력이 향상된다고 할 수 없습니다. 설사 좋은 시험 점수를 받게 되더라도 자기주도적인 능력을 기를 수 없기 때문에 차후에 사회에 나가서 스스로 문제를 찾아서 해결할 수 없는 인간이 될 뿐입니다.

사교육에 의존하다가 보면 학교에서 이루어지는 정상적인 수업에 많은 지장이 오고 학생들은 너무 지나친 선행학습으로 수업에 흥미를 잃게도 됩니다. 과외와 학원이 중심이 됨으로써 학교가 마치 잠을 자러 오거나 학원숙제를 위한 도서관처럼 느껴짐으로써 진정한 공적 교육이 이루어지는 데도 큰 문제를 유발하는 것입니다.

사회적으로 기업체에서도 큰 여파를 만들고 있습니다. 인사 차원에서도 대학교의 이름과 레벨 만에 의존하여 사원들을 선발함으로써 사원들이 진정으로 갖고 있는 능력이나 포부 그리고 향후에 발휘할 수 있는 기회조차 박탈하는 것이라고 생각됩니다. 학벌이나 학력으로 줄을 서서 앞에서 끌고 뒤에서 따르는 운영은 건전한 사회분위기를 악화시킬 뿐입니다.

제가 참고한 외국의 사례로서 독일의 이원화 교육을 이야기했습니다. 바로 우리나라에 도입하자고 말씀드린 것은 아닙니다. 대학입시만을 위한 교육이 아니라 학생들이 원하는 직업을 얻게 만드는 제도, 학교와 기업체를 동시에 다니며 기술능력을 획득하고 관리할 수 있는 직업교육 기회를 주는 측면을 고려해야 한다고 봅니다. 인생에서 성공의 기준이 무엇인지 고민할 필요가 있습니다.

얼마 전 소식을 들었습니다. 우리나라에도 독일의 명인을 뜻하는 '마이스터' 명칭을 딴 기술직업 교육 고등학교인 마이스터 고등학교가 한 8개 세워져서 운영되고 있다고 합니다. 그런데 안타깝게도 명칭에 걸맞지 않게 특목고처럼 마이스터 고등학교가 또 그렇게 운영된다는 이야기를 들었습니다. 몇 개의 학교가 설치된다고 우리나라의 학력, 학벌주의는 쉽게 변하기는 어려우리라고 믿습니다.

교육은 개인과 사회의 다양한 욕구를 대변하고 변해야 한다고 봅니다. 입시만을 위한 교육보다는 취업이나 기술능력을 증진시키는 학제의 다양성이 필요하다고 봅니다.

처음 말씀드린 것처럼 우리나라에는 기술에 대한 인식이 매우 좋지 않습니다. 그리고 학벌중심으로 사회가 움직여 왔습니다. 직업과 기술을 위한 다양한 계열로 분화하여 교육하려고 노력해야합니다. 인문계 선호에 따른 학력, 학벌주의의 폐단을 이제는 끊어야 된다고 봅니다. 선택의 기회를 확충하기 위해 기업체들은 종합고등학교의 설치 및 교육 과정을 이원화하기 위해 교사진문제 라든지 시설, 설비의 제공이 보다 현실적으로 필요하다고 봅니다.

교육에 대한 인식 및 교육의 국제력 강화를 위해서라도 과거 우리가 걸어왔던 입시중심의 교육, 학력, 학벌주의 교육은 개선될 필요가 있는 것입니다. 한국의 학제는 개인의 차이가 충분히 배려되지 못하고 있습니다. 교수와 학습 방법도 입시위주의 수업으로 특징화되었기에 수업의 질적 저하 및 단기적인 교육운영에 몰두해 있는 것입니다.

교육의 본질에 충실할 필요가 있다고 생각합니다. 학생이 인간으로서 성장하고 자신을 발달시켜 합리적인 사회구성원으로 자리 잡을 수 있는 교육을 준비해야 합니다. 사회체제와 유기적으로 통합되도록 다양한 노력이 필요하다고 봅니다.

특히 개인의 발달과 잠재능력을 발달시키며 자기에 맞는 직업을 찾고 교육이 학교, 가정, 사회, 기업에서 유기적으로 통합되어 움직이는 시스템으로 준비해야 된다고 점입니다. 변화하는 사회 환경에 잘 적응할 수 있도록 사회의 적응력을 기르고 창의력을 충분하게 길러주는 학교의 역할이 중요한 것입니다.

현행 학제는 많은 사람들에게 대학 진학을 불가피하게 만들고 있는 것이 현실입니나. 입시 및 입시제도에 따라 학생이나 학부모님이 엄청난 희생을 강요받고 있습니다. 따라서 과거의 학력, 학벌주의를 끊고 모든 사람들이 차별받지 않고 능력에 따라 균등하게 교육받을 기회를 가질 수 있고 다양한 교육이 이루어져서 교육의 평등이 실현되기를 기원합니다.

제10강

역사적
트라우마의
치유를 위한
모색

/ 김
성
민 /

역사적 트라우마의 치유를 위한 모색

김성민
건국대학교 통일인문학연구단장

통일인문학에서 바라보는 '역사적 트라우마'에 대한 '치유'

저는 철학과 교수로 재직중이면서 통일인문학연구단을 이끌고 있는데, '통일인문학'이라고 하면 대부분 '그게 뭐하는 거냐'는 말씀을 많이 하십니다. 이번 강좌는 그동안 통일에 대한 이야기들이 주로 사회과학 분야에서 논의되었는데, 이제 그런 차원을 벗어날 수는 없을까라는 고민에서 출발했습니다. 저희 연구단에는 저처럼 철학, 또 문학, 역사를 전공하신 분들이 함께 연구하고 계신데, 인문학의 입장에서 통일이라는 화두에 대해 고민을 하는 대규모 집단이 탄생한 것은 아마 저희가 처음이 아닐까 싶습니다.

통일인문학연구단은 건국대학교 문과대 교수들을 중심으로 2008년에 시작하게 되었습니다. 오늘 제가 주로 말씀드릴 것은 통일인문학연구단에서 다루고 있는 주제와 연구 방법에 대한 얘기입니다. '기존의 통일담론과 어떻게 다를까'에 관한 궁금증이 많이 생기실텐데요. 저희는 기존의 사회과학 차원에서 논의했던 통일담론을 방치하지는 않습니다. 그 논의들을 껴안으면서도 그것과 달리 그리고 한발 더 나가서 좀 더 총체적이며 근본적인 차원에서 통일을 바라보자는 것이 통일인문학연구단에 있는 인문학 연구자들의 주된 취지이자 방법론입니다.

앞에 여러 선생들이 강의를 하시면서 여러분들은 새로운 개념들을 들으셨을 것 같습니다. '식민 트라우마', '이산 트라우마', '분단 트라우마', '전쟁 트라우마', 또 5.18광주항쟁 등과 관련된 강연도 들으셨지요. 저는 그 전체 이야기를 가급적 아우르면서 이 땅에 사는 남과 북의 많은 사람들이 가지고 있는 트라우마에 대해 종합적으로 이야기해볼까 합니다. 트라우마라는 용어는 원래 프로이트(Sigmund Freud)로부터 가져왔는데, 우리가 이야기하려는 것은 '역사적 트라우마는 대체 무엇이고 그것은 어떻게, 왜 발생했으며, 어떻게 치유할 수 있을까?'에 관한 것입니다. 물론 오늘 제가 그 질문에 대한 간단명료한 답을 드리는 것이 쉽지는 않겠지만 '아, 저렇게 볼 수도 있겠구나'라는 새로운 동기를 발견하셨으면 좋겠습니다. 그리고 '그런 과정들이 단기, 중기, 장기 차원을 포괄하며 우리 민족이 겪었던 상처들에 대한 진정한 치유일 수도 있겠구나'하는 새로운 생각의 충돌을 경험하실 수 있다면 다행이겠습니다.

'사람의 통일'이 필요한 이유

통일과 관련해서 남북관계 얘기를 먼저 안 할 수 없는데요. 저는 지난 2013년 11월 2일에서 11월 6일까지 5일 동안 평양을 방문하고 왔습니다. 물론 초행이었는데 가서 많은 것을 보고 느끼고 왔습니다. 평양에 가서 보기에도 '지금 남북관계는 큰 비전을 가지고 우호적으로 만들어 가야하는데 결코 쉽지 않은 문제구나' 싶었습니다.

남은 남대로 북은 북대로 보이지 않는 장벽 속에서 서로 이야기도 잘 해보지 않았으면서 우리는 적대적인 생각들을 많이 가지고 있습니다. 그래서 저는 백낙청 선생 말씀처럼 남북이 '분단체제'로 굳어져서 양쪽 모두 비정상적인 국가체제라고 봅니다. 또한 체제도 그렇지만 '분단체제 속에 사는 우리들이 또 스스로 분단체제를 양산하고 있다.'라는 생각도 하게 됩니다. 대표적인 예로 '남북갈등'이 왜 '남남갈등'으로 전환되는가? 이것은 철학적 주제이고 문학적 주제이면서 동시에 역사적 주제라고 생각합니다.

사실 남은 남대로 북은 북대로 민족통일을 많이 이야기합니다. 그런데 말로는 통일이야기를 하면서도 계속 적대적 관계를 유지하는 아이러니가 이어지고 있는 것이지요. 그래서 저는 이런 점에 대해 '분단체제의 대중적 생산'이라고 얘기하고 싶은데요. 말하자면 백낙청 선생은 분단체제라는 개념을 통해 이데올로기적 대립이나 정치적 대립뿐만 아니라, 남과 북에서 주민들이 스스로 재생산하고 있는 분단의 적대성도 있다는 점을 지적하고 있습니다. 독일 학자들을 만나보면 독일은 체제와 영토, 그리고 경제도 통일되었지만 여전히 남아 있는 문제는 '사람의 통합'이라고 입을 모읍니다. 이런 독일의 사례를 통해 볼 때 향후 어느 시점에 어떤 형식의 통일이 일어나든지 간에 가장 중요한 문제는 사람의 통합일 것이라고 생각합니다. 그러면 사람의 통합이란 뭘까요? 그건 통일인문학연구단에서 주로 연구하는 주제인데 보다 자세히 살펴보기로 하겠습니다.

분단체제가 만든 '무의식'과 '사회적 신체'

제가 한 번 물어보겠습니다. 백낙청, 송두율 선생께서 말씀한 것처럼 통일의 주체라고 할 수 있는 시민, 국민, 민중은 왜 스스로 분단을 강화하는 발언이나 행위를 하게 되는 것입니까? 사실은 남북관계를 떠나 남쪽 안에서 통용되는 통일담론으로 들어가 보면, 거의 적을 대하는 것 같은 이야기들이 많이 있습니다. 그럴 때마다 떠오르는 질문은 '왜 통일의 주체가 되어야 할 시민과 민중과 국민이 오히려 분단을 강화하고 오히려 고착화시키는 발언을 하게 되는가?'라는 것입니다. 좀 더 철학적으로 얘기하자면, 제가 보기에는 '그렇게 얘기할 수밖에 없는 것은 남쪽 사람들의 의식 저 밑바닥에 가라 앉아 있는 어떤 무의식이 있기 때문이 아닐까'란 생각이 듭니다.

프로이트의 무의식은 바다에 떠 있는 빙산으로 설명할 수 있는데요. 우리 자신은 의식의 수면 위에 나와 있는 이성이 우리를 추동해가는 것처럼 생각하지만, 사실은 수면 아래에 있는 정신의 대부분을 차지하고 있는 알 수 없는 그것(id), 무의식이 있습니다. 의식이 없는 영역이 아니라 우리에게 알려져 있지 않은 그런 의식의 층위를 말하는 것이죠. 우리가 의식적으로 왜 이렇게 발언하고 행위하는지 모르지만 그렇게 하도록 만드는 그 무엇인가가 있다는 것입니다. 그래서 그런 점이 한반도 문제에도 적용되어 우리가 경험하는 '남남갈등'의 상황 속에서 특정한 언행을 하게 만든다는 생각을 합니다. 그렇다면 '그런 무의식은 어떻게 형성되었을까'라는 물음이 대단히 중요한 우리의 출발점이 될 필요가 있습니다.

또 하나의 알려져 있지 않은 부분은 우리가 반복적으로 행위하면서 우리 몸에 체현된 '습관'입니다. 피에르 부르디외(Pierre Bourdieu)의 말을 빌리면, '사회적 신체화', 즉 나도 모르게 행위 패턴이 굳어진 것들이 있다는 것이지요. 이런 점을 우리의 분단체제에 대입해보면, 우리는 분단체제에 살면서 동시에 분단체제를 재생산하고 있다는 점을 인식하게 됩니다. '분단체제가 사람들의 신체와 말에 작동하는 어떤 심리적 준행이 있을 것이다'라는 생각을 하게 되는 것인데요. 저는 '그 작동 메커니즘은 뭘까? 우리가 그것을 분석하는 것이 필요 하겠다'는 생각을 합니다. 이런 점을 보려면 남북관계는 남쪽 입장에서만 이야기해서 해결될 문제도 아니고, 북쪽 입장에서만 이야기해서 될 부분도 아닙니다.

우리 연구단 선생님들은 제3의 공간인 중국 연변에서 북쪽 학자들을 만날 기회가 1년에 최소 1번 이상 있습니다. 만나서 이야기를 나눠보면 '이 부분은 우리가 함께 공유할 수 있는 부분이지' 하면서도, 다른 한편으로는 '아, 분단체제가 이렇게 우리를 서로 다르게 만들었구나'라고 느낄 차이점도 너무나 많이 발견하게 됩니다. 남북은 왜 그렇게 달라졌을까요? 앞서 말씀드렸다시피 저는 그 차이를 낳게 하는 어떤 심리적 준행이나 분단을 계속 작동시키는 메커니즘을 살펴 볼 필요가 있다는 생각을 합니다. 그리고 거기에 덧붙여서 저는 이제 우리가 통일이나 분단을 이야기할 때 코리언 디아스포라도 같이 이야기해야 된다고 생각합니다.

'코리언 디아스포라'의 역사적 · 존재론적 특성

그런데 갑자기 코리언 디아스포라 이야기를 왜 하는 것일까요? 이 점은 대단히 중요한 것입니다. 일단 우리가 분단 이전에 이미 식민지를 경험한 민족이기 때문이고, 또한 그 식민지 경험 때문에 이 땅을 떠나 살게 된 사람들이 엄청나게 많기 때문입니다. 최근 외교부 통계로 보면 175개국에 약 750만 명의 코리언 디아스포라가 살고 있습니다. 그런데 왜 해외동포라는 표현을 안 쓰고 코리언 디아스포라라고 부르느냐는 질문이 나올 수 있습니다. 보통 우리는 중국에 살고 있는 재중동포를 재중조선족이라 하고, 일본에 사는 우리 동포를 재일조선인이라고 하며, 러시아를 중심으로 중앙아시아 쪽에 사는 동포들을 재러고려인, 미국의 교포들을 미주동포라고 부릅니다. 그런데 그들은 모두 우리 민족의 해외 동포들이지만 어느 거주국에 살고 있느냐에 따라서 많은 차이점이 있는 것이 사실입니다. 또한 그들에게는 하나의 용어를 통해 담을 수 없는 다양한 차이들이 있기 때문에 이 해외동포들을 포괄할 수 있는 용어로 '코리언 디아스포라'가 적절하다고 생각합니다. 그렇게 해야 그들의 차이와 공통점을 함께 아우를 수 있기 때문입니다.

그렇다면 '왜 통일 이야기를 하다가 코리언 디아스포라 얘기를 할까?' 라는 의문점이 드실 겁니다. 코리언 디아스포라는 중국 약 240만 명, 미국 약 210여 만 명, 일본 약 91만명, 중앙아시아 약 28만, 유럽 약 9만 5천, 러시아 약 22만 2천, 캐나다 약 22만 3천 등으로 흩어져 살고 있습니다. 이산, 흩어져 사는 삶, 디아스포라는 흩어져서 뿌리내린 씨앗 이라는 의미입니다. 그런데 도대체 왜 코리언들은 전 세계로 이렇게 많이 이산하게 되었을까요? 특히 코리언 디아스포라 중에서 주변 4대 강국, 즉 미국, 중국, 러시아, 일본에 왜 전체의 87.5%가 거주하고 있을까 요? 원인을 따져보면 이 문제가 우리의 분단이나 통일 문제와 어떤 연관 성이 있는지 알 수 있습니다. 그런 점에서 코리언 디아스포라의 존재론적 특성과 역사적 특수성에 대해 알 필요가 있습니다. 여러분들이 아시다시 피 그것은 무엇보다 일제 식민지와 밀접한 관련이 있습니다.

물론 우리 민족은 일제강점기 이전에도 19세기 말부터 먹거리 해결 때문에 연해주와 러시아로 또 일본으로 이주한 경험이 있습니다. 그런 데 대규모로 멀리 이주를 하게 된 것은 역사적인 계기를 갖고 있습니다. 예를 들면, 1937년 소련의 스탈린에 의해 연해주에 살던 고려인들이 중앙아시아로 강제 이주 당한 아픈 역사가 있습니다. 또한 식민지에서 힘겹게 살면서 가난과 탄압에 못 이겨 국경을 넘어 만주로 가고, 또 징용되어 아시아 곳곳의 전장으로 갔다가 다시 사할린으로 끌려간 분들 도 많습니다.

저는 지난 8월에 시베리아 횡단을 12박 13일간 하면서 러시아의 동포

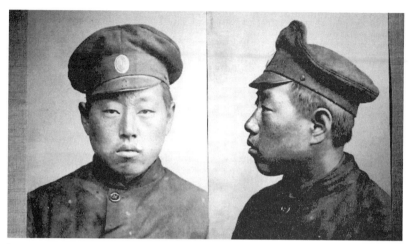

[사진1] 1차세계대전에서 독일군에게 포로로 잡힌, 항일의병 출신 고려인 러시아군
(출처: KBS파노라마「고려인 150」)

들을 만났습니다. 그런데 그 중에 어떤 분은 국적이 7번이나 바뀐 분이
있었습니다. 7번이나 국적이 바뀔 만큼 힘겨웠던 삶의 역정을 들어보면
서, 그의 인생을 누가 책임 질 수 있는가에 대한 의문이 들었습니다.
그것은 한 개인의 자유나 실존적 선택에 의해서 일어난 일이 아니라
전적으로 우리 민족이 가지고 있었던 역사적 조건, 사회적 조건에 따라
서 발생한 이산의 결과입니다. 일본에 사는 어떤 재일조선인은 일본이
라는 종주국에 살면서 자신의 조국이 한반도라고 믿지만 국적은 조선이
되는 이중삼중의 굴레를 가지고 삽니다. 따라서 우리는 코리언의 민족
정체성에 대해 논할 때 어쩔 수 없이 한반도를 벗어날 수밖에 없었고,
민족의 경계를 이탈할 수밖에 없었던 여러 겹의 역사적 조건들도 같이
살펴봐야 합니다.

코리언의 세 가지 '역사적 트라우마'

그래서 앞으로 우리가 준비할 통일은 남북관계만 잘 가꾼다고 해서 풀릴 문제가 아닙니다. 현재 흩어져 사는 약 750만 여명의 디아스포라들이 겪고 있는 삶의 조건과 역사적 조건을 함께 살펴볼 때에 새로운 통일 패러다임을 마련할 수 있을 것입니다. 그런 점에서 통일인문학연구단은 남과 북이 가지고 있는 트라우마, 코리언 디아스포라가 가진 트라우마를 모두 묶어서 '코리언의 역사적 트라우마'라고 표현합니다.

지금 남한 인구와 북한 인구를 합치면 약 7,500만 명 정도 될 겁니다. 그런데 남북한 인구를 합한 것 대비 해외에 흩어져 사는 우리 민족 즉, 코리언 디아스포라의 비율은 1/10이 됩니다. 이 비율은 아마도 세계 최고 수준이 아닐까 싶습니다. 물론 절대 숫자로 보면 중국 화교가 3,300만 여명 정도 되고, 유대인이 850만 여명이기 때문에 우리보다 많겠지만, 거주국 인구에 대비한 해외 동포의 비율로 따지면 우리가 제일 많다는 것이지요. 그런 차원에서 현재 코리언들과 코리언 디아스포라가 가지고 있는 고통은 다른 국가나 민족이 가지고 있는 역사적 트라우마보다도 훨씬 특수하고 그 상처가 깊다고 생각합니다.

저는 그 역사적 트라우마를 이야기하면서 '민족적 리비도'라는 표현을 쓰고 싶은데요. 에리히 프롬(Erich Fromm)은 자신의 사회심리학에서 '사회적 성격이 있는 곳에는 사회적 무의식이 있다'고 말했습니다. 이 점을 한반도 문제에 대입하면, '특유한 사회적 성격이 있는 한반도에 국한된 사회적 무의식이 집단적으로 존재한다'고 말할 수 있을 것 같습니다. 이 때 사회적 무의식이란 사회구성원 대부분이 똑같이 억압 받고 있는 요소나 역사성에서 발생하는 집단적 차원의 무의식을 가리킵니다. 이 공통된 억압 요소는 그 사회가 갖고 있는 특수한 모순으로부터 생겨나기 때문에 집단적 무의식을 형성합니다.

한편, 에릭 홉스봄은 종족이란 면에서 아주 특수하게 거의 동질적으로 구성된 '역사적 국가(historical state)'의 희귀한 사례가 우리 한민족과 일본, 중국이라고 말합니다. 그런 면에서 코리언은 원래 하나였던 민족이기 때문에 분단된 것 자체가 비정상적 상황이고, 다시 하나가 되고자 하는 무의식적 열망을 가지고 있다는 것입니다. 그 점을 저는 '민족적 리비도'라고 부르고 싶습니다. 이처럼 리비도라는 것은 무의식의 영역에서 우리도 모르게 우리 스스로를 추동하는 가장 밑바닥의 생명 에너지입니다. 코리언의 역사적 조건 속에는 무엇인가 하나가 되고자 하는 강한 욕망이 있는데 분단 상황 속에 있기 때문에 그것은 결코 사라지지 않는 것입니다.

[사진2] 파블로 피카소(Pablo Ruizy Picasso)의 '한국에서의 학살(Massacre en Coree)'
(출처: 110×210cm, 파리 피카소 미술관, 1951)

아시다시피 우리 민족은 민족과 국가가 일치했었지만 식민지 경험과 분단 그리고 전쟁을 겪으며 하나의 민족에서 두 개의 국가로 쪼개진 상황입니다. 이러한 결손 국가, 분단 국가, 비정상 국가가 되면서 우리의 민족적 리비도는 크게 좌절되었습니다. 그리고 식민지경험 속에서 한민족의 일부는 이산할 수밖에 없었고, 분단되었기 때문에 다시 이산될 수밖에 없었으며 연이어 전쟁을 통해서 또 흩어질 수밖에 없었습니다. 그렇게 흩어져 살며 외부로부터 또 지배 권력으로부터 강제적인 근대화를 겪으며 우리 민족은 숱한 상처를 받게 된 것이죠. 다시 말하면 역사적으로 내면화된 트라우마를 갖게 된 것입니다.

그래서 저희 연구단은 이산 트라우마, 분단 트라우마, 전쟁 트라우마, 이 셋을 묶어서 하나의 '빅 트라우마'로서 '역사적 트라우마'를 말하고 있습니다. 물론 빅 트라우마라는 표현은 프로이트가 쓴 적이 없는 개념이지만 한반도의 역사적 조건에 비추어 볼 때 이 세 가지는 그렇게 불릴 수 있다는 것이지요. 그래서 근원적 트라우마로서의 식민 트라우마는 디아스포라 문제나 분단 트라우마와 맞물려 있는 것입니다.

서로 중첩된 '역사적 트라우마'

그런데 라카프라(Dominick LaCapra)라는 학자는 '우리는 트라우마적인 사건을 겪으면서도 긍정적이거나 부정적인 용어로 혹은 애매모호한 용어로 신성화되며 전형적으로 분리된 유산을 만들 수 있다'고 말합니다. 일제에 의한 식민지 경험 때문에 식민 트라우마가 발생했는데도 불구하고 때로는 애매모호한 용어로 신성화할 때가 있는 것이죠. 이처럼 트라우마라는 말은 아주 애매하게 사용할 우려가 있는 것입니다.

그런데 서경식 선생은 "나는 재일조선인을 일제식민지의 역사적 결과로 구 종주국인 일본에 거주하게 된 조선인과 그 자손이라고 규정한다."라고 말했습니다. 여기서 조선인은 한반도라는 본국을 가진 정주 외국인이라는 점에서 또한 본국이 남북으로 분단되어 있다는 점에서 그들은 횡적으로도, 또 종적으로도 분단된 존재입니다. 그래서 그들은 그러한 이중의 분단을 개개인들이 내면적으로 품어야 했던 존재들이라 할 수

있습니다. 이것이 '자이니치(ざいにち, 在日)'의 존재적 구조라고 규정을 하는 것이죠. 이 자이니치가 가진 근원적 트라우마인 식민 트라우마, 이산 트라우마, 분단 트라우마가 그들에게 삼중으로 착종되어 있는 것입니다. 이런 점에서 디아스포라로서의 소외감에 더해 남과 북이 겪고 있는 분단 트라우마와 식민 트라우마를 함께 지니고 있는 자이니치들의 착종된 역사적 트라우마는 남다르다고 말할 수 있습니다.

다시 말씀드리면, 대한제국의 국권 박탈과 일제의 식민지 통치, 제국주의 국가가 한반도를 강탈함으로 해서 민족적 리비도의 흐름을 봉쇄했던 그 역사. 그 속에서 발생한 한민족, 조선민족의 집단적 욕망을 좌절시킨 근원적 트라우마로서의 식민 트라우마, 그리고 국가를 잃어버렸기에 갖게 된 이산 트라우마, 또 해방 이후 독립국가 건설의 열망에도 불구하고 두 개의 분단국가로 귀결될 수밖에 없었던 상처로 인한 분단 트라우마. 이 세 가지의 빅 트라우마는 한민족 혹은 조선민족만이 갖는 독특한 역사적 트라우마라고 이야기할 수 있습니다. 그래서 이렇게 착종되어 있는 코리언의 역사적 트라우마의 유형들을 제가 도표로 그려보았습니다.

[표 1] 코리언의 역사적 트라우마의 착종 유형과 구조들

남과 북의 착종 트라우마 유형들		코리언 디아스포라의 착종 트라우마 유형들		
한국(남)	조선(북)	거주국	한국(남)	조선(북)
거주국 국가폭력	거주국 국가폭력	거주국 국가폭력	한국(남) 국가의 폭력	조선(북) 국가의 폭력
조선(북)과의 사회적 갈등·충돌	한국(남)과의 사회적 갈등·충돌	주류종족과의 갈등·충돌	남쪽 사람과의 갈등·충돌	북쪽 사람과의 갈등·충돌

표에서 보듯이 한국과 북한 내부에는 거주국의 국가 폭력이 존재합니다. 남한에서는 분단되어 있기 때문에 국가보안법 같은 것을 통해서

표현의 자유를 제한하는 것을 볼 수 있지요. 이것은 북한을 적대 국가로 규정하기 때문에 남녘에서 발생한 거주국 국가 폭력이라고 말할 수 있습니다. 한편 북한의 국가 폭력은 남한과 미국을 '괴뢰도당'이라고 언급하면서 자신들의 체제를 유지하고 주민 통제를 강화하면서 드러납니다. 남과 북 모두 민족통일을 지향한다고 하면서도 국가적 차원에서는 국가폭력의 현상이 나타나는 것입니다. 또한 사회문화적 차원에서도 서로를 적대시하는 사회적 의식이 생산되는데, 그것은 '마음의 장벽'을 유발하는 또 다른 원인이 됩니다. 평양에 가서 그들의 이야기를 들어보면 남측에 대해서 여러 가지 섭섭한 것들도 많지만, 북한의 문화는 남한에 비해 대단히 상위에 있다고 말합니다. 여전히 북은 북대로 남은 남대로 국가적 차원에서, 또 사회문화적 차원에서 갈등 요인이 존재하는 것이지요.

그런데 코리언 디아스포라가 겪는 트라우마는 이러한 분단 트라우마에 더해 식민 트라우마와의 착종이 더 심화되는 경향이 있습니다. 사회문화적으로 탄압도 받지만 자이니치들의 경우 아직도 '조선적'이라고 불리는 법적으로 보호받지 못하는 국적을 갖고 있는 경우도 많습니다. 분단되기 이전에 조선인으로서 가지고 있던 국적은 분단 이후에 일본인으로의 귀화 또는 한국적으로의 이전이라는 두 가지 선택을 강요받았습니다. 자이니치들의 삶에는 지금도 이국에서의 차별이나 국가 폭력과 더불어 분단 트라우마와 식민 트라우마가 강하게 결합되어 있는 것이지요. 물론 트라우마는 모든 사람들의 상황을 일반화하는 개념이 아닙니다. 학술 용어로서 사용되는 트라우마라는 것이 남북 주민과 코리언 디아스포라가 가지고 있는 역사적 상황과 삶의 배경을 모두 포착하는 것도 아니구요. 하지만 분명히 역사적 트라우마라고 부를 수 있는 것이 코리언들에게는 지금 흐르고 있습니다.

'분단 트라우마'의 작동 방식

이런 점에서 남과 북은 분단과 한국전쟁을 통해서 하나가 되고자 하는 민족적 리비도가 좌절되어 원래 가지고 있었던 에로스적 욕망이 '죽음의 충동', 즉 타나토스적 욕망으로 바뀌었다고 할 수 있습니다. 조금 어렵게 표현했습니다만, 한국사회만 보더라도 자본주의 사회와 근대 국민국가는 '우리는 공동체'라고 하는 민족 개념으로 결합되어 있습니다. 가라타니 고진(柄谷行人)에 따르면 근대사회에서는 화폐교환 경제를 자유민주주의를 표방하는 국민국가와 묶어둘 필요가 있었습니다. 여기서 서로 이질적인 'capital(자본)'과 'state(국가)'를 결합시키는 것으로서 'nation(민족)'의 역할이 중요해졌습니다. 가라타니 고진은 이 관계를 하나가 끊어지면 다른 것들도 함께 붕괴하는 '보로메오의 매듭'이라고 부릅니다. 즉 자본주의적 세계화 속에서 일어나는 공동체의 파괴와 국가가 보장해준다고 말하지만 잘 실현되지 않는 자유·평등의 결여를 메우는 것이 네이션의 역할인 것입니다.

즉 우리는 대한민국이라는 국가 개념 속에서 비로소 '하나가 되었다'는 생각을 한다는 것이죠. 그리고 대한민국이라는 국가를 북한보다 우위에 놓고서 원래 우리가 하나였던 민족이라는 점은 약화되고, 하나됨을 추구하는 민족적 리비도가 상실되었다는 점을 교묘하게 포장한다는 것이죠. 과거 박정희 대통령 시대엔 '한국적 민족주의'라는 표현이 있었습니다. 그런데 그 말 속에는 북한은 적대적인 국가이기 때문에 그들을 인정할 수 없다는 점이 내포되어 있습니다. 온전한 민족이 아니라 반쪽짜리 민족임에도 불구하고 대한민국의 우월성을 강조하며 그것을 은폐했다는 것이지요. 이러한 점은 우리 민족이 에릭 홉스봄(Eric Hobsbawm)이 말한 '역사적 국가'로서의 민족정체성이 있음에도 불구하고 국가 개념으로 그 네이션을 숨기고 덮는 것이라고 볼 수 있습니다.

다시 종합하면, 분단 트라우마는 '전치(displacement)'의 구조를 갖는 다고 할 수 있습니다. 가해자와 피해자의 자리가 바뀌는 것이죠. '민족≠국가'의 공백과 틈새를 메우기 위해서 국가가 행하는 내적인 폭력조차도, 상대에 대한 원한과 적개의 감정으로 전치시킨다고 할 수 있습니다. 여기에는 민족이 완전하지 않음에도 불구하고, 우리나라는 부국강병을 통해서 적대 국가인 북한을 제압할 수 있다는 생각이 자리 잡고 있는 것이지요. 민족 개념보다 국가 개념을 상위에 놓으면서 다른 한편으로는 한국적 민족주의라는 말을 통해 국가라는 개념이 반쪽의 민족을 포괄하는 것처럼 사용한 것입니다.

그러니까 내용적으로는 북한이라는 상대를 적대적 국가 개념으로 호도하며, 형식적으로는 가해자와 피해자를 전치시키는 현상이 나타나는 것이지요. 다시 말씀드리면 여기서 가해자라고 하는 것은 전적으로 상대방 국가, 즉 북이 볼 땐 남한이 가해자, 남이 볼 땐 북이 가해자입니다. 하지만 실제로는 가해자와 피해자가 혼재되어 있는 것이 우리의 역사입니다. 그런데 우리의 분단국가 개념 속에서는 한쪽이 다른 한쪽을 가해자로 규정하고 스스로를 피해자로 규정하는 현상이 나타나는 것입니다. 다시 말하면 분단 상황 속에서 이 비정상 국가, 결손 국가의 결여를 메우기 위해서는 어떤 포괄적이고 총체적이고 통합적인 이야기를 해야 함에도 불구하고, 오히려 남북은 적대성을 강조했습니다. 국가의 우월성을 강조하는 내부의 통념, 즉 테러리즘적 국가주의를 통해서 분단체제는 알게 모르게 사람들의 정서적 차원에서 이미 사회적으로 실체화되었다는 것이지요.

그래서 국가 내부의 이러한 전치를 우리가 극복하기 위해서는 주인을 자처하며 결여를 메우는 분단국가가 사실은 결손국가임을 인식해야 합니다. 정신분석학자 라캉(Jacques Lacan)의 말로 표현하면, 주인 없는 곳에서 주인 노릇을 하는 것이 대의제 민주주의이듯이 자신을 중심의 자리이자

피해자의 위치에 놓고 그 외의 다른 모든 타자는 가해자로 몰아 세우는 분단국가 담론에서 벗어날 필요가 있다는 것입니다. 보다 정확히 이야기하자면 진정한 주체로서의 민중, 진정한 주체로서의 민족이 주인이 되어서 가해자와 피해자가 전도된 것을 다시 전치시키는 그런 차원으로 나가야 되겠다는 이야기입니다.

[사진3] 인천상륙작전 당시 부모를 잃고 길가에 홀로 앉아 울고 있는 소녀(1950.09.16. / 출처: 『19500625 한국전쟁』)

'분단 서사'에서 '통합 서사'로

지금까지 분단 트라우마라고 하는 것이 기억의 망각과 관점의 전치를 만들어 낸다고 이야기했습니다. 그런데 제가 어느 의사 선생님과 이야기를 하는데 저한테 그러십니다. "김단장, 왜 자꾸 지나간 아픔들을 끄집어내서 치유하겠다는 거야, 나아봐야 뭐하겠어. 다 접어둬야 상처가 아무는 것이지." 이 말을 듣고 순간 고민을 했어요. '이에 대해 뭐라고 해야 할까?' 그런데 저는 이렇게 생각합니다. '치유의 출발점은 억압된 기억을 되살리는 것이다'. 우리의 아픔은 그냥 덮여져 있다고 해서 치유되는 것이 아니기 때문에, 치유의 출발점은 기억을 되살리는 것이라고 생각합니다. 만일 기억을 온전히 되살리지 못하고 왜곡시켜 되살릴 때, 그 트라우마는 착종된 형태로 두 배 세 배 깊어진다고 생각합니다.

따라서 분단의 역사, 왜곡되고 전치된 그 역사는 민족사라는 거대 서사 속에서 뿐만 아니라 개인의 기억이라는 미시적인 차원에서도 작동하고 있습니다. 예를 들면 우리가 북한 사람을 한 번도 만나본 적이 없으면서도 그들을 그냥 미워하는 마음이 바로 분단 트라우마라는 것입니다. 그게 바로 역사적 트라우마라는 것이죠. 그 개인뿐만 아니라, 집단적으로도, 어느 공식적이거나 비공식적인 자리에서 만나서 이야기해본 적도 없는데, 이미 우리 몸에는 사회적으로 고착화되어 있는, 뒤에서 자세히 이야기하겠지만, 내면화되어 있는 사회적 행동양식인 '아비투스'가 있다는 것입니다. 우리 생각과 행동에 신체화되고 고착화되어 있는 것들이 많다는 것이죠. 따라서 결손국가가 만들고 망각과 억압으로 전치된 분단의 아비투스를 새롭게 끄집어내어서 다시 전치시킬 필요가 있습니다.

그래서 분단의 역사라고 하는 아픔을 '자기 서사'의 일부로 가지고 오는 것이 중요하다는 생각이 듭니다. 자기 서사는 나 자신의 이야기를 말합니다. 객관적으로 존재해서 나와 떨어져 있는 역사가 아니라, 분단의 역사라고 하는 것이 나 자신의 서사라는 깨달음은 결국 '분단 서사'를 한반도 전체의 '통합 서사'로 바꾸는 계기가 될 것입니다. 저는 그것이 바로 적대적 대결 의식과 민족적 리비도가 다시 만나 화해하는 계기가 될 것이라고 생각합니다.

예를 들면 북한에서는 항일 무장투쟁의 역사적 의미를 대단히 강조하지만, 제가 보기엔 그것은 김일성 주석의 가족사적 차원에서만 강조한다는 문제가 있습니다. 한편 남한의 현대사에서는 항일 무장투쟁의 역사를 간과하는 문제가 있습니다. 이런 양쪽의 차이를 분단 서사라고 말할 수 있다면 우리는 미래에 한반도의 온전한 통합 서사를 만들 필요가 있다는 것입니다.

'분단의 아비투스'를 극복해나가기

자, 이제 분단으로 인해서 발생한 아비투스라는 것에 대해서 살펴볼 필요가 있습니다. 피에르 부르디외라는 프랑스의 사회학자는 이런 이야기를 합니다. "국가라고 하는 것은 강제적이고 물리적인 힘인 군대와 경찰, 경제적 자본, 문화적 혹은 사회적 자본, 그리고 상징적 자본 같은 여러 종류의 자본들이 집중화되는 과정이다." 즉 자본 독점체로서의 국가는 상징자본이라고 하는 것도 독점하려고 하는데, 이것은 어떤 사회적 의식이나 이미지, 가치 체계 등을 말합니다. 대중의 의식을 조종하고 조작하는 것들이 상징자본이며 동시에 그것을 생산하는 것도 상징자본이라고 할 수 있는데, 문제는 국가가 그것을 거의 독점하고 있다고 부르디외는 말합니다. 독점한다는 것은 지배 권력이 사회적 여론과 사회적 가치를 자신의 의도에 따라 만들어 갈 수 있다는 점에서 위험합니다. 그래서 그런 관점에서 분단국가에서 적대적 상징자본을 집중적으로 생산한다면, 남과 북은 분단된 상태를 극복하기 위해 서로 힘을 합쳐 새로운 통합의 패러다임을 만들어내기 어렵게 됩니다. 이런 면에서 보자면 통일을 향해 통합 서사를 만들어 가는데 국가가 오히려 역기능을 수행하고 있지 않은가 그런 생각을 할 수도 있습니다.

앞서 말했듯이, 민족과 국가가 원래는 하나였지만 이제 분리되어 서로를 비틀고 전치시키고 있습니다. 그런데 그렇게 된 다음에 이런 이분법적인 틀은 이제 거꾸로 전치되어서 분단 국가가 마치 민족의 전부이고 피할 수 없는 현실인 것처럼 정통성 경쟁을 하는 거죠. 과거에 우리는 부국강병, 즉 남한이 빨리 부강해져서 민족 통일을 이뤄야한다는 이야기를 자주 들을 수 있었습니다. 그런데 그 말은 듣기에는 그럴싸한데, 사실 그것은 분단국가에서 일어나는 정통성 경쟁 또는 국가주의 차원의 선전선동일 수 있다고 생각합니다. 이런 이야기를 듣고 자란 저희 세대나, 저희 세대에게 교육 받고 자라나는 요즘의 학생들은 분단이라고 하는 것이 지극히 당연한 것이고, 또 지극히 현실적이고, 지극히 정상적인 것처럼 생각하게 될 가능성이 큽니다. 이런 점에서 분단은 사회적으로 신체화되어 있다고 말할 수 있습니다. 부르디외는 '사회적 신체화'라고 말했지만, 이런 현상에 대해 저는 앞에 분단이라는 말을 붙여서 '분단의 사회적 신체', 혹은 '분단의 사회적 신체화'라고 불러보겠습니다. 분단 체제라고 하는 것 자체가 분단국가의 상징 폭력에 의해서 분단의 사회적 신체를 계속 재생산하고 있습니다. 결국 분단이라는 대결 구도에 의해서 발생하는 대중적 성향과 미디어에 의해 대중들은 사회적으로 반응하게 되는데 그것이 바로 '분단의 아비투스'라는 것입니다. 국가가 상징자본을 장악하고 있기 때문에, 또 국가가 독점적 지배력이 있기 때문에 우리는 자의든 타의든 알게 모르게, 그러한 분단의 아비투스에 이미 익숙해져버린 것은 아닐까 한 번 생각해보게 됩니다.

그렇다면 이런 분단의 아비투스를 극복해야 온전한 통일로 나아갈 수 있을 텐데요. 그전에 먼저 그 분단의 아비투스에 대한 분석을 할 필요가 있겠지요. 왜냐하면 근본적으로 그것의 원인을 분석하고 성찰해 봐야 그 외피를 벗겨낼 수 있습니다. 나아가 그것을 넘어설 수 있을 때 우리는 진정한 민족적 합력, 진정한 통합서사, 진정한 사람의 통합을 이룰 수 있기 때문입니다. 따라서 분단의 아비투스라고 하는 것은 무의식과 의식을 포괄하기 때문에, 합리성과 비합리성의 이분법을 벗어나 있고, 말하자면 어디가 합리적인 것이고 어디가 비합리적인 것인지를 따지기 전에 이미 그렇게 굳어져버렸다고 말할 수 있습니다. 북이나 남이나 주민들의 생각은 그런 분단의 아비투스에 적합한 성향과 생각에 의해 상당 부분 딱딱하게 굳어져 있지요. 이미 우리는 상징자본을 장악하고 있는 국가의 독점적 지배에 의해 영향을 받는 매스미디어를 통해서 이러한 아비투스가 발생했고, 그 아비투스는 나의 몸뚱이와 나의 생각을 특정한 방향으로 끌고 간다는 것입니다.

따라서 이러한 분단 아비투스의 구조를 분석하지 않고서는 남과 북이라는 타자의 '타자성'을 이해할 수 없습니다. 이것은 레비나스(Emmanuel Levinas)라는 철학자의 말이기도 한데, 항상 우리는 '나는 중심, 너는 타자'라는 관념에 익숙합니다. 그런데 그러한 일방향적 관계, one way는 폭력적입니다. 부부 사이에서도 자신을 중심에 놓고 부인을 타자로 만드는 것은 폭력이죠. 그러나 타자와 만나고 그 타자의 타자성을 인정하고 존중해주는 이해가 없이는 진정한 분단은 극복될 수 없습니다. 말하자면, 70년 동안 지속된 분단을 겪고 나니 서로 너무나 많은 차이가 있는데 그 차이를 존중하자, 이해하자고 하면 기존의 분단 아비투스에 젖어 있는 사람들은 그것을 거부할 수도 있습니다. 그렇지만 개인 차원에서, 집단 차원에서, 국가 차원에서, 또 세계사 차원에서도 마찬가지로 주체적 중심이 타자를 지배하는 폭력은 늘 발생할 수 있습니다. 미국은 항상 중심이고 나머지 국가는 타자라는 생각이 고착화되면 다른 국가에 대한 폭력이 될 수 있는 것처럼 말입니다.

결국 분단체제 그 자체가 남과 북이라는 결손 국가의 결핍을 메우는 방식으로 작동하면서 분단체제 자체가 지속적으로 스스로를 재생산하는 현상은 그 자체로 분단의 아비투스라고 말할 수 있습니다. 이것을 벗겨내지 않는 한 진정한 통합은 어렵습니다. 남과 북이 서로 다르게 가지는 특별한 가치, 지향성, 그것에 의해서 생성되는 남과 북이 가지는 분단의 아비투스를 극복해야 한다는 것입니다. 그래서 분단국가의 아비투스는 사실 국가주의에 다름 아닙니다. 앞서 말한 전치된 민족주의와 국가주의 속에서 서로의 정통성을 주장하는 것이죠. 그러다 보니까 사실은 민족을 이야기하지만 국가가 우위에 서게 되고, 대한민국 국가가 북한의 우위에 서게 되면서 오히려 민족성이 사라지는 것입니다. 제일 큰 문제는 민족보다 국가가 앞서는 것처럼 본말이 전도되는 것입니다.

'연대와 우애의 아비투스'를 통한 치유의 가능성

저는 이런 것을 극복하기 위해 분단의 아비투스를 넘어선 '연대와 우애의 아비투스'를 제안하고 싶습니다. 연대(solidarity)라는 것은 그렇습니다. 내가 남성이기 때문에 여성을 배제한다든지, 내가 백인이기 때문에 흑인을 배제한다면 그것은 연대나 우애로 볼 수 없습니다. 남과 북도 서로 이해하고 연대하며 우애를 다지는 그런 통합의 서사를 만들어가자는 것입니다. 그런 점에서 단순히 대화하는 차원이 아니라, 서로의 차이를 인정하는 것이 진정한 소통에 가까울 것입니다. 그렇게 '차이를 인정하는 소통에 기초하여 통일 이후에 만들어갈 공동체의 새로운 규칙을 생성해보자', 이것이 통일인문학연구단의 핵심 주제입니다. 따라서 분단의 아비투스를 연대와 우애의 아비투스로, 즉 통합 서사로 전환시켜보자, 전치시켜보자는 것이 통일인문학의 과제입니다.

다시 말하면 남북이 단순히 혈연으로 연결되고 언어가 공통적이라는 것을 넘어서서 어떻게 공통적인 내면의 삶의 모습을 만들어 갈 것인가라는 문제가 통일론에서 중요합니다. 즉 단순한 민족적 결합을 넘어서서 새로운 민족국가를 건설하는 프로젝트의 인문적인 준비가 우리 통일인문학연구단의 주제인 것입니다. 그리고 그런 준비에는 남북뿐만 아니라 제3의 지역에 사는 코리언 디아스포라도 함께 참여해야 합니다. 이처럼 제가 통일 담론은 남북관계를 넘어서서 750만 명에 이르는 코리언 디아스포라까지도 포괄하는 '새로운 민족국가 건설 프로젝트'여야 한다는 말씀을 드리고자 하는 이유는 그 '새로움'의 의미를 진정 실현하기 위해서 입니다.

남과 북이 분단 이후에 너무나 달라졌고 수많은 차이가 발생했듯이 코리언 디아스포라도 마찬가지입니다. 그래서 대한민국을 중심에 놓고 오랜만에 온 재러고려인, 재일조선인, 재중조선족을 만날 때마다 그들에게 우리의 문화가 얼마나 남아있는지, 우리의 의복이 얼마나 유지되고 있는지, 우리의 말투가 얼마나 비슷한지, 우리의 음식문화가 얼마나 존속되고 있는지를 기준으로 해서 같은 민족임을 확인하는 것은 미래지향적이지 않다는 것입니다. 앞서 이야기한 것처럼 그들이 다른 나라에 건너가서 살 수밖에 없었던 역사적·사회적 조건을 감안한 상태에서 현재의 차이를 인정해야만 새로운 민족국가의 통합적 모델을 만들 수 있다는 것입니다. 이런 문제의식을 갖고 있는 연구가 저희 연구단이 진행하고 있는 '소통·치유·통합의 통일인문학'입니다.

그 출발점은 바로 나와 다른 너를 인정하는 것, 나와 너의 차이를 존중하는 것, 서로의 차이를 있는 그대로 보여주며 소통하는 것이겠지요. 물론 그런 관점은 인간과 사회에 대한 근원적 성찰이라는 인문정신에 기초한 것입니다. 체제가 다르고, 인종이 다르고, 피부색이 다르고, 성별이 다르고, 계층이 다르다고 해서 차이를 존중하지 않게 되면 소통할 수도 없고 통합으로 나갈 수도 없는 것입니다. 남과 북의 관계도 마찬가지입니다. 이처럼 통일인문학은 사람이 소통할 수 있는 출발점으로 '차이의 인정'과 '연대'를 꼽았던 것입니다. 그리고 통일인문학은 분단 트라우마를 치유하기 위해 서로 다른 분단 서사를 통합의 서사로 바꿔나가는 것으로 치유의 가치를 제시했습니다. 나아가 그런 차이의 존중에서 시작하는 소통과 치유의 과정을 통해 남북은 물론이고 코리언 디아스포라도 함께 모일 수 있는 통합적이고 미래 기획적인 패러다임을 만들어보려고 합니다. 그것이 민족적 공통성을 모색하는 통합의 새로운 패러다임일 수 있다는 것입니다. 그래서 통일인문학연구단은 남한의 한국학 또는 북한학, 그리고 북한의 조선학을 통합하여 '온전한 한국학'을 만들어 한국의 독자적인 인문학을 세계화시켜보자는 비전도 갖고 있습니다.

'민족공통성'의 추구를 통한 '사람의 통일'

이젠 좀 구체적으로 분단 극복의 새로운 출발점에 대해 살펴보겠습니다. 남북 소통의 구체적 예를 들자면 먼저 2000년 김정일 위원장과 김대중 전 대통령께서 만나서 합의한 '6.15공동선언'이 있습니다. 남과 북은 통일을 위한 남측의 '연합국가' 제안과 북측의 '낮은 단계의 연방국가' 제안이 서로 공통성이 있다고 인정하고 앞으로 이 방향에서 통일을 지향하기로 하였다는 것이 두 국가의 정상들이 합의한 사안입니다. 말하자면 서로 존중하는 것에서 출발하자는 것이죠. 앞에서 이야기했던 인문학적 사유로서 차이를 존중하는 것이 소통의 출발점이라는 점을 응용하면, 이런 남북 공동선언문도 차이의 존중을 담고 있는 소통에서 출발했다고 볼 수 있는 것입니다.

여기서 중요한 것은 비대칭적 커뮤니케이션입니다. 한 쪽은 늘 가르치기만 하고 한 쪽은 늘 배우는 대상인 것이 아니라, 서로 가르치고 서로 배우는 소통을 한다는 것이지요. 이러한 비대칭적 커뮤니케이션을 통해서 공통 규칙을 생성하는 면밀한 소통이 가능해지고, 거기에 따라서 새롭게 '민족공통성(national commonality)'을 창출해 나갈 수 있다는 것입니다. 여기서 저는 '민족동질성'이라고 하지 않고 '민족공통성'을 강조했습니다.

그러니까 우리가 통일하자고 할 때 필요한 것은 단군 시대의 단일 민족으로 회귀하고 환원하는 민족의 동질성이 아닙니다. 분단 극복은 과거의 모습으로 돌아가는 것일 수 없기 때문입니다. 그리고 코리언 디아스포라를 존중한다는 것은 이미 많이 달라진 서로의 상태를 존중한다는 것입니다. 그런 차이와 차이가 만나서 새로운 공통성을 만들어가는 차원에서 나올 수 있는 것이 바로 민족의 공통성입니다. 그것은 이미 만들어져 있거나 고정되어 있는 것이 아니라 아직 아무 것도 미리 선전되고 계획되어 있지 않은 것입니다. 가라타니 고진이 말했듯이 "타자와의 관계는 비대칭적이며 가르치는 입장에 선다는 것은 타자 또는 타자의 타자성을 전제하는 일"입니다.

그래서 그 공통성은 요즘 들어 이야기하는 국제 표준, global standard 와는 다른 차원의 것입니다. 그것은 특수성을 배제하며 보편성을 지향하기 때문에 정해진 기준과 원칙을 중시합니다. 그런데 그런 규칙을 미리 정해 놓고 그것에 서로 다른 차이를 맞추라고 하는 것은 수많은 갈등과 충돌을 유발하게 됩니다. 그래서 진정한 스탠다드(standard)라고 하는 것은 서로의 사회가 가진 특수성을 존중하고 인정하고 소통하는 중에 함께 합의하고 만들어내야 하는 것입니다.

따라서 민족공통성은 철학자 비트겐슈타인(Ludwig Wittgenstein)이 이야기한 '가족유사성(family resemblauce)'을 포함하는 것입니다. 우리는 흔히 가족을 떠올리면서 쌍둥이처럼 똑같은 것을 상정하지는 않습니다. 서로 비슷하게 닮았지만 똑같지는 않죠. 가족은 아들이 아빠의 눈을 닮고, 딸이 엄마의 코를 닮듯이 서로 비슷하게 닮아 있습니다. 이처럼 가족이 똑같진 않지만 유사한 부분을 통해 서로의 유대감과 신뢰감을 키워나가듯이 통일도 서로 똑같게 만드는 것을 의미해서는 안 됩니다. 통일은 어느 날 갑자기 찾아오는 것이기보다는 지속적인 '과정'에 있는 것을 의미해야 합니다. 그래서 통일인문학이 지향하는 통일은 현재진행형으로 나아가는 '과정으로서의 통일'입니다. 따라서 민족공통성이라는 것은 여러 집단이나 개체가 공유하고 있는 하나의 속성, 즉 교집합, 공통분모, 공약수를 의미하는 것이 아닙니다.

그래서 민족공동체(national community)라는 말에 담긴 민족동질성과 여기서 말하는 민족공통성(national commonality)은 다릅니다. 특정 지역에 살고 있는 사람들이 내적으로 공유하고 있는 동질성만을 추구하고 이질성을 배격하게 되면 이른바 '동일화의 원리'가 빚어내는 폭력적 상황이 일어날 수 있습니다. a와 b는 다르게 살아왔는데, 이런 동질성에만 집착해서 a가 b와 다른 부분을 b에 맞추어 바꾸려고 하면, a는 원래 우리의 동질성은 그게 아니라 다른 것이라며 반발할 수밖에 없습니다. 그리고 이어지는 것은 갈등, 폭력, 증오일 것입니다. 따라서 공통성은 (commonality)은 둘 이상의 개체가 서로 마주 쳐서 만나고 협력을 하면서 창출하게 되는 공통적(common) 속성에 의해 새롭게 만들어진 속성, 즉 과정적으로 만들어진 속성입니다.

이처럼 우리가 진정한 '사람의 통일'을 위해 새롭게 만들어가야 할 민족공통성은 가족유사성을 확대해가고 서로의 차이를 계속 이해하려고 노력하는 과정 속에서 창출되는 것입니다. 그리고 우리가 원하는 통일한반도의 인문적 비전은 그런 민족공통성을 만들어가며 함께 새로운 정치·경제·사회·문화공동체의 미래를 기획하는 것입니다. 그것은 한민족 또는 조선민족의 문화가 고유하게 내재하고 있는 것을 찾고 거기로 회귀하는 방식이 아니라, 다양한 환경 속에서 이미 변형되어온 차이의 공감과 연대를 통해 생성되는 미래 계획적인 방식으로 사유하는 것입니다.

통일한반도를 향한 인문적 상상력

그럼 이렇게 이야기하면 '구체적으로 그게 뭡니까'라는 질문이 나올 수 있습니다. 그런데 그것은 이제 만들어 가야 하는 것입니다. 그러기 위해 우리는 먼저 소통을 해야 하는 것입니다. 그래서 통일한반도의 공동 규칙은 미리 정해져 있을 수 없는 것입니다. 그 과정으로 나아가기 위해서는 나름의 환경 속에서 변형을 거친 모든 이질적인 요소들이 중심의 힘에 의해 배제되지 않아야 합니다. 남과 북은 말하고 듣는 자가 정해져 있는 위계적인 명징성을 거부하고 타자의 타자성을 적극적으로 가르치고 배우는 비대칭적인 소통을 수행해야 합니다. 미래 기획적인 통일의 패러다임은 이처럼 남북과 코리언 디아스포라가 동등하게 만나는 진정한 통일코리아를 희망합니다.

어쩌면 통일인문학은 인문학적 차원에서 대단히 원론적인 차원만 제시하고 있지만, 이러한 원론에 기초하며 오늘날의 남북관계를 바라보면 남북경협은 중단되어야 할 것이 아니라 지속되어야 하는 것입니다. 또한 분단 극복의 과정 속에서 국제적 외교 역량을 키워 나가야 합니다. 중국, 일본, 러시아를 포함한 구소련 지역, 미국에 코리언 디아스포라들의 약 88%가 거주하고 그들 국가의 상호관계 속에서 분단체제가 지속되고 있기 때문입니다. 또한 한반도의 지정학적 특성을 고려하면 우리 주변의 4대국은 남북 교류와 협력의 지구적 확대를 가져올 수 있는 바탕이 될 수도 있습니다. 물론 이런 생각이 가능하기 위해서는 동북아시아의 평화 구축이나 공존 번영에 대한 합의가 전제조건으로 해결되어야 합니다.

예를 들면 노무현 대통령 시절에 러시아의 푸틴 대통령에게 제안했었던 동북아 협력방안으로서의 유라시아 횡단철도가 있습니다. 한반도의 종단 철도와 아시아와 유럽을 잇는 횡단 철도가 만나면 상호 발전의 계기가 얼마나 많아질까요. 한국, 북한, 러시아의 새로운 경제협력 모델 구축이나, 북한과 중국의 접경 지역에서 한국도 참여하는 개발 계획이 얼마든지 가능하기 때문입니다. 제가 강조하고 싶은 것은 한국-러시아-북한, 또는 한국-중국-북한 등 삼국 간의 협력이 중요하다는 것입니다.

코리언의 민족정체성에 대한 설문조사

이런 원론적인 이야기를 뒷받침하기 위해 통일인문학연구단에서는 코리언의 민족정체성 인식에 대한 설문조사를 실시하고 그것을 분석했습니다. 재중조선족, 재러고려인, 재일조선인, 탈북자, 그리고 대한민국 국민 등 1,500명을 6개월 간 면밀하게 조사하는 것이었습니다. 저희가 조사한 취지는 우리가 통상적으로 이야기하는 민족과 국가에 대한 개념과 인식, 그리고 그 정체성이 앞의 다섯 개 집단에서 어떻게 다른지 연구하기 위함이었습니다. 또한 미래 기획적인 통일 패러다임을 만들어가기 위해 필요한 차이에 대한 존중을 뒷받침할 예시적 자료가 필요했기 때문입니다.

먼저 그들에게 물었습니다. "당신의 조국과 모국은 어디입니까?" 조국은 현재 내가 거주하며 살아가는 국가이고, 모국은 내가 태어난 근거가 되는 국가라고 한다면, 재일조선인의 경우엔 조국을 한국이라고 생각한다는 답변이 22.3%, 조선반도라고 생각한다는 답변이 29.9%가 나왔습니다. 반면에 재중조선족의 경우에 모국을 중국이라고 답한 경우가 24.9%인데 조국, 즉 현재 자신의 nationality가 중국이라고 답한 경우는 91.9%나 되었습니다. 이런 양자의 차이는 재일조선인들이 일본에서 끊임없이 사회문화적 탄압을 받아왔기 때문에 생겨난 결과라고 분석할 수 있습니다. 그런데 중국은 55개 소수민족을 대상으로 통합 정책을 펼치기 때문에 연변 조선족자치주에서 나름의 고유한 조선족 문화와 그 특성을 유지할 수 있었습니다. 그런 면에서 중국을 조국으로 받아들이는 수치가 높았을 것으로 분석됩니다. 한편 재러고려인도 조국을 러시아로 선택한 비율이 비교적 높았습니다. 그 까닭은 소련 시절에 소수민족의 고유성을 인정하며 사회주의 연방 국가를 지향했다는 점에서 재일조선인에 비해 상대적으로 거주국을 조국이라고 인식하는 비율이 높았을 것으로 보입니다. 재일조선인들은 비교적 국가적·민족적 탄압을 많이 겪었다고 할 수 있기 때문입니다. 따라서 현재 거주국을 모국으로 선택한 순서는 재중조선족, 재러고려인, 재일조선인으로 나타납니다.

이러한 점은 '인지적 정체성'이란 개념으로 살펴볼 수 있습니다. '나는 조국을 일본이라고 생각해'라는 것은 자신이 의지적으로 생각하는 것이어서 이를 인지적 정체성이라고 볼 수 있는 것입니다. 그래서 '나는 A를 조국이라고 생각해, B를 모국이라고 생각해'라는 답변에서 나타나는 자신이 의지적으로 추구하는 정체성, 즉 인지적 정체성의 차원에서 민족정체성이 가장 높게 나타나는 코리언 디아스포라는 재일조선인이 됩니다.

그런데 이와 같은 순서는 '정서적 정체성'의 측면에서 살펴볼 때는 완전히 뒤바뀌게 됩니다. 이처럼 민족정체성을 구성하는 두 번째 차원을 정서적 정체성이라고 규정할 때 우리는 인지적 정체성이 보여주지 못하는 점을 볼 수 있습니다. 즉 "중국 내에서 기타 민족과 다른 차별적 정서를 느끼는가"라는 질문에 대해 재중조선족은 '항상 느낀다'의 측면이 높게 나왔습니다. 이에 비해 재일조선인은 '가끔 느낀다'의 측면이 높습니다. 이런 측면은 민족정체성의 인지적 측면과 거주국 중심의 민족주의에 대해 친근한 정서적 측면이 일치하지 않는다는 점을 보여줍니다.

이렇게 재일조선인이 거주국 중심의 민족주의에 대해 거부감이 약한 것은 중국과 러시아에 비해 일본 사회의 억압과 차별이 심했기 때문이라고 분석할 수 있습니다. 즉 억압과 차별로 인해 독자적인 문화 전통을 지키는 것이 어려웠지만, 동시에 일본은 나의 모국이나 조국이라는 생각을 받아들이기 어려웠던 것입니다. 이런 면에서 거주국의 역사적 조건 및 사회 정책이 어떠했느냐에 따라서 인지적 정체성과 정서적 정체성의 순서가 이렇게 바뀐다는 점을 알 수 있었습니다.

세 번째로 살펴볼 수 있는 민족정체성의 판단 기준은 '문화적 정체성'이라고 하는 것입니다. 이것은 쉽게 말해 생활문화의 전통적 요소를 말합니다. 의식주 문화, 명절 문화와 관혼상제 등의 전통 문화에 대한 설문의 결과를 보면 코리언의 민족정체성을 바라볼 수 있는 또 다른 측면이 부각됩니다. 즉 재중조선족이나 재러고려인은 어떤 경우에는 대한민국보다도 더욱 전통적 문화의 요소가 많이 남아 있는 것을 볼수 있습니다. 예를 들면, 제가 시베리아를 횡단하면서 들렀던 하바롭스크 우스리스크의 한인촌이 있습니다. 거기에는 조선민족의 고유한 문화를 강조하는 방향으로 교육이 진행되고 있었습니다. 즉 일본에 비해 중국과 러시아(구소련 연방)에서는 조선족과 고려인의 전통 문화를 상대적으로 더 많이 인정받고 있고, 문화적 정체성의 차원에서 볼 때 민족정체성의 강도가 높다고 말할 수 있습니다.

이처럼 민족정체성을 세 가지 차원의 정체성으로 나눌 수 있었습니다. 내 머리로 나의 조국과 모국은 어디냐고 생각하는 '인지적 정체성', 감성과 감정으로 느끼는 '정서적 정체성', 생활문화의 차원에서 바라볼 수 있는 '문화적 정체성'이 그것입니다. 그리고 각각의 측면에서 바라볼 때 거주국마다 코리언 디아스포라의 민족정체성의 내용은 달라진다는 점도 알 수 있었습니다. 따라서 민족정체성을 어느 하나의 기준과 원칙에서만 규정할 수 없다는 점이 분명해집니다. 이 점을 이야기하고 싶어서 설문조사의 민족정체성에 관한 통계를 말씀드린 것입니다.

따라서 코리언들이 함께 소통하고자 한다면 우리는 이토록 다른 차이를 인정할 수밖에 없습니다. 이 조사 결과는 소통은 차이를 존중하는 것임을 뒷받침하는 구체적 예시라고 볼 수 있습니다. 다시 말씀 드리자면, 어떤 민족정체성의 원형이 있다고 전제하고 우리가 그 원형으로 회귀하고 통합하려고 하는 강한 국가적인 욕망이 발동할 때, 오히려 갈등과 충돌이 유발될 수 있습니다.

코리언의 분단·통일 의식에 대한 설문조사

이어서 통일인문학연구단에서는 '코리언의 통일 의식'에 관한 설문조사도 수행하였습니다. 먼저 통일의 국제적 중요성에 관한 설문으로

"남북통일이 동북아시아의 평화에 공존할 것이라 생각하는가"는 질문에 각 코리언들은 대체로 '그렇다'고 답변했습니다. 또한 통일의 민족적 중요성에 대해서도 상당한 인식이 있다는 것을 조사에서 알 수 있었습니다. 이처럼 코리언의 역사적 트라우마에 대한 치유를 위한 통일이 분명히 요구된다는 점을 알 수 있습니다. 그리고 "일제 식민지 지배가 우리에게 남긴 가장 큰 문제는 무엇인가?"라는 질문에 대해 모든 코리언들이 '남북분단'이라는 답변을 가장 많이 선택했습니다. 그런데 그 중에서 한국인의 그 답변 비율은 33.7%로 제일 낮았습니다. 왜 그럴까요? 아마도 대한민국 내부에 존재하는 분단 아비투스가 그만큼 강하다는 점을 보여주는 것이라고 생각합니다.

그리고 "일제 식민지 지배를 청산하기 위한 가장 중요한 과제가 무엇이냐?"라는 질문에 분단극복과 통일이라는 답변이 가장 많았습니다. 한국인, 탈북자, 조선족, 고려인, 조선인들 모두 그렇게 답변했습니다. 여전히 이렇게 식민지 지배 청산을 위해서는 분단 극복과 통일이 필요하다는 의식이 가장 폭넓게 존재한다는 것을 확인할 수 있었습니다.

설문조사 결과를 종합적으로 분석해보면, 해외 디아스포라를 포함한 코리언의 민족정체성은 민족과 국가가 일치하지 않는 어긋남의 역사를 반영하고 있습니다. 코리언의 민족정체성은 식민지 경험과 민족과 국가가 어긋나는 단절의 경험이 이중의 고통으로 교차할 수밖에 없는 것이지요. 그래서 한민족의 민족정체성은 식민지 지배 이후에 이산을 해야 했던 민족 전체의 아픔과 고통이라는 역사적 체험을 공유하는 집단의 정체성이라는 관점에서 접근할 필요가 있습니다. 이런 점을 적극적으로 이해하면 코리언의 역사적 트라우마의 치유 방향은 우리 코리언과 디아스포라들의 독특한 역사적 트라우마를 인정하고, 민족정체성과 동일화의 욕망을 수용하면서 진정한 통일을 이루어가는 것에 있습니다. 한민족의 합력을 통해 분단극복의 역량을 키워나갈 필요가 있는 것이지요.

다시 말하면, 분단 국가의 전치된 욕망을 해체하고, 말하자면 결손된 분단 국가를 탈피해서 수평적이고 대등한 관계 속에서 각 지역 코리언들이 지니고 있는 민족적 역량과 차이를 한민족 전체의 합력으로 만들어가는 작업을 수행하는 것이 필요합니다.

나아가 코리언들의 분단 · 통일의식은 그들이 처한 각국의 상황 및 조건과 연관되어 있기 때문에 그 차이를 고려하는 정책적 방향이 필요합니다. 그래서 실제로 디아스포라들이 처한 조건과 상황에 대한 객관적인 사실 파악부터 한 후에 재러고려인과 재중조선족을 위한 정책이 만들어져야 합니다. 마찬가지로 탈북자 정책에 있어서도 새로운 방향이 필요합니다. 현재 한국에는 약 2만 5천 명의 탈북자가 있고 그 중에는 1,600~1,700명의 대학생들이 있습니다. 우리 건국대학교에도 약 25명의 탈북 대학생들이 재학중이어서 저희 연구단 선생님들과도 만나서 대화하고 상담도 했습니다.

그런데 놀라운 사실은 이산 트라우마에 대해 이야기하면서 코리언 디아스포라가 조국과 모국으로 회귀하고자 하는 열망이 있는 것처럼, 이들에게도 고향 상실감과 더불어 귀속감이 있다는 것입니다. 따라서 그런 점을 남과 북의 소통과 화해를 위한 열정으로 바꿀 필요가 있다고 생각합니다. 탈북하여 어렵게 남한에 들어왔음에도 불구하고 남한사회에서 겪는 이질감, 상실감, 박탈감 같은 것들을 임상적 차원에서 이해하고, 그들이 소외되지 않도록 하는 차이의 존중을 실천해 가는 것이 중요합니다. 그런 과정 속에서 보다 큰 차원에서의 남북관계의 밝은 전망, 그리고 코리언 디아스포라의 차이도 포괄하는 미래기획적이고 통합적인 패러다임이 마련될 수 있기 때문입니다. 결론적으로 차이와 연대에 기초한 통일한반도의 미래적 기획을 내포적으로 생산해야 합니다. 외연적으로는 남과 북은 물론이고 해외 코리언 디아스포라까지 아우르는 통일한반도의 인문적 비전을 제시할 필요가 있습니다.

[사진3] 2002 부산 아시안게임 개막식 성화봉송

2002 부산 아시안게임 개막식에서 남녘의 LA올림픽 유도 금메달리스트 하형주와 북녘의 유도 영웅 계순희 선수가 함께 마지막 성화주자로 운동장을 돌고 있다. (출처: 『분단한국』)

통일을 바라보는 새로운 관점

통일인문학연구단이 연구하는 여러 가지 주제들이 있지만 오늘은 주로 역사적 트라우마를 중심으로 원론적인 차원에서나마 그것이 왜, 어떻게 발생했는지 우리의 역사적 조건을 더듬어 보았습니다. 그래서 비단 남과 북의 역사적 조건뿐만이 아니라 해외 디아스포라도 포함해서 그들의 차이를 분석해보고 그것을 포괄하는 통일 담론을 만들 수 있다는 점도 알 수 있었습니다. 그러한 미래기획적 통일 담론이야말로 무시되고 소홀하게 다루어져 왔던 개인들이 겪고 있는, 동시에 집단이 함께 겪고 있는 역사적 트라우마를 중장기적으로 해소할 수 있는 방안이 아닌가 생각합니다.

이제 어린 세대로 갈수록 통일을 왜 해야 하는지에 대해 모르고, 통일을 지지하는 비율도 당연히 줄어들고 있습니다. 그렇지만 저는 이론적인 측면에서 당위적으로 통일을 해야 한다고 하기 전에, 현실적 차원에서 그리고 실용적 차원에서라도 통일을 해야 한다고 생각합니다. 그래서 저희 연구단에서는 학술서적은 물론이고 대학생들과 초등학생에 이르기까지 다양한 통일인문학 교재를 만들고 있습니다. 시간이 더 흐를수록 분단의 아비투스는 더 강화될 수밖에 없습니다. 어떤 국가관을 가지고 있느냐에 따라 나의 개인적인 선택, 판단, 성향은 굳어질 수밖에 없습니다. 그래서 저는 "만약에 통일이 된다면 우리가 더 세금을 내야 되지 않아요?"라는 질문을 받으면 이렇게 답합니다. 남한에서는 통일이 되지 않아서 이제까지 지불한, 지금 지불하고 있는 그리고 계속 분단된 상황에서 지불해야 할 '분단 비용'이 '통일 비용'보다 훨씬 크다구요.

일례로 북한에는 아시아 최대의 철광석 탄광이 있지 않습니까. 그런 광물 자원과 남한의 기술력·자본이 결합한다면 경제적으로 시너지 효과를 발휘할 수도 있습니다. 그런데 지금 나진·선봉지구와 러시아 하산을 연결하는 철도에 대해 러시아가 최근 관심을 갖는 상황에서 보듯이, 이미 우리는 남북 경제협력을 통해 확보해야 될 많은 것들을 중국과 러시아에 빼앗기고 있다고 볼 수 있습니다. 우리 남북은 같은 민족이라는 차원에서라도 중국이나 러시아보다 더 유리한 조건에서 얼마든지 경제협력을 할 수 있습니다. 그리고 그것이 서로에게 경제적 효과와 함께 동반 발전을 가져올 수 있습니다. 그래서 정치 차원에서의 민감한 부분의 통일은 두 번째로 미루더라도, 분단으로 인한 손실을 최소화하려는 경제적 실리의 측면에서 보더라도 우리가 현재진행형으로 추진할 수 있는 통일도 분명히 있다는 점을 말씀드립니다. 짧지 않은 시간 동안 저희들의 이야기를 들어주셔서 감사합니다.